甘肅省優勢學科建設經費資助出版

西北師範大學
世紀中文·學人文叢

古文獻語言研究

周玉秀／著

上海古籍出版社

圖書在版編目(CIP)數據

古文獻語言研究／周玉秀著. —上海：上海古籍
出版社，2019.10
　　ISBN 978－7－5325－9443－6

　　Ⅰ.①古…　Ⅱ.①周…　Ⅲ.①古籍－古漢語－研究
Ⅳ.①G256.1②H109.2

中國版本圖書館 CIP 數據核字(2019)第 288764 號

古文獻語言研究

周玉秀　著

上海古籍出版社出版發行

（上海瑞金二路 272 號　郵政編碼 200020）

　　（1）網址：www.guji.com.cn

　　（2）E-mail：guji1@guji.com.cn

　　（3）易文網網址：www.ewen.co

常熟文化印刷有限公司印刷

開本 635×965　1/16　印張 21.25　插頁 3　字數 306,000
2019 年 10 月第 1 版　2019 年 10 月第 1 次印刷
ISBN 978－7－5325－9443－6

H・220　定價：88.00 元
如有質量問題,請與承印公司聯繫

序

　　以中國古代典籍作爲研究資料的學問,在中文領域被劃分爲三個學科——古代文獻、古代文學、古代漢語。這三個"古"的研究有所分工:文獻學主要研究古代典籍本身,它的應用價值是古籍整理,也就是還原古代典籍的原貌,以備今人閱讀應用,所以,它是這三個"古"的基礎工作。古代文學有兩個角度,一個是從文學審美的角度來討論古代不同體裁文學的鑒賞問題;另一個則是要梳理中國文學的歷史發展,探討古代各種文體的生成和興衰規律。古代漢語屬於歷史語言學,本應承襲清代以前的"小學",後來受到西方語言學和蘇聯語言學學科分類的影響,按照現代漢語分成語音學(音韻學)、詞彙學與語義學(訓詁學)、語法學,加上修辭學也就是語用學,再把文字學放進去,變成一個很雜糅的體系。其實,這三個學科交叉、融合,有千絲萬縷的聯繫,只不過各有側重而已。周玉秀的這個論文集,是以古代文獻、古代漢語爲研究對象的,講修辭和古代歌謠,也與文學沾邊,體現三個"古"的交叉,但還是可以看出其中的側重。

　　玉秀先後師從郭晉稀先生和趙逵夫先生,又在我們學科點進修過較長的時間。西北師大的前身是西北聯大,"三古"素有傳承和積累,玉秀又是一位能潛心讀書的女學者,在同齡人中,她的古籍閱讀能力不論速度還是語感的品質,都屬上乘,這一點,她跟我一起修訂《辭源》和作《新編學生國學叢書》時,我是很瞭解的。她的博士論文選擇了頗有難度的《逸周書》作爲材料,集輯佚、辨正、梳理、解讀爲一體,看她的《〈逸周書〉研究著作述論》等四篇文章,就可以知道她在文獻上下的功夫。她整理郭晉稀先生的遺著《説文古韻三十部疏證》,

最後一部分以章太炎先生《文始》爲先聲，舉出大量實例，發掘了《疏證》的理論蘊涵，如沒有聲韻訓詁的根柢和清醒的頭腦，是很難如此嚴謹立論的。

玉秀文如其人，文章風格平易，緊密貼近文本，以細緻描寫和梳理見長，善於從形式和内容兩個方面歸納體例。譬如她的兩篇關於古代文獻引用體例的歸納，對"有標誌"者的歸納，做到細緻，亦能準確；而對"沒有任何標誌"者的勾稽，就不是僅僅心細能做到的，完全得益於熟練的語感。關於上古文獻引詩，歸納"有顯性標誌的引詩"，也是心細即可做到；尋求"有隱性標誌的引詩"，多下一些功夫也可周全；而輯録"沒有標誌的引詩"，不但需要悉心分辨，還要有一定的語言敏感，並不是一件容易事。

玉秀對文獻的理解扎實、清晰，但並無雕琢，更無虛玄。例如她談到《易經》中保存的古歌，前人對這些古歌的解讀，見仁見智，説法紛呈。她説："在探討《周易》古歌意義的時候，首先要弄清楚這些古歌的原始意義，重點要放在歌詞所描繪的具體意象上，在弄清楚這點的基礎上，再探索其象徵意義，從而獲得對《周易》卦爻辭的準確理解。這樣更能顯示研究《周易》古歌的哲學和文學方面的雙重價值。"幾句話看似平常卻體會真切。其實，對這些古歌解釋不一的原因，主要是對它們的客觀意義沒有從語言本體解讀清楚，就去推測《易經》的引用意圖，將其神秘化。所以，她這幾句話説得很中肯，下面的幾則分析也因此很有説服力。這種文風現在逐漸少了。常能看到萬字以上的語言文字學文章，沒有幾條像樣子的語例，卻堆砌了不少自己也不見得弄明白的國外語言學的翻譯術語，大量篇幅望文生義來"解讀術語"，妄下概括性結論，自命爲"理論"，讓人難以卒讀。看玉秀的文章，感到自然流暢，持卷不致困乏。看了她寫的《論語》和《莊子》比喻的兩篇文章，我心有戚戚，若從"文"與"質"的關係説，《論語》的比喻偏"質"，而《莊子》的比喻偏"文"，玉秀深明二者的不同，但其説《論語》並無就事論事的煩悶，説《莊子》也無眉飛色舞的誇張，無非是舉出實例，娓娓道來，盡心焉耳矣！

　　也許從更高的要求説,玉秀的研究還需有更多的理論開掘,但我讀這個論文集總會想起穎明(宗達)師四十年前帶我寫文章的時候常説的話:"念中國書,自己能懂;作中國文,讓人能懂。"我深知這個境界,是並不容易達到的。

王　寧

2019 年 10 月 1 日北師大

目　　録

上古文獻諺語格言的引用方式

文獻中的引語有直接的,有間接的,古今皆同。有些引語是有明確標誌的,或引某書,或引某人之言,都有出處可據,故後人讀起來不致產生誤解。有些引語則不然,若不細心體會,就很有可能造成誤會,對某些方面的研究思路也會有影響。

人類最早的語言交流都是口傳的,流傳過程中形成了大量内涵豐富、形式凝煉的格言諺語,被記載在後世的文本文獻中;民間也不斷創造富有哲理、生動活潑的諺語,也被一些文獻記載下來。對於上古文獻中引用的里諺俗語,前人也做了較多的整理工作,傳世文獻和出土文獻中都有反映。《逸周書》中的《周祝》、馬王堆帛書《黄帝四書》中的《稱》就是古語格言的集成,郭店楚簡中的《語叢》也近似于格言或箴言。漢代的《淮南子·説林訓》和《説苑·談叢》也是格言俗語的彙編。

先秦其他文獻中還保存了許多俗諺里語,前人也做過輯録的工作,明人楊慎《風雅逸篇》專門輯録上古逸詩及歌謡俗語,他的《古今風謡》《古今諺》及馮惟訥《古詩紀》,也都有輯録上古之風謡俗語箴銘誄辭及逸詩的部分。清人杜文瀾《古謡諺》更是詳搜古書歌謡諺語的專書。今人逯欽立先生所輯《先秦漢魏晉南北朝詩》,以馮惟訥《古詩紀》爲依據,參考郭守敬《古詩存目》及楊慎《風雅逸篇》等,集成《先秦詩》七卷,其中第七卷爲古諺語。這些著作都是整理研究上古諺語不可或缺的參考文獻。

然而,就上古歌謡逸詩而言,諸家所集已臻大成,雖有遺漏,爲數不是很多,其間問題也不是很大。但就俗語古諺而言,則遺漏甚多,其原因主要在於未能細察古文獻中引用俗語格言的方式和體例,對文獻中有明確標誌者則録之,未有明確標誌者則遺之。因此,還大有必要做進一步的研究和整理工作。大致説來,古文獻中引用俗語格言的方式有以下幾種:

一、有明顯標誌的

上古文獻中引用俗語格言，其標誌主要有**語、諺、言**三種，分叙如下：

（一）語

如：

1. **語**曰："愚者暗於成事，智者見於未萌。民不可與慮始，而可與樂成。"（《商君書·更法》）
2. **語**有之："言發於爾，不可止於遠也；行存於身，不可掩於衆也。"（《晏子春秋·外篇》）
3. **里語**云："相馬以輿，相士以居。"（《孔子家語·子路初見篇》）
4. 臣聞**鄙語**曰："見兔而顧犬，未爲晚也；亡羊而補牢，未爲遲也。"（《戰國策·楚策》）
5. **民語**曰："欲富乎，忍恥矣，傾絶矣，絶故舊矣，與義分背矣。"（《荀子·大略》）
6. **野語**有之曰："衆人重利，廉士重名；賢士尚志，聖人貴精。"（《莊子·刻意》）
7. **古語**有之："生相憐，死相捐。"（《列子·楊朱》）
8. **古者有語**："脣亡則齒寒。"（《墨子·非攻中》）

（二）諺

如：

1. 子文曰："必殺之。是子也，熊虎之狀，而豺狼之聲，弗殺，必滅若敖氏矣。**諺**曰：'狼子野心。'是乃狼也，其可畜乎？"（《左傳·宣公四年》）
2. **諺言**有之曰："社鼠不可熏去。"（《晏子春秋·外篇》）

3. 鄙諺曰："長袖善舞，多財善賈。"(《韓非子·五蠹》)

4. 夏諺曰："吾王不游，吾何以休？吾王不豫，吾何以助？一游一豫，爲諸侯度。"(《孟子·梁惠王下》)

5. 周諺有之曰："匹夫無罪，懷璧其罪。"(《左傳·桓公十年》)

6. 秦人諺曰："力則任鄙，智則樗里。"(《史記·樗里子傳》)

7. 今世諺云："千金不死，百金不刑。"(《尉繚子·將理》)

8. 古者有諺曰："爲政若沐也，雖有棄髮，必爲之。"(《韓非子·六反》)

9. 先聖有諺曰："不躓於山，而躓於垤。"(《韓非子·六反》)

（三）言
如：

1. 人有言曰："無過亂人之門。"又曰："佐饔者嘗焉，佐鬥者傷焉。"又曰："禍不好，不能爲禍。"(《國語·周語下》)

2. 果若人言："狡兔死，良狗烹；高鳥盡，良弓藏；敵國破，謀臣亡。"(《史記·淮陰侯列傳》)

3. 上國有言曰："不索，何獲？"(《左傳·昭公二十七年》)

4. 先聖有言曰："規有摩而水有波，我欲更之，無奈之何。"(《韓非子·八説》)

5. 古人有言曰："兄弟讒閱，侮人百里。"(《國語·周語中》)

6. 齊人有言："雖有智慧，不如乘勢；雖有鎡基，不如待時。"(《孟子·公孫丑上》)

以上這幾種都是常例，前人的輯録都比較完備。

二、有標誌但不很明顯的

上古文獻中還有一些引用俗語格言的體例，前人在輯録、研究的過程中也偶爾注意到,但沒有普遍應用和系統論述過,所以有必要提出來討論一下。其中主要的標誌有"聞之(聞)"和"故曰"兩條,較之有明顯標誌的情況,這兩例比較複雜些,需要根據具體語境作仔細辨析。

先看"聞之":

"聞之"一般出現在有兩人對話情景的第一人稱的陳述中,或者是書信、疏、表等奏議類公文中,"聞之"前面可以有"我""吾"或"僕""臣"等,有時是陳述者之名。其後面的內容,大致可以分爲四種情況:

(一)陳述"我"所聽到的不久前發生的事情。如:

1. 魏文侯過段干木之閭而軾之,其僕曰:"君胡爲軾?"曰:"此非段干木之閭歟? 段干木蓋賢者也,吾安敢不軾? 且**吾聞**段干木未嘗肯以己易寡人也,吾安敢驕之? 段干木光乎德,寡人光乎地;段干木富乎義,寡人富乎財。"其僕曰:"然則君何不相之?"於是君請相之,段干木不肯受。則君乃致祿百萬,而時往館之。(《呂氏春秋·期賢》)

2. **臣聞之**胡齕曰:"王坐於堂上,有牽牛而過堂下者。王見之,曰:'牛何之?'對曰:'將以釁鐘。'王曰:'舍之! 吾不忍其觳觫,若無罪而就死地。'對曰:'然則廢釁鐘與?'曰:'何可廢也? 以羊易之。'不識有諸?"(《孟子·梁惠王上》)

(二)引述某種常識或禮法制度、爲人處世的原則等,不標明出處。如:

1. 臣**聞之**:"琴瑟尚宫,鍾尚羽,石尚角,匏竹利制,大不逾宫,細不過羽。夫宫,音之主也。第以及羽,聖人保樂而愛財,財以備器,樂以殖財。故樂器重者從細,輕者從大。是以金尚羽,石尚角,瓦絲尚宫,匏竹尚議,革木一聲。"(《國語·周語下》)

2. 僑**聞之**:"君子有四時:朝以聽政,晝以訪問,夕以修令,夜以安身。於是乎節宣其氣,勿使有所壅閉湫底,以露其體,兹

心不爽,而昏亂百度。今無乃壹之,則生疾矣。"(《左傳·昭公元年》)

3. 臣**聞之**:"訪問於善爲諮,諮親爲詢,諮禮爲度,諮事爲諏,諮難爲謀。"(《左傳·襄公四年》)

4. 臣**聞之曰**:"萬乘之主,不制於人臣;十乘之家,不制於衆人;匹夫徒步之士,不制於妻妾。"(《戰國策·燕策一》)

5. 周公曰:"嗚呼! 我**聞曰**:古之人猶胥訓告,胥保惠,胥教誨;民無或胥譸張爲幻。"(《尚書·無逸》)

與引用俗諺格言有關係的是下面兩種。

(三) 引用時人話語,有明確出處。這些話語一般具有警策或哲理意味。如:

1. 孟子去齊,充虞路問曰:"夫子若有不豫色然。前日**虞聞諸夫子**曰:'君子不怨天,不尤人。'"曰:"彼一時,此一時也。五百年必有王者興,其間必有名世者。由周而來,七百有餘歲矣;以其數則過矣,以其時考之則可矣。夫天未欲平治天下也,如欲平治天下,當今之世,舍我其誰也? 吾何爲不豫哉?"(《孟子·公孫丑下》)

2. 子之武城,聞弦歌之聲。夫子莞爾而笑曰:"割雞焉用牛刀?"子游對曰:"昔者**偃也聞諸夫子**曰:'君子學道則愛人;小人學道則易使也。'"子曰:"二三子! 偃之言是也。前言戲之耳!"(《論語·陽貨》)

3. 大子曰:"**吾聞之羊舌大夫**曰:'事君以敬,事父以孝。'受命不遷爲敬,敬順所安爲孝。棄命不敬,作令不孝,又何圖焉? 且夫間父之愛而嘉其貺,有不忠焉;廢人以自成,有不貞焉。孝、敬、忠、貞,君父之所安也。棄安而圖,遠於孝矣,吾其止也。"(《國語·晉語一》)

4. 顏淵問乎仲尼曰:"**回嘗聞諸夫子**曰:'無有所將,無有所迎。'回敢問其遊。"(《莊子·知北遊》)

5. **昔管敬仲有言,小妾聞之**,曰:"畏威如疾,民之上也。從懷如流,民之下也。見懷思威,民之中也。畏威如疾,乃能威民。威在民上,弗畏有刑。從懷如流,去威遠矣,故謂之下。其在辟也,吾從中也。《鄭詩》之言,吾其從之。"(《國語·晉語四》)

　　6. 昔**吾聞之大成之人**曰:"自伐者無功,功成者墮,名成者虧。"(《莊子·山木》)

　　以上這幾條引語,除了内容方面具有格言意味,形式方面也是很有特點的,如四字句、排比、押韻等,"不怨天,不尤人",天、人古韻真部字相押;"無有所將,無有所迎",將、迎古韻陽部字相押,"功成者墮,名成者虧",墮、虧古韻歌部字相押,句式上也都形成對仗,與一般的諺語、格言相同。"事君以敬"與"事父以孝","畏威如疾"與"從懷如流"等,也都是四字句,具有對仗性質,完全可以看成是古代的諺語或格言。

　　(四)引用俗諺格言,但不直接説從何處聽來,也不説是俗語。這一類在以"聞之"爲標誌的引語中是最普遍的,所引内容一般都具有對仗、排比、押韻等形式特點。如:

　　1. 翟**聞之**:"同歸之物,信有誤者。"(《墨子·貴義》)
　　2. 由**聞之**:"爲善者天報之以福,爲不善者天報之以禍。"(《荀子·宥坐》)
　　3. 丘**聞之**:"好肆不守折,長者不爲市。"(《荀子·哀公》)
　　4. 臣**聞之**曰:"以亂攻治者亡,以邪攻正者亡,以逆攻順者亡。"(《戰國策·秦策一》)
　　5. 吾**聞之**也:"處官久者士妒之,禄厚者民怨之,位尊者君恨之。"(《荀子·堯問》)
　　6. 臣**聞之**:"沈於樂者洽於憂,厚於味者薄於行,慢於朝者緩於政,害於國家者危於社稷。"(《管子·中匡》)
　　7. 予**聞**曰:"能自得師者王,謂人莫己若者亡。"(《尚書·仲虺之誥》)
　　8. 我**聞**曰:"至治馨香,感于神明,黍稷非馨,明德惟馨。"(《尚書·君陳》)

9. 臣**聞之曰**:"仁有置,武有置。仁置德,武置服。"(《國語·晉語二》)

10. 臣**聞之**:"親有天,用前訓,禮兄弟,資窮困。"(《國語·晉語四》)

11. 臣**聞之**:"鳥窮則啄,獸窮則攫,人窮則詐。"(《荀子·哀公》)

12. 奢**聞之**:"既雕既琢,復歸於樸。"(《莊子·山木》)

13. 臣**聞之**:"君子善謀,而小人善意。"(《管子·小問》)

14. **聞**:"三人成虎,十夫楺椎。衆口所移,毋翼而飛。"(《戰國策·秦策三》)

15. 吾**聞之**:"君子濟人於患,必離其難。"(《呂氏春秋·離俗》)

16. **嘗聞**君子之用兵:"莫見其形,其功已成。"(《呂氏春秋·期賢》)

　　例 1 至例 6 的句式都是對仗或排比的,例 7 至例 16 都是押韻的。其内容都是經驗總結,或在某個條件下推論出某個結果,應當是當時廣爲流傳的格言或里諺俗語,在輯録研究時應予以高度注意。

　　除了形式和内容上與里俗諺語相同外,還有一些現象可以作爲我們這個結論的佐證,比如同一條諺語在同一書的不同篇章或不同書中都有引用,此處僅用"聞之"而彼處標以諺、語等。如:

1. 臣**聞**:"脣亡則齒寒。"(《戰國策·趙策一》)

2. 臣**聞之**:"脣揭者其齒寒。"(《戰國策·韓策二》)

3. 臣**聞之**:"脣亡則齒寒。"(《韓非子·存韓》)

4. 臣**聞**:"脣亡齒寒。"(《韓非子·十過》)

5. **諺**所謂"輔車相依,脣亡齒寒"者,其虞、虢之謂也。(《左傳·僖公五年》)

6. 古者有**語**:"脣亡則齒寒。"(《墨子·非攻中》)

　　這六條是引用同一條諺語,前四條皆用"聞之(聞)",後兩條則以

"諺"和"語"標誌。可以證明"聞之(聞)"具有標誌引用諺語的作用。

次看"**故曰**":

"故曰"一般出現在説話人或文章作者的一段論述或叙述一件事情之後的總結性語言之前,這種總結性的語言常常會引用某書或某人的現成辭句或格言俗語來充當,前人也有一些論述,如黎翔鳳于《管子·形勢》"故曰:伐矜好專,舉事之禍也。不行其野,不違其馬"下注曰:"周秦傳記多以'是故'發端,'故曰'猶'是故'。故,古也,謂古語也。……凡'故曰'承前文,否則古語也。'故曰',古曰也。《爾雅·釋詁》:'古,故也。'《孟子》七篇用'故曰'最多,'故曰持其志,無暴其氣';'故曰域民不以封疆之界';'故曰或勞心,或勞力'。最多者爲《離婁篇》:'故曰徒善不足以爲政,徒法不足以爲行。''故曰爲高必因丘陵,爲下必因川澤。''故曰責難於君謂之恭,陳善閉邪謂之敬,吾君不能謂之賊。'前文皆無所承,而《離婁》一篇有四'故曰',莫有議之者。此'故曰'包四句,'違其馬'有典,其爲古語無可疑矣。"[1]向宗魯於《説苑·談叢》"君子不羞學,不羞問。問訊者,知之本;念慮者,知之道也"下注曰:"《建本篇》:'故曰"訊問者智之本,思慮者智之道也。"'稱'故曰',必爲古語。"[2]

"故曰"後面的内容具體情形大致有三種:

(一)闡釋某些論點或經文所用詞語的含義,用"故曰"引進原文作總結。闡釋論點的代表性文章就是《管子》中的《形勢解》《明法解》等,《韓非子》中的《解老》《喻老》及《莊子》中申論《老子》的段落。如:

> 1. 無儀法程式,蚩摇而無所定,謂之蚩蓬之問。蚩蓬之問,明主不聽也。無度之言,明主不許也。故曰:"蚩蓬之問,不在所賓。"道行則君臣親,父子安,諸生育;故明主之務,務在行道,不顧小物;燕爵,物之小者也;故曰:"燕爵之集,道行不顧。"(《管子·形勢解》)

---

[1] 黎翔鳳撰,梁運華整理《管子校注》,中華書局,2004年,第37—38頁(以下版本同此)。

[2] 〔漢〕劉向撰,向宗魯校證《説苑校證》,中華書局,1987年,第409頁。

2. 馬者,所乘以行野也,故雖不行於野,其養食馬也,未嘗解惰也。民者,所以守戰也,故雖不守戰,其治養民也,未嘗解惰也。故曰:"不行其野,不違其馬。"(《管子·形勢解》)

3. 人有禍則心畏恐,心畏恐則行端直。行端直則思慮熟,思慮熟則得事理。行端直則無禍害,無禍害則盡天年。得事理則必成功,盡天年則全而壽。必成功則富與貴,全壽富貴之謂福。而福本於有禍,故曰:"禍兮福之所倚。"(《韓非子·解老》)

4. 嗇之者,愛其精神,嗇其智識也。故曰:"治人事天莫如嗇。"(《韓非子·解老》)

5. 翟人有獻豐狐、玄豹之皮于晉文公,文公受客皮而歎曰:"此以皮之美自爲罪。"夫治國者以名號爲罪,徐偃王是也。以城與地爲罪,虞、虢是也。故曰:"罪莫大於可欲。"(《韓非子·喻老》)

6. 越王入宦於吳,而觀之伐齊以弊吳。吳兵既勝齊人於艾陵,張之於江、濟,强之於黃池,故可制於五湖。故曰:"將欲翕之,必固張之;將欲弱之,必固强之。"(《韓非子·喻老》)

7. 故逐於大盜、揭諸侯、竊仁義並斗斛權衡符璽之利者,雖有軒冕之賞弗能勸,斧鉞之威弗能禁。此重利盜跖而使不可禁者,是乃聖人之過也。故曰:"魚不可脫於淵,國之利器不可以示人。"(《莊子·胠篋》)

8. 故曰:"爲道者日損,損之又損,以至於無爲;無爲而無不爲也。"(《莊子·知北遊》)

　　例1例2中的"蜚蓬之問,不在所賓""燕爵之集,道行不顧""不行其野,不違其馬"見於《管子·形勢篇》;例3中的"禍兮福之所倚"見於《老子》第五十八章;例4中的"治人事天莫如嗇"見於《老子》第五十九章;例5中的"罪莫大於可欲"見於《老子》第四十六章,今本原文作"禍莫大於不知足,咎莫大於欲得";例6中的"將欲翕之,必固張之;將欲弱之,必固强之"見於《老子》第三十六章;例7中的"魚不可脫於淵,國之利器不可以示人"見於《老子》第三十六章;例8中的"爲道者日損,損之又損,以至於無爲;無爲而無不爲也"見於《老子》第四十八章。有時,引用者還會説明篇名或書名,這類情形,閱讀時只要認真查核原文,一般不會誤解。

闡釋經文用詞含義的代表性著作就是"春秋三傳",比如《左傳》中出現"故曰"共25條,其中24條是闡釋經文用詞或卜筮辭語的含義的。如:

> 初,穆子之生也,莊叔以《周易》筮之,遇《明夷》䷣之《謙》䷎,以示卜楚丘。楚丘曰:"是將行,而歸爲子祀。以讒人入,其名曰牛,卒以餒死。《明夷》,日也。日之數十,故有十時,亦當十位。自王已下,其二爲公,其三爲卿。日上其中,食日爲二,旦日爲三。《明夷》之《謙》,明之未融,其當旦乎,**故曰**'爲子祀'。日之《謙》,當鳥,**故曰**'明夷于飛'。明而未融,**故曰**'垂其翼'。象日之動,**故曰**'君子于行'。當三在旦,故曰'三日不食'。《離》,火也;《艮》,山也。《離》爲火,火焚山,山敗。於人爲言。敗言爲讒,**故曰**'有攸往。主人有言'。言必讒也。純《離》爲牛,世亂讒勝,勝將適《離》,**故曰**'其名曰牛'。謙不足,飛不翔;垂不峻,翼不廣。**故曰**'其爲子後乎'。吾子,亞卿也;抑少不終。"(《左傳·昭公五年》)

請看《周易·明夷》之爻辭:

> 初九,明夷于飛,垂其翼;君子于行,三日不食。有攸往,主人有言。

除了"其爲子後乎"一句,"故曰"後的内容都是《明夷》卦初九的爻辭。這很能説明上古文獻中的"故曰"是經常用來引用成辭的一個固定結構。

(二)"故曰"後面是由前面的論述推導出的結論,是作者或陳述者的話,"故曰"相當於現代漢語中的"因此"或"所以説",這類情形既簡單又複雜。説它簡單,是因爲它不是引用;説它複雜,是要證明它不是引用，所以必須做大量的考據工作。《左傳》中"故曰"後的内容就有一條是説話人的推論：

> 冬，邾黑肱以濫來奔。賤而書名，重地故也。君子曰："名之不可不慎也如是：夫有所有名而不如其已。以地叛，雖賤，必書地，以名其人，終爲不義，弗可滅已。是故君子動則思禮，行則思義；不爲利回，不爲義疚。或求名而不得，或欲蓋而名章，懲不義也。齊豹爲衛司寇，守嗣大夫，作而不義，其書爲'盜'。邾庶其、莒牟夷、邾黑肱以土地出，求食而已，不求其名。賤而必書。此二物者，所以懲肆而去貪也。若艱難其身，以險危大人，而有名章徹，攻難之士將奔走之。若竊邑叛君以徼大利而無名，貪冒之民將置力焉。是以《春秋》書齊豹曰'盜'，三叛人名，以懲不義，數惡無禮，其善志也。故曰：'《春秋》之稱微而顯，婉而辨。上之人能使昭明，善人勸焉，淫人懼焉，是以君子貴之。'"（《左傳·昭公三十一年》）

依先秦文獻的通例，應該説"故曰"後面的内容都是引用，但是，由於上古文獻失傳的較多，有些本來就是口傳的東西，很難判斷被記錄下來的是原創還是傳説。如：

> 1. 公而不當，易而無私，決然無主，趣物而不兩，不顧於慮，不謀於知，於物無擇，與之俱往，古之道術有在於是者。彭蒙、田駢、慎到聞其風而説之。齊萬物以爲首，曰：天能覆之而不能載之，地能載之而不能覆之，大道能包之而不能辯之，知萬物皆有所可，有所不可。故曰：選則不徧，教則不至，道則無遺者矣。（《莊子·天下》）

上段文字中"故曰"後面的内容是包含在前面"曰"的内容之中爲田駢、慎到的言論呢，還是作者由此而得出的結論呢，不能確定。依前後文意，"故曰"後的内容似應爲田駢之徒的言論，但他們的著作失傳，無據可稽。對這類材料，必須仔細推敲。又如：

2. 君子易知而難狎，易懼而難脅，畏患而不避義死，欲利而不爲所非，交親而不比，言辯而不辭，蕩蕩乎其有以殊於世也。君子能亦好，不能亦好；小人能亦醜，不能亦醜。君子能則寬容易直以開道人，不能則恭敬繳絀以畏事人；小人能則倨傲僻違以驕溢人，不能則妒嫉怨誹以傾覆人。**故曰**：君子能則人榮學焉，不能則人樂告之；小人能則人賤學焉，不能則人羞告之。是君子小人之分也。(《荀子·不苟》)

上段文字中，通過陳述君子、小人的不同品格推導出世人對待他們的不同態度，顯然是作者的話語。以上兩種情形，雖然有時很難區分，但與輯錄古代俗語里諺關係不是很大①，所以這裏不再多談。

(三) 直接用"故曰"稱引俗語里諺作爲前面論述的總結。先看例子：

1. **故曰**："唇竭則齒寒，魯酒薄而邯鄲圍，聖人生而大盜起。"(《莊子·胠篋》)

2. **故曰**："去好去惡，臣乃見素；去舊去智②，臣乃自備。"(《韓非子·主道》，又見於《二柄》："故曰：去好去惡，群臣見素。")

3. **故曰**："功成者隳，名成者虧。"(《管子·白心》)

4. **故曰**："今日不爲，明日亡貨。"(《管子·乘馬》)

5. **故曰**："天地生之，聖人成之。"(《荀子·富國》)

6. **故曰**："君子以德，小人以力。"(《荀子·富國》)

7. **故曰**："心枝則無知，傾則不精，貳則疑惑。"(《荀子·解蔽》)

8. **故曰**："天下大亂，無有安國；一國盡亂，無有安家；一家盡

---

① 《老子》及《管子》中的《牧民》《形勢》等篇，其中韻語很普遍，是否爲古代里諺俗語的集成，還有待於進一步研究。

② 王念孫曰："'去舊去智'本作'去智去舊'，惡素爲韻，舊備爲韻。舊，古讀若忌。……後人讀舊爲巨救反，則與備字不協，故改爲'去舊去智'，不知古音智屬支部，備屬之部，兩部絕不相通，自唐以後始溷爲一類。此非精於三代兩漢之音者不能辨也。"(王念孫《讀書雜志》，江蘇古籍出版社，2000年，第1031頁，以下版本同此)

亂,無有安身。"(《呂氏春秋·諭大》,又《呂氏春秋·務大》)

　　9. **故曰**:"求則得之,舍則失之。"(《孟子·告子上》)

　　10. **故曰**:"不出於户而知天下,不窺於牖而知天道。"(《呂氏春秋·君守》)

以上幾條,語言形式上都很有特點,首先是以四字句爲主而押韻:例2中"惡、素"古韻魚部相押,"舊、備"之部相押;例3中"隳、虧"歌部相押;例4中"爲、貨"亦歌部相押;例5中"生、成"耕部相押;例6中"德、力"之部相押;例7中"枝、知"支部、"傾、精"耕部、"貳、惑"職部相押;例10中"户、下"魚部、"牖、道"幽部相押。例8和例9雖不押韻,但都是四字句。其次是句式的對仗或排比:除例1外,其他各例都有對仗;例1、例7、例8又是排比句式。這些特點又和里諺俗語完全相合。

還有些現象可以幫助我們證明這類材料是諺語或與諺語有關,如例1中的"脣竭則齒寒"《左傳》明言是諺語;例3的"功成者隳,名成者虧"《莊子》用"聞之"引用爲"大成之人言",可能指的就是老子;例2《韓非子》兩引,例8《呂氏春秋》兩引,例5《管子·勢篇》也引用,曰:"天因人,聖人因天,天時不作,勿爲客,人事不起,勿爲始。慕和其衆,以修天地之從。人先生之,天地刑之。聖人成之,則與天同極。"而馬王堆漢墓帛書《黄帝四經》中的《十大經·兵容篇》有"天地刑之,聖人因而成之"句,又《國語·越語下》范蠡語曰:"天因人,聖人因天;人自生之,天地形之,聖人因而成之。"可見,這些都是廣爲流傳、人人耳熟能詳的成語格言,因而,可以作爲"故曰"之後引用里俗諺語的證明。

三、没有任何標誌的

古人的行文或對話和現代人一樣,常常隨語境引進一兩句俗語格言來證明自己的觀點或寓示一種道理,卻不明言這是引用,行文中没有任何標誌。這種情況按理應當是比較普遍的,但要證明卻很不容易。根據前文論述的兩種情況,對這類情形可以從三個方面進行爬梳:一是語言形式具有押韻、對仗、排比等特點;二是内容具有經驗總結性質或哲理意味;三是不同書或同一書中的不同篇章同時出現,有些條目《淮南子·説林訓》《説苑·談叢》等也有涉及。符合這三條原則的,應當可以確定爲古諺古語。但這是一項很複雜的考據工作,必須反復細緻地核查先秦所有文獻,還要以漢以後文獻爲佐證。這項研究目前可以説還是一個空白。下面以《莊子》爲例談談我們的研究方法。

筆者從《莊子》中録出以下近似諺語的幾條:

1. 故法言曰:"無遷令,無勸成,過度益也。"遷令勸成殆事,<u>美成在久,惡成不及改</u>,可不慎與?(《人間世》)

2. 然後列子自以爲未始學而歸,三年不出。爲其妻爨,食豕如食人。於事無與親,<u>雕琢復樸</u>,塊然獨以其形立。紛而封哉,一以是終。(《應帝王》)

3. 至人之用心若鏡,<u>不將不迎,應而不藏</u>,故能勝物而不傷。(《應帝王》)

4. 掊擊聖人,縱舍盗賊,而天下始治矣。夫<u>川竭而谷虛,丘夷而淵實</u>;聖人已死,則大盗不起,天下平而無故矣。(《胠篋》)

5. 彼<u>竊鉤者誅,竊國者爲諸侯,諸侯之門而仁義存焉</u>,則是非竊仁義聖知邪?(《胠篋》)

6. 故<u>金石有聲,不考不鳴</u>。(《天地》)

7. 夫<u>凍者假衣於春,暍者反冬乎冷風</u>。(《則陽》)

8. <u>大白若辱,盛德若不足</u>。(《寓言》)

以上 8 條的畫綫部分,其語言特點基本符合我們所定的第一條原則:例 1 久、改古音之部押韻而句式對仗,楊慎《古今諺》及《風雅逸篇》收録,實屬卓見;例 2 "雕琢復樸",《莊子·山木》也有,作"既雕既琢,復歸於樸",琢、樸古音屋部押韻,且前面有"奢聞之"爲標誌。例 3 將、迎、藏、傷四字古音陽部押韻,又《莊子·知北遊》引作"無有所將,無有所迎",《淮南子·覽冥》作"故聖若鏡,不將不迎,應而不藏,

故萬化而無傷”。例 4 竭、虛古音鐸魚部通押,夷、實古音脂質部通
押,《淮南子·説林訓》有“川竭而谷虛,丘夷而淵塞,脣竭而齒寒。河
水之深,其壤在山”幾句,亦皆諺語。例 5 中誅、侯古音侯部押韻,門、
存古音文部押韻。《莊子·盜跖》中作“小盜者拘,大盜者爲諸侯。諸
侯之門,仁義存焉”。例 6 中聲、鳴耕部押韻,《淮南子·詮言》曰:“鼓
不滅於聲,故能有聲;鏡不没於形,故能有形。金石有聲,弗叩弗鳴;
管簫有音,弗吹弗聲。”數句都是諺語。例 7 句式對仗,《淮南子·俶
真訓》作“是故凍者假兼衣于春,而暍者望冷風于秋”,字句稍有變化。
例 8 中辱、足古音屋部押韻,《淮南子·説林訓》作“故大白若辱,大德
若不足”。可以看出,這些條目都基本符合我們上面所定的原則,應
當都是諺語。《莊子》中的古諺古語是很多的,像“指窮於爲薪,火傳
也,不知其盡也”(《養生主》)、“浮游,不知所求;倡狂,不知所往;游
者鞅掌,以觀無妄”(《在宥》)、“用志不分,乃凝於神”(《達生》)、“狗
不以善吠爲良,人不以善言爲賢”(《徐無鬼》)、“親父不爲其子媒”
(《寓言》)等等,都是非常精闢的,只是還需要進一步證明它們是
諺語。

　　根據上面提出的思路,可以對先秦及漢初文獻進行全面考察,將
其中的古諺古語輯録出來,爲進一步研究提供一份比較完備的語料
庫,這還需要下很大功夫。

　　　　　　(原載《古籍整理研究學刊》2012 年第 6 期)

上古文獻引詩方式簡論

關於上古文獻中的引詩，自古至今，研究者不乏其人，成果不算少。然而，就引詩方式而言，還缺乏深入細緻的剖析，這種情況對全面輯錄、系統研究古代詩歌尤其是逸詩的傳承和流變都有影響。因此還有必要做進一步探討。需要說明的是，本文所說的詩，除了《詩經》《楚辭》等詩集中詩以外，還包括逸詩、歌謠及古人的吟頌賦唱等具有詩歌特點的語言形式；所涉及的上古文獻，主要是先秦文獻，有少數兩漢文獻，其中的故事和引詩也與先秦有關。

上古文獻中引用詩歌的方式，可以從不同角度來看。就其引文格式而言，可以分爲有顯性標志、隱性標志和無標志三種；就其所引內容而言，可以分爲單純引用和綜合引用；就其所引內容的來源而言，又可以分爲文中引用和文中人物創作兩類。本文主要討論引詩格式。

一、有顯性標志的引詩

這是指有一定的詞語標志，讀者能明顯看出所引內容是詩。這類標志關鍵術語主要有詩曰、詩云、賦、歌、謠、謳、吟、誦、頌、祝等，下面分別討論。

（一）詩曰、詩云、某詩曰（有之）

以"詩"爲標志的常作"詩曰""詩云""詩有之"等，這一類引詩一般是傳世本《詩經》中的章句，有少數是不見於今本《詩經》的，即所謂逸詩。比如《荀子》中以"詩曰""詩云"引《詩》83 例，其中用"詩曰"者 72 例，用"詩云"者 11 例。所引詩句不計重複共 71 例，見於今本

《詩經》者 64 例,不見於《詩經》者僅 7 例,比例很小。這是上古文獻中普遍使用的引《詩》方式,是純粹的引用,不牽涉吟誦或歌唱的具體方式,勿需詳述。有些不見於今傳本《詩經》的,引用者或以"某詩"指明其產生的時代。如《國語·周語下》:

> 衛彪傒適周,聞之,見單穆公曰:"萇、劉其不歿乎? 周詩有之曰:'天之所支,不可壞也;其所壞,亦不可支也。'昔武王克殷而作此詩也,以爲飫歌,名之曰《支》,以遺後之人,使永監焉。夫禮之立成者爲飫,昭明大節而已,少曲與焉。是以爲之日惕,其欲教民戒也。然則夫《支》之所道者,必盡知天地之爲也。不然,不足以遺後之人。"①

上例中以"周詩"指明《支》詩的創作時代。

(二)賦

賦在先秦文獻中常常指朗誦或吟詠詩篇,也指創作詩歌。據董治安先生《先秦文獻與先秦文學》一書中的統計,《左傳》中引詩 219 條,賦詩 68 處,反映了春秋時期統治階層引詩賦詩的盛況。《左傳》中所記賦詩多指吟誦現成詩篇,如《僖公二十三年》:

> 他日,公享之。子犯曰:"吾不如衰之文也,請使衰從。"公子**賦**《河水》,公**賦**《六月》。②

《文公三年》:

> 晉人懼其無禮於公也,請改盟。公如晉,及晉侯盟。晉侯饗公,**賦**《菁菁者莪》。莊叔以公降、拜,曰:"小國受命於大國,敢不慎儀? 君貺之以大禮,何樂如之? 抑小國之樂,大國之惠也。"晉

---

① 徐元誥《國語集解》,中華書局,2002 年,第 130 頁(以下版本同此,腳注僅出書名與頁碼。餘書同此)。
② 楊伯峻《春秋左傳注》,中華書局,1990 年,第 410 頁(以下版本同此)。

侯降,辭。登,成拜。公**賦**《嘉樂》。①

《襄公二十年》:

　　冬,季武子如宋,報向戌之聘也。褚師段逆之以受享,**賦**《常棣》之七章以卒。宋人重賄之。歸,復命,公享之,**賦**《魚麗》之卒章。公**賦**《南山有臺》。②

　　上三例中的《河水》《六月》《菁菁者莪》《嘉樂》《常棣》《魚麗》《南山有臺》都是《詩經》篇名,"賦"爲吟誦義。

　　有時,"賦"指創作。《文心雕龍·詮賦》:"《詩》有六義,其二曰賦。賦者,鋪也,鋪采摛文,體物寫志也。昔邵公稱:'公卿獻詩,師箴瞍賦。'傳云:'登高能賦,可爲大夫。'詩序則同義,傳說則異體。總其歸途,實相枝幹。故劉向明'不歌而頌',班固稱'古詩之流也'。至如鄭莊之賦《大隧》,士蔿之賦《狐裘》,結言摭韻,詞自己作,雖合賦體,明而未融。及靈均唱《騷》,始廣聲貌。然則賦也者,受命於詩人,而拓宇於《楚辭》也。於是荀況《禮》《智》,宋玉《風》《釣》,爰錫名號,與詩畫境,六義附庸,蔚成大國。述客主以首引,極聲貌以窮文。斯蓋別詩之原始,命賦之厥初也。"③可見賦由詩發展而來,早初的賦就是詩,用作動詞,指創作詩歌。如《左傳·隱公三年》:

　　衛莊公娶於齊東宮得臣之妹,曰莊姜,美而無子,衛人所爲**賦**《碩人》也。④

《閔公二年》:

---

①　楊伯峻《春秋左傳注》,第 531 頁。
②　楊伯峻《春秋左傳注》,第 1054 頁。
③　郭晉稀《文心雕龍注譯》,甘肅人民出版社,1982 年,第 85—86 頁(以下版本同此)。
④　楊伯峻《春秋左傳注》,第 30—31 頁。

　　初，惠公之即位也少，齊人使昭伯烝於宣姜，不可，强之。生齊子、戴公、文公、宋桓夫人、許穆夫人。文公爲衛之多患也，先適齊。及敗，宋桓公逆諸河，宵濟。衛之遺民男女七百有三十人，益之以共、滕之民爲五千人。立戴公以廬于曹。許穆夫人**賦**《載馳》。①

　　《碩人》《載馳》也是《詩經》篇名，但兩例中的"賦"均爲創作義，衛人爲莊姜而作《碩人》篇，許穆夫人爲衛國發生的事情而作《載馳》篇，文中揭示了兩篇詩作的創作背景和作者。有時，"賦"也指即興吟唱之詞，但不見於今傳本《詩經》。如《左傳·僖公五年》：

　　初，晉侯使士蔿爲二公子築蒲與屈，不慎，寘薪焉。夷吾訴之。公使讓之。士蔿稽首而對曰："臣聞之……"退而**賦**曰："狐裘尨茸，一國三公，吾誰適從？"②

《隱公元年》：

　　公入而**賦**："大隧之中，其樂也融融。"姜出而**賦**："大隧之外，其樂也洩洩。"遂爲母子如初。③

　　上兩例中士蔿、鄭莊公及武姜所"賦"都是即興吟唱，屬於創作，今傳本《詩經》中均不收録。孔穎達《左傳正義》曰："賦詩謂自作詩也。中、融，外、洩，各自爲韻。蓋所賦之詩有此辭，傳略而言之也。融融和樂，洩洩舒散，皆是樂之狀，以意言之耳。"④

（三）歌

　　用"歌"引出的一般是文中所叙情景中人物的即興歌唱，這類歌詞都不在《詩經》之中。"歌"是有一定曲調的，是詞和樂的結合體。

---

① 楊伯峻《春秋左傳注》，第266—267頁。
② 楊伯峻《春秋左傳注》，第303—304頁。
③ 楊伯峻《春秋左傳注》，第14頁。
④ 〔清〕阮元校刻《十三經注疏》，中華書局影印，1980年，第1717頁（以下版本同此，腳注僅出書名與頁碼）。

如《尚書 · 益稷》:

帝庸作**歌**曰:"敕天之命,惟時惟幾。"乃**歌**曰:"股肱喜哉,元首起哉,百工熙哉。"①

《吕氏春秋 · 音初篇》:

禹行功,見塗山之女。禹未之遇而巡省南土。塗山氏之女乃令其妾候禹於塗山之陽。女乃作歌,**歌**曰:"候人兮猗。"實始作爲南音。周公及召公取風焉,以爲《周南》《召南》。②

《吴越春秋 · 句踐陰謀外傳》:

古者人民樸質,飢食鳥獸,渴飲霧露,死則裹以白茅,投於中野。孝子不忍見父母爲禽獸所食,故作彈以守之,絶鳥獸之害。故**歌**曰:"斷竹,續竹。飛土,逐肉③。"④

因爲歌是詞與樂的結合體,所以也可以稱作"樂"。如《尚書大傳 · 虞傳》:

惟五祀,定鐘石,論人聲,及乃鳥獸咸變於前。秋養耆老而春食孤子,乃浡然招(即"韶")樂興於大麓之野,執⑤事還歸,二年讜⑥然。乃作大唐之**歌**,以聲帝美。聲成而彩鳳至,故其**樂**曰:"舟張辟雍,鶬鶬相從。八風回回,鳳皇喈喈。"⑦

---

① 《十三經注疏》,第144頁。

② 陳奇猷《吕氏春秋新校釋》,上海古籍出版社,2002年,第338頁(以下版本同此)。

③ 肉,《叢書集成初編》本《吴越春秋》卷九作"害",《太平御覽》卷三百五十引《吴越春秋》作"飛土逐肉"。今按,作"害"蓋因字形相近而誤,"害"古韻月部字,與"竹"不押韻;而"肉"與"竹"皆覺部,音韻相協。今據《太平御覽》作"肉"。

④ 〔漢〕趙曄《吴越春秋》,《叢書集成初編》本,卷九。

⑤ 《大傳》本作"報",注云"一作'執'"。

⑥ 《大傳》本作"談",此據《四部叢刊》本改。

⑦ 〔漢〕伏勝《尚書大傳》,《文淵閣四庫全書》本,卷一。

其實《詩經》中的作品,變爲宮廷音樂時,都是可以弦歌的。所以,詩樂基本不分。

(四)謠、謳

"謠""謳"的性質相同,皆與"歌"相似,多爲民間歌謠或童謠。"謠"的本字爲"䚻",《説文》曰"徒歌"。段玉裁注曰:"《釋樂》曰:'徒歌曰謠。'《魏風》毛傳曰:'曲合樂曰歌,徒歌曰謠。'又《大雅》傳曰:'歌者,比於琴瑟也。徒歌曰謠,徒擊鼓曰嗙。'"①可見不配樂無琴瑟伴奏而唱就叫"謠"。如《國語·鄭語》:

> 宣王之時有童謠,曰:"㯳弧箕服,實亡周國。"於是宣王聞之,有夫婦鬻是器者,王使執而戮之。②

《左傳·僖公五年》:

> 八月甲午,晉侯圍上陽。問于卜偃曰:"吾其濟乎?"對曰:"克之。"公曰:"何時?"對曰:"童謠云:'丙之晨,龍尾伏辰。均服振振,取虢之旂。鶉之賁賁,天策焞焞。火中成軍,虢公其奔。'"③

《説文》曰:"謳,齊歌也。"段玉裁注:"師古注《高帝紀》曰:'謳,齊歌也。謂齊聲而歌,或曰齊地之歌。'按,假令許意齊聲而歌,則當曰'衆歌',不曰'齊歌'也。李善《吳都賦》注引曹植《妾薄相行》曰:'齊謳楚舞紛紛。'《太平御覽》引古《樂志》曰:'齊歌曰謳,吳歌曰歈,楚歌曰豔,淫歌曰哇。'若《楚辭》'吳歈蔡謳',《孟子》'河西善謳',則不限於齊也。"④"歈"和"謳"上古侯部字,韻部相同,聲母有清濁之異,可能是方言的不同,但引申均指歌謠或無伴奏的歌唱,不一定專指某地之歌。而且從文獻用例看,"謳"者一般是很多人,《説文》"齊

---

① 〔清〕段玉裁《説文解字注》,上海古籍出版社,1988年,第93頁(以下版本同此)。
② 徐元誥《國語集解》,第473頁。
③ 楊伯峻《春秋左傳注》,第310頁。
④ 〔清〕段玉裁《説文解字注》,第95頁。

歌"應當是"同聲歌唱"之義。如《左傳·宣公二年》：

> 宋城，華元爲植，巡功。城者謳曰："睅其目，皤其腹，棄甲而復。于思于思，棄甲復來。"使其驂乘謂之曰："牛則有皮，犀兕尚多，棄甲則那？"役人曰："從其有皮，丹漆若何？"華元曰："去之。夫其口衆我寡。"①

《襄公十七年》：

> 宋皇國父爲太宰，爲平公築臺，妨於農收。子罕請俟農功之畢，公弗許。築者謳曰："澤門之晳，實興我役。邑中之黔，實慰我心。"②

上引《左傳·宣公二年》文中之"城者"肯定不止一人，用"謳"當指衆人齊聲唱。襄公十七年文也是如此，築臺之人肯定很多，若只一兩人，就不存在"妨於農收"的問題。

（五）吟

《説文》云："吟，呻也。"《莊子·德充符》曰："道與之貌，天與之形，無以好惡內傷其身。今子外乎子之神，勞乎子之精，倚樹而吟，據槁梧而瞑。天選子之形，子以堅白鳴！"③又《天運》："儻然立於四虛之道，倚於槁梧而吟。"④《楚辭·漁父》："屈原既放，游於江潭，行吟澤畔，顏色憔悴，形容枯槁。"⑤從這些用例推測，"吟"的聲調應當是比較愁苦，由高到低逐漸消失，故言"吟"者一般有悲苦之情。《樂府詩集》録有《處女吟》一篇，題解引《琴操》曰："《處女吟》，魯處女所作也。"⑥《古詩紀》引《琴苑要録》曰："《貞女引》者，魯漆室女之所作

---

① 楊伯峻《春秋左傳注》，第 653—654 頁。
② 楊伯峻《春秋左傳注》，第 1032 頁。
③ 〔清〕郭慶藩撰，王孝魚點校《莊子集釋》，中華書局，1961 年，第 222 頁（以下版本同此）。
④ 〔清〕郭慶藩撰，王孝魚點校《莊子集釋》，第 504 頁。
⑤ 〔宋〕洪興祖撰《楚辭補注》，中華書局，1983 年，第 179 頁（以下版本同此）。
⑥ 〔宋〕郭茂倩《樂府詩集》，中華書局，1979 年，第 843 頁。

也。漆室女倚柱悲吟而嘯，鄰人謂曰：'欲嫁耶，何吟之悲也。'漆室女曰：'嗟乎！吾傷民，心悲而嘯，豈欲嫁哉。'自傷懷潔而爲人所疑。於是褰裳而去之，入山林之中。見女貞之廟，喟然歎息，援琴而弦歌：'菁菁茂木，隱獨榮兮。變化垂枝，含蕤英兮。修身養志，建令名兮。厥道不同，善惡並兮。屈躬就濁，世疑清兮。懷忠見疑，何貪生兮。'自縊而死，繫骸骨於林兮，附神靈於貞女，故曰《貞女引》。"①這也説明，"吟"的特點是聲音低沉淒苦，哀轉久絶。故後世樂書亦作"引"，因爲"引"有拉長之義。酈道元《水經注·江水二》："每至晴初霜旦，林寒澗肅，常有高猿長嘯，屬引淒異，空谷傳響，哀轉久絶。"②"吟"的聲音正如高猿長嘯，所以，有時會在其前加"悲""哀"等詞修飾，強調其特點。如《山海經·西山經》郭璞注引《穆天子傳》曰：

　　西王母又爲天子**吟**曰："徂彼西土，爰居其所。虎豹爲群，烏鵲與處。嘉命不遷，我惟帝女。彼何世民，又將去予。吹笙鼓簧，中心翺翔。世民之子，惟天之望。"③

　　西王母吟詩描述自己所處之環境是"虎豹爲群，烏鵲與處"，一片荒涼；並表達了對周穆王的無限留戀，可以想見是深情哀婉地吟唱出來的。又如《吳越春秋·句踐入臣外傳》：

　　越王夫人乃據船哭。顧烏鵲啄江渚之蝦，飛去復來，因哭而歌之曰："仰飛鳥兮烏鳶，凌玄虛號翩翩。集洲渚兮優恣，啄蝦矯翮兮云間，任厥兮往還。妾無罪兮負地，有何辜兮譴天？飄飄獨兮西往，孰知返兮何年？心惙惙兮若割，淚泫泫兮雙懸。"又**哀吟**曰："彼飛鳥兮鳶烏，已回翔兮翕蘇。心在專兮素蝦，何居食兮江湖？徊復翔兮游颺，去復返兮於乎。始事君兮去家，終我命兮君都。終來遇兮何辜④，離我國兮去吳。妻衣褐兮爲婢，夫去冕兮

---

①　〔明〕馮惟訥《古詩紀》，《文淵閣四庫全書》本，卷四。
②　〔北魏〕酈道元《水經注》，《四部叢刊初編》本，卷三十四。
③　《山海經》，上海古籍出版社《諸子百家叢書》本，1989年，第28頁。
④　原注曰："辜，當作'辜'。"

爲奴。歲遥遥兮難極,冤悲痛兮心惻。腸千結兮服膺,於乎哀兮忘食。願我身兮如鳥,身翱翔兮矯翼。去我國兮心摇,情憤惋兮誰識!"①

越王夫人的"哀吟"不用説是非常悲苦的。

(六) 誦、頌、祝

誦本爲動詞,指誦讀。《周禮·春官·大司樂》:"以樂語教國子:興、道、諷、誦、言、語。"鄭玄注:"倍文曰諷,以聲節之曰誦。"②"倍文"與今之"背文"同義。"以聲節之",是指聲音要抑揚頓挫,具有節奏感。"誦"與"吟"不同,它要求根據内容特點,在語氣上有所變化,但不一定全部是低沉悲涼的。諷和誦是有關聯的,背文的時候聲音抑揚頓挫就是誦,故《説文》曰"誦,諷也",後世稱作"背誦"。《論語·子路》:"子曰:誦《詩》三百,授之以政,不達;使於四方,不能專對。雖多,亦奚以爲?"宋邢昺疏曰:"此章言人之才學貴於適用。若多學而不能用,則如不學也。誦謂諷誦。《周禮注》云:'倍文曰諷,以聲節之曰誦。'《詩》有《國風》《雅》《頌》,凡三百五篇,皆言天子諸侯之政也。古者使適四方,有會同之事,皆賦《詩》以見意。今有人能諷誦《詩》文三百篇之多,若授之以政,使居位治民,而不能通達;使於四方,不能獨對,諷誦雖多,亦何以爲。言無所益也。"③《國語·周語上》:"故天子聽政,使公卿至於列士獻詩,瞽獻曲,史獻書,師箴,瞍賦,矇誦,百工諫,庶人傳語,近臣盡規,親戚補察,瞽史教誨,耆艾修之,而後王斟酌焉,是以事行而不悖。"④正因爲誦是背文,所以瞽矇之人可以爲之。《周禮·春官·瞽矇》:"諷誦詩,世奠繫,鼓琴瑟。"鄭玄注:"諷誦詩,謂闇讀之,不依詠也。"賈公彦疏曰:"背文與以聲節之,皆是闇讀之,不依琴瑟而詠也。直背文闇讀之而已。"⑤這説明詩既可以歌詠,也可以諷誦,歌詠要有樂器伴奏,諷誦則無需伴奏。《説苑·復恩篇》曰:"晉文公出亡,周流天下,舟之僑去虞而從焉。文公反國,

---

① 《吴越春秋》,《四部叢刊初編》本,卷七。
② 《十三經注疏》,第787頁。
③ 《十三經注疏》,第2507頁。
④ 徐元誥《國語集解》,第11—12頁。
⑤ 《十三經注疏》,第797頁。

擇可爵而爵之,擇可禄而禄之,舟之僑獨不與焉。文公酌諸大夫酒,
酒酣,文公曰:'二三子盍爲寡人賦乎?'舟之僑進曰:'君子爲賦,小人
請陳其辭,辭曰:有龍矯矯,頃失其所;一蛇從之,周流天下。龍反其
淵,安寧其處。一蛇耆乾,獨不得其所。'文公懼然曰:'子欲爵耶? 請
待旦日之期;子欲禄邪? 請今命廩人。'舟之僑曰:'請而得其賞,廉者
不受也;言盡而名至,仁者不爲也。今天油然作雲,沛然下雨,則苗草
興起,莫之能禦。今爲一人言施一人,猶爲一塊土下雨也,土亦不生
之矣。'遂歷階而去。文公求之不得,終身誦《甫田》之詩。"①這裏的
"誦"就是聲音抑揚頓挫地背誦,而且,用"誦"引出篇名的,一般在今
傳本《詩經》之中。而用"誦"引出的詩句,則多爲誦者據一定事實的
即興創作,也應當是抑揚頓挫地説出來,不是歌詠的。如《國語·晉
語三》:

> 晉惠公入而背外内之賂,輿人**誦**之曰:"佞之見佞,果喪其
> 田。詐之見詐,果喪其賂。得國而狃,終逢其咎。喪田不懲,禍
> 亂其興。"②
> 惠公即位,出共世子而改葬之,臭達於外。國人**誦**之曰:"貞
> 之無報也,孰是人斯,而有是臭也。貞爲不聽,信爲不誠。國斯
> 無刑,偷居倖生,不更厥貞,大命其傾。威兮懷兮,各聚爾有,以
> 待所歸兮。猗兮違兮,心之哀兮。歲之二七,其靡有微兮。若狄
> 公子,吾是之依兮。鎮撫國家,爲王妃兮。"③

《左傳·襄公三十年》:

> (鄭子産)從政一年,輿人**誦**之曰:"取我衣冠而褚之,取我田
> 疇而伍之。孰殺子産,我其與之。"及三年,又**誦**之曰:"我有子
> 弟,子産誨之。我有田疇,子産殖之。子産而死,誰其嗣之。"④

---

① 向宗魯《説苑校證》,第 122 頁。
② 徐元誥《國語集解》,第 303 頁。
③ 徐元誥《國語集解》,第 304—305 頁。
④ 楊伯峻《春秋左傳注》,第 1182 頁。

《吕氏春秋·期賢》:

> 魏文侯過段干木之閭而軾之,其僕曰:"君胡爲軾?"曰:"此
> 非段干木之閭歟? 段干木蓋賢者也,吾安敢不軾? 且吾聞段干
> 木未嘗肯以己易寡人也,吾安敢驕之? 段干木光乎德,寡人光乎
> 地;段干木富乎義,寡人富乎財。"其僕曰:"然則君何不相之?"於
> 是君請相之,段干木不肯受。則君乃致禄百萬,而時往館之。於
> 是國人皆喜,相與誦之曰:"吾君好正,段干木之敬;吾君好忠,段
> 干木之隆。"①

上列幾例中,誦者一般是"國人"或"輿人",當不止一人,而不用"謳"
者,蓋誦與謳的方式不同,謳是衆多人"徒歌",聲音要拉長;誦則是抑
揚頓挫地説出,不是唱,它們的區別還是比較明顯的。

　　上古文獻中也有用"頌"引出詩歌的,"頌"與"誦"同聲,《説文》:
"頌,兒也。"段玉裁注:"兒下曰:頌儀也。與此爲轉注。不曰頌也,
而曰頌儀也者,其義小别也,於此同之,於彼别之也。古作頌兒,今作
容兒,古今字之異也。容者,盛也。與頌義别。六詩:一曰頌。《周禮
注》云:頌之言誦也,容也。誦今之德廣以美之。"②頌本指容貌,《詩
經》中的頌詩都是描述先君之形容而歌頌其美德的,如《周頌·噫嘻》
就是一首歌頌周成王教民勤于農事的詩。上古文獻中用"頌"引用的
詩句也大都有描述性的特點。如《莊子·天運》:

> 帝曰:"吾又奏之以無怠之聲,調之以自然之命,故若混逐叢
> 生,林樂而無形;布揮而不曳,幽昏而無聲。動於無方,居於窈
> 冥;或謂之死,或謂之生;或謂之實,或謂之榮;行流散徙,不主常
> 聲。世疑之,稽於聖人。聖也者,達於情而遂於命也。天機不張
> 而五官皆備。無言而心説,此之謂天樂。故有焱氏爲之頌曰:
> '聽之不聞其聲,視之不見其形。充滿天地,苞裹六極。'汝欲聽

---

① 陳奇猷《吕氏春秋新校釋》,第 1457—1458 頁。
② 〔清〕段玉裁《説文解字注》,第 416 頁。

之而無接焉,而故惑也。"①

　　《莊子》所引有焱氏之頌"聽之不聞其聲,視之不見其形。充滿天地,苞裹六極",就是描繪"天樂"的,唐人成玄英疏曰:"(有)焱氏,神農也。美此至樂,為之章頌。大音希聲,故聽之不聞;大象無形,故視之不見;道無不在,故充滿天地二儀;大無不包,故囊括六極。六極,六合也。假欲留意聽之,亦不可以耳根承接,是故體茲至樂,理趣幽微,心無分別,事同愚惑也。"②

　　《史記·孟子荀卿列傳》:

　　　　荀卿,趙人。年五十始來游學於齊。騶衍之術迂大而閎辯;奭也文具難施;淳于髡久與處,時有得善言。故齊人**頌**曰:"談天衍,雕龍奭,炙轂過髡。"③

　　《史記》所引齊人頌同樣是具有描繪性質,茲不詳為分析了。皇帝行巡,常刻石頌美德,其内容也是如此,如《史記》等所載秦刻石文字皆為歌功頌德的四言詩。西周及春秋金文的後半部也是以四言為主的韻語,可以看作頌詩。這些都需要作專門的輯録和研究,限於篇幅,此處不再詳引詳論。

　　上古文獻中儀式詩多稱為"頌",也應當與其誦讀方式和内容有關。如《孔子家語·冠頌篇》:

　　　　孔子曰:"諸侯之有冠禮也,夏之末造也,有自來矣,今無譏焉。天子冠者,武王崩,成王年十有三而嗣立。周公居冢宰,攝政以治也。周公命祝雍作頌曰:'祝王達而未幼。'祝雍辭曰:'使王近於民,遠於年,嗇於時,惠於財,親賢使能。'其**頌**曰:'令月吉日,王始加元服,去王幼志,服衮職,欽若昊天,六合是式,率爾祖

---

① 〔清〕郭慶藩撰,王孝魚點校《莊子集釋》,第507—508頁。
② 〔清〕郭慶藩撰,王孝魚點校《莊子集釋》,第510頁。
③ 〔漢〕司馬遷《史記》,中華書局,1982年,第2348頁(以下版本同此)。

考,永永無極。’此周公之制也。”①

古代貴族的加冠禮有非常隆重的儀式,《儀禮·士冠禮》有專門說明。冠禮祝辭的誦讀方式一定是有講究的,所以叫“頌”。

祝辭也是一定場合應用的文體,誦讀也需要抑揚頓挫,具有節奏感,所以也多爲詩體。如《儀禮·士冠禮》:

> 始加,**祝**曰:“令月吉日,始加元服。棄爾幼志,順爾成德。壽考惟祺,介爾景福。”再加,曰:“吉月令辰,乃申爾服,敬爾威儀,淑慎爾德,眉壽萬年,永受胡福。”三加,曰:“以歲之正,以月之令,咸加爾服,兄弟具在,以成厥德。黄耇無疆,受天之慶。”②

《吴越春秋·句踐入臣外傳》:

> 越王仰天歎息,舉杯垂涕,默無所言。種復前**祝**,曰:“大王德壽,無疆無極。乾坤受靈,神祇輔翼。我王厚之,祉祐在側。德銷百殃,利受其福。去彼吴庭,來歸越國。觴酒既升,請稱萬歲。”③

上第一例中“始加”後用“祝曰”,“再加”“三加”後承上省略了“祝”字;例二中大夫種的祝辭也是誦讀出來的。西周金文的末尾一般是一段以四字句爲主而且押韻的文字,都可以説是祝文或頌,其内容也主要是歌功頌德並希望子孫後代世世享受福祐的。

上古文獻中儀式祝文的内容多稱爲“辭”,是用“辭”引出詩體。如《儀禮·士冠禮》:

> 醴**辭**曰:“甘醴惟厚,嘉薦令芳,拜受祭之,以定爾祥,承天之休,壽考不忘。”醮**辭**曰:“旨酒既清,嘉薦亶時,始加元服,兄弟具

① 陳士珂《孔子家語疏證》,上海書店,1987 年,第 199 頁。
② 《十三經注疏》,第 957 頁。
③ 《吴越春秋》,《四部叢刊初編》本,卷七。

來,孝友時格,永乃保之。"再醮,曰:"旨酒既湑,嘉薦伊脯,乃申爾服,禮儀有序,祭此嘉爵,承天之祜。"三醮,曰:"旨酒令芳,籩豆有楚,咸加爾服,肴升折俎,承天之慶,受福無疆。"字辭曰:"禮儀既備,令月吉日,昭告爾字,爰字孔嘉,髦士攸宜,宜之於假,永受保之。"曰伯某甫,仲叔季,唯其所當。①

這種辭的內容也多具有祈禱或祝福的性質。如《吳越春秋·句踐伐吳外傳》:

> 大夫種進祝酒,其辭曰:"皇天祐助,我王受福。良臣集謀,我王之德。宗廟輔政,鬼神承翼。君不忘臣,臣盡其力。上天蒼蒼,不可掩塞。觴酒二升,萬福無極。"於是,越王默然無言。大夫種曰:"我王賢仁,懷道抱德。滅讎破吳,不忘返國。賞無所怪,群邪杜塞。君臣同和,福祐千億。觴酒二升,萬歲難極。"②

《文心雕龍·祝盟》:

> 昔伊耆始蜡,以祭八神。其辭云:"土反其宅;水歸其壑;昆蟲勿作;草木歸其澤。"則上皇祝文,爰在兹矣。③

"辭"也可以寫作"詞",如《吳越春秋·句踐入臣外傳》:

> 越王句踐五年五月,與大夫種、范蠡入臣於吳,群臣皆送至浙江之上,臨水祖道,軍陣固陵,大夫文種前爲祝,其詞曰:"皇天祐助,前沈後揚。禍爲德根,憂爲福堂。威人者滅,服從者昌。王雖牽致,其後無殃。君臣生離,感動上皇。衆夫④哀悲,莫不感

---

① 《十三經注疏》,第957頁。
② 《吳越春秋》,《四部叢刊初編》本,卷十。
③ 郭晉稀《文心雕龍注譯》,甘肅人民出版社,1982年,第111頁。
④ 夫,底本作"天"。周生春曰:"夫,《太平御覽》卷七百三十六所引《吳越春秋》同,《苗龍》本作'天'。"(見《吳越春秋輯校匯考》第116頁,上海古籍出版社,1997年)今據周本改。

傷。臣請薦脯,行酒二①觴。"②

上面所討論的,只是就先秦文獻中的綜合情況而言。如果從詩歌產生、發展演變的角度講,這些標志性的詞語及其所代表的詩體,其產生的時代應當是有層次的。這一問題已有學者作過研究,筆者也將繼續探討。因不屬於本文討論範圍,故不贅述。

二、有隱性標志的引詩

這種標志看不出來是引詩,但它們可以提示讀者此處有引用,通過語境和語言特點的分析,一般能確定所引是不是詩歌。這類標志大致有以下幾種:

(一) 繇

"繇"是卦兆之占辭。高亨説:

> 筮書之卦爻辭及卜書之兆辭所以稱"繇"者,何哉?考《説文》云:"籀,讀書也。从竹,擂聲。《春秋傳》曰'卜籀'。"許氏所引之"卜籀",即《左傳》之卜繇,據此,卜書之繇借爲籀,推之筮書之繇亦借爲籀,並以其辭須誦讀,因謂之籀耳。此一説也。近儒以爲繇借爲謠。《爾雅·釋樂》:"徒歌謂之謠。"謠,古字作䚻。《説文》:"䚻,徒歌。从言,肉聲。"因筮書之卦爻辭及卜書之兆辭,大抵爲簡短之韻語,有似歌謠,故謂之謠。此又一説也。亨謂後説是也。考卜筮之繇,古亦謂之"頌"。《周禮·大卜》云:"大卜掌三兆之法,一曰玉兆,二曰瓦兆,三曰原兆。其經兆之體皆百有二十,其頌皆千有二百。"鄭注:"頌,謂繇也。"此卜書兆辭稱"頌"之證。又《占人》云:"占人掌占龜,以八簭占八頌,以八卦占簭之八故。"所謂"八頌",孫詒讓謂"頌是筮辭之名"(《周禮正

---

① 二,本作"三"。周生春曰:"《古今逸史》本、《太平御覽》所引作'三'。此據北圖本、弘治本。"(見《吳越春秋輯校匯考》第 117 頁,上海古籍出版社,1997 年)今據周本改。

② 《吳越春秋》,《四部叢刊初編》本,卷七。

義》），甚是。此筮書卦、爻辭稱"頌"之證。此兩者所以稱爲頌，孫詒讓謂"其文皆爲韻語，與詩相類，故亦謂之頌"。其説至確。兆辭與筮辭，因其與詩相類而稱爲頌，以此類推，自是因其與歌相類而稱爲謡，此亦繇借爲謡之旁證也。①

　　高亨先生所説的兩種看法實際是可以溝通的。卦兆之辭何以曰"繇"，自然與其語言形式有關，繇、謡同音通用。但是，有些卦爻辭顯然不是歌謡，爲什麼也稱爲"繇"呢？筆者以爲，這與其最初的形成及其應用、傳播的方式有關。前文已討論過"頌"與"誦"兩種顯性標志，古人把依一定曲調而唱的叫"歌"，没有一定曲子但用抑揚頓挫之聲調讀出來就叫"頌"，各種儀式詩都用這種形式。古代占卜當然是有一定儀式的，所以讀筮辭或卜辭也必須"誦"。由於誦時聲調有節奏變化，聽起來與詩歌相類，而且是口頭誦讀，於是和"徒歌"的謡有相似點，故曰"繇"。"繇"極有可能是後來用的區别字，最初也極有可能就寫作"謡"。但筮辭卜辭不一定都押韻，不一定都需四言或六言的句子，因爲除了記事辭、取象辭、説事辭，還有斷占辭，②成分比較複雜，記事、斷占辭有許多獨詞句，如"元""亨""吉""凶"等，其他没有一定格式，所以不必都是詩體。認識"繇"的這一特點非常重要，一方面提醒我們先秦文獻中的"繇"具有詩歌特點，在研究上古詩歌尤其是輯録逸詩的時候，不要忘了"繇"；另一方面，也提醒我們，並不是所有"繇"都是詩歌語言，研究時應當根據具體情況分別對待。如《國語·晉語四》：

　　　　公子親筮之，曰："尚有晉國。"得貞《屯》、悔《豫》，皆八也。筮史占之，皆曰："不吉。閉而不通，爻無爲也。"司空季子曰："吉。是在《周易》，皆利建侯。不有晉國，以輔王室，安能建侯？我命筮曰'尚有晉國'，筮告我曰'利建侯'，得國之務也，吉孰大

────────

① 　高亨《周易古經今注》（重訂本），中華書局，1984 年，第 16—17 頁（以下版本同此）。

② 　參高亨《周易古經今注》（重訂本）卷首《周易古經通説》第四章《周易筮辭分類表》，第 46—109 頁。

焉！……其《繇》曰：'元，亨，利貞，勿用，有攸往，利建侯。'主震雷，長也，故曰'元'。衆而順，嘉也，故曰'亨'。內有震雷，故曰'利貞'。車上水下，必伯。小事不濟，壅也。故曰：'勿用，有攸往。'一夫之行也。衆順而有武威，故曰'利建侯'。《坤》，母也。《震》，長男也。母老子强，故曰《豫》。其《繇》曰：'利建侯行師。'居樂、出威之謂也。是二者，得國之卦也。"①

上例中的"繇"就是《周易》中一般的斷占辭，沒有詩歌語言的特點。但有些"繇"則明顯是詩體，如《左傳·襄公十年》：

鄭皇耳帥師侵衛，楚令也。孫文子卜追之，獻兆於定姜，姜氏問**繇**。曰："兆如山陵，有夫出征，而喪其雄。"姜氏曰："征者喪雄，禦寇之利也。大夫圖之！"衛人追之，孫蒯獲鄭皇耳于犬丘。②

楊伯峻曰："兆只是灼龜殼之裂紋，其兆各有繇辭。據《周禮·大卜》，繇辭亦謂之頌。下三句即繇辭。"③又如《襄公二十五年》：

齊棠公之妻，東郭偃之姊也。東郭偃臣崔武子。棠公死，偃御武子以弔焉。見棠姜而美之，使偃取之。偃曰："男女辨姓，今君出自丁，臣出自桓，不可。"武子筮之，遇《困》☲☵之《大過》☰☴。史皆曰："吉。"示陳文子，文子曰："夫從風，風隕妻，不可娶也。且其《繇》曰：'困于石，據于蒺藜，入于其宮，不見其妻，凶。'困于石，往不濟也。據于蒺藜，所恃傷也。入于其宮，不見其妻，凶，無所歸也。"④

"困于石，據于蒺藜，入于其宮，不見其妻"就是一首歌謠，是《周易·困》卦六三之爻辭。《周易》卦爻辭中含有古歌，前輩學人已多所論

①　徐元誥《國語集解》，第340—342頁。
②　楊伯峻《春秋左傳注》，第978—979頁。
③　楊伯峻《春秋左傳注》，第979頁。
④　楊伯峻《春秋左傳注》，第1095—1096頁。

述,亦可參本書《〈周易〉卦爻辭古歌探析》一文。

（二）占之,曰;卜之,曰;筮之,曰

占卜之卦兆辭曰"繇",其内容或具歌謠性質。然古文獻中有些地方記録卦兆之辭時並不説"繇曰",而直接以"卜之,曰"或"占之,曰"或"筮之,曰",其後所引亦具有歌謠特點,在輯録古代歌謠逸詩時應當給予關注。如《左傳·莊公二十二年》：

> 初,懿氏卜妻敬仲。其妻占之,曰："吉。是謂'鳳皇于飛,和鳴鏘鏘。有嬀之後,將育于姜。五世其昌,並于正卿。八世之後,莫之與京。'"①

《閔公二年》：

> 成季之將生也,桓公使卜楚丘之父卜之,曰："男也,其名曰友,在公之右;間于兩社,爲公室輔。季氏亡,則魯不昌。"又筮之,遇《大有》䷍之《乾》䷀,曰："同復于父,敬如君所。"及生,有文在其手曰"友",遂以命之。②

上兩例中"其名曰友,在公之右;間于兩社,爲公室輔。季氏亡,則魯不昌""同復于父,敬如君所"及"鳳皇于飛,和鳴鏘鏘。有嬀之後,將育于姜。五世其昌,並于正卿。八世之後,莫與之京",均具四言詩的特點。對於文獻中的這種情況,諸古詩謠輯録家的態度有所不同,或收或否,没有統一標準。像"同復于父,敬如君所"幾乎没有人當作詩歌看待過,楊伯峻注曰："此筮者之言,非卦、爻辭。"③楊先生在其他幾條後都指出押韻之字及其古韻部,獨於此處未曾言及,可見也未當押韻的歌體看待。其實,此兩句中"父、所"古韻魚部相押,均爲四言句式,性質與"鳳皇于飛"等完全相同,應該看作詩體。

《左傳》等文獻中常常用"是謂"引出具有詩體特點的卦兆辭,這

---

① 楊伯峻《春秋左傳注》,第 221—222 頁。
② 楊伯峻《春秋左傳注》,第 263—264 頁。
③ 楊伯峻《春秋左傳注》,第 264 頁。

是值得引起注意的。上例中的"鳳皇于飛"即此類。又如《莊公二十二年》：

> 陳厲公，蔡出也，故蔡人殺五父而立之。生敬仲。其少也，周史有以《周易》見陳侯者，陳侯使筮之，遇《觀》䷓之《否》䷋，曰："是謂'觀國之光，利用賓于王'。此其代陳有國乎?"①

例中光、王押韻，顯然是詩體。又《哀公九年》：

> 晉趙鞅卜救鄭，遇水適火，占諸史趙、史墨、史龜。史龜曰："是謂沈陽，可以興兵，利以伐姜，不利子商。伐齊則可，敵宋不吉。"史墨曰："盈，水名也；子，水位也。名位敵，不可干也。炎帝爲火師，姜姓其後也。水勝火，伐姜則可。"史趙曰："是謂如川之滿，不可游也。鄭方有罪，不可救也。救鄭則不吉，不知其他。"陽虎以《周易》筮之，遇《泰》䷊之《需》䷄，曰："宋方吉，不可與也。微子啓，帝乙之元子也。宋、鄭，甥舅也。祉，禄也。若帝乙之元子歸妹而有吉禄，我安得吉焉?"乃止。②

楊伯峻注"是謂沈陽"四句曰："四語疑卜書之辭，陽、兵、姜、商爲韻，古音同在陽唐部。"③其實，史趙所言也是押韻的，游、救爲古幽部字。"是謂"可能是"這裏説"或"此卦説"的意思。這類辭句有可能是現成的卜書之辭，也有可能是當時占卜之人創作的。總之，常常爲四字句，而且押韻，具有詩歌語言的特點。當然，用"是謂"引進但不押韻的兆卦或斷占辭也有，如上例史墨所言即是。又如《國語·晉語四》：

> 董因逆公於河，公問焉，曰："吾其濟乎?"對曰："歲在大梁，將集天行……臣筮之，得《泰》之八。曰：'是謂天地配亨，小往大來。'今及之矣，何不濟之有? 且以辰出，而以參入，皆晉祥也，而

---

① 楊伯峻《春秋左傳注》，第 222 頁。
② 楊伯峻《春秋左傳注》，第 1652—1654 頁。
③ 楊伯峻《春秋左傳注》，第 1653 頁。

天之大紀也。濟且秉成，必伯諸侯。子孫賴之，君無懼矣。"①

上例雖有"是謂"，且爲筮辭，但不押韻，也没有詩歌語言的節奏，自然不是詩了。所以，對這種情況也應當通過分析確定其是否爲詩體。

（三）聞之

上古文獻中説話人用"聞之"的時候，常常是引用現成語言，或爲諺語，或爲歌謡，或爲當時某人所言，或爲古文獻中語言，總之是引用。所引是否歌謡，要通過分析來確定。如《國語·晉語八》：

> 平公有疾，秦景公使醫和視之，出曰："不可爲也。是謂遠男而近女，惑以生蠱；非鬼非食，惑以喪志。良臣不生，天命不佑。若君不死，必失諸侯。"趙文子聞之曰："武從二三子以佐君爲諸侯盟主，於今八年矣，内無苛慝，諸侯不二，子胡曰'良臣不生，天命不佑'？"對曰："自今之謂。和聞之曰：'直不輔曲，明不規闇，檕木不生危，松柏不生埤。'吾子不能諫惑，使至於生疾，又不自退而寵其政，八年之謂多矣，何以能久！"②

上例中有兩處用"聞之"，第一處指趙文子聽到醫和所言，第二處則是醫和引用俗語謡諺。"直不輔曲，明不規闇"兩句四言對仗，具有詩歌語言特點；"檕木不生危，松柏不生埤"顯然是諺語，危上古歌部字，埤上古支部字，可以看作鄰韻合押。又如《左傳·僖公五年》：

> 初，晉侯使士蔿爲二公子築蒲與屈，不慎，寘薪焉。夷吾訴之。公使讓之，士蔿稽首而對曰："臣聞之：'無喪而慼，憂必讎焉；無戎而城，讎必保焉。'"③

《國語·晉語二》：

---

① 徐元誥《國語集解》，第343—345頁。
② 徐元誥《國語集解》，第434—435頁。
③ 楊伯峻《春秋左傳注》，第303—304頁。

臣聞之曰:"仁有置,武有置。仁置德,武置服。"①

　　上列第一例中"無喪而慼,憂必讎焉;無戎而城,讎必保焉"四句,與《詩經》中"無競維人,四方其訓之"等句式相同,且"讎保"幽部押韻,完全可以看作一首詩或歌謠。第二例中三字句形成排比且"置、置、德、服"四字古韻職部相押,也具有詩的語言特點。

　　以上所列幾種情形,其所引文句形式比較複雜,需要綜合運用文獻學、文章學、音韻學和訓詁學等方面的知識,進行仔細爬梳,從中分析出具有詩歌語言特點的內容。這是一項比較費功夫的工程,需要認真閱讀原典,全面輯錄,逐句剖析。正因如此,才將其歸入有隱性標志的引詩形式。

三、没有標志的引詩

　　有顯性和隱性標志的兩種情況,是上古文獻中引詩的主要方式。還有一些詩謡湮没在文獻中,没有任何引用標志,更需要仔細閱讀,推敲琢磨才能辨析出來。這種情形所引詩歌,有的是現成的,有些則是文中説話人的即時創作,從文獻作者的角度看,當然都是引用。如《論語·子罕》:

　　"唐棣之華,偏其反而。豈不爾思,室是遠而。"子曰:"未之思也,夫何遠之有?"②

　　何晏注"唐棣之華"等四句曰"逸詩也",但文中没有引用標志,古人作注也是根據其語言特點確定的。《詩經·小雅·常棣》曰:"常棣之華,鄂不韡韡。"《衛風·竹竿》曰:"豈不爾思,遠莫致之。"似"常棣之華"與"豈不爾思"爲引用,其他兩句則逸詩或爲即興創作。這關係

---

①　徐元誥《國語集解》,第 297 頁。
②　《十三經注疏》,第 2491 頁。

到上古文獻中綜合引用的問題,見後文詳説。又如《管子·形勢》:

> 銜命者,君之尊也;受辭者,名之運也。上無事則民自試。抱蜀不言,而廟堂既脩。鴻鵠鏘鏘,唯民歌之。濟濟多士,殷民化之。紂之失也,飛蓬之閒①,不在所賓;燕雀之集,道行不顧。②

此例情形與《論語》所引相似,"鴻鵠鏘鏘"與"濟濟多士"當是引《詩》,其他兩句可能是《管子》作者所創造。今本《詩經》無"鴻鵠鏘鏘"句,但《大雅·文王》有"濟濟多士"句。而"歌"與"化"諧韻,四句節奏均合詩體。逯欽立《先秦漢魏晉南北朝詩·先秦詩》卷六只録"鴻鵠鏘鏘"一句,"鏘鏘"依《形勢解》作"將將",注曰:"《詩紀》引此作'鴻鵠將將,唯民歌之。濟濟多士,殷民化之。'然檢《管子》云:'銜③命者,君之尊也;受辭者,名之運也。上無事則民自試。抱蜀不言,而廟堂既脩。鴻鵠鏘鏘,唯民歌之。濟濟多士,殷民化之。'據此,如謂《管子》引詩,則止'鴻鵠鏘鏘''濟濟多士'兩句,而'鴻鵠鏘鏘'爲逸詩也。"④這種情形比較複雜,需要作些討論。

劉立志先生説:"先秦典籍引用《詩經》語句的方式可分爲單引、連引與合引三種。單引是單獨引用《詩經》某篇的某一具體語句,或標明'詩曰''詩云',或點明詩題。連引則是徵引幾詩或一詩中上下

---

① 閒,或作"問",或作"聞",各家釋義也頗有不同。黎翔鳳《校注》引許維遹説云:"飛蓬之閒"及下"燕雀之集""犧我牷圭璧不足以饗鬼神",皆指"紂之失"而言。"閒"與"諫"通,《白虎通·諫諍篇》"諫者,閒也",《論衡·譴告篇》"諫之爲言閒也",是其證。"飛蓬"言其輕微也。"賓"當從章(太炎)説,訓爲聽。諫而不聽者謂之"飛蓬之諫"。《後漢書·明帝紀》:"飛蓬隨風,微子所歎。"章懷《注》引《形勢解》,而曰:"此言微子,未詳。"考《尚書·微子篇》:"微子若曰:我用沈沉于酒,用亂敗厥德于下。"孫星衍云:"經文言我,不斥言紂者,爲尊親諱。"是也,此即微子諫紂之事,而紂不聽其諫,故《論語》云:"微子去之。"《後漢書》即合用《管子》《尚書》之意。"飛蓬隨風",謂紂不重視微子之諫,故微子歎之……黎氏案語曰:"閒",趙本改"問",與"賓"爲韻。然上文"鴻鵠"四句爲古詩,故有韻。"飛蓬"十句非詩,無韻。"飛蓬之閒"與"燕雀之集"相類,若爲"問"則不類矣。《詩·伯兮》:"自伯之東,首如飛蓬。豈無膏沐? 誰適爲容。"《莊子·説劍》"蓬頭突鬢",假"突"爲"禿",假"賓"爲"鬢"。《説文》:"髇,鬢禿也。"則知"閒"亦爲"髇"之借矣。觀《宙合》之欺美微子,"飛蓬"可能與微子有關。《麥秀》之歌,衆所共知。箕子佯狂爲奴,微子封於宋,當亦中心苦悶,首如飛蓬,而慨歎也。許説有理。(黎翔鳳《管子校注》,第28—29頁。)
② 黎翔鳳《管子校注》,第21—25頁。
③ 逯書作"銜",蓋誤。
④ 逯欽立《先秦漢魏晉南北朝詩》,中華書局,1983年,第69頁。

本不相連接的語句,行文中帶有間隔語,或爲'又曰'二字,或標明詩題和類名,以示前後有別,出處不一,讓人不致混淆。三是合引,引用詩句不屬於同一篇章,數語連貫而出,行文中没有任何區別性標識文字,因爲其時標點句讀符號尚不夠系統與明確,讀者極易誤認諸語均出自同篇。"①又説:"合引方式的認定應該謹慎,因爲《詩》三百篇中存在大量的套語……民歌在流傳過程中,由於地域不同,風俗有異,總不免被修改潤色,在保持主體意味的前提下進行適應性的加工改造,甚至完全由幾句相同的熟語而敷衍成不同的篇章,因此民歌中的套語數量較多,大大超出雅、頌詩篇。根據這個特點,我們大致可以確定所徵引逸詩語句如有部分同於今存雅、頌詩語,則其全體未必屬於逸詩,可以確定爲合引方式;如果所徵引逸詩語句有部分同於風詩,則其全體很有可能屬於同篇全逸之詩,其徵引方式不能確定爲合引。"②然而,上面所舉《論語》與《管子》中的情形與劉先生所言不完全相合,《論語》所引一出自《小雅》,一出自《衛風》;《管子》中所能證明的"濟濟多士"出自《大雅》。看來實際情況比較複雜,不是兩三種方式能夠概括的。雅詩、風詩均有被改造的可能;同時由於諷誦口傳,文人們都是耳熟能詳,在一定場合既引成語又加自己創作也是有可能的。將此情形視作一種新的創作也是完全説得通的,可以認爲是《詩經》以外的先秦古詩。

　　有一種情形,就是文獻的作者在叙述、描寫或議論的過程中,有意識地引用或創造一些詩化的語言,以增强文獻的情趣和説服力。就先秦諸子等文獻而言,也可能是一種時尚。尤其是在二人對話的情景中,常常有吟誦的成分。如《莊子·外物》:

　　　　儒以《詩》《禮》發冢,大儒臚傳曰:"東方作矣,事之何若?"小儒曰:"未解裙襦,口中有珠。"③

---

① 劉立志《先秦逸詩殘句摭釋考論》,《中華文史論叢》2010 年第 1 期,第 231—232 頁。
② 劉立志《先秦逸詩殘句摭釋考論》,《中華文史論叢》2010 年第 1 期,第 233 頁。
③ 〔清〕郭慶藩撰,王孝魚點校《莊子集釋》,第 927 頁。

例中"東方作矣,事之何若",作、若古韻鐸部相押;"未解裙襦,口中有珠",襦、珠古韻侯部相押,都是四字的詩語。這應當是《外物》篇作者臨時創造的以大、小儒生口吻吟誦的。何以如此?關鍵在於這兩位是天天口誦《詩》《禮》經典的儒生,誦詩需要抑揚頓挫的語調,他們是訓練有素的,因而在任何場合都會出口成章。如此理解,才能真正體會作者的用意,文章的諷刺效果也才能顯現出來。又如《左傳·襄公三十一年》:

> 穆叔至自會,見孟孝伯,語之曰:"趙孟將死矣。其語偷,不似民主。且年未盈五十,而諄諄焉如八九十者,弗能久矣。若趙孟死,爲政者其韓子乎!吾子盍與季孫言之,可以樹善,君子也。……"孝伯曰:"人生幾何,誰能無偷?朝不及夕,將安用樹?"穆叔出,而告人曰:"孟孫將死矣。吾語諸趙孟之偷也,而又甚焉。"①

《哀公十三年》:

> 吳申叔儀乞糧於公孫有山氏,曰:"佩玉繠兮,余無所繫之;旨酒一盛兮,余與褐之父睨之。"對曰:"梁則無矣,麤則有之。若登首山以呼曰'庚癸乎',則諾。"②

第一例中孝伯所言"人生幾何,誰能無偷?朝不及夕,將安用樹?"四句,皆四言,"偷、樹"侯部字押韻,是一首詩,可能是孝伯吟誦的現成詩句。第二例中申叔儀所言"佩玉繠兮,余無所繫之;旨酒一盛兮,余與褐之父睨之"四句,明人楊慎《風雅逸篇》、馮惟訥《古詩紀》、清人杜文瀾《古謠諺》、今人逯欽立《先秦漢魏晉南北朝詩 先秦詩》皆收錄,一般命爲《申叔儀乞糧歌》,《風雅逸篇》作《庚癸歌》,並錄"梁則無矣,麤則有之"二句作《答庚癸歌》,其他輯錄先秦逸詩謠語的著作均不錄此二句。楊氏的做法無疑是正確的。《左傳》此處的用

① 楊伯峻《春秋左傳注》,第1183—1184頁。
② 楊伯峻《春秋左傳注》,第1679頁。

意,注釋家有不同看法。杜預曰:"軍中不得出糧,故爲私隱。庚,西方,主穀;癸,北方,主水。傳言吳子不與士共飢渴,所以亡。"孔穎達疏曰:"食以稻粱爲貴,故以粱表精。若求粱米之飯,則無矣;蔬者則有之。若我登首山以叫呼'庚癸乎',女則'諾'。軍中不得出糧與人,故作隱語爲私期也。庚在西方,穀以秋熟,故以庚主穀;癸在北方,居水之位,故以癸主水。言欲致餅①,並致飲也。"②洪亮吉曰:"庚、癸,吳、越之市語也。《越絶書·計倪内經》:'庚貨之户曰穰比疏食,故無賈。'又云:'壬、癸無貨。'蓋庚、癸食之最粗者耳。與上句'粗則有之'正相應。杜注非也。"③筆者以爲,杜孔"私期"之説不通,庚癸主穀與水,則當時人所共知之常識,以此爲私約暗號,别人聽了也會明白;又孔穎達云"若我登首山以呼'庚癸乎',女則'諾'",於《左傳》原文不符,公孫有山氏對答語中的"則諾"是條件複句中表示結果的分句,前面一句是條件,説"如果你登上首山呼喊'庚癸啊',我就答應借糧給你",這似乎是一個要挾,讓對方暴露軍情,讓士兵都知道吳軍已日暮途窮。據杜預注,公孫有山是魯國大夫,與吳國申叔儀爲舊交,吳軍此時匱糧,故遣申叔儀去借。但此事之前,吳王夫差北伐中原,與晉爭長,略地齊魯之南。所以魯國不可能很情願地給他們糧餉,提條件要挾在情理之中。所以,不論庚癸代表一般食飲還是粗劣食飲,倒不是關鍵。需要討論的是兩人的對答方式,申叔儀吟了一首詩,公孫有山氏也以吟的方式回答:"粱則無矣,粗則有之。""矣、之"古韻之部字押韻。申叔儀用啞謎的形式委婉地表達借糧之意,而公孫有山氏偏要明白地説出,正好反映出此時兩國人的心態。既然認定申叔儀所云爲詩歌,則公孫有山之答語也是同類性質。他吟誦道:"上等的乾糧没有啊,粗劣的倒是有一點。"接著提要求:"你如果能登上首山呼喊'庚癸啊',我就答應給你。"又如《吳越春秋·勾踐伐吳外傳》:

　　　　(越王)還於吳……置酒文臺,群臣爲樂。乃命樂作伐吳之

---

① 阮元校勘記曰:"宋本餅作飯。案:盧文弨校云:餅乃餅之訛,見桓二年《釋文》。餅飰皆同飯。"
② 《十三經注疏》,第 2172 頁。
③ 〔清〕洪亮吉《春秋左傳詁》,中華書局,1987 年,第 873 頁。

曲。樂師曰:"臣聞即事作操,功成作樂。君王崇德,誨化有道之國,誅無義之人,復仇還恥,威加諸侯,受霸王之功。功可象於圖畫,德可刻於金石,聲可托於弦管,名可留於竹帛。臣請引琴而鼓之。"遂作《章暢辭》,曰:"屯乎,今欲伐吳,可未耶?"大夫種、蠡曰:"吳殺忠臣伍子胥,今不伐吳人①何須?"②

上例中"章暢辭"既曰"辭",自然有詩的性質,其中"乎、吳、耶"三字古魚部相押。下文大夫種、范蠡的答辭當然也是詩歌了,每句七字,胥、須押韻。情形與上所舉《左傳·哀公十三年》例相似。

還有一種情形,就是古人在行文或説話時,會引一些歌謠諺語,但不明確指出,而是夾雜在自己的言語中,需要仔細辨析。這種情形在議論性質的文字中較爲常見。如《管子·勢篇》:

> 逆節萌生,天地未刑③,先爲之政,其事乃不成,繆受其刑。天因人,聖人因天,天時不作,勿爲客,人事不起,勿爲始。慕和其衆,以修天地之從。人先生之,天地刑之,聖人成之,則與天同極。④

例中之語與《老子》相類,有似於歌謠集,"生、刑、政、成、刑""人、天""作、客""起、始""衆、從"及"生、刑、成"均分別押韻,當是幾首歌謠。即如"天時不作,勿爲客,人事不起,勿爲始"四句,兩兩爲韻,且句式對仗有節奏,完全可以看作歌謠。但它夾雜在其他話語中,不易被發現,需要仔細分析證明。其方法主要有二:一是先秦同一書中的不同篇章或不同書中也出現過;二是語言具有詩歌的特點,即押韻有節奏。上所言四句,《國語·越語下》中也引用:"夫聖人隨時以行,是謂守時。天時不作,弗爲人客;人事不起,弗爲之始。今君王未盈而溢,未盛而驕,不勞而矜其功。天時不作,而先爲人客,人事不起,而

---

① 原注曰:"'人'當作'又'。"今按,作"又"是。
② 《吳越春秋》,《四部叢刊初編》本,卷十。
③ 黎翔鳳案曰:"刑"同"形"。
④ 黎翔鳳《管子校注》,第885頁。

創爲之始,此逆於天而不和於人。王若行之,將妨於國家,靡王躬身。"①其基本句式和韻腳都未變。《越絕書》中也有"天道未作,不先爲客"②之語。這些足以證明此四句是春秋時期就流傳的歌謠諺語。

四、餘　　論

上古文獻引詩的三種方式,第一種方式歷代輯録研究逸詩的學者都予以充分關注;第二、第三種,就目前研究情況看,還比較薄弱;尤其是對第三種情形的研究,幾乎還是空白,需要引起高度重視。這個問題的研究,關係到對古代文獻産生、傳承、流變情況的深入瞭解,也關係到對古代禮儀文化的多角度認識和挖掘,是一項十分有價值而又非常複雜的工作,需要學人持之以恒的努力。

（原載韓國《人文研究》第 65 輯,2012 年 8 月）

---

① 徐元誥《國語集解》,第 576 頁。
② 張仲清《越絕書校注》,國家圖書館出版社,2009 年,第 85 頁。

《周易》卦爻辭古歌探析

　　《周易》卦爻辭中含有一些古老的歌謠，這已成學術界的共識。關於這些古歌的創作時代和作者問題，歷代學者有很多論述，毋須細緻討論。概括地説，《周易》卦爻辭中的古歌，産生較早，其中一些原以口頭形式流傳，作《易》者采之，並賦予象徵意義；還有一些應當是《易經》作者的創造。其時代有早於殷末周初的，寫定時間最晚也是在西周早期。

　　《易經》卦爻辭文學價值的表現，主要在詩歌上。可以説，一部《易經》，就是遠古至周初歌謠的總集。李鏡池《周易探源》説：

　　　　卦、爻辭，本來是編纂而成的；但這些詩歌式的句子，我們不能不説是有個作者在。前人把它歸之於兩位聖人的主名之下，説文王作卦辭，周公作爻辭。我們知道那不過是一種偶像的崇拜，不過是一種"箭垛式"的把戲。然而這種傳説卻暗示我們一個意思，就是卦、爻辭有一個或一個以上的作者。這個作者，我以爲即編纂卦、爻辭的那一位。這位編纂者，一方面是編集舊有的筮辭，一方面是有意爲文。你看他不用"何咎"(《隨·九四》《睽·六五》二處用)而用"何其咎"，以與"復自道"作整齊的句法；"枯楊生稊"與"枯楊生華"互相對照；"艮其背，不獲其身；行其庭，不見其人"；及"女承筐無實，士刲羊無血"，成對偶之文；《漸卦》諸爻辭，整套爲韻文，而以"鴻漸于"起，簡直就是《詩經》中的詩句格式。在以記叙爲主的筮辭中而有這類詩歌句子，我們很可以看出卦、爻辭編纂者的著作痕迹，亦可以看出編纂卦、爻辭時的藝術背景。卦、爻辭的編著者之所以能寫成這樣的詩歌，喜歡運用這樣的韻文，一定不是他個人能够這樣特創。《詩經》的"雅""頌"中,很有些是西周初葉的作品,那時候的詩歌,是在一個頗爲流行、極力發展的時代。卦、爻辭的編纂者,就在這樣的時代潮流之中,受詩歌的影響,作成同樣的文章。①

這個論述是完全符合事實的。

《周易》卦爻辭的結構,一般包括占辭、象辭、斷辭三部分,其中包含的詩歌主要在象辭中。需要申明的是,並非每卦中都必然含有歌謠,有些卦爻辭中有節奏感强且押韻的詩句,可以確定爲詩歌;而有些卦爻辭儘管也有象辭,但缺乏詩歌的語言特點,可以確定不是詩。所以不必每卦都必須輯出詩來。

《周易》各卦中所含歌謠的形式也不盡相同,有的是將一首詩分散於不同爻辭中,對這種情況,應當輯爲一首,分章列出,以復其原。如《屯》卦:

> 六二,屯如,邅如;乘馬班如。匪寇,婚媾。女子貞不字,十年乃字。
> 六四,乘馬班如,求婚媾。往吉,無不利。
> 九五,屯其膏,小,貞吉;大,貞凶。
> 上六,乘馬班如,泣血漣如。

從中輯出具有詩歌形式的象辭如下:

> 屯如,邅如;乘馬班如。
> 匪寇,婚媾。
> 乘馬班如,求婚媾,屯其膏。
> 乘馬班如,泣血漣如。

有的則是將幾首歌謠合纂於同一卦爻辭之中,一般是一爻中含有一首歌或一條格言,對這種情況,應當依不同爻辭分別輯爲不同的

---

① 李鏡池《周易探源》,中華書局,1978 年,第 49 頁。

歌謠。如《離》卦：

　　初九,履錯然,敬之无咎。
　　六二,黄離,元吉。
　　九三,日昃之離,不鼓缶而歌,則大耋之嗟,凶。
　　九四,突如,其來如。焚如,死如,棄如。
　　六五,出涕沱若,戚嗟若,吉。
　　上九,王用出征,有嘉折首,獲匪其醜,无咎。

　　從九三、九四、六五爻辭中可以輯出三首歌謠：

（一）日昃之離
日昃之離,不鼓缶而歌,則大耋之嗟。
（二）突如
突如,其來如。焚如,死如,棄如。
（三）出涕
出涕沱若,戚嗟若。

　　這些繇辭内容上一般没有必然聯繫,又如《中孚》卦：

　　初九,虞吉,有它不燕。
　　九二,鳴鶴在陰,其子和之。我有好爵,吾與爾靡之。
　　六三,得敵,或鼓或罷,或泣或歌。
　　六四,月幾望,馬匹亡,无咎。
　　九五,有孚攣如,无咎。
　　上九,翰音登于天,貞凶。

　　從中可以輯出兩首歌謠：

（一）鳴鶴在陰
鳴鶴在陰,其子和之。我有好爵,吾與爾靡之。

（二）得敵

得敵，或鼓或罷，或泣或歌。

《周易·繫辭上》説："'鳴鶴在陰，其子和之。我有好爵，吾與爾靡之。'子曰：'君子居其室，出其言善，則千里之外應之，況其邇者乎？居其室，出其言不善，則千里之外違之，況其邇者乎？言出乎身，加乎民；行發乎邇，見乎遠。言行，君子之樞機。樞機之發，榮辱之主也。言行，君子之所以動天地也，可不慎乎！'"王弼注："處内而居重陰之下，而履不失中，不徇於外，任其真者也。立誠篤至，雖在闇昧，物亦應焉。故曰'鳴鶴在陰，其子和之'也。不私權利，唯德是與，誠之至也。故曰'我有好爵'，與物散之。"①李鏡池認爲"這是一首男唱的婚歌，表現了男女歡聚，與《詩·關雎》相似"。② 高亨説："老鶴在樹蔭下鳴，鶴子亦鳴以應和之。我有美酒在杯中，與爾共飲之。此喻貴族父子世襲其爵位。"③黃玉順説："這是誓師犒軍之舉，類似《詩經·無衣》。"④張善文認爲這是朋友歡聚之詩。《得敵》這首詩，一般認爲是凱旋之歌。高亨説："戰爭虜得敵人，其將官士兵或勇有餘而擊鼓，或力已竭而疲倦，或悲而哭泣，或樂而歌唱。此言戰爭勝利者有所得亦有所失。"⑤除了黃玉順的解釋，其他各家意見看不出兩首詩意義之間的任何聯繫。

意義上有聯繫的爻辭，可以輯爲一首詩，根據其押韻和所在爻辭的不同分成不同章。意義上沒有聯繫的，則應該輯爲不同的詩。有些學者完全按不同爻辭分別輯錄，不免有偏頗之處。

學界對《周易》古歌意義的理解往往存在不同的觀點，造成分歧的原因很多，主要有兩點：一是對《周易》卦爻辭意義的解釋存在分歧，因而對其中包含的詩歌意象的理解也不盡相同；二是各家研究的視角有所不同，有的學者著眼於詩歌象徵意義的解讀，有的學者則著眼於詩歌原始意義的探索。詩歌的原始意義和它在卦爻辭中的象徵

---

① 《十三經注疏》，第 71 頁。
② 李鏡池《周易通義》，中華書局，1981 年，第 121 頁。
③ 高亨《周易大傳今注》，齊魯書社，1998 年，第 362 頁（以下版本同此）。
④ 黃玉順《易經古歌考釋》，巴蜀書社，1995 年，第 275 頁。
⑤ 高亨《周易大傳今注》，第 363 頁。

意義應該是有聯繫的,尤其是詩歌反映的具體意象,對理解其所在卦爻辭的哲學含義,有一定的啓示性。因此,在探討《周易》古歌意義的時候,首先要弄清楚這些古歌的原始意義,重點要放在歌詞所描繪的具體意象上,在弄清楚這點的基礎上,再探索其象徵意義,從而獲得對《周易》卦爻辭的準確理解。這樣更能顯示研究《周易》古歌的哲學和文學方面的雙重價值。

　　下面結合前人的研究,對所輯幾首《周易》古歌的意義做一些探討分析。

一、係用徽纆

　　係用徽纆,寘于叢棘,三歲不得。

　　這首詩是《周易·坎卦》上六之爻辭。徽纆,捆綁犯人用的繩索。《説文》:"徽,衺幅也。一曰三糾繩也。""纆,索也。"段玉裁《説文解字注》曰:"《易》'係用徽纆',劉表曰:'三股曰徽,兩股曰纆。'《字林》曰:'兩合曰糾,三合曰纆。'……按,從黑者,所謂黑索拘攣罪人也。今字從墨。"虞翻曰:"獄外種九棘,故稱'叢棘'。"①聞一多曰:

　　　古者執罪人,周其身置以棘,所以雍遏之也。《左傳·哀八年》曰:"邾子又無道,吳子使太宰子餘討之,囚諸樓臺,囚之以棘。"②《僖十五年》曰:"穆姬聞晉侯將至,以太子罃、弘與女簡璧登臺而履薪焉。"注曰"穆姬欲自罪,故登臺而荐之以薪,左右上下者皆履柴乃得通",此言薪蓋謂棘薪。《易》曰"係用徽纆,寘于叢棘",亦此類也。厥後俗變而意存,則獄前猶種棘焉。《周禮·朝士》曰"掌建邦外朝之法,左九棘,孤卿大夫位焉,群士在其後;右九棘,公侯伯子男位焉,群吏在其後",《禮記·王制》曰"大司寇聽之於棘木之下"是矣。鄭及九家並引《周禮》以説《易》,虞亦

---

　　① 〔清〕李道平《周易集解纂疏》,中華書局,1994 年,第 303 頁(以下版本同此)。
　　② "囚諸樓臺,囚之以棘",《十三經注疏》本《春秋左傳正義》作"囚請樓臺,栫之以棘",楊伯峻《春秋左傳注》作"囚諸樓臺,栫之以棘"。依意當以楊氏注本爲正。"囚之以棘","囚"蓋排印之誤。

言獄外種九棘,舉其流以概其源,未爲審諦。"三歲不得",得疑讀爲直。《晉語九》曰:"邢侯與雍子爭田,雍子納其女於叔魚以求直。""三歲不直",猶言三歲不得其平。①

聞氏之説極是。"直、得"上古同在職部,端定雙聲,可以通假。此歌謂有人入獄三年不得解脱。《坎》之卦辭曰"習坎",《象》曰:"'習坎',重險也。"坎,就是坑,陷井。通觀此卦各爻辭,取象幾乎全與陷險有關,象徵人陷入某種困境。如"初六,習坎,入于坎窞""九二,坎有險""六三,來之坎坎,險且枕,入于坎窞""九五,坎不盈,祗既平""上六,係用徽纆,寘于叢棘,三歲不得",係徽纆,涉叢棘,更是人事上的坎陷。

二、突如

突如,其來如。焚如,死如,棄如。

這首詩是《周易·離卦》九四之爻辭。《説文》曰:"𠱓,不順忽出也。從到子。《易》曰:'突如其來如。'不孝子突出,不容於内也。……𠬛或從到古文子,即《易》突字。"段玉裁曰:"《離》九四曰:'突如,其來如。焚如,死如,棄如。'鄭注曰:'震爲長子,爻失正,突如震之失正,不知其所如。不孝之罪,五刑莫大,故有焚如死如棄如之刑。'如淳注《王莽傳》亦曰:'焚如死如棄如,謂不孝子也。'皆與許合,許蓋出於孟氏矣。子之不順者謂之突如,造文者因有𠱓字,施諸凡不順者。"②《周易集解纂疏》引如淳曰:"焚如,死如,棄如,謂不孝子也。不畜于父母,不容于朋友,故焚殺棄之。"③《周禮·秋官·掌戮》曰:"凡殺其親者,焚之。"根據這些材料,我們覺得此詩似乎是焚棄逆子的,爲古代的一種刑法。清人沈家本《歷代刑法考》對"焚"刑有詳細考證,其文曰:

① 聞一多《聞一多全集》(第十册),湖北人民出版社,1993 年,第 221—222 頁。
② 〔清〕段玉裁《説文解字注》,第 744 頁。
③ 〔清〕李道平《周易集解纂疏》,第 309 頁。

《秋官·掌戮》：凡殺其親者焚之。鄭注："親，緦服以內也。焚，燒也。《易》曰：'焚如，死如，棄如。'"賈疏："親謂五服。五服多，故云凡殺其親。據人之親與王之親，皆謂五服已內。知者，案僖二十五年，衛侯燬滅邢，《公羊傳》曰：'何以名絶？曷爲絶之？滅同姓也。'滅同姓尚絶之，況殺緦麻之親，得不重乎？以此而言，故知親謂緦已上也。《易》曰'焚如死如棄如'者，按《離卦》九四'突如，其來如，焚如，死如，棄如'。注云，震爲長子，爻失正，又互體兑，兑爲附决，臣子居明法之家而無正，何以自斷？其君父，不志也。突如，震之失正，不知其所如，又爲巽。巽爲進退，不知所從。不孝之罪，五刑莫大焉，得用議貴之辟刑之，若如所犯之罪。焚如，殺其親之刑。死如，殺人之刑也。棄如，流宥之刑。"

按：焚如之刑太慘，古三代勝時何以有此？殊屬可疑。至《易·離卦》九四"焚如，死如，棄如"，《九家易》荀爽曰："陰以不正，居尊乘陽，歷盡數終，天命所誅。位喪民畔，下離所害，故焚如也。以離入坎，故死如也。火息灰損，故棄如也。"荀説與鄭不同，可見漢儒師説，不盡同康成也。《左傳·昭二十二年》："辛卯，鄩肸伐皇，大敗，獲鄩肸。〔壬辰〕，焚諸王城之市。"杜注："焚鄩肸。"

按：春秋時言焚者僅此事。

《漢書·匈奴傳》：……莽作焚如之刑，燒殺陳良等。《注》應劭曰："《易》有'焚如，死如，棄如'之言，莽依此作刑名也。"如淳曰："焚如，死如，棄如者，謂不孝子也。不畜于父母，不容于朋友，故燒殺棄之，莽依此作刑名也。"

按：此《傳》言莽作焚如之刑，是前此所無，至莽始造也。《易》義固不必如鄭説，即《周禮》之語，或亦疑劉歆所附益以諂莽者，非無故也。①

今按，沈氏説焚如作爲刑名是王莽始造是不錯，但不能説此前就

---

① 〔清〕沈家本《歷代刑法考》，中華書局，1985年，第96—98頁。

没有這種刑罰，其實他在講"炮烙"之刑時已舉了不少燔燒的例子，也算是焚之一種。他認爲焚如之刑太慘，古代勝時不會有此，也是儒生的迂闊之論，不可從，《尚書·舜典》已有五刑之名，遠古的刑罰應當是比較殘忍的。鄭康成的解釋是有道理的。"焚如，死如，棄如"表現了三種刑罰，也可能是一種刑法的整個過程。

黄玉順、傅道彬都認爲是反映打仗的詩。張善文譯作："旭日突升，來勢迅猛——恰似熊熊烈焰焚太空，轉眼煙消焰滅喪其蹤，焚畢被棄，唯餘殘灰冰冷。"①這些説法似與原始詩意不相符合。

三、見輿曳

見輿曳，其牛掣，其人天且劓。

這首詩是《周易·睽卦》六三之爻辭。《周易集解纂疏》引虞翻曰："離爲'見'，坎爲車爲'曳'，故'見輿曳'。四動坤爲'牛'爲類，牛角一低一仰，故稱'掣'，離上而坎下，'其牛掣'也。"李道平曰："'爲類'未詳，疑有誤也。"虞翻曰："黥額爲'天'，割鼻爲'劓'。"②俞樾曰："天疑兀字之誤，《説文·足部》：'跀，斷足也。重文䠥，曰跀或从兀。'《莊子·德充符篇》：'魯有兀者。'《釋文》曰：'李云刖足曰兀。'蓋即跀之省也。'其人跀且劓'，猶《困》九五曰'劓，刖也'。古文天作兲，見《玉篇》。故兀誤爲天矣。"③可見此詩描繪的是這樣一幅圖畫：一頭角一俯一仰的牛拉著一輛斜曳的破車，御者是一個受過刖刑和劓刑的殘疾人。這裏車、牛、人都是殘廢不正常的，搭配在一起是一幅比較滑稽的圖畫。

四、若號

若號，一握爲笑。

萃如，嗟如。

萃有位，齎咨涕洟。

---

①　張善文《周易與文學》，福建教育出版社，1997 年，第 177 頁。

②　〔清〕李道平《周易集解纂疏》，第 359 頁。

③　〔清〕俞樾《群經平議》第一卷《周易一》，《皇清經解續編》本。

這首詩是從《周易·萃卦》初六、六三、九五、上六爻辭中輯出的。《彖傳》曰："萃,聚也。"《序卦》《雜卦》並同。高亨認爲卦辭中的"萃"是聚義,但爻辭之"萃"通"瘁",指病。通觀此卦各爻辭,"萃"應當都是瘁義,亦即顇悴之義。萃與顇悴在古文獻中可以通借,此其一例。又通觀《周易》各卦名,多用本卦爻辭中出現的某個詞,六十四卦中只有坤、小畜、泰、大有、大畜、中孚、既濟七卦不取卦爻辭中的成名。

根據先秦文獻的通例,卦名極有可能是後起的,而且以"大""小"區分的卦名,極有可能原來是相同的名稱,或先爲此卦命名,而冠以"大",後爲彼卦命名,即冠以"小"。"既濟"蓋因"未濟"而定名,兩卦爻辭中均有"濡其尾""濡其首""曳其輪"等詞語,原來可能是同類筮辭,編纂《周易》的人將其分開定名。《大畜》《小畜》中沒有出現"畜"字,著實令人費解。張立文謂《小畜》:"本卦卦名是《小畜》,意爲小有積聚,然在卦爻辭中未出現'小畜'二字,唯卦名曰小畜。但有些爻辭則隱含小畜之義。如卦辭'密雲不雨,自我西郊',密雲有一個積累的過程,下雨也有一個氤氳的階段,但由於積累未到一定的限度或其他因素的干擾而未下雨。"[1]這種解釋讓人總覺得有點牽強。我們看這兩卦中都有"輿說輹"的句子,《大畜》中又有"良馬""童牛""豶豕"等詞,似與牲畜有關,似乎這兩卦本爲一類,編輯者分爲兩卦後,以大、小別之,其中"畜"應當指牲畜。《中孚》,帛書作"中復",而《復卦》帛書本與傳世本相同,是否本有關係是值得研究的。以上這幾卦的情形也似乎顯示出《周易》有雜纂的痕迹,即由不同的卜筮書合成,或以一種爲主,而參借了其他的本子。因爲先秦筮書不只一種,《周禮·大卜》曰:"大卜掌三《易》之法,一曰《連山》,二曰《歸藏》,三曰《周易》。其經卦皆八,其別皆六十有四。"此外,《左傳》所引卜筮之辭亦證明有別的筮書,《僖公十五年》,秦伯伐晉:"卜徒父筮之,吉:'涉河,侯車敗。'詰之。對曰:'乃大吉也。三敗,必獲晉君。其卦遇《蠱》☶☴,曰"千乘三去,三去之餘,獲其雄狐"。'"[2]《成公十六年》:"苗賁皇言於晉侯曰:'楚之良,在其中軍王族而已。請分良而擊其左右,而三軍萃於王卒,必大敗之。'公筮之。史曰:'吉。其卦遇《復》☷☳,曰"南國

① 張立文《帛書周易注譯》,中州古籍出版社,1992年,第526頁。
② 楊伯峻《春秋左傳注》,第353頁。

麋,射其元王,中厥目。"'"①這兩則筮辭均不見於今本《周易》。又《晉書·束皙傳》云汲冢竹書有"《易繇陰陽卦》二篇,與《周易》略同,繇辭則異"。② 可見卦同辭異的不同本子確實存在。早期編纂《周易》的人肯定做過參校。高亨在其《周易古經今注》的通說部分探討過這個問題,但沒有論及以"大""小"命名的文獻學意義,因此這裏作點補充說明,以期對我們比較科學地理解《周易》有所幫助。

基於上述認識,我們認爲《萃卦》之"萃"也是瘁義,而非聚義。"乃亂乃萃",《象傳》曰:"其志亂也。"謂精神錯亂而病。"若號,一握爲笑",此句的解釋各家有異同,黃玉順解"若"爲"汝";高亨認爲"若"是連詞,相當於"而","若號"連上句讀。其實,此句是對上句"乃亂乃萃"情形的具體描繪,謂此人神志狂亂,似哭又笑。關於"一握",聞一多《周易義證類纂》有精闢論述:

　　案《說文》曰:"呝,喔也。""喔,雞聲也。"《字鏡》曰:"呝喔,雞鳴。"雞聲與笑聲相似,《楚辭·九思·憫上》曰:"諓諓兮嗌喔。"《注》曰"嗌喔,容媚之聲",謂笑聲也,嗌喔與呝喔同。呝或變作咿,倒其辭曰喔咿,《楚辭·卜居》"喔咿嚅唲"《注》曰:"强笑噱也。"《韓詩外傳》九曰:"喔咿而笑之。""一握"與"呝喔""嗌喔""咿喔"同。號謂號咷,哭也。"若號,一握爲笑"謂初似號哭,忽變而爲笑。此與《同人》九五"先號咷後笑"同爲先凶後吉之象,故占曰"無恤,往無咎"。③

說先哭後笑,於爻辭之占不錯。但單純從詩歌意象而言,解作似哭而笑或又哭又笑則更貼切。

"萃如,嗟如",指因病而歎息的樣子。"萃有位",高亨云:"有猶于也。"④言勞瘁於其職位,即因工作而積勞成疾。帛書"位"作"立",上古文獻中"立"和"位"經常通用。萃于立,似乎也是描繪病人的情

---

① 楊伯峻《春秋左傳注》,第 885 頁。
② 〔唐〕房玄齡等撰《晉書》,中華書局,1974 年,第 1433 頁。
③ 聞一多《聞一多全集》(第十冊),第 249 頁。
④ 高亨《周易大傳今注》,第 291 頁。

狀的,指疲病無力,難以站立。"齎咨涕洟",《經典釋文》曰:"齎咨,嗟歎之辭也。鄭同。馬云:'悲聲,怨聲。'涕,徐音體。洟,他麗反,又音夷。鄭云:'自目曰涕,自鼻稱洟。'"①此句仍寫此人悲傷嗟歎、涕泗横流的狀貌。這首古歌描寫的很像是精神病人的狀況,尤其像是神志狂亂者即癲病患者的症狀。

五、困

臀困于株木,入于幽谷,三歲不覿。

困于酒食,朱紱方來。

困于石,據于蒺藜;入于其宫,不見其妻。

來徐徐,困于金車。

劓刖,困于赤紱,乃徐有説。

困于葛藟,于臲卼。

這首詩是從《周易·困》卦初六、九二、六三、九四、九五、上六爻辭中輯出的,表現罪人受各種刑罰的困頓情形。《左傳·襄公二十五年》引此卦六三爻辭,曰:

> 齊棠公之妻,東郭偃之姊也。東郭偃臣崔武子。棠公死,偃御武子以弔焉。見棠姜而美之,使偃取之。偃曰:"男女辨姓,今君出自丁,臣出自桓,不可。"武子筮之,遇《困》☰之《大過》☰。史皆曰:"吉。"示陳文子,文子曰:"夫從風,風隕,妻不可娶也。且其《繇》曰:'困于石,據于蒺藜,入于其宫,不見其妻,凶。'困于石,往不濟也。據于蒺藜,所恃傷也。入于其宫,不見其妻,凶,無所歸也。"②

高亨認爲"株木"指刑杖,"臀困于株木"謂臀部受刑杖。株,本指樹墩。"幽谷"指牢獄。"覿",見也。"困于酒食",指没有酒肉吃。

---

① 〔唐〕陸德明撰,黄焯彙校《經典釋文彙校》,中華書局,2006年,第51頁(以下版本同此)。

② 楊伯峻《春秋左傳注》,第1096頁。

"朱紱"就是紅色的囚服,相當於後世的赭衣。"困于石",聞一多《周易義證類纂》曰:

> 案《周禮·大司寇》曰:"以嘉石平罷民。凡萬民之有罪過,而未麗於法,而害於州里者,桎梏而坐諸嘉石,役諸司空。重罪,旬有二(元誤三,從王念孫改)日坐,期役。其次九日坐,九月役。其次七日坐,七月役。其次五日坐,五月役。其下罪,三日坐,三月役。使州里任之,則宥而舍之。"又《司救》曰:"凡民之有衺惡者,三讓而罰,三罰而士加明刑,恥諸嘉石,役諸司空。"又《朝士》曰:"左嘉石,平罷民焉。"《困》六三"困于石,據于蒺藜;入于其宮,不見其妻,凶","據于蒺藜"猶《坎》上六"寘于叢棘",狴獄之象,則"困于石"之石當即嘉石,困辱于石上,猶《司救》曰"恥諸嘉石"也。①

"據于蒺棃(藜)",也是一種刑罰,與前文所論《坎卦》之"寘于叢棘"義相近。蒺藜是一種帶刺的草。孔穎達《周易正義》曰:"蒺藜之草有刺而不可踐也。"②宮即室。此人受刑而歸,妻子已離去不見,又一困窘之事。"徐徐",遲緩之狀。"金車",李鏡池《周易通義》認爲是囚車。"劓刖",本指割鼻斷足之刑。"赤紱"與朱紱義同,指囚衣。"乃徐有説"之"説"通"脱",指解脱。"葛藟",草名,有藤蔓,能纏繞。王弼注曰:"居困之極,而乘於剛,下無其應,行則愈繞者也。行則纏繞,居不獲安,故曰困'于葛藟于臲卼'也。"③黃玉順認爲"于臲卼"之"于"爲衍文,是也。臲卼,《説文》引作"槷䖂",④云"不安也"。又《廣雅·釋詁》曰:"陧,危也。"王念孫《疏證》曰:

> 《説文》:"陧,危也。"引《秦誓》"邦之阢陧",今本作"杌陧"。又《説文》:"槷䖂,不安也。"引《困》九五"槷䖂,困于赤芾",今本

---

① 聞一多《聞一多全集》(第十冊),第218頁。
② 《十三經注疏》,第59頁。
③ 《十三經注疏》,第59頁。
④ "槷"當爲"槷"之誤。

作“劓刖”。《釋文》：“荀、陸、王肅本劓刖作臲卼。云‘不安
貌’。”鄭云：“劓刖，當爲倪仉。”李鼎祚《集解》引虞翻注云：“割
鼻曰劓，斷足曰刖。”《周易述》云：“九五人君，不當有劓刖之象。
當從鄭讀爲倪仉，五無據無應，故倪仉不安。”案，此説是也。此
與上六“困于臲卼”同義。困于臲卼，則凡事不能得志，故《象傳》
曰：“臲卼，志未得也。”作劓刖者，假借字耳。《乾鑿度》云“至於
九五，劓刖不安”是也。若割鼻斷足，則非其義矣。槷劜，臲卼，
倪仉，劓刖，古皆通用。倒言之則曰杌隉，其實一也。①

今按，“劓刖，困于朱紱”中，劓刖當解爲割鼻斷足之刑名。後文
“臲卼”爲不安之貌，王念孫之説甚是。

六、大人虎變

　　大人虎變，君子豹變，小人革面。

　　這首詩是從《周易·革卦》九五、上六爻辭中輯出的，一般釋爲講
服飾的，聞一多《周易雜記》認爲是説車制的：“變”通“辯”，辯斑同，
斑指虎文。“‘大人虎變’，即大人虎斑，‘君子豹變’，即君子豹斑。虎
辯豹辯，猶言虎文豹文也。故《象》曰‘其文炳’‘其文蔚’。《禮記·
玉藻》‘君羔幦虎植，大夫齊車，鹿幦豹植，朝車，士齊車，鹿幦豹植’，
《注》：‘幦，覆笭也，植謂緣也。’案金文毛公鼎、番生毁並言‘奉緐較’
劉心源釋爲斑緐斑較。案緐與幦同，奉即賁字。《序卦傳》釋文引傅
云：‘賁，古斑字。’疑古幦本以虎豹皮爲之，不僅以爲緣飾，《玉藻》所
言蓋秦漢之制與！以九三‘革言三就’、上六‘小人革面’皆言車制例
之，則‘大人虎變’‘君子豹變’亦當謂君車以虎皮爲幦，大夫車以豹皮
爲幦。虎變豹變即虎辯豹辯，亦即虎賁豹賁，皆指車覆笭言之。”②君
子指戰争中的將帥，小人指士卒。面讀爲鞔，玄應《一切經音義》十四
引《蒼頡篇》：“鞔，覆也。”革鞔謂車以革爲覆笭。
　　今按，聞一多謂此歌言車制有其道理。笭本作軨，車笭是古代車

① 〔清〕王念孫《廣雅疏證》，中華書局，2004 年，第 29—30 頁（以下版本同此）。
② 聞一多《聞一多全集》（第十册），第 304 頁。

厢的木方格圍欄,覆笭就是覆蓋在軨上的類似毯子或簾子的東西。但是不是指車覆軨則很難定論。《周禮·春官·巾車》曰:"王之五路:一曰玉路,錫,樊纓十有再就,建大常,十有二斿,以祀;金路,鉤,樊纓九就,建大旂,以賓,同姓以封;象路,朱,樊纓七就,建大赤,以朝,異姓以封;革路,龍勒,條纓五就,建大白,以即戎,以封四衛;木路,前樊鵠纓,建大麾,以田,以封蕃國。"鄭玄注曰:"樊,讀如鞶帶之鞶,謂今馬大帶也。鄭司農云:纓謂當胸,《士喪禮下篇》曰:'馬纓三就。'禮家説曰:纓當胸,以削革爲之。三就,三重,三匝也。玄謂纓,今馬鞅。王路之樊及纓皆以五采罽飾之,十二就。就,成也。"[1]鞅是套在馬頸上用以負軛的皮帶。《説文》:"鞅,頸靼也。"劉熙《釋名》:"鞅,嬰也,喉下稱嬰,言嬰絡之也。"《周易·革卦》初九爻辭曰"鞏用黃牛之革",九三爻辭曰"革言三就",則革謂皮革,"就"與《周禮·巾車》所言"就"義同。故"大人虎變,君子豹變"之變,乃"樊"之借字,亦即鞶字。帛書本作"便",亦通假字。古無輕脣音,樊即讀如鞶,皆並母元部字,可以通借。變,幫母元部,只是聲母清濁不同,亦可通借。"小人革面"之"面"讀爲"鞔",本是牽引之義,此處亦作名詞,指革帶。"大人虎變,君子豹變"與"小人革鞔"互文,皆謂革帶形制之不同等次,大人君子以虎豹之皮爲之,小人用一般皮革。

七、艮

艮其背,不獲其身;行其庭,不見其人。

艮其趾。

艮其腓,不拯其隨,其心不快。

艮其限,列其夤;厲熏心,艮其身。

艮其輔,言有序。

這首詩是從《周易·艮卦》卦辭及初六至六五爻辭中輯出的。《經典釋文》:"鄭云:'艮之言很也。'"[2]《序卦》曰:"物不可以終動,止之,故受之以《艮》。艮者,止也。"崔覲曰:"《震》極則'征凶,婚媾

---

① 《十三經注疏》,第 822 頁。
② 〔唐〕陸德明撰,黃焯彙校《經典釋文彙校》,第 54 頁。

有言',當須止之,故言'物不可以終動,止之'矣。"李道平曰:"《震》
上六曰'征凶',動極當止,征則有凶。上與三爲婚媾,三體震爲言,互
艮爲止,故'婚媾有言,當須止之'。《震》終戒動,故言'不可以終動'
而'受之艮'以止之也。"①看來《艮》卦與婚姻生活有關,其卦爻用詞
與《咸》卦有相同者,所表達的意思似與《咸》卦完全相反,即夫婦生活
不和諧。先看看《咸》卦卦爻辭中的詩:

　　　　咸其拇,咸其腓。
　　　　咸其股,執其隨。
　　　　憧憧往來,朋從爾思。
　　　　咸其脢,咸其輔頰舌。

　　《彖》曰:"咸,感也。柔上而剛下,二氣感應以相與,止而脱男下
女。是以亨利貞,取女吉也。天地感而萬物化生,聖人感人心而天下
和平。觀其所感,而天地萬物之情可見矣。"《荀子·大略篇》:"《易》
之《咸》,見夫婦。夫婦之道,不可不正也。君臣父子之本也。咸,感
也。以高下下,以男下女,柔上而剛下。"②高亨《周易大傳今注》曰:
"《咸》之卦像是男女結婚,相感相應。陰陽二氣相感而後萬物亨通,
男女兩性相感而後家道亨通,是以卦辭曰'亨'。但陰陽相感利在得
其正,男女相感亦利在得其正,是以卦辭曰'利貞'。男女相感以正,
則夫婦白頭偕老,是以卦辭曰'取女吉'。"③王明、傅道彬、黄玉順、張
善文等都認爲此歌是詠男女性愛的,表現了較爲原始的粗獷戀情。
按,咸當讀爲"含",帛書作"欽",此指嚙著,親吻。"拇",指腳趾。
"腓",指小腿。"股",指大腿。"執其隨",帛書《隨》卦之"隨"作
"隋",《説文》:"隋,列肉也。"隋,上古音與砣、橐等字音相同,蓋謂陰
囊。以今音讀之,亦與"尿脬"之"尿"音同。虞翻曰:"脢,夾脊肉
也。""輔",通酺,指腮部,亦即俗語所謂腮幫子。爻辭反映的是自下
而上自足及輔頰舌的親昵過程。《艮卦》反映的内容剛好相反。

　①　〔清〕李道平《周易集解纂疏》,第459頁。
　②　〔清〕王先謙《荀子集解》,中華書局,1988年,第495頁(以下版本同此)。
　③　高亨《周易大傳今注》,第219頁。

《説文》曰:"艮,很也。从匕目。匕目猶目相匕不相下也。《易》曰:'艮其限。'"匕目即横目怒視。"拯其隨"與《咸卦》"執其隨"義同,"不拯其隨",因"其心不快"。虞翻曰:"限,腰帶處也。"[1]此指腰。列,撕裂,分裂。脢,《經典釋文》:"馬云'夾脊肉也'。"[2]厲,當讀爲癘,病,憂。熏,燒,灼熱。厲熏心,謂心裏非常難受,與"其心不快"同意。輔,與《咸》卦"咸其輔頰舌"之"輔"義同。"言有序",猶言言語有理,此句後言"悔亡",意謂在此情形之下,只有講道理才能消除憤怒,轉爲祥和。

（原載《西北師大學報》2011 年第 6 期）

---

① 〔清〕李道平《周易集解纂疏》,第 462 頁。
② 〔唐〕陸德明撰,黄焯彙校《經典釋文彙校》,第 54 頁。

卦兆之辭曰“繇”之原因及相關問題探析

先秦文獻中將筮書之卦爻辭及卜書之兆辭稱作“繇”，《國語》《左傳》中有不少實例，歷代學人對其原因有不同解釋，這裏也作嘗試探析。

一、釋　“繇”

《説文》曰：“繇，隨從也。”段玉裁增補其或體爲“由”。云：“繇之訛體作繇。”①“繇”字在西周中晚期的金文中常見，如西周中期的录伯簋作，晚期的師衰簋作，散氏盤作等。② 吳大澂《字説》曰：“疑古文謡繇爲一字……謡諑之謡，古皆作繇。”③楊樹達曰：“繇爲嘆詞。”④季旭昇先生《説文新證》謂繇字本義是“歌謡、卜之文辭……《説文》釋爲‘隨從’，當爲‘邎’字之假借。”⑤然而，春秋文獻中，歌謡字作“謡”，“繇”則指占筮之辭。如《左傳·僖公五年》曰：

　　八月甲午，晉侯圍上陽。問於卜偃曰：“吾其濟乎？”對曰：“克之。”公曰：“何時？”對曰：“童謡云：‘丙之晨，龍尾伏辰。均服振振，取虢之旂。鶉之賁賁，天策焞焞。火中成軍，虢公其奔。’其九月、十月之交乎！丙子旦，日在尾，月在策，鶉火中，必

---

① 〔清〕段玉裁《説文解字注》，第 643 頁。
② 高明編著《古文字類編》（增訂本），上海古籍出版社，2008 年，第 998 頁。
③ 戴家祥主編《金文大字典》，學林出版社，1995 年，第 4372 頁引。
④ 戴家祥主編《金文大字典》，第 4373 頁引。
⑤ 季旭昇《説文新證》（下册），藝文印書館，2004 年，第 215 頁。

是時也。”①

"童謠"之謠不作"繇";《詩經》裏就有"我歌且謠"等,也不作"繇"。又《僖公四年》曰:

> 初,晉獻公欲以驪姬爲夫人,卜之,不吉;筮之,吉。公曰:"從筮。"卜人曰:"筮短龜長,不如從長。且其繇曰:'專之渝,攘公之䄂。一薰一蕕,十年尚猶有臭。'"②

杜預注:"繇,卜兆辭。"《國語·晉語四》:

> 公子親筮之,曰:"尚有晉國。"得貞《屯》、悔《豫》,皆八也。筮史占之,皆曰:"不吉。閉而不通,爻無爲也。"司空季子曰:"吉。是在《周易》,皆利建侯。不有晉國,以輔王室,安能建侯? 我命筮曰'尚有晉國',筮告我曰'利建侯',得國之務也,吉孰大焉!……其繇曰:'元,亨,利貞,勿用,有攸往,利建侯。'主震雷,長也,故曰'元'。衆而順,嘉也,故曰'亨'。內有震雷,故曰'利貞'。車上水下,必伯。小事不濟,壅也。故曰:'勿用,有攸往。'一夫之行也。衆順而有武威,故曰'利建侯'。《坤》,母也。《震》,長男也。母老子强,故曰《豫》。其繇曰:'利建侯行師。'居樂、出威之謂也。是二者,得國之卦也。"③

韋昭注:"繇,卦辭也。"卜辭卦辭之"繇"亦不作"謠"。可見當時二字分用,這種情形不可能是漢儒所改之結果。

那麼,爲什麼卜筮之辭稱爲"繇"呢?

《説文》曰:"籀,讀書也。《春秋傳》曰卜籀。"徐鍇《繫傳》曰:"諷

---

① 楊伯峻《春秋左傳注》,第310—311頁。
② 《十三經注疏》,第1793頁。
③ 徐元誥《國語集解》,第340—342頁。

誦書也,卜籀謂讀卦爻詞也。"①段玉裁注曰:"言部曰:讀,籀書也。
叙目曰:尉律,學僮十七以上始試,諷籀書九千字,乃得爲吏。試字句
絶,諷籀連文,謂諷誦而抽繹之。滿九千字皆得六書之恉,乃得爲吏
也。此籀字之本義,經傳尟用。周宣王時大史以爲名,因以名所著大
篆曰籀文,迄今學者絶少知其本義者,故於讀下'籀書'改爲'誦
書'……亦借繇字爲之,《春秋傳》卜筮繇辭今皆作繇,又俗作繇。據
許則作籀。"②《説文》:"讀,誦書也。"段玉裁改"誦"爲"籀",云:"籀,
各本作誦,此淺人改也。今正。《竹部》曰:'籀,讀書也。'讀與籀疊韻
而互訓。《邶風》傳曰:'讀,抽也。'《方言》曰:'抽,讀也。'蓋籀抽古
通用。……諷誦亦可云讀,而讀之義不止於諷誦。諷誦止得其文辭,
而讀乃得其意藴。自以'誦書'改'籀書'而讀書者尟矣。"③

　　段氏注的基本意思是,籀讀可以互訓,籀的詞義與抽同源;讀的
詞義範圍大於誦,所以不能以"誦書"解釋"讀"。

　　對段氏的改作,學者有贊同的,也有反對的。如王筠《説文句讀》
曰:"段氏據《竹部》'籀,讀書也'改誦爲籀,是也。"④徐承慶《説文段
注匡謬》曰:"段氏注内詳言讀字之義最爲明通,學者可瞭然於古之訓
詁而得讀書之法。至謂淺人改籀書爲誦書,殊未必然。……段云紬
繹其義藴爲讀,斷其章句爲讀,擬其音曰讀,易其字以釋其義曰讀,人
所誦習曰讀。謂諷誦亦爲讀,而讀之義不止於諷誦。然必諷誦而後
紬繹義藴,而後能斷其章句,擬其音,知其字之當易以釋其義,則訓爲
誦書,其詞渾括,古人之文簡而要也。《邶風》'不可讀也'非諷誦之
謂,故毛傳云'讀,抽也'。所謂義各有當,籀訓讀書,籀抽古通用。而
卜筮之辭曰籀,不得以讀解之,未可主讀籀互訓之論輕易本文。"⑤

　　今按,籀讀抽三詞同源,籀,《廣韻》直祐切,上古音爲定母幽部;
抽,丑鳩切,上古透母幽部;讀,徒谷切,上古定母屋部。⑥ 三字聲紐基

---

　　①　〔南唐〕徐鍇《説文解字繫傳》,中華書局影印清道光年間祁寯藻刻本,1987年,第
86頁。
　　②　〔清〕段玉裁《説文解字注》,第190頁。
　　③　〔清〕段玉裁《説文解字注》,第90—91頁。
　　④　丁福保編《説文解字詁林》,中華書局,1988年,第2914頁。
　　⑤　丁福保編《説文解字詁林》,中華書局,1988年,第2913—2914頁。
　　⑥　本文上古音采用曾運乾先生古音十九紐及古韻三十部説,參郭晉稀先生整理的曾
先生《音韻學講義》,中華書局,1996年。

本相同,讀與籀抽韻部也十分相近。所以三字同源互訓是没有問題的。但許慎採用"籀,讀書""讀,誦書"的遞訓方式,一定是有其道理的,誠不能輕易改動。

高亨先生曰:

> 筮書之卦爻辭及卜書之兆辭所以稱"繇"者,何哉? 考《説文》云:"籀,讀書也。从竹,擂聲。《春秋傳》曰'卜籀'。"許氏所引之"卜籀",即《左傳》之卜繇,據此,卜書之繇借爲籀,推之筮書之繇,亦借爲籀,並以其辭須誦讀,因謂之籀耳。此一説也。近儒以爲繇借爲謡。《爾雅·釋樂》:"徒歌謂之謡。"謡,古字作䚻。《説文》:"䚻,徒歌。从言,肉聲。"因筮書之卦爻辭及卜書之兆辭,大抵爲簡短之韻語,有似歌謡,故謂之謡。此又一説也。亨謂後説是也。考卜筮之繇,古亦謂之"頌"。《周禮·大卜》云:"大卜掌三兆之法,一曰玉兆,二曰瓦兆,三曰原兆。其經兆之體皆百有二十,其頌皆千有二百。"鄭注:"頌,謂繇也。"此卜書兆辭稱"頌"之證。又《占人》云:"占人掌占龜,以八簭占八頌,以八卦占簭之八故。"所謂"八頌",孫詒讓謂"頌是筮辭之名"(《周禮正義》),甚是。此筮書卦、爻辭稱"頌"之證。此兩者所以稱爲頌,孫詒讓謂"其文皆爲韻語,與詩相類,故亦謂之頌"。其説至確。兆辭與筮辭,因其與詩相類而稱爲頌,以此類推,自是因其與歌相類而稱爲謡,此亦繇借爲謡之旁證也。①

高先生確認兆辭筮辭因與歌相類而稱爲繇,繇爲"謡"之借字。但是,占兆辭、卦爻辭不一定都是韻語,即如高先生文中所引,也不是都押韻,《國語·晉語》所言之繇"利建侯行師"就不是韻語。而且,我們前面已説過,春秋文獻中二字並不通用。看來,問題並不是這麽簡單,還需要從其他方面做深入探討。

---

① 高亨《周易古經今注》(重訂本),第16—17頁。

二、繇辭的生成

《周禮·春官》:"大卜掌三兆之法,一曰玉兆,二曰瓦兆,三曰原兆。其經兆之體皆百有二十,其頌皆千有二百。"鄭玄注:"頌謂繇也。三法體繇之數同,其名占異耳。百二十每體十繇,體有五色,又重之以墨坼也。五色者,《洪範》所謂曰雨、曰濟、曰圛、曰蟊、曰尅。"賈公彥疏曰:"云體者,謂龜之金木水火土五兆之體。云經兆之體,名體爲經也。云皆百有二十者,三代皆同,百有二十,若經卦皆八然也。若然,龜兆有五,而爲百二十者,則兆別分爲二十四分。云其頌千有二百者,每體十繇,故千二百也。"①又《占人》云:"占人掌占龜,以八簭占八頌,以八卦占簭之八故,以眡吉凶。凡卜簭,君占體,大夫占色,史占墨,卜人占坼。凡卜簭,既事,則繫幣以比其命,歲終,則計其占之中否。"鄭玄注曰:"杜子春云:繫幣者,以帛書其占繫之於龜也。云謂既卜筮,史必書其命龜之事及兆於策,繫其禮神之幣而合藏焉。"②其中所謂"八頌"也是繇辭。鄭云:"謂將卜八事,先以筮筮之。言頌者,同於龜占也。"③孫詒讓曰:"《大卜·三兆》云'其頌皆千有二百'注云:'頌謂繇也。'是頌爲龜占之辭,但卜用三兆,不得有八頌,明此是假頌爲筮辭之名,以其大事卜筮相兼。又《三易》爻辭亦爲韻語,故通得頌名也。"④這説明,周代筮卜之占辭有現成的,而且每兆都有不同的繇辭。也就是説,並不是占卜時由卜人臨時創造卦兆之辭,而是根據卦體來選擇卦辭。這種情形古人也注意到了,如上文所引《左傳·僖公四年》之繇,孔穎達疏曰:"筮卦之辭亦名爲繇,但此是卜人之言,知是卜兆辭也。卜人舉此辭以止公,則兆頌舊有此辭,非卜人始爲之也。卜人言其辭而不言其意,不知得何兆,此義何所出也。"⑤又《襄公十年》:"故鄭皇耳帥師侵衛,楚令也。孫文子卜追之,

---

① 《十三經注疏》,第 802 頁。
② 《十三經注疏》,第 805 頁。
③ 《十三經注疏》,第 805 頁。
④ 〔清〕孫詒讓《周禮正義》,中華書局,1987 年,第 1960 頁(以下版本同此)。
⑤ 〔清〕孫詒讓《周禮正義》,第 1793 頁。

獻兆於定姜。姜氏問繇。曰:'兆如山陵,有夫出征,而喪其雄。'姜氏曰:'征者喪雄,禦寇之利也。大夫圖之!'衛人追之,孫蒯獲鄭皇耳于犬丘。"杜預注:"繇,兆辭。"孔穎達疏:"是言灼龜得兆,其兆各有繇辭,即下三句是也。此傳唯言兆有此辭,不知卜得何兆,<u>但知舊有此辭,故卜者得據以答姜耳。其千有二百皆此類也。</u>此繇辭皆韻,古人讀'雄'與'陵'爲韻,《詩·無羊》《正月》皆以'雄'韻'蒸'韻'陵',是其事也。"①孔穎達認爲這兩處都是"兆頌舊有此辭"的,而且"其千有二百皆此類也"。可見周人所據之繇辭已非常豐富。

那麼,這種舊有的頌辭又是怎樣形成並以何種形式存在的呢?

董作賓先生《商代龜卜之推測》一文,根據甲骨文的形制和内容,詳細地研究了商代龜卜的情形,認爲"商人契於龜版者,多爲命龜之辭,及貞卜之事。此與周以後大異。《周禮·占人》:'凡卜簭,既事,則繫幣以比其命。歲終,則計其占之中否。'杜子春注云'繫幣者,以帛書其占,繫之龜也'。鄭玄謂'既卜簭,史必書其命龜之事及兆於策,繫其禮神之幣而合藏焉。'無論如杜説爲書占於帛,如鄭説爲書事於策,皆可知周人卜辭非逕刻之於龜也。"②又説:"周時龜卜之法已極繁複,而兆璺之辨識,尤非易事。……余方擬廣徵兆璺及卜辭之完整者,參互比勘以求其制,因材料甚少,尚未整理。則審兆坼,判吉凶之研究,惟有俟諸異日耳。"③董先生雖如此説,但其研究已明確告訴我們,占卜之日所作主要是命龜之辭,即想占卜的事情及希望得到的結果。夏含夷研究周原卜辭,也得出過相似結論:"周原卜辭的性質就像東周貞卜之性質一般,是卜人向鬼神表示'心所希望'。"④他後來強調説:"最近二十年以來,戰國楚簡的卜簭紀錄陸續出土,提供很多新的資料説明這一結論一點兒也不錯。"⑤

由此可見,占簭辭的第一項内容是命辭,有了命辭,讓占簭者明

① 《十三經注疏》,第 1948 頁。
② 董作賓《董作賓先生全集》(第三册),藝文印書館,1979 年,第 864 頁(以下版本同此)。
③ 董作賓《董作賓先生全集》(第三册),第 861 頁。
④ (美)夏含夷《古史異觀》,上海古籍出版社,2005 年,第 98 頁。
⑤ (美)夏含夷《再論周原卜辭囟字與周代卜簭性質諸問題》,中國簡帛學國際論壇論文,2007 年 11 月 10 日。

白所要問的事情及希望的結果。然後灼龜占卜或以筮法成卦,再觀察龜兆或卦象,以判斷吉凶。早期的占筮可能依據龜兆和卦象只作出吉與不吉的判斷,不一定有顯示占驗的繇辭。繇辭可能是事情結束後補寫上去的;也可能有事先寫一些能顯示希望得到結果的辭語,占卜完以後用來宣讀。這種占辭積累多了,編輯在一起,就可以作爲占卜時用的現成繇頌。春秋早期,《周易》肯定已經編成,其他的占卜書也應該有,像《連山》《歸藏》之類。所以有現成的繇辭。我們再分析一下前文《國語·晉語四》中的例子:“尚有晉國”就是命辭,意思是“希望能有晉國”。筮占的結果是得了“貞《屯》、悔《豫》”,韋昭注:“内曰貞,外曰悔。《震》下《坎》上,《屯》。《坤》下《震》上,《豫》。得此兩卦,《震》在《屯》爲貞,在《豫》爲悔。八,謂《震》兩陰爻,在貞在悔皆不動,故曰皆八,謂爻無爲也。”①得此兩卦後,“筮史占之,皆曰‘不吉’。閉而不通,爻無爲也”。韋昭注以爲是筮人“以《連山》《歸藏》占此兩卦,皆言不吉”。但是,司空季子用《周易》的現成爻辭重新做了解釋,結果就完全不同了。今本《周易·屯》卦卦辭及初九爻辭均有“利建侯”,《豫》卦卦辭曰:“利建侯行師。”司空季子所引繇也正是《周易·屯》卦卦辭。《國語》中雖然没有説出三易之《連山》《歸藏》的繇辭,但據司空季子用《周易》卦爻辭的情形推測,筮史也應該看到了同類性質的詞語。《晉書·束皙傳》云:“太康二年,汲郡人不準盜發魏襄王墓,或言安釐王冢,得竹書數十車,其《紀年》十三篇……其《易經》二篇,與《周易》上、下經相同;《易繇陰陽卦》二篇,與《周易》略同,繇辭則異。”②廖群認爲“這部《易繇陰陽卦》很可能就是《連山》《歸藏》之屬”,③既云“繇辭則異”,則其有繇辭無疑。

　　陳偉先生研究包山楚簡反映的卜筮制度,所用材料和得出的結論也大致相同。他説,在包山楚簡的“卜筮辭之後,絶大多數簡書還都附有‘祝’辭。這是因爲占辭中含有凶咎,需要‘以其故祝之’,求得平安。有的祝辭中有‘同祝’‘共(上從車)祝’和‘移祝’的説法”。卜筮簡的格式,一般由兩部分組成,“前一部分由通常所説的前辭、命辭

①　徐元誥《國語集解》,第 340 頁。
②　〔唐〕房玄齡《晉書》(第五册),中華書局,1974 年,第 1432 頁。
③　廖群《筮人“掌三易”及〈周易〉在先秦的傳播》,載《周易研究》2006 年第 5 期。

和占辭組成,與商周卜辭大致相當。後一部分不見於商周卜辭,並且可有可無(如簡 234—235),可同、可共、可移,屬於相對獨立的部分……對後一部分包含的兩層意思,最好依簡文稱爲祝辭和占辭。爲了與前一部分中的占辭相區别,後一部分中的占辭似可叫作'後占辭'或'再占辭'"。而且,"從簡 209—211'三歲無咎'的記述來看,有的占辭會涉及三年的事情。爲了'記其占之中否',有必要把卜筮簡保存三年"。① 看來占驗辭就是這樣積累起來的,《周易》的卦爻辭也應當是這樣積累的,只是成了經書之後,就不再被改動了。

我們再進一步探討一下"後占辭"之類的來源。

首先,專職的卜人、筮人或筮史肯定要作占驗辭,尤其是年終"計其占之中否"時,根據應驗的實際情形創造一些繇辭;此外,參與占卜的貴族階層的人物,也會根據情形來創造。分析一下《左傳·哀公九年》的例子,就可以説明這一點:

> 晉趙鞅卜救鄭,遇水適火,占諸史趙、史墨、史龜。史龜曰:"是謂沈陽,可以興兵,利以伐姜,不利子商。伐齊則可,敵宋不吉。"史墨曰:"盈,水名也;子,水位也。名位敵,不可干也。炎帝爲火師,姜姓其後也。水勝火,伐姜則可。"史趙曰:"是謂如川之滿,不可游也。鄭方有罪,不可救也。救鄭則不吉,不知其他。"陽虎以《周易》筮之,遇《泰》䷊之《需》䷄,曰:"宋方吉,不可與也。微子啓,帝乙之元子也。宋、鄭,甥舅也。衹,禄也。若帝乙之元子歸妹而有吉禄,我安得吉焉?"乃止。②

史龜所説"是謂沈陽"至"不利子商"四句,楊伯峻注曰:"四語疑卜書之辭,陽、兵、姜、商爲韻,古音同在陽唐部。"③楊先生認爲"伐齊則可,敵宋不吉"兩句是斷語。但他對史趙所言没有説明是否爲卜書之辭。其實仔細分析,它和史龜之言性質相同,行文格式也大致一樣,起首有"是謂",接著爲四句對偶押韻的詩句,游、救古音皆幽部

---

① 上所引均見陳偉《試論包山楚簡所見的卜筮制度》,《江漢考古》1996 年第 1 期。
② 楊伯峻《春秋左傳注》,第 1652—1654 頁。
③ 楊伯峻《春秋左傳注》,第 1653 頁。

字。"救鄭則不吉,不知其他"也是史趙的斷語。但"鄭方有罪,不可救也"顯然是針對救鄭這件事的,應當爲史趙之前所作,或者是他根據當時的形勢需要臨時創作的。當然,史龜所言也有這種可能性。至於陽虎以《周易》筮之,所言無疑是他自己根據《周易》爻辭所做的解釋了。《周易·泰》卦六五曰:"帝乙歸妹,以祉,元吉。"這次事情是宋國伐鄭,宋爲殷商之後,與鄭有婚姻關係,所以陽虎作如是解。此則實例可以説明兆筮辭有引用的也有現作的。

在造繇辭的時候,有時會引用民謠或俗語,這是卜筮兆辭的一個重要來源。《周易》卦爻辭中有不少民謠俗語,就是積累過程中的創造和輯録。如《屯》卦爻辭:

> 六二,屯如,邅如;乘馬班如。匪寇,婚媾。女子貞不字,十年乃字。
> 六四,乘馬班如,求婚媾。往吉,無不利。
> 九五,屯其膏,小,貞吉;大,貞凶。
> 上六,乘馬班如,泣血漣如。

從中可以整理出具有民歌性質的詩來:

> 屯如,邅如;乘馬班如。
> 匪寇,婚媾。
> 乘馬班如,求婚媾,屯其膏。
> 乘馬班如,泣血漣如。

對於這首民歌的内容,學界有兩種認識:一是"搶婚説":詩歌描寫的是原始社會男子搶娶女子的情形。周嘯天先生説:"《屯》卦爻辭引的歌謡,其生活内容當是原始部落'搶婚'的古老風俗。"[1]高亨先生説:"今人謂此寫古代掠婚之事,殆是歟。"[2]二是"婚禮説":詩歌描

---

[1] 趙義山、李修生主編《中國分體文學史·詩歌卷》,上海古籍出版社,2001年,第3頁引。
[2] 高亨《周易古經今注》(重訂本),第170頁。

寫的是從男方求婚到娶女的過程。黄玉順認爲,"屯如,邅如,乘馬班如","描寫來求婚媾的車馬的情態,造成懸念";"匪寇,婚媾","交待車馬的來由,點明主題";"乘馬班如,求婚媾",用反復手法,爲民歌常用;"屯其膏",介紹求婚的聘禮;"乘馬班如,泣血漣如","描寫女子哭婚的情景"。① 其實,二説可以溝通,大致禮皆源自俗,"搶婚"是俗,但到了文明時代,"哭婚"即爲禮。從詩描寫的情景看,當是文明社會的婚禮,並非搶婚的事實。然而,與禮俗有關的歌謡一般起源都很早,經口耳相傳到最後寫定,要經歷很長的時間。所以,這首歌謡肯定先於《周易》而存在,可以顯示《周易》作者的採納情況。又如《賁》卦六四"賁如皤如,白馬翰如。匪寇,婚媾"也是同類性質。《大過》卦九二:"枯楊生稊,老夫得其女妻。"九五:"枯楊生華,老婦得其士夫。"《明夷》卦初九:"明夷于飛,垂其翼;君子于行,三日不食。"《中孚》卦九二:"鳴鶴在陰,其子和之。我有好爵,吾與爾靡之。"等等,都是很有韻味的詩歌。

李鏡池先生曰:

　　卦、爻辭,本來是編纂而成的;但這些詩歌式的句子,我們不能不説是有個作者在。前人把它歸之於兩位聖人的主名之下,説文王作卦辭,周公作爻辭。我們知道那不過是一種偶像的崇拜,不過是一種"箭垛式"的把戲。然而這種傳説卻暗示我們一個意思,就是卦、爻辭有一個或一個以上的作者。這個作者,我以爲即編纂卦、爻辭的那一位。這位編纂者,一方面是編集舊有的筮辭,一方面是有意爲文。……卦、爻辭的編著者之所以能寫成這樣的詩歌,喜歡運用這樣的韻文,一定不是他個人能夠這樣特創。《詩經》的"雅""頌"中,很有些是西周初葉的作品,那時候的詩歌,是在一個頗爲流行、極力發展的時代。卦、爻辭的編纂者,就在這樣的時代潮流之中,受詩歌的影響,作成同樣的文章。②

---

① 黄玉順《易經古歌考釋》,巴蜀書社,1995 年,第 20—21 頁。
② 李鏡池《周易探源》,中華書局,1978 年,第 49 頁。

李先生的觀點是符合事實的,不過有些詩歌恐怕也傳播有自,這位《周易》的編纂者直接採納而已。

以上分析説明,縣辭的來源主要有兩條途徑: 一是採納民謡諺語;二是卜筮者的創造。不論哪一種,都是長期累積的結果,而不是一時一人之作。

三、縣辭與籀讀

縣辭,不論是採納的還是創作的,我們能看到的都是用文字記録下來的。那麽,在無文字或文字較少的時代,有没有卜辭? 如果有,它又是如何存在的呢? 當然只能靠口傳了。而且,作爲占卜的材料,傳播它的人應當都是貴族階層的或者是專業的,也就是説,都是文化人,是早期的精英人物,有創造和取捨的能力。其傳播過程則又與師授和占卜儀式分不開,而師授也和儀式有關,師授的過程也就是老師教弟子如何占卜的過程。在這個過程中,如何創作占辭並將它形諸聽者,是很重要的事情,這些活動留下的印迹就是"籀""讀""諷""誦"一類的詞,它們是特定儀式中不可或缺的程式。

在上古的各種儀式中,常常是歌、樂、舞三位一體、相輔相成。歌是配樂唱,其唱詞就是詩;樂指樂曲;舞是伴此樂曲而跳的舞蹈。但是,有些儀式中除了歌舞,還需要諷誦籀讀;有些儀式中可能没有歌舞,卻需要有諷誦或籀讀。因此,在早期的貴族教育中,歌、樂、舞、誦是同等重要的。《墨子·公孟篇》曰:"子墨子謂公孟子曰:'喪禮,君與父母、妻、後子死,三年喪服。伯父、叔父、兄弟期,族人五月;姑、姊、舅、甥皆有數月之喪。或以不喪之間誦詩三百,弦詩三百,歌詩三百,舞詩三百。'"①《詩經·鄭風·子衿》毛傳曰:"古者教以詩樂,誦之,歌之,弦之,舞之。"②這都説明"誦"是教育的重要内容之一。伏俊璉先生對先秦時期的"誦"做過深入研究,指出:"先秦的誦可大致分爲行人之誦、瞽史之誦和經師之誦。""數術家源於史官,而數術類

---

① 〔清〕孫詒讓《墨子閒詁》,中華書局,2001 年,第 456 頁。
② 《十三經注疏》,第 345 頁。

作品大量使用韻文,這就充分證明史家之'讀書'具有唱誦的性質。"
"在各種儀式上,'讀書'是史職的核心。'讀'就是'誦'。史與瞽矇
雖爲不同的官職,但在'讀書''誦史'這一點上是相同的。"①伏文没
有進一步論及"籀"的問題,我們可以做一些補充。

　　首先,"籀讀"和"諷誦"是有區別的:《周禮·春官·大司樂》曰:
"以樂語教國子: 興、道、諷、誦、言、語。"鄭玄注:"倍文曰諷,以聲節
之曰誦。"②"以聲節之",是指聲音要抑揚頓挫,具有節奏感。背文的
時候聲音抑揚頓挫就是誦,故《説文》曰"誦,諷也",後世稱作"背
誦"。《國語·周語上》:"故天子聽政,使公卿至於列士獻詩,瞽獻曲,
史獻書,師箴,瞍賦,矇誦,百工諫,庶人傳語,近臣盡規,親戚補察,瞽
史教誨,耆艾修之,而後王斟酌焉,是以事行而不悖。"③正因爲誦是背
文,所以瞽矇之人可以爲之。《周禮·春官·瞽矇》:"諷誦詩,世奠
繫,鼓琴瑟。"鄭玄注:"諷誦詩,謂闇讀之,不依詠也。故書奠或爲
帝……杜子春云:'帝讀爲定,其字爲奠,書亦或爲奠。世奠繫,謂帝
繫,諸侯卿大夫世本之屬是也。小史主次序先王之世,昭穆之繫,述
其德行。瞽矇主誦詩,並誦世繫,以戒勸人君也。'"賈公彦疏曰:"背
文與以聲節之,皆是闇讀之,不依琴瑟而詠也。直背文闇讀之而
已。"④所謂"闇讀",就是背文,是不看原文,通過記憶吟誦出來。

　　"讀"則側重在出聲,相當於今天所説的"宣讀"。《説文》云"誦
書",是用近義詞作解。因爲"籀"字少見,若二字互訓,不能達到解釋
的目的,只好求變通如此。"讀"與"誦"的相同點是出聲,不同點是
"讀"不必"背文",語調方面也不一定要求抑揚頓挫;"誦"則必須是
"背文",而且要"以聲節之"。"讀"的儀式一般都在比較嚴肅正式的
場合,如《周禮·春官·大史》:"戒及宿之日,與群執事讀禮書而協
事。""大喪,執法以涖勸防;遣之日,讀誄。"《小史》:"大祭祀,讀禮
法。""卿大夫之喪,賜謚,讀誄。"⑤《儀禮·既夕禮》:"主人之史請讀
賵。""讀遣,卒,命哭。"《聘禮》:"史讀書展幣,宰執事告備具於君。"

---

①　所引均見伏俊璉《談先秦時期的"誦"》,《孔子研究》2003 年第 3 期。
②　《十三經注疏》,第 787 頁。
③　徐元誥《國語集解》,第 11—12 頁。
④　《十三經注疏》,第 797 頁。
⑤　《十三經注疏》,第 817、818 頁。

"史讀書,司馬執策,立於其後。"這些用例中的"讀"皆指宣讀。主
"誦"的是瞽矇,主"讀"的是史官。"讀"的內容常常帶有禮法性質或
規定性,不能出差錯,而且應當要求語調嚴肅莊重。如上所引"讀諫"
"讀禮法""讀賵""讀遣"及讀聘問禮單等,都是很嚴肅的事情,絕對
不能出差錯。《儀禮·聘禮》:"若有故,則卒聘。束帛加書將命,百名
以上書於策,不及百名書於方。主人使人與客讀諸門外。"鄭玄注:
"名,書文也,今謂之字。策,簡也。方,板也。受其意,既聘享,賓出
而讀之。讀之不於內者,人稠處嚴,不得審悉。主人,主國君也。人,
內史也。"①這說明讀聘問之書信也必須要"審悉"的。同時,由於古
人書寫沒有標點,讀的時候一定要準確把握文中、句中的停頓及相應
的語氣,這應當是對"讀"的基本要求。把握"讀"的這種詞義特點,對
解讀古籍很有意義。比如《詩經·牆有茨》之"不可讀也"之"讀"就
是"公開地大聲地說出來"或"宣講"之義,詩中的意思是說,因爲事情
太醜惡,所以不能宣講。進而言之,對準確理解古籍中含蘊的儀式也
是有幫助的。

其次,"籀"與"讀"相同。"籀書"就是"讀書",史官之職的一項
重要內容就是讀書,"史籀"就是"史讀"。《漢書·藝文志》曰:"《史
籀篇》者,周時史官教學童書也,與孔氏壁中古文異體。"又曰:"漢興,
蕭何草律,亦著其法,曰:'太史試學童,能諷書九千字以上,乃得爲
史。'又以六體試之,課最者以爲尚書御史史書令史。"②許慎《說文解
字叙》云:"及宣王太史籀著大篆十五篇,與古文或異。""尉律:學僮
十七以上始試,諷籀書九千字,乃得爲吏。又以八體試之。"③二人對
史籀的理解不同,許書引尉律多一"籀"字,又有"八體"與"六體"之
別。我們前文對史職的分析可以證明班固的理解比較準確,"史籀"
不是宣王太史之名。我們雖然很難斷定漢尉律原文作何,但可以肯
定許書之"籀"與"諷"並列,均是動詞,"諷籀書"可理解爲諷書、籀
書,因爲《說文解字叙》前面講"八體",第一種就是大篆,而後文云"又

① 《十三經注疏》,第 1072 頁。
② 〔漢〕班固撰《漢書》,中華書局,1962 年,第 1721 頁(以下版本同此,腳注僅出書名
與頁碼)。
③ 〔漢〕許慎《說文解字》,中華書局,1963 年,第 315 頁。

以八體試之",故知"籀書"不可能指"宣王太史籀"所著大篆。諷書籀書是背誦與朗讀問題,以八體試之是書寫問題。徐鍇釋"卜籀"爲"讀卦爻詞";《漢書·文帝紀》:"代王報太后,計猶豫未定。卜之,兆得大橫。占曰:'大橫庚庚,余爲天王,夏啓以光。'"李奇注:"庚庚,其繇文也。占謂其繇也。"顏師古曰:"繇音丈救反,本作籀,籀書也,謂讀卜詞。"①他們將"籀"都解爲"讀",是準確的。二字上古的語音關係我們已經分析過了,它們在韻部方面的細微差異可能是方音問題。

西周金文和春秋以前傳世文獻中目前還沒有發現"籀"字,但從《説文解字》《春秋傳》曰卜籀看,似乎原作"籀"而後人改爲"繇",有這種可能性,但出土文獻中也用"繇"字,如戰國楚簡《葛陵簡》甲三31:"其繇曰:是日未兑,大言絶絶,□言惙惙,若組若結。"②字形作 🔲、🔲 等。《逸周書·嘗麥》中有"乃北嚮,繇書于兩楹之間"一句,也未用"籀"字。所以,"繇"應當是本字,"籀"是後出字,其意義皆源於"讀"。

從以上論述可以看出,卜筮之辭稱爲"繇",是因爲它要由占卜者(主要是史官)來讀,"讀"本爲動詞,引申之,則所讀内容也稱"讀",因卜筮之辭的特殊性,而以"繇"字專表之。後來又造"籀"字,專指史官教學僮之書。"籀"字產生以後,與"繇"可能混用過。但隨著語音的歷史演變,它們都成了陳迹,只有意義最廣泛的"讀"沿用下來了。

四、餘　　論

占卜中可供觀看的是兆璺和卦象,可以宣讀的是"繇"。但是,這種用來宣讀的繇辭,一定是卜筮辭積累到一定程度,編纂成書或用文字寫出來的時候才有此稱的。其多押韻,具有詩歌語言的特點,則與最初的傳播方式有關,也就是口傳時爲了便於記憶,而多以韻文形式。這種形式傳播時間長了,也就有了正統性,所以後世的算卦占卜辭仍多爲詩體,而且宗教活動中一般都有誦經的儀式。然而,"誦經"

① 　所引原文及注分別見《漢書》第 106、107 頁。
② 　轉引自季旭昇《説文新證》(下册),藝文印書館,2004 年,第 215 頁。

和"讀繇"是兩種儀式,"誦經"是師授過程中的儀式,是傳播是學習,當然還孕育著創造;"讀繇"則是占卜中的儀式,是實踐是應用。至於這種儀式在上古到底是什麼樣子,有哪些必要因素? 還需要深入探討,這對我們準確把握一些概念的含義,理解先民的思想感情,是很重要的。比如《説文》"籀"字從"榴"得聲,"榴"即"抽"字,而古人常常解"籀"爲"抽",是不是意味著上古的"繇"也是寫在簡策或"簽"上,需要抽取而讀之呢? 依《周禮·大卜》"其經兆之體皆百有二十,其頌皆千有二百"之説,每卦或占兆應不止一種兆辭,筮占一次可能會抽取其中之一,如後世抽籤占卜之法。這都是需要進一步探析的。

(原載韓國《中國語文學》第 61 輯,2012 年 12 月)

論《詩經》的互文見義法

一

　　互文見義是古人行文中常見的一種修辭方法,其特點是前後詞語交錯互用,意義彼此隱含、滲透,互相補充、呼應。運用這種修辭方式,可以避免行文的單調平板,或適應文體表達的某些要求。在詩歌中,其作用除了避免重複,更主要是調整句式、和協音韻。因而這種方法在詩歌中尤爲常見。

　　互文見義是《詩經》中常用的修辭方法之一,古代注《詩》大家如漢代鄭玄、唐代孔穎達等人,都已經予以注意。如《小雅·采芑》:“方叔率止,鉦人伐鼓,陳師鞠旅。”鄭玄《箋》云:“鉦也,鼓也,各有人焉。言鉦人伐鼓,互言爾。二千五百人爲師,五百人爲旅。此言將戰之日,陳列其師旅,誓告之也。陳師告旅,亦互言之。”①鄭氏解《詩》,有時不明確說明互言,但其串講或翻譯卻能體現出這個意思。如《豳風·七月》:“一之日觱發,二之日栗烈。無衣無褐,何以卒歲?”《箋》云:“此二正之月,人之貴者無衣,賤者無褐,將何以終歲乎? 是故八月則當績也。”②詩中“觱發”與“栗烈”互文見義,故鄭曰“此二正之月”云云。《小雅·雨無正》:“三事大夫,莫肯夙夜;邦君諸侯,莫肯朝夕。”《箋》云:“王流在外,三公及諸侯隨王而行者,皆無君臣之禮,不肯晨夜朝暮省王也。”③鄭玄是將二句連作一體解說的。爲適應詩歌體裁的要求,原詩分作兩句(指語法結構意義上的句子),實際上叙説

---

① 《十三經注疏》,第 426 頁。
② 《十三經注疏》,第 389 頁。
③ 《十三經注疏》,第 447 頁。

的是一個意思。鄭氏解說得經文本義,因而也暗示了互文見義的方法。又如《大雅·靈臺》:"麀鹿濯濯,白鳥翯翯。"《箋》云:"鳥獸肥盛喜樂,言得其所。"①因爲詩中"麀鹿"與"白鳥"互文,"濯濯"與"翯翯"互文,故鄭氏總言曰"鳥獸肥盛喜樂"。以"鳥獸"解麀鹿白鳥,尤得詩人胸臆。這首詩以麀鹿白鳥代表靈囿中的所有動物,它們都肥美光潤,悠然自得,以此體現《詩序》所謂"文王受命,而民樂其有德,以及鳥獸昆蟲焉"②,如果我們簡單地理解爲麀鹿喜樂而白鳥肥澤,則詩的意境會大打折扣。

　　孔穎達在《毛詩正義》中也常常論及互文見義,如《召南·采蘋》:"于以采蘋?南澗之濱。于以采藻?于彼行潦。"《正義》曰:"南澗言濱,行潦言彼,互言也。"③《唐風·葛生》:"葛生蒙楚,蘞蔓于野。"《正義》曰:"此二句互文而同興,葛言生則蘞亦生,蘞言蔓則葛亦蔓,葛言蒙則蘞亦蒙,蘞言于野則葛亦當言于野。言葛生於此,延蔓而蒙於楚木;蘞亦生於此,延蔓而蒙於野中,以興婦人生於父母,當外成於夫家。"④有時,他對毛亨、鄭玄未明確言及者進一步申發,如《周南·關雎》第四章"窈窕淑女,琴瑟友之"與第五章"窈窕淑女,鍾鼓樂之",《毛傳》於四章曰:"宜以琴瑟友樂之。"《正義》曰:"后妃言己思此淑女,若來,己宜以琴瑟友而樂之。言友者,親之如友。下傳曰'德盛者宜有鍾鼓之樂',與此章互言也。明淑女若來,琴瑟鍾鼓並有,故此傳並云友樂之,亦逆取下章之意也。"⑤又如《小雅·采芑》:"顯允方叔,伐鼓淵淵,振旅闐闐。"《箋》云:"'伐鼓淵淵',謂戰時進士衆也。至戰止將歸,又振旅伐鼓闐闐然。……《春秋傳》曰:'出曰治兵,入曰振旅,其禮一也。'"《正義》曰:"必引此文者,取其禮一也。以淵淵、闐闐俱是鼓聲,淵淵謂戰時衆進,闐闐謂戰止將歸,而伐鼓之上不言治兵,振旅之下不言伐鼓,是二句自相互也,所以得相互發見,正由其禮一也,故引此傳以證之。"⑥

---

① 《十三經注疏》,第 525 頁。
② 《十三經注疏》,第 524 頁。
③ 《十三經注疏》,第 287 頁。
④ 《十三經注疏》,第 366 頁。
⑤ 《十三經注疏》,第 274 頁。
⑥ 《十三經注疏》,第 426 頁。

今人對《詩經》互文見義法作過專門或較系統的論述的主要有黄
焯、郭晉稀先生和滕志賢先生。黄先生《詩説》卷二有《詩義重章互足
説》一篇,云:

> 《詩》三百篇皆古樂章,其章句措置之法,往往異於他文,故
> 有辭意限於字句音節不能完具者,則以前後章互足其義。而風
> 詩間采民俗歌謡之作,反復詠歎者特多,故有一義而離爲數章、
> 析爲數句者。若專執一章一句而立解,則鮮有合者矣。自康成
> 作箋,已不全了此處。後來詁經諸家,其昧斯義者,或增字爲説,
> 或別立異説,而不知於本篇各章互求之。蓋事有近且易,而人之
> 求諸遠且難者,往往如此。①

郭晉稀先生《雅詩蠡測》一文中有《雅詩多互文見義,行文常節
省》一節,進一步指出由行文節省而互文的現象,實屬灼見。滕先生
《詩經引論》第四章有《互文與孤立分解之誤》一節,將《詩經》中的互
文見義分爲本句互文、句間互文和章間互文三類,分析論述比較詳細
系統。諸家的著述,都是我們更深入地學習和研究《詩經》的重要參
考資料。

二

由於《詩經》中存在大量互文見義之例,前賢未及注明者有之,偏
解、誤解者亦有之。因此,尚有進一步研究的必要。這裏,我們仍依
滕先生之説,分三類來討論。

本句互文,即一句之内上下辭語互相補充的情況,這類情形在
《詩經》中比較少,前面所舉《小雅·采芑》"鉦人伐鼓,陳師鞠旅"即
是。就此一例,也足以説明句間互文之特徵及妙用。古代行軍,有敲
鉦之人,有擊鼓之人,"鉦人伐鼓"就是鉦人擊鉦、鼓人伐鼓之緊縮。

師、旅本是軍隊編制的單位,二千五百人爲師,五百人爲旅,引申而泛指軍隊,故二詞同義。"陳師鞠旅"就是陳列軍隊而誓告之的緊縮。僅僅兩句八字,就表現出了一個鑼鼓齊鳴、陣容龐大而有序、將軍威武、士氣昂揚、誓言錚錚的戰前準備場面,從而使詩的内涵容量得到充分體現,讓讀者回味無窮。

　　句間互文,即同一章上下詩句中辭語互相補充的情况,此類在《詩經》中非常普遍。據我們初步統計,《詩經》中共有40餘首詩用了這種方法,占全部《詩經》的將近七分之一,在《詩經》的修辭方法中佔有重要地位。下面舉例説明。

　　《王風·黍離》是《詩經》中的名篇,它是一位久行苦役、回歸無期的游子所唱的悲歌:

　　　　彼黍離離,彼稷之苗。行邁靡靡,中心摇摇。知我者,謂我心憂;不知我者,謂我何求。悠悠蒼天,此何人哉!
　　　　彼黍離離,彼稷之穗。行邁靡靡,中心如醉。知我者,謂我心憂;不知我者,謂我何求。悠悠蒼天,此何人哉!
　　　　彼黍離離,彼稷之實。行邁靡靡,中心如噎。知我者,謂我心憂;不知我者,謂我何求。悠悠蒼天,此何人哉!

　　詩中表現的行役之"久"在每章的前兩句,"苦"在第三、四句。此詩每章的前兩句就是句間互文的,"離離"與"苗""穗""實"參互見義、交錯使用,二句的主詞都是黍和稷,謂詞是離離。只是首章言苗、二章言穗、三章言實而已。全詩所賦意思即彼黍稷之苗離離、穗離離、實離離。詩人爲了協調押韻而分作兩句表達。"離離"的意思是草蔬長勢茂盛整齊的樣子,其本字是"秝",《説文》:"秝,稀疏適秝也。"段玉裁注曰:"蓋凡言歷歷可數、歷録束文皆當作秝,歷行而秝廢矣。……凡均調謂之適歷。"[1]詩正是以黍、稷由長苗到抽穗到結實來表現時間從春至夏至秋的推移,體現行役之久之苦的主題。作爲比興的意象,黍、稷代表著春華秋實的莊稼,詩人並非只見到此二物而

---

① 〔清〕段玉裁《説文解字注》,第329頁。

已。但《黍離》詩的作者具有相當高的藝術素養,他在創作過程中有意識地運用了互文見義法,使語言精練,結構緊湊,意象豐滿,音韻和協,産生了強烈的藝術效果。讀此詩,我們仿佛在欣賞一部有動感的電影,同抒情主人公一起唱著悲傷的歌,從初春直到中秋。曠野綠了,紅了,又黄了,眼前的路卻伸向無限,不知何處是盡頭。

但前人解説這首詩,多未注意此法,故迂曲難通。如鄭玄云:"我以黍離離時至,稷則尚苗。"孔穎達云:"二物大時相類,但以稷比黍,黍差爲穊,故黍秀而稷苗也。詩人以黍秀時至,稷則尚苗,六月時也;未得還歸,遂至於稷之穗,七月時也;又至於稷之實,八月時也。是故三章歷道其所更見,稷則重穗實改易,黍則常云離離,欲記其初至,故不變黍文。大夫役當有期而反,但事尚未周了故也。"①清代的解《詩》大家則進一步發揮孔説,走上了繁瑣的考證之路。陳奐云:

> 程瑶田《九穀考》云:諸書言種黍,皆云大火中,是以夏至而種也。《説文》獨言以大暑而種,蓋言種黍之極時,其正時實夏至也。氾勝之《種殖書》:黍,暑也。種者必待暑。説與《説文》同,亦以極時言之矣。《月令》:孟春行冬令,首種不入。鄭注:舊説首種謂稷。今以諸穀播種先後考之,高粱最先,粟次之,黍穈又次之。然則首種者高粱也。又云:瑶田六月過天津,見黍穈正秀而高粱竟畝無一秀者,因問之農民,則曰:高粱種在黍穈前,秀在黍穈後,在地時日久,其秀反遲。若不早種斷不能收。向疑高粱首種而《詩》乃云黍離離、稷猶苗者,至此始信《詩》言不謬矣。案:程説辨黍稷詳盡,此以目驗證經義,尤見確實。②

這種目驗式的解釋,將完美的詩意給肢解了,動感畫面也消失殆盡。因其忽略修辭,强作解釋,就難免自相矛盾之説。如孔穎達於《出車》疏云:"黍稷方欲生華,六月之中也。""《月令》孟秋云'農乃登穀',則中國黍稷亦六月華矣。"③此處"黍稷亦六月華"與《黍離》疏

---

① 《十三經注疏》,第330頁。
② 〔清〕陳奐《詩毛氏傳疏》卷六,北京書店,1984年。
③ 《十三經注疏》,第416頁。

"詩人以黍秀時至,稷則尚苗,六月時也"自相矛盾,正是理解上的偏差造成的。

《豳風·七月》也是《詩經》中的名篇,其中也運用了句間互文之法:

> 七月流火,九月授衣。一之日觱發,二之日栗烈。無衣無褐,何以卒歲? 三之日于耜,四之日舉趾。同我婦子,饁彼南畝,田畯至喜。
>
> 二之日鑿冰沖沖,三之日納于凌陰。四之日其蚤,獻羔祭韭。九月肅霜,十月滌場。朋酒斯饗,曰殺羔羊。躋彼公堂,稱彼兕觥:萬壽無疆!

其中"一之日觱發,二之日栗烈"與"二之日鑿冰沖沖,三之日納于凌陰"分別用了互文法,"觱發"是寒風吹物發出的聲音,"栗烈"即"凓冽",是非常寒冷之意。這兩句是說周曆的一月、二月冷風嗖嗖,寒氣逼人,其意互相補充。但古人卻有誤解此法的,如孔穎達說:"九月之中,若不授冬衣,則一之日有觱發之寒風,二之日有栗烈之寒氣。此二日者,大寒之時。""《四月》云:'冬日烈烈,飄風發發。'以發是風,故知烈是氣,故以觱發爲寒風,栗烈爲寒氣。仲冬之月,待風乃寒;季冬之月,無風亦寒,故異其文。"[1]本來,冬季的氣候特徵就是天寒地凍,冷風凜凜,風與寒經常是互爲結果的。詩人運用互文見義的方法,以非常精練的語句表現了這一特徵。而孔氏卻言仲冬、季冬之別,以求兩句含義之不同,把意蘊深廣的詩境搞得支離破碎了。"二之日鑿冰沖沖,三之日納于凌陰"言二月三月鑿冰納冰,上下句也是互相補足的,不能分開理解。

章間互文在《詩經》中也很常見,它指一首詩中不同章之間的詞語是互相補充的。如《魏風·伐檀》一、二、三章的首二句:

> 坎坎伐檀兮,置之河之干兮。

---

① 《十三經注疏》,第389頁。

　　　　坎坎伐輻兮,置之河之側兮。
　　　　坎坎伐輪兮,置之河之漘兮。

　　此詩第一章分別與二、三章互文,意思是伐檀而造車,車輻、車輪均指代車。因而毛《傳》於第三章曰"檀可以爲輪"。此類情形,郭晉稀先生總結爲"行文常節省"更顯深刻:"詩非文比,限於韻律,故措辭言理,語多節省,此雅詩所以特多互文足意。"[1]我們先看看郭先生所舉《大雅·生民》之例,《生民》四章云:

　　　　藝之荏菽,荏菽旆旆;禾役穟穟;麻麥幪幪;瓜瓞唪唪。

　　第一句中的"藝之"與三、四、五句中的禾役、麻麥、瓜瓞互文,因此,如果對其字面進行補充,就成了:

　　　　藝之荏菽,荏菽旆旆;
　　　　[藝之禾役]禾役穟穟;
　　　　[藝之麻麥]麻麥幪幪;
　　　　[藝之瓜瓞]瓜瓞唪唪。

　　《生民》追述周人始祖后稷的事迹,是一首很有名的史詩,共八章,其中有四章每章十句,另外四章每章八句,篇幅較長,且全詩用賦體。所以必須講究修辭,否則,或者流爲散文,或者重複累贅。此時恰好是互文見義起了作用,讓動詞"藝"巧妙地貫穿於各句之中,既節省了篇幅,又使詩章一氣呵成,鋪排出一幅高闊而富麗的景象。《伐檀》正與此篇相類,爲了適應音樂節奏的要求,詩人採用了互文節省的辦法,使詩歌語言精練,鏗鏘有力。如果湊足其所省文字,便成了:

　　　　坎坎伐檀兮,置之河之干兮。……
　　　　坎坎伐檀兮,置之河之側兮。[以爲車之輻兮]

---

① 　郭晉稀《詩經蠡測》(修訂本),巴蜀書社,2006年,第107頁。

坎坎伐檀兮,寘之河之漘兮。［以爲車之輪兮］

　　這樣一來,雖然字面意義很完整,但節奏之明快、語句之精練則顯然不如原詩。更重要的是破壞了三章間句數節奏的一致性,受到樂曲限制,就無法吟唱了。由此可以看出,這種互文節省之法最能體現《詩經》民歌語言的特色,因此,此法在散文中很少運用,那會造成語義的殘缺不全;在缺乏重章疊句特徵的詩歌中也較少見。

　　因此,揭示互文見義的修辭特色,對我們研讀《詩經》很有意義。《詩經》的句式是靈活多樣的,爲適應字數、句式、押韻及音樂節奏的需要,或化整爲零,將一個意思融入各章各句而反復詠歎;或節省篇幅,讓不同章句間的詞語互相補足。正因爲互文見義法,才使反復詠歎免於冗繁拖遝,更使節詞省句免於殘缺突兀。也由於此,它才成爲《詩經》的重要修辭方法之一。

三

　　《詩經》中的互文見義法,與其比興所取的喻義有直接關係。因此,同樣的句式,在此詩中可能互文,在彼詩中則不一定。這主要由不同詩的取象意向決定。比如《唐風·葛生》之"夏之日,冬之夜""冬之夜,夏之日",是取冬天夜長、夏日晝長爲喻,說明時光漫長,寂寞難耐。若以互文理解爲冬夏漫長之日日夜夜,反而成了司空見慣之說,而失去了特色。又如《詩經》中多處有"山有×,隰有×"的民歌形式。程俊英先生於《邶風·簡兮》之"山有榛,隰有苓"下注曰:"這二句是《詩經》中常用的起興句式。如《山有扶蘇》'山有扶蘇,隰有荷華'、《晨風》'山有苞櫟,隰有六駮'、《山有樞》'山有樞,隰有榆'等,皆以山隰有草來象徵男女的愛情。余冠英先生認爲以樹代男,以草代女,是一種隱語。"①又於《秦風·晨風》注云:"詩人用'山有××,隰有××'的民歌習語反興自己和丈夫的關係不如山隰。"②我們認爲,《詩經》

————————

① 程俊英《詩經注析》,中華書局,1991 年,第 105 頁(以下版本同此)。
② 程俊英《詩經注析》,第 355 頁。

中用了這種句式的詩並非全如余氏所説,其中也有不喻男女而用互文見義的。

《唐風·山有樞》一章:"山有樞,隰有榆。子有衣裳,弗曳弗婁。子有車馬,弗馳弗驅。宛其死矣,他人是愉。"此詩《詩序》以爲"刺晉昭公也。"歷代學者也多認同,以爲刺儉嗇之詩。毛《傳》曰:"興也。樞,荎也。國君有財貨而不能用,如山隰不能自用其財。"①《爾雅·釋木》有"樞,荎"一條,郭璞注曰:"今之刺榆也。"郝懿行《爾雅義疏》云:"刺榆即今山榆,葉小於常榆,刺皆如柘刺。《齊民要術》云:'刺榆木甚牢肕,可以爲犢車材。'"②可見,這裏樞、榆皆木,其喻義也不是"各得其所"的問題,而是用了互文見義的手法,説明山有樞榆,爲其材用。二章的"山有栲,隰有杻"、三章的"山有漆,隰有栗"與此同。此詩興喻皆樹木,山隰都能生。其他詩也有此類情形,《小雅·南山有臺》全五章首二句分別是"南山有臺,北山有萊""南山有桑,北山有楊""南山有杞,北山有李""南山有栲,北山有杻""南山有枸,北山有楰"。四章"栲""杻"均言山,則杻亦可生於山矣。二章云:"南山有桑,北山有楊",而《小雅·隰桑》曰:"隰桑有阿,其葉有難",則桑亦有可生於隰矣。又《小雅·四月》四章:"山有嘉卉,侯栗侯梅。"《箋》曰:"山有美善之草,生於梅栗之下,人取其實,蹂踐而害之,令不得蕃茂。喻上多賦斂,富人財盡,而弱民與受困窮。"③則栗亦可生於山矣。又《秦風·車鄰》二章曰:"阪有漆,隰有栗。"三章曰:"阪有桑,隰有楊。"《箋》於"阪有漆,隰有栗"下曰:"喻秦仲之君臣所有各得其宜。"④程俊英先生則説:"我們細味'阪有漆,隰有栗'的興句,便覺得詩人似乎是一位女性。因爲這類民歌習語,在《國風》中多用來表示男女雙方的愛情。……她可能是秦君宮中的一位婢妾。最初因爲沒有寺人的傳令,她見不到秦君,只能看到國君的車馬。後來居然見到了秦君,而這位國君又非常隨和,同她並排坐著彈琴鼓瑟。"⑤但是,我們認爲此詩的中心是要表達及時行樂的思想,與《山有樞》諷刺儉嗇

---

① 《十三經注疏》,第 361 頁。
② 〔清〕郝懿行《爾雅義疏》(下二),中國書店,1982 年,第 7 頁。
③ 《十三經注疏》,第 462 頁。
④ 《十三經注疏》,第 369 頁。
⑤ 程俊英《詩經注析》,第 334 頁。

之意相類,詩人不一定是女性。漆與栗、桑與楊只表明山隰所産,且爲互文。因漆、栗協韻,桑、楊協韻,故常對舉。於是乎或曰"阪有桑,隰有楊",或曰"南山有桑,北山有楊"。這些都没有"各得其宜"的喻義,而是爲適應詩歌表達的需要,互文以相足。

因此,《詩經》中同樣的句式,是否用了互文見義的方法,一定要結合其在不同詩中所表達的意義而定,不能一概而論。

《詩經》中的互文見義法,與變文同義的修辭方法有所區別。所謂變文同義,是指上下文使用了不同的詞語,但其意義是相同的。這種方法可以起到强調重點而避免詞語重複的作用。由於《詩經》中多重章疊句,反復詠歎,故亦多用此法。如《王風·君子于役》一章:"雞棲于塒,日之夕矣,羊牛下來。"二章:"雞棲于桀,日之夕矣,羊牛下括。"《傳》曰:"括,至也。"①則"來"與"括"變文而同義。又《兔爰》一章:"有兔爰爰,雉離于羅。"二章:"有兔爰爰,雉離于罦。"三章:"有兔爰爰,雉離于罿。"羅、罦、罿都是網,詩人爲調適音韻,換用了三個不同的詞,其意義則完全相同。這就是變文同義。它與互文見義的主要區別是互文相足的詞語不是同義詞,而且它們是前後句主語的共同謂語,或是兩個謂語的共同賓語。變文同義則是前後句子相同的位置上換了不同的詞語,這些詞語是同義的。變文同義可以使詩歌同義反復,句式重疊。而互文見義則重在避免重複,節省篇幅,二者的修辭效果是大不相同的。

錢鍾書先生曾指出,古代文獻中存在一種"丫叉句法"的修辭方式。他説:"《序》云:'是以《關雎》樂得淑女以配君子,憂在進賢,不淫其色,哀窈窕,思賢才。'……'哀窈窕'句緊承'不淫其色'句,'思賢才'句遥承'憂在進賢'句,此古人修辭一法。如《卷阿》:'鳳凰鳴兮(按:《詩》"兮"作"矣",下同),于彼高岡;梧桐生兮,于彼朝陽。菶菶萋萋,雝雝喈喈。'以'菶菶'句近接梧桐而以'雝雝'句遠應鳳凰。……皆先呼後應,有起必承,而應承之次序與起呼之次序適反。……古希臘談藝謂之'丫叉句法'。"②互文見義與這種"丫叉句法"也不相同。丫叉句法雖然有詞語錯置的特點,但它們是各有所承

①　《十三經注疏》,第331頁。
②　錢鍾書《管錐編》(第一册),中華書局,1986年,第65—66頁。

的。即如《卷阿》，"菶菶萋萋"對梧桐而言，"雝雝喈喈"對鳳凰而言，並非"菶菶"與"雝雝"二句同時應承鳳凰與梧桐的。所以，它與互文見義有實質上的區別，不能混爲一談。

　　由於《詩經》的句法複雜多樣，運用何種修辭方法又常常跟意義表達緊密相關。其中互文見義法既具有其獨特性，又與其他句法有相似性。因此，我們在分析每首詩的修辭方法的具體操作中，一定要注意其起興所喻、句式特點、音韻要求等等，準確把握互文見義之法，從而正確理解詩意，更深刻地體味其藝術性。

（原載《甘肅社會科學》2011 年第 6 期）

從《論語》看孔子的比喻觀及其運用特點

　　周振甫先生《中國修辭學史》中認爲："開創中國修辭學的是春秋時代的孔子。"①並指出孔子在《論語》中提出的修辭總要求是"辭達而已矣"。這是説言辭要能準確、恰當地表達情意。孔子講修辭，注意説話的環境、對象和態度；要求講雅言；注意與品德修養相結合；要求文質統一；提出《詩》有興、觀、群、怨的作用。這是對《論語》中所反映的孔子的修辭思想的精要概括。筆者只想在周先生概括的基礎上，作些補充，就《論語》中孔子有關比喻的觀念及其運用比喻的特點作進一步探析。

　　《論語》記録的是孔子及其門人的言行，其中大多是孔子的日常言辭。這些言辭所體現的修辭要求很高，因爲他教育學生的一個重要目的是讓他們學習爲國之道，兼以修身。所以，他認爲説話應文雅，有文采："志有之：'言以足志，文以足言。'不言，誰知其志？言之無文，行而不遠。"（《左傳・襄公二十五年》）但文采不是單純的華詞麗句，而應與實際相符。所以他很討厭誇誇其談者："巧言令色，鮮矣仁。"（《論語・學而》，以下只注篇名）"巧言，令色，足恭，左丘明恥之，丘亦恥之。"（《公冶長》）"巧言亂德。"（《衛靈公》）"其言之不怍，則爲之也難。"所謂"巧言令色"，朱熹《論語集注》曰："好其言，善其色，致飾於外，務以説人。"孔子厭惡花言巧語，正體現了《易傳》所謂"修辭立其誠"的思想。

　　孔子講究修辭，特別注重比喻。比喻不僅是孔子修辭思想的一項重要内容，也是他施教的一個主要方法。他説："不憤不啓，不悱不發。舉一隅不以三隅反，則不復也。"（《述而》）又説："夫仁者，己欲

---

　　①　周振甫《中國修辭學史》，商務印書館，1991 年，第 9 頁。

立而立人,己欲達而達人。能近取譬,可謂仁之方也已。"(《雍也》)何晏《論語集解》引孔安國曰:"更爲子貢說仁者之行方道也。但能近取譬,於己皆恕,己所欲而施之於人。"①劉寶楠《論語正義》曰:"譬者,喻也。以己爲喻,故曰近。"②劉氏認爲這裏的"能近取譬",即《詩經》"孝子不匱,永錫爾類"也。可知孔子日常言行都是注重"譬"的,這種"譬"就是舉一反三,觸類旁通。所以,《禮記·學記》説:"古之學者,比物醜類。"又説:"九年知類通達,强立而不反,謂之大成。"學習到能觸類旁通的程度,就算大成了,"大成"之後,就可以爲政治國。可見"譬"之重要。

　　孔子是將其比喻觀貫穿於日常言語的,他常常通過引譬連類的方式,使語言生動形象,或含蓄委婉,讓聽者易於明白,易於接受。他説:"法語之言,能無從乎? 改之爲貴。巽與之言,能無説乎? 繹之爲貴。説而不繹。從而不改,吾末如之何也已矣。"(《子罕》)所謂"繹",就是推尋含義,説者可能將話説得很委婉,只説了一個比喻,但言在此而意在彼,聽者必須推尋其喻義,方能悟徹。《論語》中含有比喻句的共 40 餘節,其中絕大多數是孔子的言論。孔子運用比喻很有自己的特點,下面我們從三個方面論析。

一

　　孔子爲了適應比較複雜的語言環境,常常用比喻表達諷喻之意。
　　季康子乃當時魯國權臣,擅權斂賦,橫行一時。但孔子不好直言勸諫,只能諷以微喻。因此,當"季康子患盜,問於孔子"時,孔子對曰:"苟子之不欲,雖賞之不竊。"(《顔淵》)何晏引孔安國曰:"欲,多情慾。言民化於上,不從其令,從其所好。"③劉寶楠曰:"《説苑·貴德篇》:'周天子使家父毛伯求金於諸侯,《春秋》譏之。故天子好利,

---

① 《十三經注疏》,第 2479—2480 頁。
② 〔清〕劉寶楠撰,高流水點校《論語正義》,中華書局,1990 年,第 250 頁(以下版本同此)。
③ 《十三經注疏》,第 2504 頁。

則諸侯貪;諸侯貪,則大夫鄙;大夫鄙,則庶人盜。上之變下,猶風之靡草也。'然則民之盜竊,正由上之多欲。故夫子以不欲勖康子也。"①這樣講雖然很有道理,但依孔子的性格和修養,是不會與統治者直接對抗或直言相諫的。黄宗羲《宋元學案》引張載《正蒙·有司篇》曰:"欲生於不足,則民盜;能使無欲,則民不爲盜。假設以子不欲之物賞子,使竊其所不欲,子必不竊。故爲政者在乎足民,使無所不足,不見可欲,而盜必息矣。"②這條注釋比較準確地理解了孔子的本意,孔子這裏只是打了一個比方,説:"如果是你不想要的東西,即使獎賞你,你也不會去偷的。"用此比喻暗示季氏必須薄斂足民,才能使社會治安好轉,那麼實際就是季氏厚斂,民不聊生。這在《論語》中就有明證:"季氏富於周公,而求也爲之聚斂而附益之。子曰:'非吾徒也! 小子鳴鼓而攻之可也!'"(《先進》)在季氏面前用諷喻之辭,但冉有是自己的學生,所以孔子可以直截了當地批評他。《季氏》篇中,也有類似的情況。季氏打算攻打魯國的屬國顓臾,冉有和子路去見孔子,表明季氏的意思。孔子説了一段含有數層比喻的話:"求,周任有言曰:'陳力就列,不能者止。' 危而不持,顛而不扶,則將焉用彼相矣? 且爾言過矣,虎兕出於柙,龜玉毀於櫝中,是誰之過與?"這裏,"危"和"顛"的主語没有出現,但依下文"相"的含義(扶持盲人走路的人)可推知此主語是盲人。危指身子傾側了,顛指跌倒了。盲人傾側了,相應去用手把著他使他站穩;跌倒了,相應去扶起他。若不把不扶,那就是相没有盡到職責。這表面看起來是批評冉求,説他没有盡到輔佐季氏的責任,實際則是暗含了季氏如同盲人,根本就没有遠見,而冉求還替他説話。對季氏委婉諷喻,對冉求直接批評。下文"虎兕出於柙,龜玉毀於櫝中"更是如此。季氏發兵攻打顓臾,就如同猛獸出牢籠;顓臾被消滅,便是靈龜美玉被毁在匣子中。這當然是典守之人的失職。表面上看仍在批評冉求和仲由,實則對季氏此舉表示了强烈的不滿,只是因爲用了比喻,就比較含蓄委婉,照顧了被批評者的面子,使子路、冉求不至於太難堪,可見這比喻功效之大。《子

---

① 〔清〕劉寶楠撰,高流水點校《論語正義》,第 505 頁。
② 〔清〕黄宗羲原著,全祖望補修,陳金生、梁運華點校《宋元學案》,中華書局,1986 年,第 728 頁。

路》篇中孔子評價當時之從政者曰:"噫! 斗筲之人,何足算也。"與此同類,故劉寶楠《正義》曰:"斗筲之人,言今之從政,但事聚斂也。"①因爲斗、筲皆器物,只管裝東西,聚斂之徒有似於此,故謂之斗筲之人。這比喻字面委婉,實則含有辛辣味。

二

孔子的思想博大精深,正如其弟子顔淵所歎:"仰之彌高,鑽之彌堅。瞻之在前,忽焉在後。"(《子罕》)又如子貢在別人認爲他賢於仲尼時所言:"譬如宫牆,賜之牆也及肩,窺見室家之好。夫子之牆數仞,不得其門而入,不見宗廟之美,百官之富,得其門者或寡矣。"(《子張》)實際上,孔子掌握著一把有力的武器,它能讓深奧的道理變得淺顯易懂,能讓論理的語言變得生動形象。這把武器就是比喻。

孔子强調以德治國。德的作用是什麽呢? 他説:"爲政以德,譬如北辰,居其所而衆星共之。"(《爲政》)又説:"君子之德風,小人之德草。草上之風,必偃。"(《顔淵》)這裏所説的德,不僅僅指統治者個人修養的問題,而主要是指爲老百姓施恩澤,這種要求孔子便通過"苟子之不欲,雖賞之不竊"表達出來。孟子發揮此説,提出仁政思想的時候,便直接説:

> 無恒産而有恒心者,惟士爲能。若民,則無恒産因無恒心。苟無恒心,放辟邪侈,無不爲已。及陷於罪,然後從而刑之,是罔民也。焉有仁人在位,罔民而可爲也! 是故明君制民之産,必使仰足以事父母,俯足以畜妻子,樂歲終身飽,凶年免於死亡,然後驅而之善,故民之從之也輕。(《孟子·梁惠王上》)

荀子所謂禮起於"養人之欲,給人之求"(《荀子·禮論》)也講的是這個道理。所以,如果統治者能發政施仁,實行足民政策,則"天下

① 〔清〕劉寶楠撰,高流水點校《論語正義》,第 540 頁。

仕者皆欲立於王之朝,耕者皆欲耕於王之野,商賈皆欲藏於王之市,行旅皆欲出於王之塗,天下之欲疾其君者,皆欲赴愬於王"(《孟子·梁惠王上》),這便是"居其所而衆星共之"。孔子以"北辰"和"草上之風"喻德,鮮明生動地體現了德在治國中的重大作用。

　　"信"也是儒家思想的一個核心因素,孔子説:"人而無信,不知其可也。"這話很委婉,但他接著用了一個比喻,便無可置疑地強調無信不立:"大車無輗,小車無軏,其何以行之哉?"(《爲政》)

　　孔子日常説理,無不用比喻。"或問禘之説。子曰:'不知也;知其説者之於天下也,其如示諸斯乎!'指其掌。"(《八佾》)禮指我國古代各種制度,是治國的政治制度基礎,而春秋時代國家的大事"在祀與戎"。祭祀是"禮"最重要的一項内容。孔子時代,西周初年的一些禮制已經失傳,所謂"禮崩樂壞"。因此,孔子用知禘禮者治天下如同置天下於掌心的比喻,一方面強調禮的重要,另一方面也説明當時禮制失傳的嚴重狀況,這對聽者有一種深刻的心靈觸動。"子之武城,聞弦歌之聲。夫子莞爾而笑,曰:'割雞焉用牛刀!'"(《陽貨》)他的學生子游做武城宰,以禮樂興教,孔子心裏實際很高興,卻用一個比喻開了個玩笑,説子游治理武城這樣的小地方,用不著如此認真。但子游卻以夫子以前的教誨強調了教化的作用,説:"昔者偃也聞諸夫子曰:君子學道則愛人,小人學道則易使也。"因此,孔子馬上説:"偃之言是也。前言戲之耳。"但"割雞焉用牛刀"寓理於生動的形象之中,而且詼諧有趣,給聽者留下了深刻的印象。"子曰:'歲寒,然後知松柏之後彫也。'"(《子罕》)何晏《集解》曰:"喻凡人處治世,亦能自脩整,與君子同。在濁世,然後知君子之正不苟容。"①一個形象的比喻,讓君子的品格躍然紙上,毋須多講道理。"子謂伯魚曰:'女爲《周南》《召南》矣乎? 人而不爲《周南》《召南》,其猶正牆面而立也與?'"(《陽貨》)這是在強調學《詩》的重要性,卻用一個形象的比喻,説明不學二《南》,就不能立於世、行於世的道理。劉寶楠曰:"向牆面之而立,言不可行也。"②這與"小子何莫學夫《詩》?《詩》,可以興,可以觀,可以群,可以怨。邇之事父,遠之事君,多識於鳥獸草木之名"

---

① 《十三經注疏》,第 2491 頁。
② 〔清〕劉寶楠撰,高流水點校《論語正義》,第 691 頁。

(《陽貨》)可互相闡發。"子曰,色厲而内荏,譬諸小人,其猶穿窬之盜也與?"(《陽貨》)"穿窬之盜"的心理特點是發虚、害怕,這個比喻準確道出了色厲内荏者的本質。"譬如爲山,未成一簣。止,吾止也;譬如平地,雖覆一簣,進,吾往也。"(《子罕》)用堆土成山而功虧一簣比喻爲學需不斷努力,永不停息;用填平土地方覆一筐比喻成就大業,當從極小處開始。此段何晏注前一喻引包咸曰:"此勸人進於道德,爲山者其功雖已多,未成一簣而中道止者,我不以其前功多而善之。見其志不遂,故不與也。"注後一喻引馬融曰:"平地者,將進加功,雖始覆一簣,我不以其功少而薄之,據其欲進而與之。"① 又《荀子·宥坐》:"孔子曰:如垤而進,吾與之。如丘而止,吾已矣。"依何晏注及《荀子》語,似乎《論語》此節還有異文,即"止"與"不與"義同,"往"和"與"義同。今按:"與"作爲動詞,有一個常用義是"在一起"。比如《微子》篇云:"夫子憮然,曰:'鳥獸不可與同群,吾非斯人之徒與而誰與?'""與"即"在一起"。所以,所謂"止,吾止也"直譯就是"那個堆山的人停下來了,我就不跟他在一起",意謂"我要繼續堆,直到堆成",或依包咸説譯爲"爲學就好比是堆土成山,在只差一筐土就成功的時候停下不做了。(這樣的人)我就不再教他了"。下面"進,吾往也"相類。這就是荀子在《勸學》篇中所發揮的"學不可以已"的觀點。道理雖然簡單,一般人都能明白,但設此一喻,便突出了未成一簣而止的巨大危害和不斷進取的重要作用,這點恐怕是一般人不易理會的。如此看來,比喻之用大矣哉!

孔子以喻説理的用比特點,給他的學生有很大影響,尤其是歸於言語科的子貢,大有超越老師的情勢。"子貢曰:'有美玉於斯,韞匵而藏諸?求善賈而沽諸?'子曰:'沽之哉!沽之哉!我待賈者也。'"(《子罕》)學生與老師用比喻含蓄委婉地交談,近似於打啞謎,説隱語,但其效果比子路的直接發問好得多。(參《公冶長》)"棘子成曰:'君子質而已矣,何以文爲?'子貢曰:'惜乎!夫子之説君子也,駟不及舌!文猶質也,質猶文也,虎豹之鞟,猶犬羊之鞟!'"(《顏淵》)短短一節,連用兩個比喻,"駟不及舌"喻説出的話收不回去,暗含説話

① 《十三經注疏》,第 2491 頁。

應謹慎的道理。而後一喻則將文質統一的抽象道理體現得生動具體，無怪乎劉勰也用此爲典："虎豹無文，則鞹同犬羊。"（《文心雕龍·情采》）"叔孫武叔毀仲尼。子貢曰：'無以爲也！仲尼不可毀也。他人之賢者，丘陵也，猶可踰焉；仲尼，日月也，無得而踰焉。人雖欲自絕，其何傷於日月乎？多見其不知量也。'"（《子張》）"子貢曰：'君子一言以爲知，一言以爲不知。言不可不慎也。夫子之不可及也，猶天之不可階而升也。'"（《子張》）"子貢曰：'君子之過也，如日月之食焉。過也，人皆見之。更也，人皆仰之'。"（《子張》）看看子貢，師承之迹是何等明顯！他用比喻說理已到爐火純青的地步了。

<h2 style="text-align:center">三</h2>

比喻也是孔子表達喜怒哀樂之情的重要手段。因爲比喻，他的話語內容充實而真情感人，沒有虛浮、空洞之詞。

孔子對學生表示肯定、讚揚時用比喻："子貢問曰：'賜也何如？'子曰：'女器也。'曰：'何器也？'曰：'瑚璉也'。"（《公冶長》）瑚璉是古代祭祀時盛糧食的器皿，是相當尊貴的禮器，以此比子貢，是對子貢德才的高度肯定。"子謂仲弓，曰：'犁牛之子騂且角，雖欲勿用，山川其舍諸？'"（《雍也》）同喻子貢爲祭器一樣，仲弓被喻爲犧牲，仍然是國家的棟梁之材，老師的溢美之情流露在字裏行間。他對學生表示不滿、責備時，也用比喻："冉求曰：'非不説子之道，力不足也'。子曰：'力不足者，中道而廢。今女畫。'"（《雍也》）爲學如同行路，必須鞠躬盡瘁，死而後已，不能給自己畫定界限，而冉有畫之。故孔子以比喻責之。"子路曰：'子行三軍，則誰與？'子曰：'暴虎馮河，死而無悔者，吾不與也。'"（《述而》）暴虎謂赤手搏虎，馮河謂徒足涉河。子路的膽大冒失，用此一喻便活躍紙上了，夫子擔憂而又有希望的感情也隨之流露，因此，他接著説："必也臨事而懼，好謀而成者也。""不義而富且貴，於我如浮云。"（《述而》）是夫子對不義之徒的輕蔑；"子在川上曰：'逝者如斯夫！不舍晝夜。'"（《子罕》）則是夫子對歲月流逝的感慨；"苗而不秀者有矣夫！秀而不實者有矣夫！"（《子罕》）是夫子對功業未就者的惋惜；"觚不觚，觚哉！觚哉！"（《雍也》）又是對禮儀喪失的哀痛。讀這些句子，我們簡直要情不自禁地説：比喻是夫子抒情的一把金鑰匙！

（原載《西北成人教育學報》2003 年第 4 期）

《莊子》比喻的特色及其修辭效果

比喻是一種有效的修辭手段。古往今來,凡説話寫文章者,都離不開比喻,但如何運用它,則取決於作家的思維方式及其對客觀事物的觀察、分析、綜合、抽象、概括的能力,也與作家的人生態度、藝術修養和審美情趣有關。莊子是成功運用比喻的大師,他的文章言辭華麗,聲調鏗鏘,汪洋恣肆,妙趣橫生,雖歷萬代而不減光輝,是戰國文藝百花園裏的一枝獨秀奇葩。

一、《莊子》比喻的特色

(一) 莊子的比喻,不是孤立的一種修辭方式的簡單運用,而是充當著《莊子》全書的領袖,統帥其他修辭手段,穿針引綫,星羅棋佈,豐富多彩而又渾然一體。

比如《逍遥遊》一篇,就是比喻和寓言的連綴體,開首用大鵬之飛,蜩、學鳩、斥鴳之笑比喻説明"大小之辨",中間又夾許多小喻:"且夫水之積也不厚,則其負大舟也無力,覆杯水於坳堂之上,則芥爲之舟,置杯焉則膠,水淺而舟大也。"爲了説明大鵬的有待於大風,以水喻風,以杯水喻河海之水,以舟喻翼,以芥喻舟,環環相扣。又"小知不及大知,小年不及大年。奚以知其然邪? 朝菌不知晦朔,蟪蛄不知春秋,此小年也。楚之南有冥靈者,以五百歲爲春,五百歲爲秋。上古有大椿者,以八千歲爲春,八千歲爲秋。而彭祖乃今以久特聞,衆人匹之,不亦悲乎!"其主旨僅在"小知不及大知"一句,卻緊襯一句"小年不及大年",爲説明"小年不及大年",又連設五喻,蟬聯而下,逍遥之極。

莊子常常把比喻和排比、誇張、擬人、設問等修辭手段結合運用。如《人間世》:"山木,自寇也;膏火,自煎也。桂可食,故伐之;漆可用,故割之。人皆知有用之用,而莫知無用之用也。"排比比喻結合,句法整齊,行文流暢。又如《天運》"孔子西游於衛"一節,不但反復用比,且兼用反問:"今而夫子,亦取先王已陳芻狗,聚弟子游居寢卧其下。故伐樹於宋,削迹於衛,窮於商周,是非其夢邪? 圍於陳蔡之間,七日不火食,死生相與鄰,是非其眯邪?"設問:"古今非水陸與? 周魯非舟車與? 今蘄行周於魯,是猶推舟於陸地,勞而無功,身必有殃。"對照:"夫芻狗之未陳也,盛以篋衍,巾以文繡,尸祝齊戒以將之。及其已陳也,行者踐其首脊,蘇者取而爨之而已;將復取而盛以篋衍,巾以文繡,游居寢卧其下,彼不得夢,必且數眯焉。"多種修辭格並用,層層剖析,入木三分。

莊子的比喻,處處充溢著誇張、渲染,比喻和誇張在莊子散文中融爲一體,難解難分。如《齊物論》中寫"風"一段:

> 夫大塊噫氣,其名爲風。是唯無作,作則萬竅怒呺,而獨不聞之翏翏乎? 山林之畏佳,大木百圍之竅穴,似鼻,似口,似耳,似枅,似圈,似臼,似窪者,似污者。激者,謞者,叱者,吸者,叫者,譹者,宎者,咬者,前者唱于而隨者唱喁。泠風則小和,飄風則大和,厲風濟則衆竅爲虛;而獨不見之調調之刁刁乎?

這裏用誇張的語言,渲染出喻體的形象;又因生動的比喻,使誇張有實據,有力量。

寓言,離不開比喻,其特徵雖在於一般爲獨立的故事,但要用借喻的方法,以喻見寓,其許多比喻本身就是一個完整的寓言故事。如《秋水》篇中的"惠子相梁":

> 惠子相梁,莊子往見之。或謂惠子曰:"莊子來,欲代子相。"於是惠子恐,搜於國中三日三夜。莊子往見之,曰:"南方有鳥焉,其名爲鵷鶵,子知之乎? 夫鵷鶵,發於南海而飛於北海,非梧桐不止,非練實不食,非醴泉不飲。於是鴟得腐鼠,鵷鶵過之,仰

而視之曰:'嚇!'今子欲以子之梁國而嚇我邪?"

從形式上看,這是一個完整的寓言故事,有情節,有形象,且每個形象都是躍躍然活於紙上。其中又包含著許多比喻,莊子自喻爲鵷鶵,以惠子爲鴟,相位爲腐鼠。描繪傳神,比喻生動。同時又用拈連的修辭方式,一個"嚇"字就足以讓"不知腐鼠成滋味,猜意鵷鶵竟未休"的鴟鷹,變成心驚肉顫、無地自容的惠施了。

(二)莊子比喻中的喻體,有傳神之妙。陳望道先生說:"譬喻越進了一級,用作譬喻的客體就越升到了主位。"①《莊子》比喻的喻體往往是獨立活動的主體,而且形形色色,衆彩紛呈:古今人物,神仙鬼怪,草木蟲獸,應有盡有,其中的動植物大多有思想,有感情,能言善辯,具有人的意志。莊子淋漓盡致地描繪這些形象,就在於追求它們與人的"神似"之處,而表現他本人對宇宙、人生的探索思考。車爾尼雪夫斯基在《生活與美學》中說過:"構成自然界的美的事物,只有作爲人的一種暗示,才有美的意義。"②劉知幾《史通》云:"夫有生而無識,有質而無性者,其惟草木乎?然自古設比興,而以草木方人者,皆取其善惡薰蕕,榮枯貞脆而已。"③可見草木蟲獸之與人,求其相通,唯"神"爲是。莊子正抓住了這一點。

莊子比喻追求神似,也是莊周美學思想的體現。《外物》云:"筌者所以在魚,得魚而忘筌;蹄者所以在兔,得兔而忘蹄;言者所以在意,得意而忘言。"既然修辭是傳情達意的手段,那麼,追求"神似"可算勝人一籌了。

《逍遥遊》中蜩、學鳩、斥鴳等群象,活躍紙上,逗人神馳:"蜩與學鳩笑之曰:'我決起而飛,槍榆枋,時則不至,而控於地而已矣,奚以之九萬里而南爲?'""斥鴳笑之曰:'彼且奚適也? 我騰躍而上,不過數仞而下,翱翔蓬蒿之間,此亦飛之至也。而彼且奚適也?'"不具體描繪它們的形象,只用嘲諷的語言,通過它們自己的嘴來展現其卑微可笑,而喻"知效一官"者流坐井觀天、微不足道。不著一字,盡得風流。

①　陳望道《修辭學發凡》,上海教育出版社,2006年,第73頁。
②　(俄) 車爾尼雪夫斯基著,周揚譯《生活與美學》,新中國書局,1949年,第11頁。
③　〔唐〕劉知幾撰,黃壽成校點《史通》,遼寧教育出版社,1997年,第133頁。

莊子有時也描繪喻體，如《山木》篇中的"意怠"：

> 東海有鳥焉，其名曰意怠。其爲鳥也，翂翂翐翐，而似無能；引援而飛，迫脅而棲；進不敢爲前，退不敢爲後；食不敢先嘗，必取其緒。是故其行列不斥，而外人卒不得害，是以免於患。

戰國時代，世道混亂，人災天禍，變幻莫測。正由於"衆皆競進以貪婪兮，憑不厭乎求索"，有一技之長的，捲入政治鬥争漩渦，即被當作工具利用，而終爲犧牲品。在險惡的環境中要求得立身之地，保全性命，是何等不易！意怠之瞻前顧後，謹小慎微，正是時人的寫照。

由於追求神似，作者便能充分發揮其想象。寫神人，則"肌膚若冰霜，淖約若處子；不食五穀，吸風飲露，乘雲氣，御飛龍，而游乎四海之外"；寫"異鵲"，則"翼廣七尺，目大運寸"；寫"櫟社樹"，則"其大蔽數千牛，絜之百圍，其高臨山十仞而後有枝，其可以爲舟者旁十數"。不獨如此，作者的想象還深入到了思維領域，内心世界，把那種微妙的精神活動表現得淋漓盡致，讓那些致力於表演的形象，不得不和讀者"披肝瀝膽""開誠相見"。如《秋水》中"埳井之蛙"的自白，竟是天真之至了："吾樂與！出跳梁乎井幹之上，入休乎缺甃之崖，赴水則接腋持頤，蹶泥則没足滅跗，還虷蟹與蝌斗，莫吾能若也。"其得意和滿足之狀畢現無遺。

劉勰云："文之思也，其神遠矣。故寂然凝慮，思接千載；悄焉動容，視通萬里。吟詠之間，吐納珠玉之聲，眉睫之前，卷舒風雲之色；其思理之致乎？故思理爲妙，神與物遊。"[1]我們與其説莊子構思是如此神奇，不如説他的文章達到了如此神奇的效果：它讓讀者"神與物游"。那大鵬、神人，正代表著作者的心境，寄託著莊子的追求，他那虛無縹緲然而逍遥自在的理想王國，誠然招引著塵世間的人們。這，就是"傳神"之妙！

---

[1] 〔梁〕劉勰著，郭晉稀注譯《文心雕龍》，岳麓書社，2004 年，第 249 頁。

二、《莊子》比喻的修辭效果

《莊子》豐繁而獨特的比喻方式,獲得了廣泛而特殊的修辭效果。

(一)意境高遠,氣象雄宏。比喻與寓言的結合,使文章中有一系列完整的情節,讀來令人如臨其境,與物俱化。讀大鵬,則見大鵬;讀"任公子垂釣",則臨"白波若山,海水震盪,聲侔鬼神,憚赫千里"之境。莊子精心創造的一系列形象,如蜩、學鳩、斥鴳、井蛙、螳螂等等,一一過目,讓人一覽人間燕雀小志、爭食逐米者的醜態。那些"獨與天地精神往來"的神人、至人,則更令人傾倒。讀《莊子》散文,仿佛不是在讀哲理深刻的論文,而是在讀膾炙人口的浪漫主義詩章。

(二)語言生動形象,描繪入神。作者運用形象、生動的詞語,對喻體進行細緻的描繪,使讀者看得見,摸得著。如《養生主》篇中"庖丁解牛",有場面,有動作,有聲音,有過程,作者運用準確形象的語言,把庖丁的形象表現得栩栩如生:

> 庖丁爲文惠君解牛,手之所觸,肩之所倚,足之所履,膝之所踦,砉然響然,奏刀騞然,莫不中音。合於桑林之舞,乃中經首之會。

"觸、倚、履、踦"四動詞,"砉然、響然、騞然"等狀聲詞,生動傳達出庖丁解牛的過程及其技術的嫻熟,句型整齊,音響鏗鏘。有了這些描繪,後面緊接一喻,畫龍點睛。讀者雖未聽過經首之樂,未見過桑林之舞,但讀此一段,已足飽眼耳之福了。

(三)感情深沉,愛恨分明。陳望道先生説:"修辭原是傳情達意的手段。主要爲著意和情,修辭不過是調整語詞使達意傳情能夠適切的一種努力。既不一定是修飾,更不一定是離了意和情的修飾。"①吳士文在談到比喻的效果時也説:"它的愛憎非常强烈,可使人

---

① 陳望道《修辭學發凡》,第3頁。

們受到强烈的感染。"①莊子的比喻就是他深沉而熱烈的感情的抒發手段。莊子有富於幻想、熱情浪漫的藝術氣質,使他理性的頭腦,被感情的翅膀帶到了理想與幻想的境界,"登山則情滿於山,觀海則意溢於海",②這使他筆下的形象富有强烈的感情色彩、鮮明的個性特徵和濃鬱的詩意。這就是莊子文章區别於一般哲學著作而具有亘古不滅魅力的奥秘之一。

莊子口口聲聲"形如槁木,心如死灰","有人之形,無人之情",實際上,他才是位多情者,只是在特殊的環境中,由其特殊的性格所决定,他只能長歌當哭。《漁父》云:"真者,精誠之至也。不精不誠,不能動人。故强哭者雖悲不哀,强怒者雖嚴不威,强親者雖笑不和。真悲無聲而哀,真怒未發而威,真親未笑而和。"他就是一位"真悲"者,他的文章之所以這樣吸引人,就是真情在起作用。他的感情表現爲對濁惡世間的强烈憎恨和對理想境界的熱烈嚮往。

"惠子相梁"表現了莊子對權威的極端鄙視。他常常談論的"無用之用",也是對黑暗社會殘害人才罪惡的有力控訴:"百年之木,破爲犧尊,青黄而文之,其斷在溝中。比犧尊於溝中之斷,則美惡有間矣,其於失性一也。"(《天地》)無用亦難以不材死。莊子笑曰:"周將處於材與不材之間。"(《山木》)這"笑"裏含著淚珠。莊子的一系列比喻,表面看來,表現得很是超脱曠達,實際則是沉鬱而悲壯的。他崇拜那些獨與天地精神往來的神人、至人,嚮往"至德之世";然而他自己也知道這是虚無縹緲的,因此,便又希望自己而且鼓吹别人彷徨於無何有之鄉,逍遥乎廣漠之野。那種輕描淡寫中,飽含酸甜苦辣。在這個齷齪的世間,"竊鉤者誅,竊國者爲諸侯"(《胠篋》),那麼,憤而無爲便是他最有力的反抗形式了。

莊子也是熱愛生活的,對那種純潔真誠的感情,他也有深刻的理解。《至樂》篇"莊子妻死"表現了他對亡人的無限深情:"人且偃然寢於巨室,而我噭噭然隨而哭之,自以爲不通乎命,故止之。"這不明白表示他有感情嗎? 有情人才能真正理解情,言説情,莊子是位多情者!

---

① 吴士文《修辭講話》,甘肅人民出版社,1982 年,第 83 頁。
② 〔梁〕劉勰著,郭晉稀注譯《文心雕龍》,第 249 頁。

（四）思想深刻，説理透徹。歌德説："真理和神性一樣，是永不肯讓我們直接識知的。我們只能在反光、譬喻、象徵裏觀照它。"莊子散文，不管如何華美，歸根結蒂爲説理文章，它是莊子對整個宇宙和人生的思考和評論，是他的哲學思想、政治思想和美學思想的總結，是無情揭露、辛辣諷刺和深刻理論的統一體。説它形象豐富生動，是因爲它寓理於象，化抽象爲具體；説他感情充沛，是因爲它寄理於情，情理交融，用情的感染代替理的説教。因此，莊子文章便有了"其理不竭，其來不蜕"的獨特風格。

《莊子》中的許多比喻和寓言，含義深刻，如果抛開其唯心主義思想的消極因素，往往能給人以新的啓迪。如"庖丁解牛"啓發人們認識掌握客觀規律的重要性；"佝僂承蜩"則啓發人們，只有用心專一，孜孜不倦，才能掌握熟練的技巧而應付裕如；"儵忽鑿竅"則更形象地説明，違背天性，違背客觀規律而任意作爲，必然要遭到規律的懲罰。

莊子比喻，是莊子諷刺、批判時世的有力武器，從國家大事到生活小事，他都能信手拈來，使之成爲諷刺、批判的工具。如《則陽》篇中的"蝸角之戰"：

> 有國於蝸之左角者曰觸氏，有國於蝸之右角者曰蠻氏，時相與争地而戰，伏尸數萬，逐北旬有五日而後反。

以辛辣的筆調，嘲笑封建諸侯發動戰争，屠殺人民，争奪土地，就好像在蝸牛的左右角落裏廝殺一樣可笑。其他諸如"惠子相梁""曹商使秦""儒生發冢"等等，無不以生動的比喻，無情地嘲諷、揭露那些"大人物""儒生"們的卑鄙行徑，使其醜態暴露無遺。真可謂"嬉笑怒罵，皆成文章"。

"言有巧而不辯者"，正因爲莊子對比喻運用得心應手，因而達到了"至辯無辯"的境地，使其哲學散文成了前無古人後無來者的絶唱。

（原載《語文學刊》1999 年第 1 期）

《逸周書》研究著作述論

《逸周書》亦名《周書》，是一部周代文獻的彙編。《漢書·藝文志》載《周書》七十一篇，但由於歷史傳承中的殘佚，今存文章 59 篇，序 1 篇。這些文章按內容可分爲史書、政書、兵書和禮書四大類。自魏末晉初孔晁開始至今，注釋、論及、研究此書的人不算太多，但也不下數十人，而各家之作，其側重點皆有所不同。全面梳理這些著述，對我們進一步研究《逸周書》無疑是有裨益的。下面，我們就歷代具有代表性的注釋和研究著作作簡要的述論。

孔晁是第一個全面注釋《逸周書》的人，據劉師培考證，此人與王肅同時。劉氏《周書略説》云：

> 考《隋志》於晁所作書，雖題晉五經博士，實則晁與王肅同時。知者，《舊唐書·元行沖傳》載行沖《釋疑》云："子雍規玄數十百件，守鄭學者，時有中郎馬昭，上書以爲肅謬，詔王學之輩，占答以聞。又遣博士張融按經論詰，融等召集，①分別推處，理之是非，具《聖證論》。王肅酬對，疲於歲時。"是融評《聖證論》，肅尚生存也。肅卒於甘露元年(《三國志》本傳)，年六十八，此事必在其前。又觀《詩·皇矣》疏、《周禮·媒氏》疏、《禮記·祭法》疏所引《聖證論》，均先臚孔晁答昭之語，繼列融評。則斯時晁年已長。(馬昭即魏《高貴鄉公紀》之"馬照"，《中説·述史篇》阮逸注正引作"昭"。張融爲魏博士，見《隋志·論語》類，則均魏人。)②

---

① 等，中華書局校點本《舊唐書》作"登"，蓋誤。
② 宋志英、晁岳佩選編《〈逸周書〉研究文獻輯刊》(第九册)，國家圖書館出版社，2015 年，第 598 頁(以下版本同此，腳注僅出書名與頁碼)。

今本《逸周書》中有孔晁注者共 42 篇,唐人顏師古於《漢書·藝文志》"《周書》七十一篇"下注曰:"劉向云'周時誥誓號令也,蓋孔子所論百篇之餘也'。今之存者四十五篇矣。"①有些學者認爲,"今之存者四十五篇"也是劉向語,這實屬誤解。《漢書·蕭何傳》云:"《周書》曰'天予不取,反受其咎'。"顏師古注曰:"《周書》者,本與《尚書》同類,蓋孔子所刪百篇之外,劉向所奏有七十一篇。"②兩條相參,可明四十五篇確實是顏師古所見的本子。

有些學者認爲,《小開》和《時訓》是孔晁注過的,只是今傳本二篇之孔注已佚。其證據是唐人李賢注《後漢書》引《小開解》注文,慧琳《一切經音義》引《時訓解》注文。

今按,李賢《後漢書·馮衍傳》注曰:

> 《周書·小開篇》曰:"嗚呼,汝何敬非時? 何擇非德? 德枳維大人,大人枳維公,公枳維卿,卿枳維大夫,大夫枳維士。登登皇皇,(維在)[君枳維國],國枳維都,都枳維邑,邑枳維家,家枳維欲無疆。"言上下相維遞爲藩蔽也。③

中華書局校點本以"言上下相維遞爲藩蔽也"爲李賢注語。今本《逸周書·小開》"大人枳維公,公枳維卿"二句作"大人枳維卿,卿枳維大夫";又"維在"句作"□枳維國"。盧文弨校補"君"字,諸家皆從。筆者認爲,《小開》李賢注,中華書局本校點完全正確,故不足爲孔晁注過的證據。

又慧琳《一切經音義》卷十一引《周公時訓》注云:

> 鹿居山林,陽狩也;故五月感一陰而角解也。麋居川澤,陰狩也,故十月感一陽而角解。④

①　見《漢書》(第六冊)第 1706 頁注(三),今本標點以爲顏師古語,有些學者認爲是劉向語。
②　《漢書》(第七冊)第 2007 頁注(二)。
③　〔南朝·宋〕范曄撰,〔唐〕李賢注《後漢書》(第四冊)第 1001 頁注(一),中華書局,1965 年。
④　見慧琳《一切經音義》,上海古籍出版社,1986 年,第 434 頁。

這條注也不一定就是孔晁的,因爲此篇漢以後有單行本,且名曰"周公時訓",蓋注之者不止一人。孔穎達《禮記正義》云:

> 麋角解者,説者多家,皆無明據。熊氏云:鹿是山獸,夏至得陰氣而解角;麋是澤獸,故冬至得陽氣而解角。今以麋爲陰獸,情淫而遊澤,冬至陰方退,故解角,從陰退之象。鹿是陽獸,情淫而遊山,夏至得陰而解角,從陽退之象。既無明據,故略論焉。①

孔氏所言熊氏,乃北周熊安生,其説與《一切經音義》所引注文大致相同。可知當時流行此説。《月令》與《時訓》相類,而漢代解《月令》者有景鸞、蔡邕、高誘諸家,②《淮南子》中也有《時則訓》,可知都是不同傳解人之作。《周公時訓》即其一家,後人編輯《逸周書》者收録之,爲今之《時訓解》,其收録時間當在孔晁之後。又敦煌寫本伯3454號録有《周志廿八國》,與今本《逸周書·史記》大致相同,而《史記》有孔晁注。可見,此篇也是有單行本的。

由此看來,我們今天能確定的孔晁注只能是四十二篇。

孔氏注非常簡單,大多是解釋某個詞或某句話的含義的,而且没有序言、題解之類的文字,應該是後世脱佚所致。其注釋詞語含義的如《命訓》"道天莫如無極",孔晁注曰:"道謂言説之也。"又如《文酌》:"三尼:一、除戒咎醜;二、申親考疏;三、假時權要。"注曰:"尼,是也。咎,罪也。考,成也。時,是也。"申發句子含義的,如《命訓》:"福莫大於行義,禍莫大於淫祭,醜莫大於傷人,賞莫大於信義,讓莫大於賈上,罰莫大於貪詐。"孔注曰:"言此六者最大。"③這類注解,有時顯得多餘,對理解文義並無作用。有時,孔氏也簡單説明事件的背景、時間和相關的制度等。如《柔武》開頭曰:"維王元祀一月既生魄,

① 《十三經注疏》,第 1383 頁。
② 景鸞,字漢伯,東漢梓潼人。《後漢書·儒林傳》、朱彝尊《經義考》卷一四九、錢大昭《補續漢書藝文志》均收録其《月令章句》,今佚。蔡邕(132—192),字伯喈。《隋書·經籍志》、錢大昭《補續漢書藝文志》等載其《月令章句》十二卷,原書已佚,後人有輯本。〔清〕朱彝尊《經義考》卷一四九云:"高誘注禮,隋、唐、宋《經籍》《藝文志》俱不載,近代藏書家目録亦無,唯《藝文類聚》曾引之。《月令》四卷,題曰《明堂月令》。乙亥二月,忽獲之吳興書賈舟中,乃舊本。"(《經義考》,中華書局,1998 年,第 781 頁)
③ 《〈逸周書〉研究文獻輯刊》(第一册),第 39 頁。

王召周公旦曰：'嗚呼！維在文考之緒功。'"注曰："此文王卒之明年春也。"①又如《克殷》開頭云："周車三百五十乘，陳于牧野，帝辛從。"注曰："十三年正月，牧野商郊，紂出朝歌二十里而迎戰也。"②又"乃適二女之所，既縊"，注曰："二女，妲己及嬖妾。縊，自縊也。"③又《世俘》："維四月乙未日，武王成辟，四方通殷命有國。"注云："言成者，執殷俘，通之以爲國也。此克紂還歸而作也。"④這種解釋對理解文義是有很大幫助的。孔氏之注也有脫佚不全而難以通讀的，如《度訓》"補在□□分微在明"下注今作"知精□□□□微分理有明故"，讓人很難理解，後人只好據上下文義進行揣測。因此，顧千里在給陳逢衡《逸周書補注》所作的序中曾說："晉孔晁解疏陋無足觀。"⑤

總而言之，孔晁注解是本書系統注釋的開端，其功績不容忽視。但正因開創工作，故難免粗疏不盡人意。

孔晁以後直到宋代，徵引《逸周書》的較多，但注釋的，除孔穎達所引熊氏注外，別的未見記載。今天我們能看到的校刻此書的最早的是南宋李燾，元刊本卷端有李氏的《傳寫周書跋》，其中只云"古章句或舛訛難讀，聊復傳寫，以待是正。"⑥別無校訂記錄。其後丁黼有《刻周書序》，云："予始得本於李巽巖（即李燾）家，脫誤爲甚。繼得陳正卿本，用相參校，修補頗多。"⑦但今本中何爲其所修補者也不得而知。這篇序文作於嘉定十五年（1222）四月，離李燾時間不會太遠，後來元人黃玠、明人章檗均有刻書序跋，黃氏只云"郡太守劉公廷榦，好古尤至，出其先世所藏，命刻板學宮，俾行於世"。⑧章氏亦云"以手鈔善本刻此，俾誦者知爲經之別錄，俱不可捐爾"，⑨皆未言及校勘。因此，可以説自孔晁至章檗，此書沒有被注解過。

① 《〈逸周書〉研究文獻輯刊》（第一册），第93頁。
② 《〈逸周書〉研究文獻輯刊》（第一册），第120頁。
③ 《〈逸周書〉研究文獻輯刊》（第一册），第122頁。
④ 《〈逸周書〉研究文獻輯刊》（第一册），第139頁。
⑤ 《〈逸周書〉研究文獻輯刊》（第一册），第447頁。
⑥ 黃懷信等《逸周書彙校集注》（修訂本），上海古籍出版社，2007年，第1186頁（以下版本同此）。
⑦ 黃懷信等《逸周書彙校集注》（修訂本），第1187頁。
⑧ 黃懷信等《逸周書彙校集注》（修訂本），第1188頁。
⑨ 黃懷信等《逸周書彙校集注》（修訂本），第1191頁。

明人姜士昌説：

　　千載而下，誦法素王者不能舍《左氏》，故諸家訓詁，犖然甚具。而《周書》視《左氏》，辭特深奧。流俗畏難好易，不復研覈。孔晁一注寥寥，及今亦頗多繆誤矣。楊用脩太史嘗序是書以傳，顧未嘗一爲參合讎校。予讀之，不無遺憾。乃稍加參訂，正其舛誤。其不可以意更定者，仍闕之，以竢博聞之士。①

又云：

　　自六藝以下，文辭最質古者無如是書與《周觶》《穆天子傳》諸篇，而是書深遠矣。然皆殘缺漫漶，不甚可讀。蓋去古日遠，綴文者喜爲近易，故時俗之言易傳，而古語日就脱誤，有足歎者！予既刻是書，因爲叙之如此。②

　　姜氏雖言流俗畏難好易，他自己稍加參訂，但參訂的内容也不清楚，大致不會太多。

　　盧文弨是我們目前能看到的第一個真正全面校理《逸周書》的人，而且其校語今本俱存。據謝墉乾隆五十一年（1786）所作《刊盧文弨校定逸周書序》，盧氏曾“積數年校勘之功”，吳錫麒給潘振《周書解義》作的序中説：“近盧抱經先生手校此書，鳩集舊本，自元以下凡得一十九家，左右采獲，力任廓清，其功不少。”③今觀盧氏校本，其所做工作可以歸納爲以下幾點：一、比勘衆本；二、擇善校正；三、填補缺脱；四、加注校語。

　　盧氏所用十九家本子，除了卷前所列元代劉廷榦本、明代章檗、程榮、吳琯、卜世昌、何允中、胡文煥、鍾惺本八種外，還包括惠棟、沈彤、謝墉、趙曦明、張垣、嚴長明、段玉裁、沈景熊、梁玉繩、梁履繩、陳雷十一家，故能博採衆長，充分吸收各家研究成果。如《五權》“物庶

---

① 《〈逸周書〉研究文獻輯刊》（第一册），第14頁。
② 《〈逸周書〉研究文獻輯刊》（第一册），第15頁。
③ 《〈逸周書〉研究文獻輯刊》（第一册），第447—448頁。

則爵,乃不和"下云:"惠於'乃'字旁校云:宋作'攊'。趙疑'物庶則'下尚脱一字。梁處素云:'攊'疑'耧'字之訛。《説文》引《商書》'庶艸繁耧'是也,'耧'字當重文。"①又如《成開》"五示"條"産足不窮,家懷思終,主爲之宗,德以撫衆,衆和乃同"後云:"'不'字本脱,趙據文義補。'撫'舊作'輔',又'衆'字不重。惠據宋本改增。"②

在比照衆本的基礎上,盧氏對《逸周書》中的訛誤進行了改定。如《度訓》"小得其所好則喜",盧云:"喜,舊本作善,今從沈改。"③盧氏所改者,不一定是他本有異,而是根據上下文以理校定。《武稱》:"春違其農,秋伐其穡,夏取其麥,冬寒其衣服。春秋欲舒,冬夏欲瘚,武之時也。"孔晁注:"寒衣爲敗其絲麻,冬夏寒暑盛,故欲疾之。"盧曰:"注'疾'舊作'度'。案:正文云'冬夏欲瘚',瘚,疾也,故改爲疾。"④這個改正是相當精彩的,正文云"瘚",瘚爲疾義,因其與"舒"相對故知。而"疾"與"度"字形近,容易致誤。所以,"度"字肯定有誤。

《逸周書》中的脱缺是非常嚴重的,除了十一篇有目無文外,其他或斷章,或殘句,或缺字。盧氏均做了力所能及的彌補工作。據《逸周書》目次,第五十三篇是《月令》,但今本缺佚。盧氏據《吕氏春秋》十二紀首補入;又《程寤》第十三也亡逸,盧氏據《藝文類聚》《太平御覽》所引補七十五字:

> 文王去商在程,正月既生魄,太姒夢見商之庭産棘,小子發取周庭之梓,樹于闕間,化爲松柏棫柞。寤,驚,以告文王。文王乃召太子發占之于明堂,王及太子發並拜吉夢,受商之大命于皇天上帝。⑤

並加案語曰:

---

① 《〈逸周書〉研究文獻輯刊》(第一册),第159—160頁。
② 《〈逸周書〉研究文獻輯刊》(第一册),第161—162頁。
③ 《〈逸周書〉研究文獻輯刊》(第一册),第32頁。
④ 《〈逸周書〉研究文獻輯刊》(第一册),第55頁。
⑤ 《〈逸周書〉研究文獻輯刊》(第一册),第76頁。

《帝王世紀》作"十年正月"。又"以告文王"下云："文王不敢占,召太子發,命祝以幣告於宗廟群神,然後占之于明堂,及發並拜吉夢,遂作《程寤》。"見《御覽》八十四,當亦本諸《周書》,"及發"上有脱字。①

今傳本《逸周書·序》篇《程典》《程寤》脱佚,盧氏又據孔穎達《毛詩正義》"《周書》稱文王在程,作《程寤》《程典》"而云"當在此"。②

《周書·月令》與《吕氏春秋·十二紀》首篇及《禮記·月令》是否相同,還值得研究,因爲《論語集解》所云馬融注引《月令》之語,③不見於今本《吕氏春秋》和《禮記》。但盧氏所補《程寤》及其序文,當無疑。陳逢衡《逸周書補注》雖云"盧補割裂抄撮,究不知原文何若",④但"太姒夢商庭産棘云云定爲《周書》無疑"。⑤ 又《潛夫論·夢列篇》及《帝王世紀》也都言及太姒之夢,文字稍有出入。丁宗洛《逸周書管箋》云："《潛夫論·夢列篇》云:'太姒有吉夢,文王不敢康吉,祀于群神,然後占于明堂,並拜吉夢。'此雖不言引《周書》,然必《程寤》之文。可見漢末此篇原存,故六朝《帝王世紀》因之,唐初《藝文類聚》又因之。"⑥劉師培也説："此篇逸文具見盧、陳、朱三家所輯,又《大開武解》'天降寤于程',盧引趙説謂指太姒之夢,其説是也。"⑦今按：李善《文選注》卷五十六南朝梁陸佐《石闕銘》："周史書樹闕之夢"句注曰："《周書》曰:'文王至自商,至程,太姒夢見商之庭生棘,太子發取周庭之梓,樹之於闕間,化爲松柏。'"⑧李善《文選注》所引《周書》即今之《逸周書》,因此,《程寤》在唐代還是未亡的,《太

---

① 《〈逸周書〉研究文獻輯刊》(第一册),第 76 頁。
② 見《詩·大雅·皇矣》"居岐之陽"疏,《十三經注疏》,第 522 頁。
③ 何晏《論語集解》引馬融《論語注》曰："《周書月令》有更火之文:春取榆柳之火,夏取棗杏之火,季夏取桑柘之火,秋取柞楢之火,冬取槐檀之火。一年之中,鑽火各異木,故曰改火也。"(《十三經注疏》,第 2526 頁。)
④ 《〈逸周書〉研究文獻輯刊》(第三册),第 96 頁。
⑤ 《〈逸周書〉研究文獻輯刊》(第三册),第 100 頁。
⑥ 《〈逸周書〉研究文獻輯刊》(第六册),第 27—28 頁。
⑦ 《周書補正》卷一,《〈逸周書〉研究文獻輯刊》(第九册),第 382 頁。
⑧ 〔梁〕蕭統編,〔唐〕李善注《文選》(第六册),上海古籍出版社,1986 年,第 2419 頁。

平御覽》所據可能也是有此篇的本子。

　　盧氏校補的態度非常謹慎,他總是在采他人之長的基礎上,審慎地加以考核,有時並不增改原文,而是在校語中説明。如他在《克殷》"武王再拜稽首,乃出"句後云:

　　　　梁云:此有脱文。《史記》作"武王再拜稽首,①膺更大命,革殷,受天明命。武王又再拜稽首,乃出"。李善注王元長《曲水詩序》引《周書》亦有此數語,唯"膺更"作"膺受"。觀孔晁注正是釋武王之語,則知《周書》本有之,轉寫者因兩"再拜稽首",遂遺卻上文耳。②

　　《史記》與《文選注》兩引如此,孔晁注也説:"受天大命以改殷,天明命王天□也。"③依此,這裏有脱文無疑。盧氏卻只以校語説明,同時也分析了致誤原因。朱右曾注釋採用了他的觀點,在《逸周書集訓校釋》中將此段增補爲:

　　　　武王再拜稽首,膺受大命革殷,受天明命。武王又再拜稽首,乃出。④

　　對個別脱文的校補,在盧本中是常見的,好多地方補注相當精彩。如《允文》有"率用十五,綏用□安。教用顯允,若得父母"幾句,盧氏曰:"《夏小正》:'綏多女士。'此當是'綏用士女',與韻協,作'女士'亦協。"⑤這一篇講的是安定勝國的方法,其關鍵就是"綏",綏的對象從大夫到平民,各種階層、各種生活狀態的人都包括,成年男女即所謂"士女"的婚配問題也不例外。從前文"咸問外戚,書其所在"等看,這種綏靖措施是相當細緻的,因而,關心成年男女的婚配自然是情理之中了。至於應爲"士女"還是"女士",劉師培是這樣説的:

────────────

① 《史記·周本紀》"首"字後有"曰"字。
② 《〈逸周書〉研究文獻輯刊》(第一册),第124頁。
③ 《〈逸周書〉研究文獻輯刊》(第一册),第124頁。
④ 《〈逸周書〉研究文獻輯刊》(第八册),第91頁。
⑤ 《〈逸周書〉研究文獻輯刊》(第一册),第57頁。

。

　　後説(指"女士")是也，"士"與下文"母"協。"母"屬之部，本篇由"紀"迄"母"均未易韻，若作"士女"，斯與韻乖。①

　　黃懷信先生説："安，當是'士女'二字之誤，'□'爲後人所增。"按：古書豎排，"士女"誤合成"安"字是有可能的。蓋《周書》原文爲協韻作"女士"，後人因古籍中常作"士女"而改，"士女"又合而成"安"。可以看出，盧氏的校補爲後學進一步研究奠定了基礎，其功不可磨滅。

　　從上面所引之例，我們已能看出盧氏校語的大致内容了。除了説明某處脱某、應補作某及致誤原因外，他有時還對個别詞語進行解釋，這種解釋也常常是其校改與否的理由。如《武稱》"肅勝怒"句後盧氏曰："怒，忿兵也，古人謂敬可以攝勇，與此'肅勝怒'同意。趙疑'怒'是怠之誤。遲，本或作徐。"②此處通過解釋詞義，説明"怒"與"肅"可以相對，不必疑其爲"怠"之誤。有時，其注語説明異體字或通假字，如《史記》："徙居至于獨鹿，諸侯畔之，阪泉以亡。"盧氏云："案，《嘗麥解》云：蚩尤逐赤帝，争于涿鹿之河，赤帝説黄帝執蚩尤，殺之。獨鹿，即涿鹿也，亦名濁鹿。"③獨、濁皆從蜀聲，上古同音。涿、濁、獨古皆屋部，濁、獨定紐，涿端紐，可以通假，盧氏注語實際説的就是此意。

　　由以上簡單的分析可以看出，盧文弨之本是校中有注，注校結合的，儘管以校爲主，但其注語也很重要，爲後來研究此書的人提供了許多資以借鑒的綫索。所以，他在《逸周書》的整理研究史上是有巨大功勞的。

　　盧文弨以後，有清一代以至民國時期校理、注釋《逸周書》的有十幾家，像潘振的《周書解義》、陳逢衡的《逸周書補注》、丁宗洛的《逸周書管箋》、朱右曾的《逸周書集訓校釋》、唐大沛的《逸周書分編句釋》及俞樾的《周書平議》、王念孫的《逸周書雜志》、孫詒讓的《周書斠補》、劉師培的《周書補正》《周書略説》等都是影響比較大的。其中，

① 　《周書補正》卷一，《〈逸周書〉研究文獻輯刊》(第九册)，第367頁。
② 　《〈逸周書〉研究文獻輯刊》(第一册)，第55頁。
③ 　《〈逸周書〉研究文獻輯刊》(第一册)，第303頁。

爲全書逐篇逐句校理或訓釋的,陳、丁、唐、朱四家最爲重要。

　　陳逢衡著《逸周書補注》二十二卷,道光五年(1825)刊行。他是在孔注的基礎上再作注,故謂之"補注"。他的注也有考證,但偏重於義理。所以,劉師培評價説:"若夫丁、陳屬注,莊、魏裁篇,曼詞裔字,鮮入鰓理。"①劉師培是大家,下此斷語,當然有其道理。但是,在我們看來,陳氏《補注》值得肯定之處亦復不少。首先他在注釋字句的基礎上,比較詳細地演繹每句所含之哲學意義,往往能讓讀者受到啓發,而對相關問題深加思考。比如《時訓》云:

　　　　霜降之日,豺乃祭獸。又五日,草木黄落;又五日,蟄蟲咸俯。豺不祭獸,爪牙不良;草木不黄落,是謂愆陽;蟄蟲不咸俯,民多流亡。

　　此條潘振、朱右曾也有注,但都僅釋字詞,偶爾串講詞義,比較簡單。陳氏則對全段文字進行了詳細分析,一一説明有此物候或此候不至所預示災異之哲學原理。下面,我們將朱、陳二家之注羅列出來,加以比較。朱氏《集訓校釋》云:

　　　　豺似狗,高前廣後,黄色,群行。其牙如錐,殺獸而陳之,若祭。俯,垂頭也。陽氣下沉,垂頭嚮之。爪牙,武士。愆陽,陽不潛藏也。②

陳氏《補注》云:

　　　　霜降之日,九月中氣也。《淮南·天文訓》"寒露加十五日斗指戌則霜降",《國語》"馼見而隕霜",注:謂建戌之中霜始降。《考異郵》曰"霜之爲言亡也"。豺乃祭獸者,是月豺殺諸獸,四面陳之,有似乎祭,《小正》在十月者舉其晚也。草木黄落者,九月金盛尅木,故先黄而後落。《國語》"本見而草木節解"注:"本,氐

---

①　《周書補正·序》,《〈逸周書〉研究文獻輯刊》(第九冊),第350頁。
②　《〈逸周書〉研究文獻輯刊》(第八冊),第147頁。

也。"謂寒露之後十日陽氣盡,草木之枝節皆解也。蟄蟲咸俯:俯
也者,伏也,謂以身附土,就地陽而不出也,《吕氏·季秋紀》所謂
蟄蟲咸俯,在穴皆墐其户也。

豺殺諸獸如徒役之捕盜,今不祭獸是不用力也,故其占爲爪
牙不良之象。九月陽氣寖微,故草木盡凋,今不黄落,則過時而
陽不斂也,故曰是爲愆陽。蟄蟲畏寒在穴,如小民之塞向墐户,
今不咸俯,則無以安其身,故其占爲民多流亡之象。①

兩家注單就字數而言,朱氏僅 45 字,而陳氏多達 260 字,是朱氏的
6 倍。朱氏解釋,主要是釋詞,所釋者爲豺、俯、爪牙、愆陽。其注"俯"
曰"垂頭也,陽氣下沉,垂頭向之",比陳氏"俯也者,伏也",似嫌累贅。
陳氏也有釋詞,但主要是闡發每句之含義,如霜降爲九月中氣,草木
黄落、蟄蟲咸俯之原因。尤其是解釋後節"豺不祭獸"至"民多流亡",
結合陰陽學説,將何以有此占的原因分析得清清楚楚,而正是由於他
的分析,我們才將《時訓》之作與陰陽五行家及讖緯家聯繫起來,進而
探求出其創作時代在漢代。② 就這一點言,陳氏是獨具慧眼的。

其次,陳氏的注釋比較詳細,不僅是逐句串講剖析,而且常常引
用很多材料加以證明,如《謚法》"不生其國曰聲"條注曰:

《研經室文集》曰:"《逸周書·謚法解》'不生其國曰聲',昔
人解此多誤。案:此乃生於母家,不在本國,如虚懸然。然其義
猶在殼字,聲乃假借耳,猶《史記》所云贅婿之義,魯嬰齊謚聲伯,
聲伯之母不聘,穆姜不以爲姒,生聲伯而出之,嫁於齊(《左·成
十一年傳》)。然則聲伯必是隨母生長於外,所以卒謚曰聲。又
齊侯娶魯顏懿姬,無子,其姪鬷聲姬生光(杜注云:顏、鬷皆二姬
母姓),姬之謚聲,亦必育于母鬷姓家之故,故以母姓爲名,而謚
曰聲(《左·襄十九年傳》),與嬰齊、聲伯同例。而隱公母謚聲、
僖公夫人聲姜、齊靈母聲孟子,皆同此例矣。"衡案:《衛世家》
"聲公",《索隱》云《世本》作"聖公"。據《廣韻》引《風俗通》"聖

① 《〈逸周書〉研究文獻輯刊》(第四册),第 74—75 頁。
② 參下篇《〈時令〉〈時訓〉與〈時訓解〉》,亦見《蘭州大學學報》2004 年第 4 期。

者,聲也",則聖、聲二字可通。《欽定續通志·謚略》曰:"魯聲伯之母不聘,因謚爲聲。"然曹有聲公野,鄭有聲公勝,蔡有聲公産,楚有聲王當,衛有聲公訓,列國大夫謚聲者尤多,豈盡不生其國者。意聲謚或兼聲聞之義,而《周書》流傳日久,不無缺漏,乃僅傳不生其國一義,其義亦太專矣。[1]

此條注釋,先引《研經室文集》及《續通志》,説明謚法"聲"確有"不生其國"一義,又列舉大量事實,證明生於其國者也有謚"聲"的,則"聲"必有他義。這不僅對我們理解《謚法》此條有助,而且對研究《謚法》傳承的歷史也有啓迪。所以,其功力還是較深的。

再次,陳氏此書,卷首有《叙略》《集説》二篇,前者叙述各篇大旨,後者博引前人論《逸周書》之語,並略加評述。篇末又收逸文五十條,一一注明出處,間亦申論;另有類似《逸周書》逸文,而實爲諸書誤引者三十五條,也予以辨明。這也是極有參考價值的。

當然,陳氏之注也不無附會之處,這與其長於義理有很大關係。又他篤信《周書序》,以爲各篇多是文武之書,又常常以《紀年》爲據,謬誤之處自然有之。然而,陳氏著此書時,各家注釋尚未及見,所援引者僅孔晁注和盧氏校語,故其成就更是來之不易的。

丁宗洛《逸周書管箋》十卷,道光十年(1830)刊行。此書爲《逸周書》有斷句本之始,全書分爲四册,第一册有《疏證》《提要》《集説》各一篇,總論全書,是他的弟弟如金寫的。第二册爲《摭訂》三卷,上卷訂逸句;中卷訂商周之際,分爲年表、月表、日表三項;下卷訂地名、事件、職官、人物等,多以今本《紀年》爲據。第三册、第四册爲《管箋》十卷,每句之下悉有注解,另有眉批。丁氏側重於從辭氣方面探討上下文義,故多取故事以相類比,對讀者瞭解句義篇義也多有幫助。比如《允文》"命夫復服",《管箋》云:"命夫,命士也。復服,謂除其服役也。《前漢·高帝紀》'七大夫以下皆復其身及户勿事'是也。"[2]又"遷同氏姓,位之宗子",《管箋》云:"位通立,與《作洛解》'乃位五宫'

---

① 《〈逸周書〉研究文獻輯刊》(第四册),第181—182頁。
② 《〈逸周書〉研究文獻輯刊》(第六册),第4頁。

同。遷同氏姓二句,似與《孟子》言‘謀於燕衆,置君而後去之’同意。"①又如《武稱》"赦其衆,遂其咎,撫其□,助其囊,武之間也",《管箋》云,赦其衆,"此如樂毅伐齊,羊祜征吳是";遂其咎,"此如齊人歸女樂是";撫其□,"闕處疑是‘奔’字,撫奔,如由余仕秦、巫臣在晉是";助其囊,"囊,疑橐訛,橐音混,束也。如秦使杞子戍鄭是。或曰:助囊猶《傳》言行李之往來,供其困乏。"②丁氏之注大多如此,通過類比讓讀者體味其義,與陳逢衡的闡發義理方法不同,如上例陳氏注云:"周文歸曰:赦其衆遂其咎,猶云厚其毒而復之也。助其囊,姑予之也。衡案:赦其衆則黨孤,遂其咎則國疑。"③丁氏側重説明這些句子所代表的事類,而陳氏側重説明這些事類的終極目的。故曰,丁氏重辭氣,而陳氏偏義理。讀者若能將二家參互讀之,定有更大裨益。

唐大沛著有《逸周書分編句釋》十二卷,道光十六年作者手定稿本。此書打破了原書分卷次序,而分作上、中、下三編,各編按其性質再分爲訓告書、紀事書、政制書、武備書等小類,其篇次則以各篇時代及内容爲準,體例分明。劉兆祐《逸周書分編句釋叙録》云:

　　　　上編所收,大抵即所謂真古書完具,皆先聖不朽之書者;中編所收,大抵即所謂雜集先聖格言以成,或雖有錯簡訛脱,要不失爲古書中精且醇者;下編所收,則大抵集取斷簡而成,或篇章殘缺,義亦難曉者。④

是書上編共收二十六篇,其訓告書爲《度訓》《命訓》《常訓》,唐氏謂"以著千古帝王相傳之道法";《商誓》《度邑》《皇門》《嘗麥》《祭公》《芮良夫》,"與《今文尚書》二十八篇悉同軌轍";《史記》《周祝》《王佩》,"各成體制,超絶古今,皆先聖不朽之書也"。紀事書有:《酆謀》《寤儆》《克殷》《世俘》:"武王時所記録也";《作雒》《明堂》,"成王時所記録也";《王會》一篇,"究非實録,姑附載于末"。政制書:

①　《〈逸周書〉研究文獻輯刊》(第六册),第4—5頁。
②　《〈逸周書〉研究文獻輯刊》(第六册),第2頁。
③　《〈逸周書〉研究文獻輯刊》(第三册),第5—6頁。
④　黃懷信等撰《逸周書彙校集注》(修訂本),上海古籍出版社,2007年,第1224頁。

“《大匡》《糴匡》,記文王之仁政;《大聚》,出周公之手,著鄽鎬之遺規;《武順》,爲周家世傳之軍政;《周月》《時訓》《職方》,以經天緯地;《官人》,以進賢;《謚法》以正名: 皆帝王經世之要也。”中編共十八篇,其中訓告書十篇:《程典》《寶典》《本典》《文傳》《柔武》《大開武》《小開武》《五權》《成開》《大戒》;武備書八篇:《大明武》《小明武》《允文》《武寤》《武穆》《武稱》《大武》《武紀》。下編共十四篇,訓告書:《鄽謀》《大開》《小開》《文儆》《和寤》《大匡》《文政》《武儆》;紀事書:《殷祝》《太子晉》;政制書:《文酌》《詮法》《器服》,附《周書序》一篇。① 唐氏分類的初衷是非常有創意的,但在操作中卻不免自亂其例,或以武備爲訓告,或以後出爲先成,如以卷首三《訓》及《武順》等篇爲文武之書,皆不可從。但此書皆有斷句,每句隨文注釋,雖較少考證,也可資參考。

朱右曾的《逸周書集訓校釋》十卷,其序作於道光二十六年(1846)。此書專力於訓詁,對較重要的問題,能加以詮解,尤其能充分利用唐宋類書,因而,在諸注本中,算是最爲精要的。他既有校訂,也有注解,故歷來受到較高評價。他的注比較平實,一般是直接説明詞義,或詮解句子,較少徵引和考據,我們舉兩例來看:

　　《武順》云:“天道尚左,日月西移;地道尚右,②水道東流。人道尚中,耳目役心。”朱氏曰:“西移,陽趨于陰。東流,陰趨于陽。孔曰: 耳目爲心所役也。”③

　　《大開武》云:“四戚: 一内同姓,④二外婚姻,三官同師,四哀同勞。”朱曰:“妻父曰婚,壻父曰姻。師,長也。同師,同僚也。”⑤

---

① 上所引述均見唐大沛《逸周書分編句釋凡例》,《〈逸周書〉研究文獻輯刊》(第七冊),第4—9頁。
② 章檗本作“天道尚右”“地道尚左”,盧文弨從《博物志》將“右”“左”二字互易,朱氏從之。
③ 《〈逸周書〉研究文獻輯刊》(第八冊),第83頁。
④ 此條本作“内同外”。潘振云當作“内同姓”,朱氏從改。
⑤ 《〈逸周書〉研究文獻輯刊》(第八冊),第71頁。

第一條中,先用"陽趨于陰"和"陰趨于陽"分別解釋了"西移"和"東流"的含義,有似於陳逢衡的風格,但比陳説簡單得多。此條陳氏是這樣解釋的:

> 天左旋,故尚左。日月西移,則右行也。地右旋,故尚右。水道東流,則左行也。此亦廻環之義。人得天地之中以生,故尚中。中者,天地之心,亦即人之所以爲心也。耳目者,心之使也,故役心。①

相形之下,陳氏的解釋於義理上發揮詳細得多,而且,就此條而言,陳氏之解也較爲準確。比如"耳目役心",朱氏只引用孔晁成説,而孔晁之説只是説明此句是被動句,至於何以如此,並未道及。陳氏則點透原因,説明耳目等器官是受心支配的,故曰役於心。這比孔説進了一層。第二條中,朱氏只簡單解釋了"婚""姻""師""同師"四個詞語,没有引證,也没有義理方面的闡釋,故很平實。當然,對"師"和"同師"的理解,我們還有不同看法。我們認爲,所謂"官同師",就是任命官職,首先要用自己的同門師兄弟,因爲同師者所授道法相同,觀點相近,容易相處,所以,"同師"不能解爲"同僚"。而"哀同勞"之"哀""勞"則可以分别是"愛""僚"的通假字。此句可以理解爲"愛同僚",也就是團結同僚,齊心協力之意。這才能體現"四戚"的全部内容,所謂族人(同姓)、外戚(婚姻)、朋友(同師)、同事(同僚),各種社會關係基本都包括了。當然,我們不能因此條的情形,而全盤否定朱氏,許多地方,朱氏的注解還是相當細緻,對閲讀《逸周書》極有幫助,如《大聚》曰:

> 道别其陰陽之利,相土地之宜,水土之便,營邑制,命之曰大聚。先誘之以四郊,王親在之,賓大夫免列以選,赦刑以寬,復亡解辱。削赦輕重皆有數,此謂行風。

---

① 《〈逸周書〉研究文獻輯刊》(第三册),第 227—228 頁。

朱氏注曰：

> 山南水北爲陽，山北水南爲陰。農事，陽煥則早，陰寒則晚。
> 土地之宜，如《大司徒》土會之法是也。水土之便，因之以制城郭
> 溝洫。聚亦邑也。在，察也。免列，謂擢之衆人之中。選，擇也。
> 亡者復之，辱者解之。削，削其職；赦，赦其罪。數，等差也。風，
> 風聲。道，狄冒反。別，彼列反。相，息亮反。輕，舊闕，茲依
> 丁本。①

　　這幾乎是逐字逐句地進行了解釋，對於句中的關鍵字，他能單獨
提出來加以強調。若全是常見詞，則對全句加以闡釋，包括對其語法
結構的説明，如"亡者復之，辱者解之"爲孔氏釋語，朱氏引以明此二
句句法。對多音字也作了音注，説明此處的讀法，如"道"應讀濁聲
母，而"別"應讀清聲母，"相"則爲去聲。最後，還有校訂，補上了
"輕"字。有了朱氏的這段解釋，《大聚》此節的意思基本上都明確了。
因此，朱注是研究《逸周書》者必備的參考書。
　　當然，朱氏也不無缺憾之處，最明顯的是校改較多，其中有可取
者，也有不可取者。這點後人如孫詒讓已有所評價，茲不贅述。
　　王念孫的《逸周書雜志》四卷是校補字句的著作，共補訂174條，
王氏精於音韻訓詁，所以在文字校釋上多所發明，且常常旁證疊出，
很有説服力。如《芮良夫》云："予小臣良夫稽道謀告。"王云：

> "稽道"即"稽首"也。（道从首聲，故與首字通用。《史記·
> 秦始皇紀》會稽刻石文"追首高明"，《索隱》曰："今碑文首字作
> 道。"是《史記》借首爲道也。前《周月》篇"周正歲道"，即歲首，
> 是《逸周書》借"道"爲"首"也。）"謀"當爲"謹"字之誤也，《群書
> 治要》正作"稽首謹告"，若作"謀告"，則義不可通。②

王氏解釋"稽道"即"稽首"，舉《史記》及本書《周月》兩例作旁證，又

---

① 《〈逸周書〉研究文獻輯刊》（第八册），第106頁。
② 《〈逸周書〉研究文獻輯刊》（第七册），第611—612頁。

從字形分析説明道首古同音,可以通用。理據充分,説服力很强,講
"謀"爲"謹"之誤,則以《群書治要》所引爲據,又分析語境,説明"謹"
字正確,也具有很强的説服力。王氏之補訂,大抵如此。

　　俞樾《周書平議》補訂 80 條。俞氏也是清代的訓詁大家,其注亦
多勝義。如《糴匡》"服善義淫",孔注曰:"淫,過。"俞氏曰:

　　　　孔晁不釋"義"字,謝氏墉曰:"凡義之所當爲者皆可過盛。"
　　此謬説也。"義"當讀爲"儀",《周官·肆師》注曰"古者書儀但
　　爲義",是其證也。儀淫者,威儀盛也,故與服美並舉。《詩·有
　　客》篇"既有淫威",此言"儀淫",彼言"淫威",其旨相近。①

又《官人》"愚依人也",俞氏曰:

　　　　"依"字義不可通,疑是"𢁰"字之誤。𢁰乃古旅字,《説文》
　　曰:"古文以爲魯衛之魯。"然則"愚𢁰"猶"愚魯"也。"𢁰"誤作
　　"衣",因誤作"依"矣。②

前條以古今字釋疑,後條以同音通假及文字形訛解難,皆言之鑿鑿,
無可辯駁。

　　孫詒讓著有《周書斠補》四卷,補訂《逸周書》455 條。孫氏精通
《周禮》,著有《周禮正義》一書,故其校釋《逸周書》,多引《周禮》爲
證。又孫氏能通觀《逸周書》首尾,而以此書各篇互相發明,比如《商
誓》"用辟闕辟",孫氏曰:

　　　　莊校改"用辟"爲"用燮",云:"燮,治也,'用治所以爲君之
　　道。'"案:辟亦當訓爲助,莊讀爲"燮"不誤,而訓爲治則未得其
　　義。《皇門篇》云:"以助闕辟,勤王國王家。"與此義同。③

---

①　《〈逸周書〉研究文獻輯刊》(第八册),第 283—284 頁。
②　《〈逸周書〉研究文獻輯刊》(第八册),第 320 頁。
③　《〈逸周書〉研究文獻輯刊》(第八册),第 404 頁。

劉師培《周書補正·跋》云:"《周書斠補》每下一義,旁推交通,百思而莫易。《嘗麥》諸篇詮釋尤晰,雖王氏《雜志》尚或莫逮。"①給予很高評價。

劉師培著《周書補正》六卷,補訂 627 條,又有《周書略説》一卷,《王會解補釋》一篇,皆成於民國初年。他的注,充分吸收了前人的研究成果,"孔注而外,上采惠、盧、謝、洪、二王、二朱、陳、莊、郝、俞、田、戴之説,迄孫説而止",②所以,堪爲集大成之作。其《周書補正》徵引廣博而考核審慎,博采衆説又能擇善而從,音韻文字訓詁知識融會貫通,詞義、文體之學交相爲用,因而每下一語,有理有據,引人入勝。如《糴匡》"禮無樂,宮不幃",劉氏《補正》云:

> 《初學記》三十二引《周書》曰:"年不登甲則縷縢,宮室不容。"注曰:"縷繩甲不以組。"所引"宮室不容"即本文"宮不幃"也。《周禮·巾車》云"皆有容蓋",先鄭注云:"容,謂幨車,山東謂之裳帷,或曰幢容。"又《釋名·釋車》云:"容車,婦人所載小車也,其蓋施帷,所以隱蔽其形容也。"是容即帷幕之屬(《釋名》謂隱蔽形體,義曲),與"帷裳"一名"童容"(《詩·衛風·氓篇》箋云:帷裳,童容。《小爾雅·廣服》云"襜褕謂之童容")例同。《荀子·正論篇》:"居則設張容,負依而坐。"容亦帷也。疑本文當作"宮室不容",別本作"帷",今挩"室"字,復挩"甲則縷縢"語(《初學記》所引注文當即孔注),當據補。③

此節注釋,先據《初學記》引文提出問題,然後以《周禮》《釋名》《荀子》爲據,證明"容"與"幃帷"是同義詞,又進一步提出合理推測,《逸周書》有不同版本,一本作"容",而別本作"帷",且今本有脱。但只説"當據補",並未徑改原文。這種詳細考證而又審慎選擇的科學

---

① 《〈逸周書〉研究文獻輯刊》(第九册),第 593—594 頁。
② 見《周書補正·跋》,其所述諸人依次爲:惠棟、盧文弨、謝墉、洪頤煊、王念孫、朱右曾、朱駿聲、陳逢衡、莊述祖、郝懿行、俞樾、田晉實、戴震、孫詒讓。
③ 《〈逸周書〉研究文獻輯刊》(第九册),第 363—364 頁。今按:《初學記》"三十二",當爲"二十二"之誤。引文見該卷《甲第六》之"縷縢綴組"條。又"縷繩甲不以組",中華書局 1962 年 1 月第 1 版,2004 年 2 月第 2 版《初學記》第五三六頁無"縷"字。

研究態度是值得肯定的。

對前人之説,劉氏能擇善而從,有時還加以疏證。如《常訓》"上賢而不窮",孔注曰:"窮謂不肖之人。"劉氏曰:"俞樾《平議》云:'不'疑'下'誤,其説是也。《群書治要》本《文韜》載尚父語曰'上賢下不肖',即孔所本。"①

劉氏精通音韻文字訓詁之學,故於文字通假、形誤辨析尤多創獲。如他於《寶典》"專愚干果"云:"專當作顓(《漢書》"專"均作"顓",是其例),《説文》:'顓,頭顓顓也。'《法言·孝行篇》'倥侗顓蒙',李注云'頑愚',此文'顓愚'猶彼'顓蒙'。"②今按,專、顓古同音,皆端紐元部字,漢以後也均屬照三母,故可相通。顓愚同義,若依借字"專"作解,則"專"干"果"於義難通。

劉氏在釋義過程中,還充分注意了詞義的系統性以及文體特徵,能根據詞的義列和上下文的語言特徵如對偶等確定被釋詞的意義,或校補訛脱。如《命訓》:"無以穀之,能無勸乎?"孔注曰:"穀,善也,謂忠信也。"劉氏云:

> 　　本節之文與下"極賞"相應,與"畏""罰"對文,緋緄蒙穀,猶之斧鉞蒙畏也(下句"若勤之以忠",盧引趙校謂當作"勸之以忠",是也)。穀當訓禄,《大戴禮記·用兵篇》曰:"讒貸處穀,法言法行處辟。"盧注:"穀,禄也;辟,罪辟也。"此篇穀、畏對詞,與穀辟同。孔説非。③

此解中言及"相應""對文""對詞"等,皆據上下文之特徵立注,又引證他書材料,故理據充分。按詞彙學理論,詞有概括義,有具體義。所謂概括義,是指該詞所代表的所有事物的共同特徵,而具體義指在一定語言環境中該詞所代表的某個具體的事物所具有的個體特徵。一個詞可以有多個意義,這些意義常常是互相聯繫的一個義列,但在具體的語言環境中,只能使用其中一個意義,這又是詞義系統性與具

① 《〈逸周書〉研究文獻輯刊》(第九册),第358頁。
② 《〈逸周書〉研究文獻輯刊》(第九册),第399頁。
③ 《〈逸周書〉研究文獻輯刊》(第九册),第357頁。

體性的辯證統一關係。劉師培雖然沒有明確闡述這一點,但其解說則充分體現了這個思想,是相當了不起的。

此外,章太炎、呂思勉、蔣善國、楊寬等先生,對《逸周書》也作過研究,均有論著傳世,章、呂側重於説明該書性質或各篇大致内容,蔣、楊二氏則重在説明其成書時代及其與汲冢書的關係,於語言特徵,以上諸家均未具體論述。

20世紀中期以後的《逸周書》研究,也可以分爲兩個階段,20世紀中期至末期爲第一階段,進入21世紀以後是第二階段。第一階段影響較大的有臺灣學者黄沛榮先生的博士論文《周書研究》;第二階段成果較多,包括整理和研究兩個方面。

黄沛榮《周書研究》,完成於1976年,他從語言特徵連珠格(亦即頂真格)的普遍運用和思想内容兩個方面論證《逸周書》各篇的寫作時代,確定三十二篇爲其主體,而創作時代在戰國,該論文材料豐富,論證比較嚴密,在國内外學術界有較大影響。

進入21世紀以來,《逸周書》的研究可以説成了一個學術熱點,不論是整理還是研究,都取得了重要成果,從以前比較單純的注釋和文獻學研究走向全方位、多視角的研究,尤其是語言方面的研究有了很大突破。

首先值得一提的是黄懷信教授所著《逸周書源流考辨》(1992)、《逸周書彙校集注》(1995)和《逸周書校補注譯》(1996)三部著作,黄先生在這些著作中對《逸周書》各篇的寫作時代、成書時間、流傳過程、與汲冢書的關係、歷代的整理研究等都作了探析,最後將自己的研究成果體現於校補注譯之中。黄先生的貢獻是不言而喻的,他是開創《逸周書》研究新局面的功臣。

羅家湘的博士論文《逸周書研究》(2002年通過答辯,2006年出版)也全面討論了《逸周書》的編輯和各篇的寫作時代,同時首創性地研究了《逸周書》政治思想和文體特徵,提出了不少新穎的看法,是研究《逸周書》的重要參考文獻。

2005年,筆者的博士論文《〈逸周書〉的語言特點及其文獻學價值》由中華書局出版,這篇論文是在恩師趙逵夫先生的精心指導下完成的,論文綜合運用語言學、文獻學的方法,同時充分吸收考古學、歷史學等方面的相關研究成果,通過分析《逸周書》的語法、韻語、修辭等幾方面的語言特點,對《逸周書》各篇的寫作時代及變異情況作了較深入的探析,"不僅爲《逸周書》一些篇目的斷代提供了新的依據,而且發現了古漢語本身的三個特點,從古文獻研究方面也提出了一些很有借鑒意義的結論",①"研究方法和角度多有創新之處",②受到學界較高的評價。

　　王連龍的博士論文《〈逸周書〉源流及其所見經濟問題研究》(2005)對《逸周書》的成書時代及流變情況作了詳細考述,對其中的經濟問題和經濟思想作了全面考證和研究。研究經濟問題和經濟思想,可謂抓住了與《逸周書》相關的一個重大問題,作者充分利用傳世文獻和出土文獻,從歷史學的角度,對書中的農業、商業、貨幣、糧食救荒及名物制度等問題進行了深入考證探討,證明這些方面所反映的史實都與春秋末戰國中期經濟發展的情況相吻合,從而回應了該書編成於戰國中期以前的結論;同時,這個結論剛好與筆者根據語言特點判斷《逸周書》主體部分的寫作時代大致相同。這恰好説明,真正的科學研究,同一問題可以從多種角度探析,誠所謂"殊塗而同歸,一致而百慮"。這種方法上的不斷創新是值得充分肯定的。

　　繼是而後,《逸周書》的語言研究可以説現出了新的局面,主要成果是幾篇專門研究其詞匯及文體特點的碩士學位論文:袁躍《〈逸周書〉名詞研究》(四川師範大學,2008),周英《〈逸周書〉動詞研究》(東北師範大學,2010),相大磊《〈逸周書〉副詞研究》(安徽大學,2013),李言超《〈逸周書〉代詞研究》(揚州大學,2013),劉少聰《〈逸周書〉"順應"類同義詞研究》(西南大學,2015),李赫《〈逸周書〉反義詞研究》(西南大學,2015),向冠男《〈逸周書〉文體特色研究》(長沙理工大學,2010),姜海濤《〈逸周書〉文體研究》(東北師範大學,2013)。這些研究一般都是將《逸周書》中的所有文獻放在同一平面上進行某類現象的數量和功能分析,對其分佈情況未加考量,故而作爲漢語史

---

①　趙逵夫先生《〈逸周書〉的語言特點及其文獻學價值·序》,見《〈逸周書〉的語言特點及其文獻學價值》,中華書局,2005年,第10頁。
②　王連龍《近二十年來〈逸周書〉研究綜述》,《吉林師範大學學報》(人文社會科學版)2008年第2期,第16頁。

研究的材料,尚須甄別或作重新分析。

此外,還有許多從某一側面或就某一單篇進行研究的期刊論文,也多有創獲,這裏不一一列舉。

從上面我們對前人有關《逸周書》研究的梳理可以看出,整個研究體現了兩個突出的特點:一是近代以前的研究以校理注釋爲主,而全方位的研究不够;二是近代以來文獻學方面的研究較多,而語言、文學及其他思想內容方面的研究較少,雖然近四十年來的研究已開創了《逸周書》研究的新局面,但總體上還顯得不足,方法上也還有待於進一步創新。

根據我們的初步研究,《逸周書》語言比較獨特的韻語形式、修辭方式、不同類型的文獻運用虛詞方面的差異、表現儒家思想的使用頻率較高的一些詞的特殊意義等,都是值得研究的。這種研究對確定《逸周書》的編輯、流變及各篇寫成的時代,無疑有借鑒意義;同時,也可以填補漢語史單書語言研究的一個空白。經過探索,也可能總結出研究彙編性質專書語言的行之有效的方法,這對漢語史及先秦文體發展的研究都有重要價值。此外,《逸周書》中的政治、軍事、經濟思想等方面的研究,也有其重要意義,都需要進一步深入探索。對前人相關的注釋成果,也需要進行全面整理,這方面也還有大量工作要做。

(原載《古籍整理研究學刊》2005 年第 2 期,選入本書時作了適當訂補)

《時令》《時訓》與《時訓解》
——《逸周書·時訓解》探微

　　《時訓》屬於《逸周書》的禮書類,主要講二十四節氣及七十二物候,其内容與《大戴禮記·夏小正》《禮記·月令》《吕氏春秋·十二紀》《淮南子·時則》等皆有關係,但與諸書又均有所不同。劉師培曰:"《周髀算經》雖有八節二十四氣之名,而七十二候之分則始於本篇。"①

　　此篇全文共二十四節,依立春至大寒二十四節氣排序。每節先寫該節氣中之物候,後寫反此物候所預示的災異。寫法上,前半節多爲散文,且與《月令》等所記物候大致相同;後半節則多爲韻語,且以四字句爲主,内容與《月令》等所記不同。如第八節:

　　　　小滿之日,苦菜秀;又五日,靡草死;又五日,小暑至。苦菜不秀,賢人潛伏;靡草不死,國縱盜賊;小暑不至,是謂陰慝。

此前後兩半節表面看起來首尾相接,語義連貫,實際上是不同時期的作品。

　　《時訓》每節前半部分與《禮記·月令》物候相同,只是《月令》以十二月排序,其中只提到四個節氣,即立春、立夏、立秋、立冬,一月之中物候亦合二節氣爲一。《吕氏春秋·十二紀》《淮南子·時則》所記物候與《月令》同,《大戴禮記·夏小正》之物候亦與之大致相類。從文字形式看,《夏小正》所記較爲零散,似有雜纂的痕迹。而《時訓》和《月令》等書所記則是經過加工的。這説明它們都是有所繼承的,其

---

① 　劉師培《周書補正》卷三,錢玄同編《劉申叔遺書》第廿二册,南桂馨校印本。

來源應當相同。比如《時訓》"小暑"節云：

> 小暑之日，温風至；又五日，蟋蟀居辟；又五日，鷹乃學習。

其"大暑"節云：

> 大暑之日，腐草化爲螢；又五日，土潤溽暑；又五日，大雨
> 時行。

而《吕氏春秋》"季夏之月"云：

> 涼風始至，蟋蟀居宇，鷹乃學習，腐草化爲螢……土潤溽暑，
> 大雨時行。

《禮記·月令》《淮南子·時則》亦如之。唯《時則》之"温風"，《吕氏
春秋》《淮南子》作"涼風"，此當以《吕氏春秋》和《逸周書》爲是。陳
逢衡曰："小暑十五日乃大暑，大暑十五日乃立秋，不得取三十日之後
涼風以爲小暑之驗也。"①《吕氏春秋》《淮南子》蓋因下文立秋之日
"涼風至"而誤。再看"立秋"與"處暑"二節：

> 立秋之日，涼風至；又五日，白露降；又五日，寒蟬鳴。
> 處暑之日，鷹乃祭鳥；又五日，天地始肅；又五日，禾乃登
> （穀）。

《吕氏春秋》"孟秋之月"云：

> 涼風至，白露降，寒蟬鳴，鷹乃祭鳥，始用行戮。……是月
> 也，農乃升穀，天子嘗新，先薦寢廟。

---

① 陳逢衡《逸周書補注》卷十三，《〈逸周書〉研究文獻輯刊》（第四册），第55頁。

《禮記》《淮南子》之文基本相同。《大戴禮記·夏小正》七月物候有"秀雈葦""狸子肇肆""湟潦生苹""漢案户""寒蟬鳴""時有霖雨""灌荼"等，顯然是前後月的物候竄亂了。但這些物候都是自古傳承下來的，是先民根據自然現象變化而判斷時令節氣的記録，我們稱之爲"時令"。關於物候的記録，應該是很早就有了的，但二十四節氣之名則是逐步完善起來的，這是古代時令、月令傳承中相同的東西，也是"敬授民時"的重要内容。

但是，《逸周書·時訓》每節中的後半部分卻與諸書有較大差異。其他各書所講都是行政違反時令所造成的危害，《時訓》則説的是自然現象反常所預示的災異，兩者的性質是大不相同的。筆者認爲，這部分是漢人對先秦時令的訓解。漢人注解，多曰"訓""傳"，如毛亨注《詩》曰"傳"，高誘注《淮南子》曰"訓"，《時訓》之"訓"就是此類，只是經訓合一而已。

《時訓》"立秋"節下云：

> 涼風不至，國無嚴政；白露不降，民多邪病；寒蟬不鳴，人皆力争。

"處暑"節下云：

> 鷹不祭鳥，師旅無功；天地不肅，君主乃□；農不登穀，暖氣爲災。

而《禮記·月令》"孟秋之月"云：

> 孟秋行冬令，則陰氣大勝，介蟲敗穀，戎兵乃來。行春令，則其國乃旱，陽氣復還，五穀無實。行夏令，則國多火災，寒熱不節，民多虐疾。

這種訓解與讖緯之學有相通之處。如《易緯·通卦驗》於"立秋"節下云：

當至不至,暴風爲災,年歲不入。人足少陽脈虚,多病癉,少陽氣中寒,白芒芒。未當至而至,人足少陽脈盛,多病咳嗽,上氣咽喉腫。①

朱右曾曰:"《易乾鑿度》云:'天氣三微而成一著。'康成曰:'五日爲一微,十五日爲一著,故五日爲一候,十五日成一氣。'"②《易緯·通卦驗》云:"八風二十四氣,其相應之驗,猶影響之應人動作言語。"③而卦氣之説盛於漢代。西漢以孟喜和京房爲代表的官方易學,"以卦氣説解釋《周易》原理","利用《周易》講陰陽災變"④。《時訓》正是以講陰陽災變爲其核心内容的。比如立春之日"風不解凍,號令不行;蟄蟲不振,陰(氣)奸陽;⑤魚不上冰,甲胄私藏"中的卦氣説,陳逢衡是這樣分析的:

此占驗之始也。案:風爲號令之象,故《易》巽爲風,君子以申命行事。蓋風行於天,猶令行於國,今不解凍,是帝出乎震而不齊乎巽也,故其占爲號令不行之象。蟲,昆蟲也。昆蟲得陰而藏,得陽而生。今時當孟春而猶不振,是陰氣犯陽,陽氣不能發於黃泉也,故其占爲陰奸陽之象。冰有棱角,甲胄之應也。蓋冰薄則魚陟負冰而上下和,冰厚則魚不上冰而陰陽戰。《易》曰:"履霜,堅冰至。"防其漸也,故其占爲甲胄私藏之象。⑥

明人孫瑴《古微書》⑦所輯《易緯·通卦驗》中有兩條與《時訓解》很相似:

驚蟄大壯初九,桃始華。不華,倉庫多火。荔挺不出,則其

---

① 《易緯·通卦驗》卷下,見文淵閣《四庫全書》第53册第897頁。
② 《逸周書集訓校釋》卷六,見《皇清經解續編》第四册第702頁。
③ 《易緯·通卦驗》卷上,見文淵閣《四庫全書》第53册第887頁。
④ 朱伯崑《易學哲學史》第一卷,華夏出版社,1995年,第114頁。
⑤ 《玉燭寶典》《御覽》所引"陰"下有"氣"字,朱右曾據補,今從之。
⑥ 《〈逸周書〉研究文獻輯刊》(第四册),第28—29頁。
⑦ 本文所引《古微書》爲《墨海金壺》本。

國多火災。

　　虹不時見,女謁亂公。虹者,陰陽交接之氣,陽唱陰和之象,今失節不見,似人君心在房内,不修外事,廢禮失義,夫人淫恣而不敢制,故曰女謁亂公。①

可以看出,《時訓》《月令》及《易緯·通卦驗》都有所謂"天人感應"的思想,但《月令》等書强調的是人的主體作用,著眼於人應尊重規律,依規律辦事。即使説明人爲造成的災害,也是本著違背規律而遭規律之懲罰的思想,所以,多少是有道理可言的。而《時訓》和《通卦驗》則完全置自然法則於不顧,一味强調反常自然現象所預示的人事,像《時訓》中的"玄鳥不至,婦人不孕""不始電,君無威震""蚯蚓不出,嬖奪后""虹不見,婦人苞亂"等等,皆依《易》理設讖語,没有真實的理據。《通卦驗》將物候之至與否完全跟人的陰陽氣脈相應,也是毫無道理的。在這一點上,此二書完全相同。因此,《時訓》應當是讖緯盛行之後的作品。鍾肇鵬先生《讖緯論略》云:

　　　漢代的儒家同先秦的孔、孟、荀不一樣。以漢代大儒董仲舒爲例,他是以儒家思想爲核心,在天學上,吸取了陰陽五行的神秘思想;在人學上,以儒學的倫理、政治思想爲中心,又吸取了法家駕馭臣下及統治人民的方法;在哲學上,建立了天人感應的神學目的論;在儒學發展史上,形成漢代儒學的新體系。讖緯作爲漢代儒學的一個重要組成部分,在西漢末年形成一股社會思潮,到了東漢盛極一時,與經學平起平坐,居於統治地位。從哲學上講,讖緯就是作爲漢代統治思想宣傳的神學世界觀。②

讖緯之學確乎爲有漢一代尤其是東漢學術的核心,它關乎當時上層建築的各個領域,而天文、曆法尤多所涉及。董仲舒曰:"凡災異之本,盡生於國家之失。國家之失乃始萌芽,而天出災害以譴告之。譴告之而不知變,乃見怪異以驚駭之。驚駭之尚不知畏恐,其殃咎乃

---

① 見《古微書》卷十四。
② 鍾肇鵬《讖緯論略》,遼寧教育出版社,1991 年,第 1 頁。

至,以此見天意之仁而不欲陷人也。"①

《白虎通義·災變》也説:"天所以有災變何?所以譴告人君,覺悟其行,欲令悔過修德,深思慮也。"②《時訓》體現的也正是這種思想。

又《時訓》所强調的女禍,也與東漢情形相符,《後漢書》中常常言及。如《蔡邕傳》載,漢靈帝時,"妖異數見,人相驚擾",靈帝特召問蔡邕。蔡邕對曰:"臣伏思諸異,皆亡國之怪也。天於大漢,殷勤不已,故屢出祅變,以當譴責,欲令人君感悟,改危即安。今災眚之發,不於它所,遠則門垣,近在寺署,其爲監戒,可謂至切,蜺墮雞化,皆婦人干政之所致也。"③這就是所謂"雞不始乳,淫女亂男"之類。又靈帝熹平六年七月,蔡邕所上封事中第一條即强調明堂月令之制,認爲敬祀重禮,可以避除災異。其《釋誨》也説:"日南至則黄鍾應,融風動而魚上冰,蕤賓統則微陰萌,蒹葭蒼而白露凝。"④蔡邕還作有《月令章句》十二卷,由此可見其天人感應思想之重及其對時則月令的重視。我們也可以從其論述窺見東漢人思想之一斑。黄沛榮先生也認爲,《周書·時訓篇》絶非先秦的作品,其中"母后淫佚"可能影射華陽夫人與嫪毐之事,因而其寫定時代不能早于秦統一之前,乃後人襲取於《禮記·月令》。⑤ 這是有道理的。

我們説《時訓》是漢人的訓解,還可以從其語言特色上得到證明。

《時訓》每節之後半部分多爲四字韻語,近似於民諺歌謡,而《月令》等無此語言特徵。可見《時訓》中的這部分是另行創作的。

黄懷信先生説:"可以斷言:《時訓》非漢人所制,而係春秋所傳。"⑥黄先生還認爲《周月》《時訓》和《月令》三篇,"均有關天文、曆

---

① 見《春秋繁露·必仁且智》,《四部叢刊初編》本。
② 陳立《白虎通疏證》,中華書局,1994年,第267頁。
③ 〔南朝·宋〕范曄撰,〔唐〕李賢等注《後漢書》(第七册),中華書局,1965年,第1999頁。
④ 《後漢書》(第七册),第1984頁。
⑤ 參黄沛榮先生《周書研究》第七章第二節《周書中有戰國末年以後的作品》,臺灣大學中國文學研究所博士論文。
⑥ 黄懷信《逸周書源流考辨》,西北大學出版社,1992年,第144頁。

法、時令,必同時或一人所記,其時代,當在春秋襄公前後"。① 也有學者認爲此篇乃戰國末季以後甚至秦、漢間人所作。這種截然遠隔的判斷,恐怕都因將此篇看作一時一人之作,而没有進行結構上的仔細剖析所致。我們既已作了剖析,則此篇之前後兩部分寫定時代必有不同,前半部分爲先秦作品,其所從來久矣。後半部分則爲晚出,其用韻情況有助於證明以上的判斷。

《時訓》全部二十四節後半部分的韻語中,有三條與先秦古韻不合者。現分列如下:

> 穀雨之日:萍不生,陰氣憒盈;鳴鳩不拂其羽,國不治兵;戴勝不降于桑,政教不中。
> 立秋之日:涼風不至,國無嚴政;白露不降,民多邪病;寒蟬不鳴,人皆力争。
> 立冬之日:水不冰,是謂陰負;地不凍,咎徵之咎②;雉不入大水,國多淫婦。

第一條中生、盈、兵、中相押,生、盈爲古耕部字,"兵"先秦屬陽部,中是冬部字。第二條中政、争亦耕部字,病爲古陽部字。耕、冬二字偶爾合押,是秦、漢間所有的方言現象,但陽部字分化爲陽唐和京明兩類,則是漢代語音變化的一個顯著特徵。兵、行、明、京等字,在東漢班固等人的作品中,已完全與耕部通押③。分化的現象從西漢就開始了。《淮南子·説林》:"兔絲無根而生,蛇無足而行,魚無耳而聽,蟬無口而鳴。"行與生、聽、鳴相韻。顧炎武曰:"後漢則曹昭《東征賦》'維永初之有七兮,余隨子兮東征;時孟春之吉日兮,撰良辰而將行',其始變也。"④實際上,這不是始變,而是變化基本完成的時期。所以,周祖謨先生下結論説:"至東漢則……陽部京明一類字轉入於

---

① 黄懷信《逸周書源流考辨》,第 115 頁。
② 《玉燭寶典》所引作"災徵之咎"。
③ 參于安瀾先生《漢魏六朝韻譜》,河南人民出版社,1989 年。
④ 〔清〕顧炎武《音學五書》,中華書局,1982 年,第 294 頁(以下版本同此)。

耕。"①因此,上兩條顯示的時間不會比漢代更早。

但是,《時訓》中"立春之日"與"冬至之日"兩條中"行"與"陽" "藏"相協:

　　立春之日:風不解凍,號令不行;蟄蟲不振,陰(氣)奸陽;魚 不上冰,甲冑私藏。

　　冬至之日:蚯蚓不結,君政不行;麋角不解,兵甲不藏;水泉 不動,陰不承陽。

"行"字讀"户庚切"與"胡朗切"二音,在班固、班昭等人以後,已 畫然分明,其意義爲行列時,讀"胡朗切";意義爲走、做等時,讀"户庚 切"。如黄香《九宫賦》:"蹠崑崙而蹈碣石,跪底柱而跨太行。肘熊耳 而據桐柏,介嶓冢而持外方。"②又李尤《東觀賦》:"步西蕃以徙倚,好 綠樹之成行。歷東厓之敞坐,庇蔽茅之甘棠。"此二處"行"均與陽部 字相協,讀"胡朗切",意思是行列,"太行"是專名。但李尤《印銘》 云:"赤紱在服,非印不明。棨傳符節,非印不行。龜紐犢鼻,用爾作 程。"③明、行與耕部程字相協,讀"户庚切",意思是行走。由此看來, 上兩條所顯示的時間也不會比東漢末年更晚。

第三條中負、咎、婦相協。負、婦上古屬之部,咎爲幽部字。三字 在《切韻》中同屬有韻。顧炎武《唐韻正》卷十云:"負字自漢王延壽 《魯靈光殿賦》'傍夭矯以横出,互黝糾而搏負,下弟蔚以璀錯,上崎嶬 而重注',始讀爲房遇反。"④"婦字自古詩'昔爲倡家女,今爲蕩子 婦',始音房久反,與艸柳牖手守爲韻。"⑤其實,之部的尤類字在西漢 初已開始分化,而與幽部字通押。"注"字是侯部字,漢代音變與魚部 相近,但王延壽賦中與負字相協,則是幽侯相近而通押的。西漢賈誼 等人的作品中,牛、尤、丘等字已經常與幽部相協。因此,負、婦的變

---

　①　周祖謨《音韻文字訓詁論集》,北京大學出版社,2000年,第43頁。
　②　此文所引漢賦均據費振剛、胡雙寶、宗明華輯校《全漢賦》,北京大學出版社, 1993年。
　③　〔清〕嚴可均《全上古三代秦漢三國六朝文》,中華書局,1958年,第751頁。
　④　〔清〕顧炎武《音學五書》,第359頁。
　⑤　〔清〕顧炎武《音學五書》,第359頁。

化也當在漢初,而東漢以後已歸入幽部。則此條所顯示的時間也不會早於漢代而晚於東漢末年,因爲"行"字的用韻情況對此條的寫定時代之確定也有牽制。

由以上的分析,我們可以初步推斷,《時訓》中每節的後半部分的寫定時代當在東漢中晚期。

還有一條材料可以支持我們的分析,孫詒讓《周書斠補》於"立春之日"條下云:"惠云《御覽》'魚上冰'以上爲'經','風不解凍'以下爲'時訓','雨水'以下同。盧未采。案:此疑隋唐人妄分經訓爲二,並非古本,然亦校讀此書者所當知也。"①今檢《太平御覽·時序部三》云:

> 《月令》曰:……立春之日,東風解凍;後五日,蟄蟲始振;後五日,魚上冰。(注曰:昔在周公,作《時訓》,定二十四氣,辨七十二候。每候相去各五日,以明天時,將驗人事。言聖人奉順天時,則萬物及節候也。)
>
> 雨水之日,獺祭魚;後五日,鴻雁來;後五日,草木萌動。

其所引《月令》之文與今傳本《時訓》文相同,又加注說明周公作《時訓》,蓋因"東風解凍"等語見於《禮記·月令》之故。又《時序部四》云:

> 《周書·時訓》曰:驚蟄,二月節,桃始花。《時訓》云:桃若不花,是謂否塞。(又云倉庫災。)
>
> 鶬鶊鳴。《時訓》云:若不鳴,即下不從上。
>
> 鷹化爲鳩。《時訓》云:若不化,即寇賊數起。
>
> 春分,二月中。玄鳥至。《時訓》云:玄鳥不至,即婦人不振。
>
> 雷乃發聲。《時訓》云:雷不發聲,即諸侯失民。(又云遠人不服。)
>
> 始電。《時訓》云:電若不見,即人無威振。

---

① 〔清〕孫詒讓《周書斠補》卷三,《續修四庫全書》(第301冊),上海古籍出版社影印光緒刻本,第204頁。

這裏將"經"和"訓"分開了,"經"的部分就是《周書·時訓》原文,内容是物候;"訓"的部分就是《時訓》之訓解文,内容是反物候所預示的災異。這和我們上文分析的結果完全吻合,應該是古本經、訓不混,而後人誤合爲一,《太平御覽》所引是保持了原貌的本子。但《藝文類聚》卷三"秋""冬"引《周書·時訓》則經傳合一,與今本大致相同。又《太平御覽·時序部五》曰:

> 《周書·時訓》曰:立春之日,東風不解凍,號令不行;蟄蟲不震,陰氣奸陽;魚不上冰,甲胄私藏。雨水之日,獺不祭魚,國多盜賊;鴻雁不來,遠人不服;草木不萌動,果瓜不熟。

這裏雖云《周書·時訓》,實則上文所引《時訓》之文,也是反物候所預示的災異。這更説明當時《時訓》的傳解本不止一種,《類聚》《御覽》這些大型工具書,由衆人編纂而成,其中使用材料有別,是很正常的。

又此篇無孔晁注,從用韻情況看,其每節後半部分也絶不是汲冢古書所有的。所以,只能是此篇原有單行本,孔晁以後有人將它編入《逸周書》;或《逸周書》中本有此篇所謂"經"的部分,編輯者進行了增改或替換,收錄時間當在孔晁之後。

《太平御覽》所列引用書目中,有兩部《周書時訓》,一在經部《尚書》類,一在史部雜史類。這更證明它不僅有單行本,而且有不同注本。慧琳《一切經音義》卷十一引《周公時訓》注云:"鹿居山林,陽狩也;故五月感一陰而角解也。麋居川澤,陰狩也,故十月感一陽而角解。"[1]孔穎達《禮記正義》曰:"麋角解者,説者多家,皆無明據。熊氏云:鹿是山獸,夏至得陰氣而解角;麋是澤獸,故冬至得陽氣而解角。今以麋爲陰獸,情淫而遊澤,冬至陰方退,故解角,從陰退之象。鹿是陽獸,情淫而遊山,夏至得陰而解角,從陽退之象。既無明據,故略論焉。"[2]孔氏所言熊氏,乃北周熊安生。其説與《一切經音義》所引注文大致相同。可知當時流行此説。《月令》與《時訓》相類,而漢代解

---

① 〔唐〕慧琳《一切經音義》,上海古籍出版社,1986年,第434頁。
② 《十三經注疏》,第1383頁。

《月令》者有景鸞、①蔡邕、②高誘③諸家。《淮南子》中也有《時則訓》，可知都是不同傳解之作。《周公時訓》即其一家，後人編輯《逸周書》者收録之，爲今之《時訓解》，其收録時間當在孔晁之後。

蔣善國先生認爲，《逸周書》在唐以後還經人删竄過，並疑"今《逸周書》近諸子的十餘篇裏面，有《武稱解》《允文解》《大武解》《大明武解》《小明武解》《武順解》《武穆解》《武紀解》八篇是兵家的話，這八篇可能就是《周書陰符》九卷，經宋人收入《周書》裏面的"。④ 我們覺得這個推論不大可信，因爲此兵家言八篇中，除了《武紀解》之外，其他七篇均有孔晁注。且《隋書·經籍志》所載《周書陰符》九卷並未説明有注者，因而最少有注之七篇在孔注《逸周書》中是有的。但《逸周書》在孔晁以後被竄易過，是可以肯定的。

《時訓》中節氣的排序，與《禮記·月令》有所不同，即"驚蟄"與"雨水"相易，這也是漢代始有的情形。《漢書·律曆志》："諏訾，初危十六度，立春。中營室十四度，驚蟄。"班固自注曰："今曰雨水，於夏爲正月，商爲二月，周爲三月。"⑤又於"雨水"下云"今驚蟄"。鄭玄《禮記注》云："漢始以雨水爲二月節。"⑥劉師培云："唐一行《卦候議》謂七十二候原於《周公時訓》，《月令》雖有增益，其先後之次則同。朱子發《漢上易卦氣圖説》謂揚子雲《太玄》二十四氣，關子明《論七十二候》皆以（案：以，當作"从"）《時訓》，其説均允。惟此篇當唐宋之時，均有別行本。觀唐人引《周書》者，惟此恒舉篇名，《御覽》標目亦特著《周書時訓》，別於《汲冢周書》之外，其證也。"⑦劉氏此説很有道理。我們可以推測，《逸周書》中蓋只有《時訓》"經"的部分，抑或傳世本脱佚此篇，後來編纂者以每節有反常物候之韻語的單行本增入而删

---

① 景鸞，字漢伯，東漢梓潼（今屬四川）人。《後漢書·儒林傳》、朱彝尊《經義考》卷一四九、錢大昭《補續漢書藝文志》均收録其《月令章句》，今佚。

② 蔡邕（132—192），字伯喈。《隋書·經籍志》、錢大昭《補續漢書藝文志》等載其《月令章句》十二卷，原書已佚，後人有輯本。

③ 《經義考》卷一四九云："高誘注《禮》，隋、唐、宋《經籍》《藝文志》俱不載，近代藏書家目録亦無，唯《藝文類聚》曾引之。《月令》四卷，題曰《明堂月令》。乙亥二月，忽獲之吳興書賈舟中，乃舊本。"

④ 陳夢家《尚書綜述》，上海古籍出版社，1988年，第444頁。

⑤ 《漢書》（第四册），第1005頁。

⑥ 《十三經注疏》，第1361頁。

⑦ 劉師培《周書補正》卷三，《〈逸周書〉研究文獻輯刊》（第九册），第458—459頁。

去原篇,編入者的初衷,恐怕也是因爲他看到單行本比較"完備",又名曰《周書時訓》,而文與《月令》等不同。

《周書·月令》東漢尚存,何晏《論語集解》引馬融《論語注》曰:"《周書·月令》有更火之文:春取榆柳之火,夏取棗杏之火,季夏取桑柘之火,秋取柞楢之火,冬取槐檀之火。一年之中,鑽火各異木,故曰改火也。"①可見,東漢中晚期《月令》尚在《周書》之中。《崇文總目》猶有《周書月令》一卷,則此篇有單行本無疑。而馬融《論語注》所引的這段文字又見於《古微書》卷十八之《禮稽命徵》。《月令》與《時訓》同爲《周書》禮書類,這更能説明它們同讖緯的密切關係。

章學誠《文史通義·校讎通義》有《別裁》一節,其説云:

> 蓋古人著書,有採取成説,襲用故事者。如《弟子職》必非管子自撰,《月令》必非吕不韋自撰,皆所謂採取成説也。其所採之書,別有本旨,或歷時已久,不知所出;又或所著之篇,於全書之内,自爲一類者;並得裁其篇章,補苴部次,別出門類,以辨著述源流;至其全書,篇次具存,無所更易,隸於本類,亦自兩不相妨。蓋權於賓主重輕之間,知其無庸互見者,而始有裁篇別出之法耳。②

《逸周書》中的文獻正如章氏所言,有裁其篇章者,如《月令》;更有裁之而又補入者,《時訓》即是。其別裁之而單行,經人增補,又編入原書。由此可見先秦著作流傳過程中變化的複雜性。

又今傳本《逸周書》每篇題目都有"解"字,黃懷信先生《逸周書源流考辨》認爲此乃漢文帝、景帝時人所加,其注釋之語混入正文。依其説,則此"解"與我們前面説的"訓"相同。也有學者認爲,此解乃孔晁所加,如朱右曾云:"注之者,晉五經博士孔晁。每篇題云'某某解弟幾',此晁所目也。"③"孔鼂"即"孔晁"。朱氏之説是對的,既然《時

---

① 〔清〕劉寶楠《論語正義》,上海書店影印《諸子集成》本,第380頁。
② 〔清〕章學誠著,葉瑛校注《文史通義校注》,中華書局,1994年,第972頁。
③ 〔清〕朱右曾《逸周書集訓校釋序》,見《皇清經解續編》(第四册),上海書店,1988年,第688頁。

訓》是單篇別行又補入《逸周書》的，前人稱引，也未提有"解"的，則其"解"既非漢人所加，亦非孔晁所加，乃後人據孔注本連類而及，於無孔注各篇亦加"解"字。《時訓》的注解就是《一切經音義》和《禮記正義》所引的那一類，但今傳本《逸周書》并未過録注文，因此，《時訓》中有"訓"而無"解"。

（原載《蘭州大學學報》2004 年第 4 期）

《逸周書》中的句尾語氣詞及相關問題

　　《逸周書》是一部文獻彙編性質的書,其中不同類型的文獻,創作時代也不相同。而語言特徵是證明古籍創作時代的活化石,它的作用不低於出土文獻,二者可以互相印證。以篇爲單位,對《逸周書》的語言特點進行研究,可以幫助我們判斷相應各篇大致的創作時代。因此,這種研究是有其文獻學價值的。

　　句尾語氣詞是漢語虚詞中很重要的一類,它屬於漢語語法範疇。我們知道,語言的三要素中,語法的變化是最慢的。一門成熟的語言,它的某種語法結構可以在很長時期内不變,甚至永遠不變。尤其是漢語,秦漢以後的書面語多爲仿古的文學語言,反映的變化相對更少。因此,王力先生説:"數千年來,即有史以來,漢語語法是變化不大的;它靠著幾千年維持下來的某些語法特點和以後發展出來的一些特點,以自别於其他的語言。"①然而,這只是就其某一種或幾種語法結構而言,對一種語言的語法系統來説,變化卻是永恒的。上古漢語的口語如何,我們現在已很難確切説明。但其書面語,從我們目前能够看到的殷墟甲骨文到戰國時代的諸子散文,是發生過巨變的。大多數重要的語法現象是這一時期才産生的,比如語氣詞的漸次增多及其語法功能的由複雜到單純的變化,主要是從春秋到戰國這一時期完成的。這種變化可能是書面語不斷成熟的標誌,也可能是程式化的書面語逐漸接近口語的表現,更重要的是不同文體逐漸産生、完善,其表達形式的要求有所不同的反映。總而言之,春秋戰國時期是中國歷史上的大變革時期,也是漢語書面語的大發展時期,諸子百家皆欲以"鳴"驚人,思想主張既自不同,語言表達亦力求各異,他們

---

　　①　王力《漢語史稿》,中華書局,1980 年,第 209 頁。

在刻意求新的同時,也要把話説得通俗易懂,讓讀者容易理解和接受;同時還要通過各種語法手段,強調自己所要表達的重點。這種時代的、個人的風格都或多或少地在不同作品中有所體現。如果剖析這些因素,便可以從中找出時間的、地域的蛛絲馬迹,從而對一些作品的創作時代進行推斷。《逸周書》中不同類型的文獻,也都多多少少帶著漢語這一巨變時期的影子,因此,對其語法特點進行分析,可以幫助我們對其創作時代作較合理的判斷。

先秦漢語書面語的句尾語氣詞,其産生的時間是有層次性的,有些出現得較早,有些出現得很晚。因此,分析這些語氣詞在《逸周書》中的分佈情況及其作用,對判斷相關各篇的創作時代有一定幫助。

《逸周書》中的句尾語氣詞主要有"哉""焉""矣""乎"和"也",就其全書而言,文言文中的句尾語氣詞幾乎都有了,但每個詞在每篇中的分佈是不一樣的,下面分別加以討論。

一、哉

"哉"在《逸周書》中共出現了 62 次,分佈於《文酌》《酆保》《小開》《文儆》《文傳》《大開武》《小開武》《寶典》《酆謀》《寤儆》《武穆》《和寤》《大聚》《商誓》《武儆》《五權》《成開》《皇門》《大戒》《嘗麥》《本典》《祭公》《芮良夫》《太子晉》《周祝》25 篇之中。

王力先生認爲,《尚書》中的一百多個"哉"都是表感歎語氣的,[①]實際情況恐怕並非如此。《逸周書》中的 62 例"哉"所表達的語氣不像後世那樣單純,而是多種多樣的,大致可分爲以下幾種:

1. 表祈使、訓誡的語氣。這種用法占相當比重,因爲用此詞的篇章大多是訓誡類文獻,語氣多爲叮囑、希望。如:

　　　(1)嗚呼,深念之哉!重維之哉!(《酆保》)

---

① 　王力先生《漢語語法史》第二十三章《語氣詞的發展》統計《尚書》中共 106 個語氣詞"哉"(見王力《漢語語法史》,商務印書館 1989 年,第 295 頁),筆者統計是 111 個。

（2）嗚呼，敬之哉！（《小開》）

（3）詔太子發曰：汝敬之哉！（《文儆》）

（4）（召）太子發曰：吾語汝我所保所守，守之哉！（《文傳》）

（5）欽哉欽哉！余夙夜求之無射。（《武穆》）

這種用法的"哉"在《尚書》中也常見，111 個"哉"中有 54 例。例如：

（1）俞！汝往哉！（《舜典》）

（2）吁！戒哉！（《大禹謨》）

（3）帝其念哉！（《益稷》）

（4）勖哉夫子！爾所弗勖，其于爾躬有戮！（《牧誓》）

《左傳》等文獻中，這種用法還有遺存，但已非常少見。如：

（1）敬之哉！無廢朕命！（《襄公十四年》）

（2）仲尼曰："《志》有之：'言以足志，文以足言。'不言，誰知其志？言之無文，行而不遠。晉爲伯，鄭入陳，非文辭不爲功。慎辭哉！"（《襄公二十五年》）

據管燮初先生《左傳句法研究》一書統計，這類用法的"哉"在《左傳》中僅 4 例。

"哉"的這種用法，後來被"也""乎"等語氣詞所代替，《左傳》中用"乎"表祈使語氣的有 13 例，用"也"的有 29 例。如：

（1）不至黃泉，毋相見也！（《隱公元年》）

（2）吳雖無道，猶足以患衛，往也！（《哀公十二年》）

（3）行也！安與懷，實敗名。（《僖公二十三年》）

（4）君其往也！苟有寡君，在楚猶在晉也。（《昭公三年》）

（5）王曰：胡！無若爾考之違王命也！（《定公四年》）

（以上爲用"也"的例子）

（6）君其定衛以待時乎！（《襄公十四年》）
（7）盍姑内省德乎，無闕而後動。（《僖公十九年》）
（8）夫袪猶在，女其行乎！（《僖公二十四年》）
（9）勉，速行乎，無重而罪！（《昭公元年》）

（以上爲用"乎"的例子）

從上列諸例看，用"也"的句子所表達的語氣與"哉"基本相同，主要是告誡、命令的語氣，用"乎"的則比較委婉，常常與表委婉語氣的"其"相呼應，或變換句式，使語氣含蓄。如例（7）用問句的形式，表面看起來是與聽話人商討，有探究其態度的意思，實際是在提建議，希望對方如何如何做。從"乎"與"也"的出現次數對比來看，《左傳》中表達祈使語氣的方式還是比較直截了當的。

2. 表贊許、肯定的語氣。這種用法的"哉"一般是聽話人在對方說完之後，對其所說發表的肯定或贊許。如《大開武》：

　　周公曰：兹在德敬。在周其維天命，王其敬命。遠戚無十和，無再失，維明德無佚，佚不可還。維文考恪勤戰戰，何敬何好何惡？時不敬，殆哉！
　　王拜曰：允哉！

又如《寤儆》：

　　周公曰：天下不虞周，驚以寤王，王其敬命！奉若稽古維王，克明三德維則，戚和遠人維庸。攻王禱，赦有罪，懷庶有兹封福。監戒善敗，護守勿失。無虎傅翼，將飛入邑，擇人而食。不驕不悋，時乃無敵。
　　王拜曰：允哉！

此類用法的"哉"共有 10 例，就《逸周書》此 25 篇而言，已不算少。但這種用法在《尚書》中較少見。《逸周書》中的“允”，大致相當於《尚書》中的“俞”，《堯典》云：“帝曰：‘俞！予聞，如何？’”錢宗武先生《今古文尚書全譯》中認爲“俞”是“表示肯定意義的應對副詞。《史記·五帝本紀》作然”，錢氏譯此句爲：“堯帝説：‘是的，我也曾經聽説過，這個人怎麽樣呢？’”①《尚書》中這種用法的“俞”較多，但一般後面不用“哉”。如《大禹謨》②：

> 　　三旬，苗民逆命。益贊于禹曰：“惟德動天，無遠弗屆。滿招損，謙受益，時乃天道。帝初于歷山，往于田，日號泣于旻天，于父母，負罪引慝。祗載見瞽瞍，夔夔齋慄，瞽亦允若。至誠感神，矧兹有苗。”
> 　　禹拜昌言曰：“俞！”③

又如《皋陶謨》：

> 　　皋陶曰：“都！慎厥身，修思永。惇叙九族，庶明勵翼，邇可遠，在兹。”
> 　　禹拜昌言曰：“俞！”④

只有《益稷》中一處“俞”後有“哉”，這是舜帝與禹討論君臣之道，舜帝要求禹輔佐自己治理百姓。舜説完後，禹説：“俞哉。”這個“俞哉”大致相當於“允哉”。俞、允古聲同在喻四母，依曾運乾先生“喻四古讀定”之説，則在定母；聲母相同，可以通轉，曰“俞”曰“允”，也極有可能是方言差異。

3. 表示可然性感歎的語氣。此種用法常常出現在這樣的情況下：説話人已經叙述完某種情況或原則，然後假設一種不能實行或遵守的情形下所産生的結果，句末用“哉”表示感歎性的強調，實際上也

---

① 　錢宗武《今古文尚書全譯》，貴州人民出版社，1990 年，第 21 頁。
② 　筆者以爲古文《大禹謨》與今文《皋陶謨》《益稷》本是同一文獻之異傳，故並用之。
③ 　《十三經注疏》，第 137 頁。
④ 　《十三經注疏》，第 138 頁。

有表可然或將然的語氣,如上文所引《大開武》中周公所説一節最後云"時不敬,殆哉","時"通"是",這是説:如果不慎重地對待天命,那就危險了! 是對假設條件下可能出現的結果的强調。又如《寶典》開頭云:

> 維王三祀二月丙辰朔,王在鄗,召周公旦曰:嗚呼,敬哉! 朕聞曰:何脩非躬,躬有四位、九德;何擇非人,人有十姦;何有非謀,謀有十散。不圉我哉!

孔晁注:"圉,禁也。"朱右曾云:"圉,困苦之意。"① 黄懷信先生譯作"謀散就不護衛我了"。② 無論如何解釋,此句"不圉我哉"從語氣看,是和"人有十姦""謀有十散"相聯繫的,"十姦""十散"是條件,"不圉我"是結果,因此也表示了一種可然性。這種用法在《尚書》中也有,如《君陳》:"嗚呼,臣人咸若時,惟良顯哉!"但例子很少。這種語氣戰國時代的其他文獻中一般用"矣"表示,如:

> (1) 微我,晉不戰矣。(《國語·周語中》)
> (2) 若君謂此臺美而爲之正,楚其殆矣! (《國語·楚語上》)
> (3) 吾非至於子之門,則殆矣。吾長見笑於大方之家。(《莊子·秋水》)

可以看出,這幾句所表達的語氣與"時不敬,殆哉"之類完全相同。

4. 表純粹的感歎語氣。這種用法的"哉"所强調的是説話人的某種情緒或感受,有急切、悲哀、驚歎等,如:

> (1) 急哉急哉! 後失時! (《文酌》)
> (2) 時維大不弔哉! (《祭公》)
> (3) 賢智箝口,小人鼓舌,逃害要利,並得厥求,唯曰哀哉!

---

① 《〈逸周書〉研究文獻輯刊》(第八册),第 75 頁。
② 黄懷信《逸周書校補注譯》,西北大學出版社,1996 年,第 147 頁。

（《芮良夫》）

這和春秋戰國文獻中"哉"的主要用法是一致的,《尚書》中也比較常見。

《逸周書》中的"哉"還沒有表示反問或疑問語氣的,《尚書》中有 1 例近似疑語的(《大誥》:"爾知寧王若勤哉?")。

此外,《尚書》中的"哉"還可以表其他語氣,像判斷語氣:

（1）臣哉鄰哉,鄰哉臣哉!（《益稷》）
（2）厥惟舊哉!（《仲虺之誥》）
（3）嗚呼,有王雖小,元子哉!（《召誥》）

肯定性的陳述語氣:

（1）異哉! 試可乃已。（《堯典》）
（2）帝曰:"吁! 咈哉!"（《堯典》）
（3）書用識哉,欲並生哉!（《益稷》）

這類語氣後世文獻中一般用"也"表示。《尚書》中還有些句子後用 "哉",其作用相當於"兮":

股肱喜哉! 元首起哉! 百工熙哉!（《益稷》）

元首明哉! 股肱良哉! 庶事康哉!（《益稷》）

元首叢脞哉! 股肱惰哉! 萬事墮哉!（《益稷》）

這裏"哉"大致起一種吟唱詩歌時拖長語氣的作用,《詩經》等詩歌作 品多用"兮"。

由以上的分析可以看出,"哉"在上古時代是一個兼表多種語氣 的詞,據管燮初先生統計,西周金文中句末語助詞只出現 4 次,而且都 是"哉",表示的是感歎語氣。[1] 總共只有 4 次,無法全面顯示當時書

---

① 管燮初《西周金文語法研究》,商務印書館,1981 年,第 191 頁。

面語語氣詞的概況,但《尚書》則足以説明問題,錢宗武先生認爲:
"'也'的産生是爲了離章析句,'也'的主要功能是句讀標識功能,也
就是文言'也'用於句末相當於一個句號和逗號。《尚書》何爲不用
'也'離章析句? 這與《尚書》的文體特點有關。《尚書》是記言體政
史資料彙編。《荀子·勸學篇》説:'《書》者,政事之紀也。'《尚書》的
大部分篇章是古代君臣的談話記録,其語言就反映了鮮明的口語特
點。《尚書》中還有許多史官直録之迹……君臣言談政令中没有
'也',史官筆録當然也不會出現'也'。"①張文國先生則另有看法:
"也"字起强調語氣的作用:

> "也"字的語氣强調功能實際上使其前面的成分成爲句子的
> 信息焦點。一般説來,句子的信息焦點在句末,也就是所謂的句
> 末中心原則。但是,"也"字的出現,改變了句子語義的重心;它
> 的這種功能在口語裏是由邏輯重音來完成的,而邏輯重音只存
> 在於口語中,在書面語是不存在的。"《尚書》是記言體政史資料
> 彙編"。"大部分篇章是古代君臣的談話記録"。因此,《尚書》中
> 没有"也"字也就不足爲奇了。《尚書》中句末語氣詞很少,原因
> 恐怕也就在於此。②

二位先生都强調了《尚書》無"也"的特點,卻没有論及《尚書》多
用"哉"的特點。然而,我們已經看出,"哉"在《尚書》中的作用是多
種多樣的,金文中只有一個句末語氣詞"哉"。王力先生説:"在原始
時代,漢語可能没有語氣詞。直到西周時代,語氣詞還用得很
少。"③甲骨文多爲卜辭,金文多爲頌祝,都是比較莊重的有一定模式
的應用文,句末語氣詞用得少是可以理解的。文字創造得多了,書面
語的範圍擴大了,口語化的記録也隨之增多了,對各種不同的語氣需
要從文字上反映出來,表示語氣的字也就被使用了,"哉"應當是這種
選擇的最初産物之一,被大量地運用於西周君臣的談話記録中,其作

---

① 錢宗武《〈尚書〉無"也"字説》,載於《古漢語研究》1994 年第 2 期。
② 張文國《〈尚書〉語法研究》,巴蜀書社,2000 年,第 89 頁。
③ 王力《漢語語法史》,商務印書館,1989 年,第 295 頁。

用應當如張文國先生所說的"也"的作用相同,它是用來強調句子語氣的。但還不能區別不同語氣,所以兼有後世文獻中各種語氣詞的作用。

我們再回頭看看《逸周書》中用"哉"之各篇,基本全是對話體或訓誡之辭,其中《文酌》《武穆》《周祝》3篇看不出有對話雙方,但仍是訓誡之辭。《周書序》曰:"上失其道,民散無紀,西伯修仁明恥示教,作《文酌》。"這不一定準確,可能係後人發揮文王某個政令而作,但最後"急哉急哉!後失時"則爲告誡之辭無疑。《武穆》開頭云"曰若稽古,曰",下面講"三事"的具體内容,最後又云"欽哉欽哉!余夙夜求之無射",有第一人稱代詞"余",則肯定爲某人訓誡聽話者之辭,黃懷信先生說:"'余夙夜求之無射'一語,'曰'上當有其主,疑是周公旦或武王。"①《周祝》本是祝官代王所發的誡囑之辭,其"維哉!其時告汝"及"讙(按:此字乃"讓"字之訛)哉,民乎"皆表祈使、命令的語氣。只有《太子晉》一篇雖亦師曠與太子晉對話,但並不是告誡,而是故事(爲小說和俗賦之濫觴),其中的"善哉善哉"乃純粹表感歎語氣,且此篇中還比較廣泛地運用了産生時代較晚的其他句末語氣詞,如"也"3見,"乎"2見,"矣"4見,其他各篇則很少用別的語氣詞,個別篇章有,如《文傳》"也"3見,"矣"1見,《寶典》"也"1見,"矣"1見,《寤儆》"矣"1見,《嘗麥》"也"1見,《本典》"也"4見。《周祝》是例外,是雜纂的格言體,其中句中語氣詞"也"較常見,應當別論。

因此說,"哉"最初是一個主要運用於有告誡意味的對話體文章中的語氣詞,其作用主要是強調各種語氣,它是凸顯書面語中各種語氣的一個標誌。《逸周書》中的"哉"還基本保持了它的早期用法,具有強調祈使、肯定、可然性及感歎語氣的作用,但與《尚書》相比,"哉"的一些用法(如表判斷語氣)已經消失。

二、矣

"矣"作爲句尾語氣詞,早在甲骨文中就有了。管燮初先生《殷虛

---

① 黃懷信《逸周書校補注譯》,第168頁注2。

甲骨刻辭的語法研究》中認爲，"其曰倬吕人！其曰母婌(毋搜)吕！"
(《殷虛粹編》1160)中，"吕(以)是感歎詞，用在句末拉長句調，相當
於古文中的矣字"。[①] 但這種用例非常少，西周金文中未見，《尚書》
中只有 7 例，而且只分佈於《牧誓》和《立政》兩個篇章之中，皆屬於
《周書》部分，今文古文《尚書》均有。其中有兩例表示呼喚的語氣，見
於《立政》：

　　　　(1) 嗚呼！孺子王矣！
　　　　(2) 今文子文孫，孺子王矣！

　　這種用法是春秋以後文獻中極爲罕見的。
　　從甲骨文至《尚書》，"矣"的用法大致如上。下面我們看看《逸周
書》中"矣"的分佈及作用。
　　《逸周書》中的"矣"共 22 例，分佈於《小開》《文傳》《寶典》《酆
謀》《寤儆》《本典》《史記》《太子晉》《殷祝》《武紀》10 篇之中，其用
法，皆如王力先生所言，"凡已經發生的情況，已經存在的狀態，必然
發生的結果，可以引出的結論，都可以用'矣'字煞句"，[②]非常單純，
沒有別的作用。春秋戰國時期，"矣"表感歎語氣的現象還比較普遍，
表祈使語氣的也有，但表呼喚語氣的已經完全沒有了。因此，由《逸
周書》中"矣"用法的單一性看，相關篇章作時都可能不會早於春秋
時代。

三、焉

　　在春秋戰國時代的文獻裏，"焉"用在句末，其主要作用是指示代
詞兼句末語氣詞。這種"焉"，王力先生認爲它充當句子的間接賓語
或直接賓語。我們認爲，它實際起著補語的作用。"焉"在甲文、金文

---

　　① 管燮初《西周金文語法研究》，商務印書館，1981 年，第 191 頁。
　　② 王力《漢語語法史》，商務印書館，1989 年，第 301—302 頁。"煞句"之"句"原文作
"字"，蓋排印之誤。

中均未見,《尚書》中僅 3 見:

(1) 今日之事,不愆于六步、七步,乃止齊焉。(《牧誓》)
(2) 不愆于四伐、五伐、六伐、七伐,乃止齊焉。(《牧誓》)
(3) 爲壇於南方,北面,周公立焉。(《金滕》)

《逸周書》中的"焉"共出現過 8 次,分佈於《周月》《明堂》《王會》《芮良夫》4 篇:

(1) 至於敬授民時,巡狩祭享,猶自夏焉。(《周月》)
(2) 明堂,明諸侯之尊卑也,故周公建焉,而明諸侯於明堂之位。(《明堂》)
(3) 堂下之右,唐公、虞公南面立焉。(《王會》)
(4) 堂下之左,殷公、夏公立焉。(同上)
(5) 堂下之東面,郭叔掌爲天子菉幣焉。(同上)
(6) 堂後東北,爲赤(弈)[帟]焉。(同上)
(7) 外臺之四隅張赤(弈)[帟],爲諸侯欲息者皆息焉,命之日爻閭。(同上)
(8) □不存焉,變之攸伏。(《芮良夫》)

上 8 例中,除了第 1 例外,其餘 7 例都可以看作指示代詞兼表句末語氣的。

《詩經》的《大雅》和三《頌》中未見"焉"字,《小雅》和《國風》中用爲指代詞的"焉"也僅 10 餘例,全部《詩經》共有"焉"25 例,這說明"焉"在春秋以前使用不普遍。張歸璧先生認爲,"爰"和"焉"有一定關係,"春秋以前,'爰'多用於謂語動詞之前而不單獨用在謂語動詞之後,'焉'則一般用於謂語之後而不單獨用於謂語之前直接修飾謂語,戰國時,'爰'基本消失,而被'焉'取代;漢代以後,'爰'又重新出現,與'焉'在謂語前並用,但有所分工"。① 按後世音注,"爰"雨元

---

① 參張歸璧《"爰""焉"用法演變考略》,見《古漢語研究》1990 年第 4 期。

切,上古匣母元部字;“焉”於乾切,上古影母元部字。二者皆喉音,一濁一清。“爰”在漢代的復出可能與楚方言的影響有關,是一個值得研究的問題,這裏不再多談。而《逸周書》中未見一例“爰”字,則與戰國情形相符。

四、乎

“乎”作爲句尾語氣詞,表示疑問語氣,或以爲甲骨文中已有,如《殷契粹編》425(《甲骨文合集》20098)有下述卜辭:

> 丁未卜,扶:又咸戊,學戊乎?

郭沫若、陳夢家、管燮初等先生認爲此“乎”乃語氣詞,但也有學者持不同看法,裘錫圭先生認爲,這個“乎”可能“指跟祭祀有關的某件事”,①郭錫良先生也贊同這一觀點。② 因此,甲骨文時代是否有疑問語氣詞“乎”尚未定論,西周金文中未見“乎”作句末語氣詞的,《尚書》中作句末語氣詞的“乎”也只有一例:

> 帝曰:“疇咨若時登庸?”放齊曰:“胤子朱啓明。”帝曰:“吁!嚚訟,可乎?”(《堯典》)

《詩經》中作爲句末語氣詞的“乎”共 11 例,其中《小雅》1 例,《國風》10 例。5 例表疑問,6 例表感歎。可見,“乎”西周以前尚未產生,春秋時期也未普遍使用。《逸周書》中句末語氣詞“乎”共 11 例,分別見於《度訓》(2 例)、《命訓》(5 例)、《太子晉》(2 例)、《官人》(1 例)和《周祝》,其中 7 例表反問語氣,3 表疑問語氣,1 例表呼喚語氣。如:

---

① 裘錫圭《關於殷虛卜辭的命辭是否問句的考察》,見《中國語文》1988 年第 1 期。
② 郭錫良《先秦語氣詞新探(一)》,《古漢語研究》1988 年第 1 期。

（1）夫民生而醜不明，無以明之，能無醜乎？（《度訓》）
（2）汝將爲天下宗乎？（《太子晉》）
（3）謹哉，民乎！（《周祝》）

11 例僅分佈於 5 個篇章之中。又"可得聞乎"等句式在《孟子》等戰國時代的作品中常見，故這幾篇作時當在戰國時代。

五、也

"也"作爲句末語氣詞，出現的時間是比較晚的，甲骨文、金文、《尚書》中都沒有"也"。《詩經》中，句末的"也"《國風》54 次、《雅》8 次，此外，還有 3 例與其他語氣詞連用；句中的"也"，《國風》21 次，《雅》4 次，《頌》1 次。其中《頌》詩 1 例見於《商頌·長發》：

允也天子，降予卿士。實維阿衡，實左右商王。

一般認爲，《商頌》是宋國貴族祭祀其先祖的儀式詩，在春秋時期是經過加工的，故其作時不會早於春秋。即使如一些學者所言，它爲商代之詩，而由口頭傳誦到文字寫定，是經歷了一個漫長的過程的，最少也應當在西周末期以後。因爲句末語氣詞的出現，確實是一個書面語的標誌，它只爲強調某種語氣。這種語氣在口語中可能是用重音或語調實現的，但書面語無法傳達語調及人的情態，故通過其他語法手段，語氣詞的出現只其一端，句中語氣詞則還有湊足音節的作用。

由《尚書》《詩經》中的情況可以推知，"也"的普遍使用是在春秋以後。

然而，也有學者認爲"也"的産生時代更晚些，如張振林先生説：

在西周金文中不見"也"字，後世从"也"之字，來源於从"它"……用"它"描寫語氣聲音作爲句末語氣詞，形變爲也（𠃌），是戰國以後的事。其作爲語氣詞在戰國是産生初期,字未定型,故又有作施(从也得聲字),作殹(同音字)的。①

近年來出土的楚系簡帛文字中,"也"字多與"它"同形,但已大量使用。如郭店楚簡《老子》中多用"也",而傳世本卻不用,郭店簡的時間大致在戰國中期。但是,如果説"也"的産生初期在戰國時代,可能也是有問題的。因爲《詩經》中已有91例"也",其中《國風》部分用例較多,《雅》詩中也有11例,《頌》詩中1例。從這些數據看,春秋早期應當是"也"産生的時代,中後期已經普遍使用了。看來,僅憑出土材料作結論是不行的,只有運用"二重證據",才能得出較科學的結論。

《逸周書》中的"也"共出現了256次,除去盧文弨所補《月令》的60次外,則爲196次,分佈於《度訓》《命訓》《常訓》《武稱》《大武》《文傳》《寶典》《武儆》《謚法》《明堂》《嘗麥》《本典》《官人》《王會》《史記》《太子晉》《王佩》《殷祝》《周祝》《武紀》《銓法》21篇之中。這196例"也",用於句中的有37例,皆表舒緩語氣。句末的158例,分別用於名詞謂語、動詞謂語和形容詞謂語之後,其作用大致有以下幾種:

1. 表判斷語氣(58例)。如:

  (1)凡此六者,政之始也。(《命訓》)
  (2)此九者,政之因也。(《大武》)
  (3)土少人多,非其人也。(《文傳》)
  (4)生之樂之,則母之禮也。(《本典》)
  (5)敬謀、祗德、親同,三不遠也。(《銓法》)

2. 表示解釋、説明的語氣(共68例)。如:

  (1)隱,哀之也。(《謚法》)
  (2)施爲文也,除爲武也。(《謚法》)

---

① 張振林《先秦古文字材料中的語氣詞》,見《古文字研究》第七輯,中華書局,1982年6月。

(3) 明堂,明諸侯之尊卑也。(《明堂》)

(4) 移易以言,志不能固,已諾無決,曰弱志者也。(《官人》)

(5) 天寒,足躃是以數也。(《太子晉》)

這類用法主要分佈於《謚法》和《官人》篇。

3. 表示確定的語氣。這主要是用於非名詞謂語之後,此類句子又不是對前文某個詞語的解釋或説明的(共31例)。如:

(1) 六方三述,其極一也。(《度訓》)

(2) 民情不可隱也。(《官人》)

(3) 御,吾未之學也。(《太子晉》)

(4) 立之不害,毀之不利,唯克之易,并之不能,可伐也。(《武紀》)

(5) 舉物不備,而欲□大功於天下者,未有之也。(《武紀》)

這類用例主要分佈于《武紀》篇,《官人》中有8例。

4. 表示疑問語氣。此類用法僅1例,見於《度訓》:"戰則何以養老幼、何以救痛疾死喪、何以胥役也?"

還有1例用法不太明確,即《嘗麥》篇的"野宰乃命家邑縣都祠于太祠,乃風雨也"。歷代注家有不同看法,或以爲衍文。我們細觀上下文意,覺得此處"乃風雨也"爲注文衍入正文者,文字也可能有訛奪。"乃風雨也"可能是對"太祠"的注釋語。潘振云:"大祠,風伯雨師之廟也。"似近本義,因此,這一個"也"字是否《嘗麥》原文本有,只能存疑。

《逸周書》中無"也"的38篇,從文體特徵看,可分爲四大類:記叙性的、政令條規性的、誥誡性的和説明性的,其中《允文》《大明武》《小明武》《柔武》《和寤》《武寤》《大匡》十一及《大匡》三十七皆四字韻語,或以四字句爲主。以對話形式引入政令條規的有《文酌》《糴匡》《酆保》《大開》《小開》《大開武》《小開武》《酆謀》《武穆》《文政》《五權》《成開》《大戒》等。説明性的主要是《周月》《時訓》《職方》和

《器服》。訓誡性和記叙性的主要是史書部分。

　　我們言及這種文體特徵,是想説明用"也"與否可能跟文體有關係,比如四字句的章法,具有音節簡短、節奏感强、韻律和諧等特點,讀起來朗朗上口,加了語氣詞反覺累贅。因此,不論其作於何時,不出現"也"是合理的。比如傳世本《老子》第二章:

　　　　天下皆知美之爲美,斯惡已;皆知善之爲善,斯不善已。故有無相生,難易相成,長短相形,高下相傾,音聲相和,前後相隨。是以聖人處無爲之事,行不言之教,萬物作焉而不辭,生而不有,爲而不恃,功成而弗居。夫唯不居,是以不去。

郭店楚簡《老子》甲本作:

　　　　天下皆智敚(美)之爲敚(美)也,亞(惡)已,皆智善,此其不善已。又(有)亡之相生也,戁(難)惕(易)之相成也,長耑(短)之相型(形)也,高下之相涅(盈)也,音聖(聲)之相和也,先後之相墮(隨)也。是以聖人居亡爲之事,行不言之孚(教),萬勿(物)復(作)而弗忓(始)也,爲而弗志(恃)也,成而弗居。天(夫)唯弗居也,是以弗去也。①

　　短短一段文字,簡書竟用了11個"也"字,又主謂之間多用"之"字,故四字句極少,傳世本則以四字句爲主,而不用"也"。馬王堆漢墓帛書《老子》與簡書大致相同,在"先後之相隨也"後有"恒也"一句。因此,我們説四字韻語的形式對"也"的使用具有限制作用。故而,"也"的有無並不能完全説明其作時的遲早。王弼注本應當是後人加工過的。那麽,《逸周書》中的政書、兵書類多四字句,其不用"也"也就並不意味著它們的作時一定較早了。當然,這只是就春秋以後的文獻而言的。

　　説明文中是否用"也",也要根據其性質而定,若是純叙述式地注

_____

① 《郭店楚墓竹簡·老子釋文》,文物出版社,1998年5月,第113頁。

明某種機制或物體的建構,則一般不用"也"字,據我們統計,《周禮》中"也"185 見,《儀禮》中 116 見。此兩書都是説明禮制儀式的,其中較少感情表達,語氣變化不大,用"也"的地方多爲解釋性文字。而《禮記》中的"也"卻多達 2 633 次,《禮記》中的多數篇章是對話形式的記叙文,表達的感情色彩較濃,因而其中"也"的用量超過《周禮》《儀禮》的十多倍、二十倍,而且,《禮記》主要是記録孔子及其後學研究、解説"禮"的活動的文獻彙編,故也不乏解説性的文字。據何樂士先生研究,《左傳》中單句和複句末尾的"也"字共 2 917 見,其中表判斷語氣的共 1 355 見;表解釋説明語氣的 1 089 見,占 2 917 見總數的37%。① 可知表解釋、説明語氣是戰國時代"也"的重要作用之一。《逸周書》中的禮書,基本都是説明文,有的用"也",有的不用。不用的有《周月》《時訓》《職方》,三篇都是純粹説明制度政令的,《時訓》中又多四字句,記述的是物候。這幾篇的語言基本是平鋪直叙的,没有"什麽是什麽"的解釋性語句。但《謚法》和《官人》就不同了。《謚法》全是解釋性文字,用"××曰××"時,不用"也";但在解釋其中一些詞的含義時,全用"×,×也"的形式,此篇 38 例"也"都是這種用法。由此看來,説明文中用"也"與否,也不是判斷其作時遲早的主要標誌。

　　但記叙文就不同了,其中有對事態發展變化的陳述,有人物的對話,需要表達各種感情,不同的語氣在書面語中主要由語氣詞來表達。因此,可以説,《逸周書》中有對話成分散文形式的政書和記叙性的史書,不用"也",應當是其作時較早的一個語言特徵。比如史書9 篇,只《嘗麥》有 1 例"也",是否原有尚難確定。我們在分析人稱代詞的用法時,也得出過《嘗麥》《芮良夫》作時晚於其他各篇的結論。若《嘗麥》篇中 1 例"也"屬本篇原有,則二者可以互相證成。

　　"也"是春秋時代的新生事物,春秋中期以後普遍使用,故《逸周書》中出現 2 次以上"也"的篇章作時的上限應當是春秋中期以後,像《度訓》《武稱》《文傳》《本典》《官人》《太子晉》《殷祝》《周祝》《武紀》《銓法》等篇,肯定是"也"風行以後寫作的。《謚法》與《王會》中的"也",主要出現在序言性質的文字和解釋性文字中,則是後人所加

---

① 何樂士《〈左傳〉的"也"》,見《語言學論叢》第十六輯,商務印書館,1991 年。

的。可能這兩篇中的主體部分原有較早傳本,後來解釋者嵌入帶
"也"的詞句。我們應當一分爲二地分析。無"也"的各篇,我們從文
體特徵上提出了一些看法,其作時的問題還須其他方面的分析證明。
就大體而言,史書9篇是作於"也"字出現之前的。

上面,我們對《逸周書》中的句末語氣詞"哉""矣""焉""乎"
"也"的分佈和用法特點分別作了考察。總的看來,這幾個語氣詞的
產生時間,"哉"最早,在殷商書面語中已有;"矣"次之,《尚書·周
書》中有用例;"焉"又次之,《尚書·周書》部分有個別用例,《詩經》
中也有十多例,其普遍使用是在春秋以後;"也"又次之,產生於春秋
初期,春秋中期以後廣泛使用;"乎"最晚,《尚書》中雖有1例,但《堯
典》的作時或者説整理寫定的時間尚有爭論,如顧頡剛認爲,《堯典》
《皋陶謨》《禹貢》"決是戰國到秦漢間的僞作"。① 因此,我們還不能
遽定"乎"在西周時代已有。《詩經》中"乎"的用例較少,且只見於
《小雅》和《國風》的事實,也説明春秋中期當是"乎"産生的初期。

綜合以上情況,我們似可以就《逸周書》運用語氣詞的情況得出
以下幾點結論:

第一,《度訓》《命訓》《常訓》三篇肯定是戰國時代的作品,《度
訓》《命訓》用"乎",《常訓》雖没有"乎",但與前兩篇文體相同,所論
内容亦一脈相承,當出於一人之手。

第二,《武稱》《官人》《太子晉》《殷祝》《周祝》《武紀》《銓法》也
定是戰國時代的作品,因爲這幾篇中"也"的運用非常純熟,這點與前
三篇相同。又《官人》《太子晉》《周祝》都有"乎"的用例。此外,《武
紀》中的7例"矣",皆用爲表示可然性的語氣詞,與戰國以後"矣"的
基本用法完全相合。

第三,《謚法》《王會》兩篇中的"也"主要是表示解釋、説明的語
氣,而集中解釋詞語的訓詁之作興於漢代。所以,這兩篇是原始文獻
與注釋相合的結果。因此,這兩篇的原創期尚不能遽作結論。但從
《謚法》"××曰××"的句式盛行於戰國,而周代之初各王均有謚號來
看,應當是本有關於謚法的文獻,春秋戰國以至後代都有所增益和改

---

① 顧頡剛《古史辨》(第一册),上海古籍出版社,1982年,第202頁。

寫,此篇當是層層累積起來的,也是原有傳本經漢人注釋過的,其創作時間,可能是戰國時人據西周的史料進行加工的,與《穆天子傳》等作品有相似風格。顧實先生説,《穆天子傳》"何人所作?則周史也;何時所作?則穆王十三年及十四年,西征往還之際也"。① 這些作品的形成,肯定有原始史料作依據,這毫無疑問,但經過後世加工也是很正常的,如《穆天子傳》中的"將子無死,尚能復來",用敬稱"子",而《尚書》中的敬稱只有"公"和"君",未見用"子"。"子"作爲敬稱在《詩經》中較常見,但也主要在《風》詩中。所以,《穆天子傳》中的詩,顯然是後人再創作時加上的,至少是改作過的。《逸周書·王會》篇的情形與《穆天子傳》相同,且其中注文摻入的還有不帶"也"的句子,如"方千里之内爲比服,方二千里之内爲要服,三千里之内爲荒服,是皆朝於内者",劉師培云:"此疑前人注釋之詞,猶《尚書·大誓》之有故,《禮經·喪服》之有傳、故,舊本均入正文。"②又此篇注釋者是否孔晁,也有疑問之處。劉師培説:"劉賡《稽瑞》'黑狐尾蓬'注引《周書·王會》云:成王時黑狐見。又'卹卹封域'注引《周書·王會》云:成王時封人獻卹卹,若黿而喙長(《格致鏡原·水族部》引同)。'成王梧桐'注引《周書·王會》云:成王時梧桐生于朝陽。注曰:生山東曰陽也。均今本所無(又"三苗貫桑"注云:《周書》曰,成王時苗三貫桑,苗同爲一穗,意者天下爲一也。越裳果重譯而至。此事亦載《大傳》,劉氏所引或非《王會》)。蓋《稽瑞》所引與孔本異,所據注文亦非孔注,或唐以前別有注本也。"③又今本孔注"王城既成,大會諸侯及四夷也",劉氏云:"《文選·赭白馬賦》李注引此注作鄭玄,宋任淵《山谷詩内集注》卷三引同,惟《爾雅·釋鳥篇》邢疏引作孔晁。(《御覽》九百四十一引下"具區獻蜃"注亦云鄭玄)。"④由此看來,此篇既有不同傳本,也可能還有不同注本。注既竄入正文,則不在同一層面上的語言成分肯定會有的。因此,這篇也是層層累積的。

第四,《克殷》《世俘》《商誓》《度邑》《皇門》《祭公》《芮良夫》諸

① 顧實《〈穆天子傳〉西征講疏》,中國書店,1990年,第7頁。
② 《〈逸周書〉研究文獻輯刊》(第九冊),第531頁。
③ 《〈逸周書〉研究文獻輯刊》(第九冊),第530頁。
④ 《〈逸周書〉研究文獻輯刊》(第八冊),第531頁。

篇,多爲叙史,也有誥誡的,各篇除了“哉”,其他句尾語氣詞幾乎未出現過,作爲與《尚書》文體相類的文獻,作時應當是較早的。

第五,由於文體特徵的限制,有些篇章雖然不用語氣詞,但不能據此而定其作時遲早,這主要指以四字韻語爲主的各篇。

（部分原載《西北師大學報》2005 年第 4 期）

《逸周書》詞語校正補釋

《逸周書》中的好多篇章,字句脱訛嚴重,很難通讀。歷代經學大師多所校釋而仍留有許多疑義。筆者用心多年,在充分吸收前人校注成果的基礎上,對一些詞句的意義探得一孔之見,陳述於下。

1. 何以胥役也。(《度訓》)

古"胥"與"相"心紐雙聲,魚陽對轉,聲近相通,故"胥"訓"相"。但"相"是一個指代性副詞,表示動作行爲所涉及的事物,不能簡單譯成"互相"。有學者將"何以胥役也"譯爲"怎麽來相互役使利用呢",於意不確,應譯爲"怎麽役使他們呢",這裏指役使百姓。

2. 夫民生而醜不明,無以明之,能無醜乎? 若有醜而競行不醜,則度至于極。(《命訓》)

醜,恥辱。"有醜"謂有羞惡之心。《孟子·公孫丑上》:"惻隱之心,仁之端也;羞惡之心,義之端也;辭讓之心,禮之端也;是非之心,智之端也。人之有是四端也,猶其有四體也。……凡有四端於我者,知皆擴而充之矣,若火之始然,泉之始達。苟能充之,足以保四海。"[1]"不醜"指不行醜,亦即做善事、好事。"若有醜而競行不醜,則度至于極",是説如果民皆有羞惡之心而爭做善事,那麽,社會的法則行政就達到最好的狀態了。《常訓》中有"醜明乃樂義",正好與此處相印證。

---

① 楊伯峻譯注《孟子譯注》,中華書局,1960 年,第 80 頁。

3. 權不法,忠不忠,罰不服,賞不從勞。(《命訓》)

"權不法",諸家解說不一。孔晁注語脫訛難通。陳逢衡云:"權宜之事非可以爲常法也。"①黃懷信先生云:"權力不加於守法的人。"並釋下文"忠不忠,罰不服,賞不從勞"爲"誠心不加於忠誠的人,懲罰不加於服罪的人,獎賞不加於隨勞的人"。② 這些說法於情理都有些不合。從文法看,此處前四句都是動賓結構,是承上文"勸之以賞,畏之以罰,臨之以忠,行之以權"而來的。因此,"權不法"當是加權於不守法者;"忠不忠"當是讓不忠者變忠;"罰不服"即懲罰不服政令的人。朱右曾云:"從,讀爲縱,猶失也。"③不失勞就是不失勞者,"賞不從勞"當即獎賞努力勞動的人。下段文字講違反此法而造成的危害,云"以賞從勞,勞而不至",即若獎賞錯失勞苦之人,就會使勞者達不到最佳狀態,亦即不盡力。又此處用了頂針回環的修辭手法,以此推知下文"以法從中則賞,賞不必中"等有脫訛。

4. 醜明乃樂義,樂義乃至上,上賢而不窮。(《常訓》)

"至上",疑爲"上賢"之倒誤,上賢即向善之義。"不窮",謂賢。孔晁注云:"窮謂不肖之人。"窮謂不肖,則不窮謂賢也。這幾句是說,人如果明白了什麼是恥辱就會喜歡道義,喜歡道義就會努力向善,努力向善就不會成不肖之人。丁宗洛將"至上"校爲"奉上",有學者據此譯成"能事奉上司",並譯"上賢而不窮"爲"上司就會多財而不窮匱",似不確。

5. 慎微以始而敬終,乃不因,困在坌。誘在王,民乃苟,苟乃不明。(《常訓》)

"因"乃"困"之訛,各家校同。"坌"疑即"忿"字。"慎微以始而

① 《〈逸周書〉研究文獻輯刊》(第二冊),第542頁。
② 黃懷信《逸周書校補注譯》,西北大學出版社,1996年,第17頁。
③ 《〈逸周書〉研究文獻輯刊》(第八冊),第22頁。

敬終,乃不困",《左傳·襄公二十五年》:"《書》曰:'慎始而敬終,終以不困。'"杜預注:"逸書。"①徐幹《中論·法象篇》亦引《書》云:"慎始而敬終,以不困。"皆與此句相近,皆謂凡事自始至終謹慎對待,就不會陷入困境。"困在忿"之"在"猶"則""乃",古韻皆之部字,聲近義通。此句謂民困則忿。"誘在王"之"誘"即《左傳》"天誘其衷"之"誘",亦開啓誘導之義,"誘在王"謂導致民有忿心的原因在王。"民乃苟"謂民因忿而不敬王事。"苟乃不明","明"即明醜,此句謂民既不敬則不知道什麽是恥辱,即無羞惡之心。

6. 四教:一、守之以信,二、因親就年,三、取戚免梏,四、樂生身復。(《文酌》)

此"四教"皆就前文"哀有四忍""忍有四教"而言,"哀"指傷心之事,"忍"即殘忍。"忍"的本義就是狠下心做某事,《説文》:"忍,能也。"段玉裁注云:"忍之義亦兼行止,敢於殺人謂之忍,俗所謂忍害也。敢於不殺人亦謂之忍,俗所謂忍耐也。"②《詩·大雅·桑柔》"維彼忍心",朱熹《集傳》:"忍,殘忍也。"③《大戴禮記·曾子立言》"好勇而忍人者,君子不與也",王聘珍《解詁》:"忍,謂殘忍。"④因此,"哀有四忍""忍有四教"是説有四種殘忍行爲令人傷心,要免除這些殘忍行爲就要從事四個方面的教育。"守之以信"即遵守誠信;"因親就年",孔晁注:"就年,尊長年也。"故此句謂尊敬親人和長者;"取戚免梏",戚亦親義,此謂同情、哀憫,故此句謂多懷慈悲,免除酷刑;"樂生身復",復謂復其本性,故此句謂珍惜生命保持純樸。

7. 三頻:一、曰頻禄質瀆,二、陰福靈極,三、留身散真。(《文酌》)

---

① 楊伯峻《春秋左傳注》,第 1109 頁。
② 〔清〕段玉裁《説文解字注》,第 515 頁。
③ 〔宋〕朱熹《詩集傳》,中華書局,1958 年,第 209 頁。
④ 〔清〕王聘珍《大戴禮記解詁》,中華書局,1983 年,第 74 頁。

“曰”字衍,盧文弨删,各家從。“瀆”字章本、元刊本如此,其他各本作“瀆”,當以“瀆”爲是。

此三句文例皆以第二字與第四字叶韻,“福極”職部;“身真”真部;“禄”與“瀆”屋部,若爲“瀆”字,則是物部字,與“禄”不同韻部。孫詒讓曰:“此蒙上‘樂有三豐’‘豐有三頻’而言,則皆爲遇豐樂節其太過之事。然義皆難通。”[1]“頻禄質瀆”,朱右曾云:“質,實也。瀆與費同。”[2]“瀆”當爲“瀆”,有輕慢、褻瀆之義。此句謂多次施禄就會造成浪費,而失去施禄的真正作用。“陰福靈極”,朱右曾引丁云:“言淫祭者歸功鬼神。”[3]此就“陰福”而言。極,盡也。此句謂數祭求福於鬼神,則靈驗不保。“留身散真”,孔注:“散,失也。”潘振云:“留,淹留,謂安身也。真,性也。”今按,“留”有止義,《説文》:“留,止也。”《楚辭·九歌·雲中君》:“靈連蜷兮既留。”王逸注:“留,止也。”[4]止與安義通,此句謂過分安於享受會失去真性即精神方面的素質,與下文“處寬身降”及《大開武》中的“淫樂破德”等句義近。

8. 三尼:一、除戎咎醜,二、申親考疏,三、假時權要。(《文酌》)

此“三尼”就“惡有二咎”“咎有三尼”而言。從叶韻文例看,“考疏”似應爲“疏考”。醜、考幽部字,要爲宵部字,可以合韻。又,以“則有九聚”“聚有九酌”,“德有五寶”“寶有五大”,“哀有四忍”“忍有四教”,“樂有三豐”“豐有三頻”等文例求之,“咎有三尼”似當爲“咎有二尼”。

孔注云:“尼,是也。”陳逢衡云:“‘是’乃‘定’字之訛。尼,定也,見《爾雅·釋詁》。”其實兩家注釋義通,是、定二字皆从“正”,義亦相通。“惡有二咎”説人所厭惡者有兩種錯誤;“咎有三尼”是説有三種糾正錯誤的方法。陳逢衡云:“除戎咎醜,則禍亂定矣;申親考疏,則

厚薄定矣;假時權要,則尊卑定矣。"①陳氏之解近之。"除戎咎醜",
謂除去兵鬥,罪罰醜惡。"申親疏考",申與疏同義,皆有親近通和之
義;親與考亦同義,均指親人親族。此句謂加強親情教育,團結親族
力量,與《大武》等中的"四戚"内容相近。"假時權要",假,借。時指
時機。權,衡量。要,主要的,重要的。此句謂審時度勢,因地制宜。

9. 七事:一、騰咎信志,二、援拔瀆謀,三、聚疑沮事,
四、騰屬威衆,五、處寬身降,六、陵塞勝備,七、録兵免戎。
(《文酌》)

"七事"承"欲有一極""極有七事"言,極謂極端、過度。"極有七
事"指七個方面的極端表現。孔注云:"騰,勝也。"潘振云:"信與伸
同。伸志,逞志也。"②"騰咎信志"謂聽任過錯而逞志。劉師培云:
"《詩·大雅·皇矣》'無然畔援',鄭箋云:'畔援謂跋扈也。'是即'援
拔'之誼。《論語·先進篇》'由也喭',鄭注云:'失於吮嗜。''吮嗜'
亦'拔援'音轉。"③劉氏之説是也,"援拔"即專横跋扈之義,此句謂專
横而亂謀。《説文·木部》"欙"下引《逸周書》云:"疑沮事,闕。"段玉
裁改爲"欙疑沮事",云:"各本脱欙字,今依《玉篇》補。《周書·文酌
解》:'七事:三、聚疑沮事。'聚古讀如驟,欙音近。欙疑沮事,猶云蓄
疑敗謀也。"④《説文》釋"欙"爲"衆盛也"。衆盛與多同義。則此句謂
多疑就會阻礙事情的順利進行。"騰屬威衆"指凌駕於衆人之上而濫
用威勢。"處寬身降"指過度養尊處優會使心志受損。"陵塞勝備"指
過度用心於關塞防備。勝,極也,盡也。"録兵免戎"與"陵塞勝備"相
對,是另一方個極端。孔晁注:"録謂不備兵。"朱右曾云:"録如《荀
子》'程役而不録',謂檢束也,弭兵銷鋒之意。"⑤朱説是也。此句指
銷兵解甲,没有任何軍事防禦措施。這七種行爲都是極端的表現,故

① 《〈逸周書〉研究文獻輯刊》(第二册),第565頁。
② 《〈逸周書〉研究文獻輯刊》(第一册),第503頁。
③ 《〈逸周書〉研究文獻輯刊》(第九册),第362頁。
④ 〔清〕段玉裁《説文解字注》,第250頁。
⑤ 《〈逸周書〉研究文獻輯刊》(第一册),第503頁。

云“極有七事”。

10. 五鮑六魚歸蓄。(《文酌》)

　　孔晁注:“積以爲資。”朱右曾云:“鮑字本作鞄,柔皮之工也。”①孫詒讓云:“此十二來並據工事言之,鮑,朱讀爲鞄,是也。魚非工事,不當并舉,疑當爲函。《考工記》總叙‘攻皮之工:函鮑韗韋裘’。函魚篆文上半相似,因而致誤。”②此説今之學者或從之,然若依此講,則“蓄”字難通。陳逢衡云:“麤曰鮑,蠡曰魚。《周禮·天官》獻人掌之。言鮑、魚,凡一切貍互乾腊之類皆屬蓄藏也。”③陳氏之説近是,然“蓄”當解作養,這裏指要養好水産品。

11. 大馴鍾絶,服美義淫。(《糴匡》)

　　“大馴鍾絶”,其義難曉,諸注家紛呈其辭。孔晁曰:“大馴後落。”亦不得其解。陳逢衡云:“此與下‘樂惟鍾鼓,不服美’‘樂無鍾鼓,凡美禁’二條緊對,而語有脱誤。”④陳説是也。竊疑“馴”爲“縣(懸)”之音借,二字匣紐雙聲,文元音近。《禮記·曲禮下》云:“歲凶,年穀不登,君膳不祭肺,馬不食穀,馳道不除,祭事不縣,大夫不食粱,士飲酒不樂。”鄭玄注:“縣,樂器鍾磬之屬也。”孔穎達疏:“樂有縣鍾磬,因曰縣也。”⑤可知“縣”有樂義。“絶”疑爲“絃”字之誤,丁宗洛《逸周書管箋》引丁浮山云:“疑是‘樂備鍾絃’訛,舉鍾則鼓可知,舉絃則管可知,舉鍾絃則衆音可知。”⑥“大馴鍾絶”即大合樂,與《大匡》第十一所謂“牆合”意同,《周禮·小胥》:“正樂縣之位:王宮縣,諸侯軒縣,卿大夫判縣,士特縣。”鄭司農曰:“宮縣四面縣,軒縣去其一面,判縣

①　《〈逸周書〉研究文獻輯刊》(第八册),第 29 頁。
②　《〈逸周書〉研究文獻輯刊》(第八册),第 346 頁。
③　《〈逸周書〉研究文獻輯刊》(第二册),第 572 頁。
④　《〈逸周書〉研究文獻輯刊》(第二册),第 576 頁。
⑤　《十三經注疏》,第 1259 頁。
⑥　《〈逸周書〉研究文獻輯刊》(第五册),第 560—561 頁。

又去其一面,特縣又去其一面。四而象宮室四面有牆,故謂之宮縣。"①"牆合"即"象宮室四面有牆"之意。"服美義淫"之"義"通"儀",指儀式。俞樾《群經平議·周書平議》曰:"孔晁不釋'義'字。謝氏墉曰:'凡義之所當爲者皆可過盛。'此謬説也。'義'當讀爲'儀',《周官·肆師》注曰:'古者書"儀"但爲"義"。'是其證也。'儀淫'者,威儀盛也。故與'服美'並舉。《詩·有客篇》:'既有淫威。'此言'儀淫',彼言'淫威',其旨相近。"②俞説是也。此二句承上謂豐收之年宴賓、祭祀都可以大設舞樂、服飾考究、儀式盛大。

12. 聞隨鄉,下鬻塾。(《糴匡》)

聞,盧文弨校爲"問",是也。《大匡》第十一有"鄉問其人"語,與此略同,指詢問其災情。校"下"爲"不",亦通,《大匡》第十一有"無粥熟"語。"塾"通"熟"。朱右曾釋"鬻熟"爲"若今之酒館",③"不鬻熟"指禁止賣熟食。

13. 企不滿壑,刑罰不修,舍用振穷。(《糴匡》)

孔晁曰:"不滿壑,不于治地。"盧文弨疑"于治"乃"干治"之訛。④ 朱右曾云:"'企'蓋'金'之訛,古文法字。"⑤今按,"法不滿壑"即"不干治地"之意,可以講通。但我懷疑此"企"乃"定"字之誤,郭店楚簡中的"定"字作"**全**",可證。"定"與"正(政)"上古同音可通借,如傳世本《老子》"不欲以靜,天下將自定",帛書老子甲、乙本均作"不辱(欲)以靜,天地將自正"。"政不滿壑"也就是不干治地。"舍"字各家或釋爲捨棄常用,或釋爲施捨,似皆於義未安。此當是"啥"之本字,意思是什麼都、一切。穷通窮,"舍用振穷"謂一切用來救災。

———————————

① 《十三經注疏》,第795頁。
② 《〈逸周書〉研究文獻輯刊》(第八冊),第283—284頁。
③ 《〈逸周書〉研究文獻輯刊》(第八冊),第31頁。
④ 《〈逸周書〉研究文獻輯刊》(第二冊),第584頁。
⑤ 《〈逸周書〉研究文獻輯刊》(第八冊),第31頁。

章太炎《新方言·釋詞》:"今通言曰甚麼,舍之切音也。川楚之間曰舍子,江南曰舍。俗作啥。""《孟子·滕文公篇》'舍皆取諸其宮中而用之',猶言何物皆取諸其宮中而用之也。"①此處"舍"正與《孟子》之"舍"同義。

14. 王既發命,入食不舉;百官質方,□不食饔。(《大匡》第十一)

孔晁注:"王不舉樂,百官徹膳,以思其職。方,道。"《周禮·膳夫》:"王日一舉,鼎十有二,物皆有俎,以樂侑食。膳夫授祭品,嘗食,王乃食。卒食,以樂徹于造。王齊日三舉,大喪則不舉,大荒則不舉,大札則不舉,天地有裁則不舉,邦有大故則不舉。"鄭玄注:"殺牲盛饌曰舉。"②又《禮記·玉藻》:"年不順成,則天子素服,乘素車,食無樂。"③孔注以"徹膳"與"不食饔"對舉,以"思其職"與"質方"對舉。"質方"蓋謂樸質正直,廉以奉公。饔指肉食,《公羊傳·昭公二十五年》"餕饔未就",何休注:"餕,熟食。饔,熟肉。"④又《儀禮·特牲饋食禮》"尸卒食而祭饎爨雍爨",鄭玄注云:"雍,熟肉。"⑤雍通"饔"。又《儀禮·聘禮》"君使卿韋弁,歸饔餼五牢"注:"牲殺曰饔,生曰餼。"⑥饔指肉,故《周禮》謂割切烹調肉食之吏曰"內饔""外饔",其職掌是:

> 內饔掌王及后、世子膳羞之割亨煎和之事,辨體名肉物,辨百品味之物。王舉,則陳其鼎俎,以牲體實之。選百羞醬物珍物以俟饋。共后及世子之膳羞。……凡宗廟之祭祀,掌割亨之事,凡燕飲食亦如之。凡掌共羞、脩、刑、膴、胖、骨、鮺⑦,以待共膳。

---

① 據浙江圖書館校刊《章氏叢書》本《新方言》卷一。
② 《十三經注疏》,第 660 頁。
③ 《十三經注疏》,第 1474 頁。
④ 《十三經注疏》,第 2329 頁。
⑤ 《十三經注疏》,第 1192 頁。
⑥ 《十三經注疏》,第 1059 頁。
⑦ 孫詒讓《周禮正義》卷八:"云'凡掌共羞、脩、刑、膴、胖、骨、鮺,以待共膳'者,謂預具此七者,以待共王后世子之膳,不徒掌割亨也。"

凡王之好賜肉脩，則饔人共之。

　　外饔掌外祭祀之割亨，共其脯、脩、刑、膴，陳其鼎俎，實之牲
體魚腊。凡賓客之饗饔饗食之事，亦如之。邦饗耆老孤子，則掌
其割亨之事。饗士庶子，亦如之。師役，則掌共其獻賜脯肉之
事。凡小喪紀，陳其鼎俎而實之。①

因此，饔指切割烹調好的肉食。“不食饔”在這裏指不吃烹調精
細的高級食品。《禮記·曲禮》云：“歲凶，年穀不登，君膳不祭肺，馬
不食穀，馳道不除，祭事不縣，大夫不食粱。”此篇下文周王佈告四方，
又説“人不食肉，畜不食穀”。“不食饔”就指不食粱肉。

　　　15. 遠宅不薄。（《大武》）

　　盧文弨云：“《戰國策》黃歇説秦引《詩》云：‘大武遠宅不涉。’當
是引此文，‘詩’必本是‘書’字之誤。”②陳逢衡云：“‘遠宅不薄’，薄，
迫也。猶《大開武》言‘遠方不爭’也。”③今按：此條蓋亦協調關係之
謂，猶《左傳》以“越國以鄙遠”爲難之意。不侵伐離本國很遠的國家，
可以增同盟而少禍患，亦即遠交近攻之意。

　　　16. 五衛：一、明仁懷恕，④二、明智輔謀，三、明武攝勇，
四、明材攝士，五、明藝攝官。此十一者，戰之振也。（《大武》）

　　朱右曾云：“恕者，仁之術，故明仁在懷之以恕。攝，持也。任士
惟其材，宅官惟其藝。攝，書涉反。《説文》云：引持也。《後漢書注》
云‘猶言正也’。振，所以振作之。”⑤陳漢章云：“此即上文‘五良：一
取仁，二取智，三取勇，四取材，五取藝’，攻則取，戰則衛也。《管子·

①　《十三經注疏》，第661—662頁。
②　《〈逸周書〉研究文獻輯刊》（第一册），第59頁。
③　《〈逸周書〉研究文獻輯刊》（第三册），第23頁。
④　《四部叢刊初編》載明章檗本“恕”作“怒”，蓋誤。
⑤　《〈逸周書〉研究文獻輯刊》（第八册），第39—40頁。

四時篇》:'使能謂之明。'"①今按,以上"五衛"之内容,都是加强軍政建設,選拔用人的措施。要選用有仁德、有智謀、有勇力、有才藝的將士,這才是提高部隊戰鬥力的保證。《六韜·龍韜·論將》云將有五材:"勇、智、仁、信、忠也。勇則不可犯,智則不可亂,仁則愛人,信則不欺,忠則無二心。"②又《奇兵》云:"將不仁,則三軍不親。將不勇,則三軍不鋭。將不智,則三軍大疑。將不明,則三軍大傾。將不精微,則三軍失其機。將不常戒,則三軍失其備。將不强力,則三軍失其職。"③皆與此處所論相近。

17. 無競惟害。(《大武》)

無競惟害,孔晁注:"雖强,常念害則不敗也。"今按,"無競惟害"句式與《詩經》"無競惟人""無競惟烈"相同,鄭箋釋"競"爲强,是也。惟,思也。這句是説没有什麽比常常記著對我方有害的事更强的,亦即只要記住不利於我方的因素,並加以防範,就會戰無不勝。

（原載《古籍整理研究學刊》2009 年第 4 期）

---

① 《〈逸周書〉研究文獻輯刊》(第九册),第 247 頁。
② 婁熙元、吴樹平《六韜譯注》,河北人民出版社,1992 年,第 77 頁。
③ 婁熙元、吴樹平《六韜譯注》,第 104—105 頁。

郭晉稀先生遺著《説文古韻
三十部疏證》述略

郭晉稀先生(1916—1998),字君重,湖南省湘潭縣人,著名音韻學家、古文論專家、古代文學專家。

1936 年,郭先生畢業於湖南省立第一師範,兩年後又考入國立師範學院中文系,1940 年轉入湖南大學。1942 年畢業後,相繼在湖南省立四中、湖南師範學院、桂林師範學院任教。1951 年春,爲支援大西北奔赴蘭州,歷任西北師範大學副教授、教授、古籍整理研究所所長,爲西北的教育事業和學術研究獻出了畢生精力。

郭先生在國立師範學院中文系求學期間,讀書扎實,勤於思考,深得錢基博、駱鴻凱、鍾泰等國學大師的賞識和讚譽。就讀湖南大學期間,又得遇曾運乾、楊樹達、馬宗霍等學者,受其親炙,而曾運乾、楊樹達兩位語言學大師對先生的學術影響尤深。大師培養的根基,加上自己的聰穎勤奮,郭先生在古代文學、古代文論及漢語言文字學等研究領域都取得了巨大成就。僅語言文字研究方面,重要成果就有專著《聲類疏證》(上海古籍出版社,1993)、《文字學講義》(未出版)、《説文古韻三十部疏證》(未出版)及論文《等韻駁議》《邪母古讀考》《〈説文解字〉諧聲聲母考證與質疑》等,深入探討了音韻文字學方面的一些重要問題。此外,先生還整理出版了曾運乾先生的《音韻學講義》(中華書局,1996)、楊樹達先生的《淮南子證聞》《鹽鐵論要釋》(上海古籍出版社,2006)等音韻訓詁著作,在學界有重大影響。

20 世紀 40 年代,郭先生即致力於音韻學文字學的研究,1942 年完成了七萬餘言、總共十章的《等韻駁議》。先生"'駁議'等韻,絕不是完全否定'等韻'。只是認爲在《切韻》時代,韻書裏并不存在'等'的概念,而按照《切韻》反切體系製作的等韻圖,由於製作年代跟《切韻》的出現存在著一定的時間差距,韻圖反映的語音跟《切韻》的實際不甚相合"。① 先生認爲所謂等韻"門法",若離開韻圖,就毫無意義;若對《切韻》而言,則存在問題;就韻圖本身而言,由於格式的框限,也有削足適履之嫌。這篇論文受到了曾運乾先生的高度讚揚,並獲得當年教育部優秀論文獎。

《甘肅師大學報》1964 年第 1 期發表了郭先生的《邪母古讀考》一文,文章首段云:

> 1945 年,我寫了一篇《邪母古讀考》,把草稿印在桂林師範學院我所編寫的《聲韻學講義》裏,駱先生紹賓(名鴻凱)在湖南藍田師範學院所編的《聲韻學講義》裏曾提到了,楊先生遇夫(名樹達)索閱舊稿,也許爲定論。但是楊先生又説:錢玄同有《古音無邪紐證》。沒有看到他的原文,不知他的結論怎樣。最近我因爲整理曾先生的聲韻學遺著,借到了錢氏的原作。錢氏也認爲邪母古代讀定,我的結論與他不謀而合。但是錢氏原著,尚未完密,而且有些訛錯,結論也没有得到世人公認,所以裴學海先生在去年又發表了一篇《古聲紐船禪爲一從邪非二考》。我雖然沒有看到裴先生的原文,但他仍舊認爲邪母歸從,是十分明顯的。因此,我將舊稿加以整理,供研究古聲韻的同志商榷。②

楊樹達先生給郭先生的兩封回信中都談及此事:"錢玄同曾有《邪母古讀考》,云當讀定,不知弟説同否? 但渠文似并未舉古書上證據,如弟文有舉證,自不妨存也。寫定後可示及,當爲代投復旦或中央也。""兩緘皆悉,邪母考似尚佳。"③錢玄同在 1932 年就有"邪母古讀定"的觀點,但没有詳細論證。④ 郭先生則從諧聲聲系、經傳異文異讀、歷代聲訓、聯綿字的衍化等方面,詳細考察了見於《説文解字》並

---

① 時建國《關於〈等韻駁議〉》,見《郭晉稀紀念文集》,甘肅教育出版社,2000 年,第175 頁。

② 郭晉稀《剪韭軒述學》,甘肅人民出版社,1993 年,第 305 頁。

③ 《郭晉稀紀念文集》,甘肅教育出版社,2000 年,第 223 頁。

④ 錢玄同《古音無"邪"紐證》,見《錢玄同文集》(第四卷),中國人民大學出版社,1994 年,第 57—72 頁。

且《廣韻》切音均爲邪紐的九十二字,證明它們上古都讀定紐,論證嚴密,信而有徵,已成定論。

郭先生年逾七旬之時,又開始研究《聲類》,該書是清代學者錢大昕的著作,全書四卷,以聲紐爲綱,搜羅比櫛經傳子史通假之字,凡一千七百餘條。先生耗十多年之工夫,完成了七十餘萬言的《聲類疏證》,申述錢氏之義,補注錢氏未備,辨正錢氏失誤,并在《前言》中詳細闡述了戴震"同位正轉、位同變轉"的理論,依據錢氏聲轉説設計出"同位變轉圖表",不僅闡明了錢氏的聲學理論,彰顯了《聲類》一書的價值,而且揭示了古音變轉的基本規律,具有很高的學術價值和應用價值。

先生在古代文學和文學理論方面也有很高造詣,成果豐碩,主要著作有《文心雕龍注譯》《詩經蠡測》《白話二十四詩品》《詩辨新探》《剪韭軒述學》《詩經講義》《杜詩繫年》《莊子要極》等。已出版的著作在國内外學術界都有很大影響,這裏不再詳述。

《説文古韻三十部疏證》(以下簡稱《疏證》)是郭先生"文革"期間作成的,爲手寫稿。全書共十二卷,其中總目一卷,正文十一卷,百萬餘言。《疏證》依曾運乾先生古韻三十攝之陰入陽關係分類,每攝字據諧聲符類聚,依古聲紐之喉、牙、舌、齒、脣五音排序,將《説文解字》九千三百多字進行重新編排。對於諧聲系統中的音變之字(即再生聲母),則採取兩收的辦法,既將音變的諧聲字附於本部諧聲系統之後,又將其附於音變後正確的聲韻歸屬位置。這樣安排,既保證了諧聲系統的規整性,又可以體現聲韻的變轉情況。每字之下,從古詩文押韻、異讀、字形傳承變異、聲韻變轉、詞義引申孳乳及上古文獻中的通借等方面進行疏證,分析歸納出《説文解字》的音義系統。可惜這部著作尚未完成,除每攝一些字缺乏疏證材料外,沒有前言和後叙,先生的理論皆寓於材料之中,有待於深入挖掘。先生生前也未遑確定書名,今名乃筆者與趙逵夫師及郭先生愛子郭令原先生商議暫擬。

這裏僅就《疏證》體例編排、材料運用、理論蘊涵三個方面作簡要陳述。

一

《疏證》所據曾運乾先生古韻三十攝之名稱用《説文解字》中歸入該攝的影母字,個別無常用影母字之攝名,則用牙音字,如宮、盍等。三十攝名稱及次序如下表(括號内是王力先生古韻三十部相應之名稱):

陰聲韻	入聲韻	陽聲韻
噫攝(之部)	臆攝(職部)	膺攝(蒸部)
恚攝(支部)	益攝(錫部)	嬰攝(耕部)
阿攝(歌部)	乙攝(月部)	安攝(元部)
威攝(微部)	鬱攝(物部)	昷攝(文部)
衣攝(脂部)	壹攝(質部)	因攝(真部)
烏攝(魚部)	蒦攝(鐸部)	央攝(陽部)
謳攝(侯部)	屋攝(屋部)	邕攝(東部)
幽攝(幽部)	奥攝(覺部)	宮攝(冬部)
夭攝(宵部)	沃攝(藥部)	
	邑攝(緝部)	音攝(侵部)
	盍攝(葉部)	奄攝(談部)

《疏證》所據上古聲母是綜合錢大昕"古無輕脣音""古無舌上音",章太炎"娘日二紐歸泥",曾運乾"喻三歸匣""喻四歸定"及郭先生考定的"邪母古讀定"諸説而成的古聲十九紐,如下表:

喉　音	牙　音	舌　音	齒　音	脣　音
影影二	見見二	端知照三	精精二照二	幫非
	溪溪二羣	透徹穿三審三	清清二穿二	滂敷
	曉曉二	定澄牀三喻禪邪	從從二牀二	並奉

續　表

喉　音	牙　音	舌　音	齒　音	脣　音
	匣于	泥娘日	心心二審二	明微
	疑疑二	來來二		

表中大字號加粗者爲上古聲母，旁注小字號者爲曾運乾先生《切韻》五十一紐中之細聲。

《疏證》每卷陰陽入三攝的安排，依對轉關係分爲三列，排序位置儘量對應。

每攝中聲符字的排列，依古聲十九紐喉、牙、舌、齒、脣之順序，同諧聲符之形聲字若非再生聲母，一般依各字在《說文》中出現的先後次序類聚一處，並全部加上反切，若韻書中有又音，亦皆列於"反切"一目。下面以字數較少的沃攝爲例，列表說明《疏證》攝內各字排列之次序：

聲　類		諧聲聲母	形　聲　字
沃攝	喉音	沃	鋈
		約	箹
	牙音	敫	璬、噭、徼、警、竅、鷔、橾、覉、皦、墩、憿、激、擊、繳、歗
		崔	蓷、摧、鶴、膗、榷、雈、騅、熦、漼、摧
	舌音	虐	譴、瘧
		卓	趠、逴、踔、穛、罩、倬、焯、悼、淖、鯜、掉、婥、犖
		勺	礿、玓、芍、杓、盼、豹、仢、駒、魡、灼、旳、汋、扚、妁、釣、酌、葯
		皀	臬
		龠	蘥、櫨、覶、爚、瀹、鬮、籥、籲
		广	
		翟	藋、趯、躍、鸐、燿、濯、擢、嬥、蠗、糴、糶

聲　類	諧聲聲母	形　聲　字
舌音	樂	瓅、藥、嚛、趏、䃯、櫟、爍、礫、濼、鑠、纅、鑠、轢
	皀	旭、炮
	休	
	弱	蒻、搦、觕、愵、溺、搦、嫋
齒音	雀	
	爵	爝、潐、醮
	半	絆、鑿
脣音	豹	筋

（沃攝）

本攝不計重複共 126 字，其中諧聲聲符及會意字 18 個，沃、約爲再生聲母。脣音豹、筋二字，《説文》從“勺”得聲，郭先生“疑以‘肑’自成聲系”。今按，甲骨文豹字作 $\boldsymbol{\xi}$ 、 $\boldsymbol{\xi}$ 等形，至秦印演變爲 $\boldsymbol{\xi}$ ，小篆作 $\boldsymbol{\S}$ 。可以看出，字中之“勺”乃豹之軀幹與花紋演變結果，字本爲獨體象形，并非從“勺”得聲。演化過程中豹之軀紋與表示器具的“勺”形同化，後人於是分析其構形爲從“勺”得聲之字，故而與舌音勺系字相抵牾。郭先生提出疑問是有啓發意義的，筋字當是從筋豹省聲的形聲字，因此，我們將“豹”列爲諧聲符。又“旭炮”二字從“皀”（烏皎切）得聲，皀爲夭攝字，“旭炮”陰入對轉入沃攝，郭先生云，此兩字“從皀得聲，皀系之字，皆在夭攝喉音，惟此兩字，韻轉入沃，聲變爲舌。録附夭攝，兼詳於此”。

書中於每字之疏證，先録《説文》原文，接著分析周秦文獻（主要是傳世文獻）中的押韻情況，如果該字沒有作韻腳的用例，則宛轉求之，參伍證之。如“休”字，《疏證》曰：

　　此“沉溺”本字。古籍尟有用“休”入韻者，然《玉篇》引《禮記》“君子休於口，小人休於水”，今《禮記》作“溺”，則“休”與“溺”類字同入沃攝也。

　　叶韻之後，一般是運用多種材料和方法分析其音義變易、孳乳情況。凡屬於章太炎之初文與準初文者，則多引《文始》，洪攝"皀""樂""爵""丵"四字之疏證，皆引用了《文始》的内容。試看"丵"字條：

　　丵（士角）叢生艸也。象丵嶽相立出也。讀若浞。士角切。

　　叶韻　《詩·揚之水》叶鑿、襮（轉矢）、沃、樂。《九辯》叶鑿、教（轉矢）、樂、高（轉矢）。

　　按：章氏以丵入侯部，即謳攝。《文始》云：丵變易爲叢，聚也。又爲藂，艸叢生貌。自大篆已有藂字矣。又作舌音則爲蓐，陳艸復生也。蓐對轉東則爲茸，艸茸茸貌。從齒音則孳乳爲蔟，行蠶蓐也。（又孳乳爲緟，繁采色也。爲繻，繒采色也。此與黹字从丵同意，與擩訓染亦近。）蓐又孳乳爲槈，薅器也。在齒音爲欘，斫也，齊謂之茲箕。艸盛則被薅也。其剹爲刈艸，欚爲木薪，又由是孳乳也。（剹又孳乳爲犓，以剹莝養牛也。）其藪爲大澤，則水艸所聚，亦由丵孳乳也。叢訓聚，則聚爲會。冣爲積，皆由叢孳乳。此二又孳乳爲堅，積土也。爲諏，聚謀也。（《白虎通義》訓琮爲堅。琮以禮地，可衍於堅，然琮八觚，亦衍於殳。）宗族字當作丵、作叢。《釋木》："木族生爲灌。"孫、郭皆云："族，叢也。"然叢艸丵嶽，矢鏠亦丵嶽，《詩》所謂"束矢其搜"，故丵孳乳爲族，矢鏠也。束之族族也。族又孳乳爲鏃，利也。鏃又變易爲鍬，利也。

　　按：許君以丵"讀若浞"，則丵在屋部。以"鑿""鑿"从丵得聲言之，則丵應在洪攝也。文字中一字之歧入兩韻者，蓋嘗有之，此聲音之特例，不可不知也。藂，艸叢生皃。丵、藂聲義相同，韻又相轉，一字之變易也。章氏以"茸""蓐"皆"丵"字變易，非，不可信。

　　《疏證》引用《文始》分析字詞的變易和孳乳，并指出章氏謂"茸""蓐"爲"丵"之變易"非，不可信"。

　　若所證之字因歷史音變而歧爲兩音，《疏證》都要分析説明，如

"丵"字,據許慎注音,爲屋攝字,若依从其得聲之"鑿""鑿"之音,當爲沃攝字。鑿从丵聲,《詩·唐風·揚之水》:"揚之水,白石鑿鑿。素衣朱襮,從子于沃。既見君子,云何不樂。"又《楚辭·九辯》:"何時俗之工巧兮,滅規榘而改鑿。獨耿介而不隨兮,願慕先聖之遺教。處濁世而顯榮兮,非余心之所樂。與其無義而有名兮,寧窮處而守高。"與"鑿"叶韻之字皆爲夭沃攝字,可證丵亦沃攝字。許云"讀若浞",屋攝之音,當爲漢代變音。

如果某字在周秦文獻中有假借情況,《疏證》都要分析,如沃攝"爵"字條末段云:

> 按:朱駿聲云"借爲'尊號'二字。《禮記·王制》'王者之制祿爵'注:'秩次也。'《周禮·太宰》'爵以馭其貴'注:'謂公侯伯子男卿大夫士也。'爵古音如醮。'尊號'之合音爲'爵',故借'爵'字以當之,猶本言'而已'而曰'耳',本言'之焉'而曰'旃',本言'蒺藜'而曰'茨',本言'胡盧'而曰'壺'也。……《白虎通·考黜》'爵者,尊號也',此爲雅訓"云云,棄置舊説,自爲新義,頗可採取。又借爲"雀":《孟子》:"爲叢驅爵者。"《西都賦》:"上觚稜而棲金爵。"

《疏證》雖仿《説文通訓定聲》之體例依韻部編次,整體結構和疏解內容則與朱書大不相同:第一,《疏證》依據章太炎先生《文始》初文、準初文及變易、孳乳理論,在確立音系的前提下,主要分析詞的引申孳乳情況,在音系坐標下繫聯了大量的同源詞,從而構建了音經義緯的系統并梳理了音隨義轉的綫索。朱書則側重於詞義的引申及文字的同音假借,雖然也注意了聲訓,但非常簡略,沒有涉及聲韻變轉的規律。朱書專列"轉注"一目,實際也指的是詞義引申,因爲朱氏謂轉注即引申:"轉注者,體不改造,引意相受,令長是也……就本字本訓而因以展轉引申爲他訓者,曰轉注。"①由於"體不改造"的限制,朱氏之轉注只能侷限在同一詞義引申的範圍之內,未能掙脱字形束縛

---

① 〔清〕朱駿聲《説文通訓定聲》,中華書局,1984 年,第 11 頁(以下版本同此)。

繫聯同源詞。第二,《疏證》所用古韻三十攝充分吸收了前人上古音研究的成果,比朱氏十八部更符合周秦漢語語音實際,於各字歸部更科學精確。第三,“叶韻”一目,《疏證》非常注意材料的甄別,如幽攝“幽”字,《説文通訓定聲·孚部》云:

> 〔古韻〕《詩·隰桑》叶幽、膠。《何草不黃》叶幽、周,句中韻。《楚辭·惜往日》叶流、昭、幽、聊、由。《靈樞·師傳》叶流、幽、時(轉音)。《文子·道原》叶幽、交。

《疏證·幽攝》云:

> 叶韻　《詩·隰桑》叶幽、膠。《楚辭·惜往日》叶流、昭(轉入夭)、幽、聊、由、廚(轉入謳)。

朱書比《疏證》多了《詩·何草不黃》《靈樞經·師傳》及《文子·道原》三條,今考《何草不黃》四章:“有芃者狐,率彼幽草。有棧之車,行彼周道。”朱氏認爲“幽”“周”二字是句中韻,郭先生不録,蓋以此章二、四句末“草道”相韻,“幽周”非韻腳之故。《靈樞經·師傳》:“黃帝曰:余聞先師,有所心藏,弗著於方。余願聞而藏之,則而行之。上以治民,下以治身,使百姓無病,上下和親;德澤下流,子孫無憂,傳於後世,無有終時。”朱氏以“流憂時”爲幽之合韻。又《文子·道原》:“循天者,與道遊也;隨人者,與俗交也。”“遊交”相韻。然“流憂遊”皆與“幽”字之形體無涉,涉及文獻中亦無“幽”作韻腳者,故先生不取。《靈樞經》《文子》的成書時代,也無定論,其中雜有漢以後之音,先生不以爲韻例,正體現了謹慎的科學態度。

再看二書“黍”字疏解內容,可以進一步説明問題:

> [舒呂]禾屬而黏者也。以大暑而種,故謂之黍。从禾,雨省聲。孔子曰:“黍可爲酒,禾入水也。”舒呂切。
>
> 叶韻　《詩·碩鼠》叶鼠、黍、女、顧、女、土、土、所。《鴇羽》叶羽、栩、盬、黍、怙、所。《黃鳥》叶栩、黍、處、父。《甫田》叶鼓、

祖、雨、黍、女。《良耜》叶笞、黍。《閟宫》叶黍、秬、土。

按：雨省聲，意爲之説也。禾入水之説，正許氏以雨省聲未必是，又引孔子説以補充之。故不繫雨下，獨自爲類歸舌聲。

（《疏證·烏攝》）

黍 禾屬而黏者也。从禾，雨省聲。孔子曰：黍可爲酒，禾入水也。則謂从禾大水會意。按，黍糜屬而黏者，宜爲酒及餌瓷酏粥。今北方謂之黄米，色黄于麋，麋宜爲飯，《禮記·月令》：“天子乃以雛嘗黍。”注：“黍，火穀。”《曲禮》：“黍曰薌合。”〔叚借〕爲瓴，《吕覽·權勳》：“操黍酒而進之。”注：“酒器也，受三升曰黍。”或云借爲盂，又託名幖識字，《荀子·性惡》：“繁弱鉅黍，古之良弓也。”《史記》作“拒來”。〔聲訓〕《説文》“以大暑而種，故謂之黍。”《齊民要術》：“黍者暑也，種者必待暑。”《春秋説題辭》：“黍者緒也。故其立字禾入米爲黍。”〔古韻〕《詩·碩鼠》叶鼠、黍、女、顧、土、所。《鴇羽》叶羽、栩、盬、黍、怙、所。《豐年》叶黍、秭。《閟宫》叶黍、秬、土、緒。《晉語》引諺叶黍、膴。又《詩·楚茨》叶黍、與，句中韻。①

（《説文通訓定聲·豫部》）

黍字甲骨文作 、 等形體，金文有 形，“象黍莖、穗、根之形，或加水旁，會黍可釀酒之意”②。郭先生《〈説文解字〉諧聲聲母考證與質疑》云：“雨黍同韻而不同聲，雨非聲。若从禾入水之説，則字屬會意。如嫌禾入水附會，則禾下氽或者象形。總之，字非形聲。”③證之古文字形體，其説至確。朱駿聲則於形聲、會意未作判斷，所引“禾入米爲黍”之説更有問題。又朱氏借爲“瓴”之説，也有待進一步研究。黍與瓴，聲母差異較大，古文獻中通借之例鮮見。“黍酒”理解爲用黍米釀造之酒也完全説得通。如此看來，雖然朱書此條解

---

① 〔清〕朱駿聲編著《説文通訓定聲》，第 429 頁。
② 黄德寬主編《古文字譜系疏證》（二），商務印書館，2007 年，第 1503 頁（以下版本同此）。
③ 郭晉稀《剪韭軒述學》，甘肅人民出版社，1993 年，第 368 頁。

説及所用材料較多,而其中需要推敲者亦尚多。二家識斷之優劣,斯可見矣。

因此,就體例而言,《疏證》既繼承了朱駿聲、章太炎兩家著作之所長而又有所創新,是有獨特體系和見解的力作。

二

《疏證》的主體内容取材廣泛,引證豐富,對段玉裁、朱駿聲、章太炎乃至楊樹達等《說文》大家的研究成果,擇其善者而用之,其不善者則正之。其中搜羅的大量材料,包括反切注音、詩文押韻、古文字形、變易孳乳及文字通假等,都圍繞一個中心,就是證明相關字詞在《說文》聲韻系統中的坐標,由於這一坐標的規約,其變易孳乳都會遵循一定規律。試看《乞攝》"㞢"字條:

㞢[居月]木本。从氏,大於末(段改爲"从氏丁,本大於末也")。讀若厥。居月切。

叶韻　《詩·擊鼓》叶閤、説,又叶闊、活。《碩人》叶活、歲、發、揭、孽、朅。《君子于役》叶月、佸、桀、括、活。《載芟》叶活、達、傑。

章云:此合體指事也。對轉寒變易爲榦,一曰本也(段據《魏都賦》注《贈劉琨詩》注引補)。次對轉諄,變易爲根,木株也。在竹爲竿,竹梃也。在禾爲稈,莖也。爲稭,麥莖也,與㞢屬之莖相係。其用於器,在本部孳乳爲楬,楬桀也。或曰戉,大斧也(依段補大字),亦由楬孳乳,以柄得名(稭又孳乳爲絹,繒如麥稭者也)。

晉稀按:金文中多借作厥,許君讀若厥,蓋本之金文也。

朱云:字亦誤作㞣。《莊子·達生》:"吾處身也若厥株枸。"以厥爲之。或曰借爲橜,《列子》作橜。

段玉裁云:古多用橜弋字爲之,《列子》曰:"吾處也若橜株駒。"株駒,木根也。殷敬順曰:橜,《説文》作㞣,按《玉篇》亦作，隸變也。

又按：金文作等形。敦煌本隸古定《尚書》厥皆作乓，《史記》引《尚書》多改作其，《盂鼎》："昧正乓民。"

郭先生所列叶韻材料是根據一級聲符定的，本例中皆有活、括等從""得聲之字，《説文》從口乓省聲，故以從之字爲乓字叶韻材料。又因"説發揭月"等字在乞攝，則證明乓亦本攝字。《疏證》分析乓的變易孳乳主要引述《文始》。其變易，基本遵循對轉（乞-安：乓-斡竿稈稍）、次對轉（乞-鬱-昷：乓-根）之規律；孳乳則主同音同韻（乓-楬、乓-戉）。可以看出，變易孳乳過程中，聲紐變化不大，是聯繫這一族詞的紐帶；其核心義素則是樹木之根斡及其形狀特徵，金文字形正"表示樹木之根"①。

通假字是證明古音的重要材料，乓在金文及上古文獻中常借作厥，作代詞；又與㠱通假。厥在乞攝，故乓亦該攝字。

《疏證》在揭示《説文》諧聲系統及聲韻變轉規律的同時，也力求顯示聲音體現的意義系統，故對初文準初文的分析，多引章太炎先生《文始》之説，體現了對章氏學術的充分肯定和繼承。比如《阿乞安》三攝與《文始·歌泰寒》對應，《歌泰寒》錄初文、準初文92個，《疏證·阿乞安》就引用了其中的75例。此三攝還引章氏"真"部2例"芇宀"，至部1例"八"，隊部2例"曰兀"，共80例。如"兀"字條：

高而上平者也。从一在人上。讀若夐，茂陵有兀桑里。五忽切。

叶韻　朓亦作阢，檮杌今作檮杭，故曾氏以入乞攝。

章氏以入隊部，云：此合體指事字也。長字从兀，又訓高遠，然則隊次對轉寒，兀變爲遠，逴也。兀爲準初文，遠爲後出。讀若夐者，音亦入寒。《韓詩》："于嗟夐兮。"傳曰："夐，遠也。"亦兀之聲借。一在儿上，故轉寒，別出元字，始也。引申爲元首，又孳乳爲顜，顛頂也。爲頑，梱頭也。爲顤，大頭也。還隊變易爲

――――――――――――

① 董蓮池《説文部首形義新證》，作家出版社，2007年，第323頁。

顒，大頭也。對轉諄，變易爲顴，頭顒顴大也。元服謂之冠，絭
也。高而上平，故轉寒别出邍字。《説文》及《地官》鄭注皆云高
平曰邍（此近人沈維鍾説，甚精審）。還隊孳乳爲阢，石山戴土
也，石戴土則上平，《釋山》謂之崔嵬，《説文》以嵬爲山石崔嵬，高
而不平（依段從《南都賦》注所引訂），與兀義反，蓋依《詩傳》説
崔嵬爲土山之戴石者，若依《雅》訓仍當訓高平（若依不平之説，
則陒爲危，魤爲礩魤不安，皆由此孳乳也）。又作隗，隓隗，高也。
旁轉歌爲巍，高也。其軏爲車轅尚持衡者，髡爲鬢髮，皆高而上
平也。髡亦兼取元首梱頭之義。近轉脂孳乳爲頷，秃也。頷對
轉諄變易爲頣，無髮也。頣旁轉寒變易爲顅，頭少髮也。爲鬌，
鬢秃也（䯏訓秃貌，本从貴聲，蓋亦隊部喉音之字，與頷、頣亦相
轉，疑本音貴）。

　　朱云：段借爲跀。《莊子·德充符》：“魯有兀者。”李注：“刖
足曰兀。”

　　《疏證》用異體字和假借字之關係説明曾先生以“兀”歸月部之理
由。從《文始》對轉材料的語音關係看，“兀”最初當在月部。兀-元，
兀-遠，兀-邍，兀-軏，皆月元對轉，取義於“高而上平”。“髡頣”等當
是“元”之轉音。“乎”字聲韻變轉也反映了這個問題，即“阿乙安”與
“威鬱畏”語音關係十分密切，蓋同源之異流。章太炎《文始·叙例》
曰：“古音本綜合方言，非有恒律，轉注所因，斯爲縣象。假令考老小
殊，不制異字，則老字兼有考音，其他可以類例。”章氏辨正“䯏”字本
音，也正是此理。
　　又如“曰”字條：

　　　曰【王伐】詞也。从口乙聲，亦（三字段改作乙）象口氣出也。王
伐切。
　　　叶韻　曰系字戉有入韻者，今顯讀若沫，沫在乙攝，則曰系
字亦在乙攝也。
　　　章氏《文始》入隊部：尋曰上實非乙字，口氣出之説爲合。孳
乳爲吷，詮詞也。爲謂，報也（報，當辠人也。謂者，説事必當

實）。吷謂蓋一字。旁轉泰，孳乳爲説，説釋也。一曰談説。古
音説如閲，《詩傳》："説，數也。"《荀子》亦稱誦説爲誦數，然則具
數而件陳之謂之説，與吷爲詮詞同意。説又孳乳爲閲，具數於門
中也（詮亦具也）。閲又孳乳爲税，租也。九一什一皆有數。《考
工記》："栗氏爲量，概而不税。"謂若一鬴容千二百黍，一升容二
萬四千黍，既準其概，而黍數可知，不煩數米也（舊説多誤）。曰
又孳乳爲粤，于也。《釋詁》："粤、于、爰，曰也。""爰、粤，于也。"
粤亦自于而轉。古文于但作亐，恐初祇亏乛二字，亏字幽旁轉魚
爲于，于以雙聲轉粤。又爲曰乛自歌旁轉隊爲曰、爲粤（粤音兼
入隊泰），則亏乛之會也。

　　在口爲曰，箸之竹帛則用筆，爰訓曰，爰書者，以書換口，亦
自曰而轉也。故曰又孳乳爲聿，所以書也。又智，出氣詞也，籀
文作□。一曰佩也，象形。出氣詞與曰乛皆相係。亦通於欨，有
所吹起也。《西京賦》曰："欻從背見。"訓佩者即今紳字，亦可即
聿之初文，筆亦可佩，女史彤管是也。後世因有簪筆之事。要之
聿、紳同一語原。聿又孳乳爲律，《説文》訓均布，律管以竹爲之，
與聿同，故聿亦稱不律，律管亦所以出氣，與曰、□同。次對轉
寒，聿律皆孳乳爲管，如笢六孔，管亦竹樂之大名，筆亦稱管，此
聿、律之同也。□即紳，又孳乳爲忽，忘也。紳所以備忽忘，《書》
"在治忽"，字直作忽。其佛爲見不審，髴爲若似，並因忽而成言，
亦以聿畫象之義也……

　　按："曰"借爲"于"，《詩·綿》："曰止曰時。"《疏》："上曰爲
詞，下曰于于也。"又爲"粤"，《角弓》："見晛曰消。"《抑》："曰喪
厥國。"《大明》："曰嬪于京。"《七月》："曰爲改歲。"

《説文》曰："顯，昧前也。从頁㬎聲。讀若昧。"段玉裁曰："昧當
作眛。眛於當前，《論語》所謂正牆面而立也。"[1]《説文·目部》有眛
眛二篆，朱駿聲云眛"與从末之眛同字"。[2] 段玉裁曰："考从末之字
見於《公》《穀》二傳及《吴都賦》，从未之字未之見。其訓皆曰目不

① 〔清〕段玉裁《説文解字注》，第418頁。
② 〔清〕朱駿聲《説文通訓定聲》，第560頁。

明，何不類居而畫分二處？且《玉篇》於眼、瞯二字之間云：眛，莫達切，目不明。蓋依《說文》舊次，則知《說文》原書从末之眛當在此，淺人改爲从未，則又增从末之眛於前也。"①今按，"未"聲在鬱攝（章氏隊部）；"末"聲在乙攝（章氏泰部），故郭先生云顯"讀若沫"，沫眛同音。今隴東方言謂有眼疾、模糊看不清者曰"ₑ[mia]子"（完全看不見者曰"瞎ₑ[xa]子"），ₑ[mia]音當即此"眛"。又上古之"曰"蓋即"話"之變易，曰話同詞。《疏證》"粵"字條云：

> 《詩》《書》無以"粵"入韻者，惟以通假字考之，仍當在乙攝也。
> 朱云："越其罔有黍稷"，以越爲之；《詩·緜》"聿來胥宇"，以聿爲之。假借爲越，《考工記》："粵無鏄。"今兩廣省謂之粵東、粵西。

從《文始》所言"曰聿曶"等的音義關係看，"曰"似有隊部音。但就"曰"與"話""說"之關係及"曰粵""越粵"通假情況看，其爲月部字無疑。據此兩端，"曰"的上古音應該有方音之別：近隊，故對轉爲"云"；近月，故對轉爲"爰"。這種方言差異也應當有歷史層次，還需深入研究，這正是《疏證》與《文始》歸部之異給我們的重要啓示。

《阿乙安》三攝未引《文始·歌泰寒》之初文與準初文，"果瓦"等字章氏注語簡略或僅引《說文》而不作注解，郭先生則作了更詳細的疏證，如"果"字條：

果（古火）　木實也。从木象果形，在木之上。古火切。

叶韻　按果系字經籍尠以入韻者，知古屬阿攝者，"媒"字下云"讀若騧，或若委"。騧在阿攝，咼類之字，古叶阿攝也。或讀若委，則旁轉入威矣，一也。《晉語》"知果"《古今人表》"果"作"過"；《莊子·至樂》"若果養乎，予果歡乎"，《釋文》兩"果"皆作"過"，二也。其他可證者多，不多説。按：果訓木實，故有實義，

---

① 〔清〕段玉裁《説文解字注》，第134頁。

此引申義也。又以雙聲借作敢,進取也。《論語》"由也果""果哉未之難矣",《孟子》"行不必果",《左·宣二年》"殺敵爲果"。又借作"甘",美也。《鄭語》"味一無果"。在本攝對轉安,借作"干",犯也。《漢書·五行志》"黑蜺果之氣正直"。同音借作"媒",《孟子》"二女果"。又借作"裸",灌祭也。《周禮·小宗伯》"以待果將"。

再看《文始》之"果":

> 《説文》曰:"果,木實也。从木,象果形。"此合體象形也。孳乳爲蓏,在木曰果,在地曰蓏。

可以看出,《疏證》作了重要的取長補短工作。

"丫乁"《疏證》入《益攝》,"由� 㠯(自)旡率四市州"等《疏證》入《鬱攝》,而相應各部中亦引用章説。以上情況,既説明《疏證》受到《文始》影響,同時也體現了二書之不同。這是由二書之不同性質決定的,《文始》是繫聯同源詞的專著,而《疏證》的主要目標在證音并揭示音轉規律,在揭示語音系統的前提下,顯示聲音與意義和形體的聯繫,内容更爲宏富。

《疏證》對《説文》原文及段玉裁、朱駿聲等《説文》注家的材料,採取了批判繼承的科學態度,常常質疑發問,提出獨到見解,糾正了前賢的不少錯誤。上述各條已經體現了這點,下面再舉數例。《烏攝》"惗"字條云:

> 惗 他胡 忘也。嘾也。从心,余聲。《周書》曰:"有疾不惗。"惗,喜也。羊茹切。
>
> 按:惗訓忘、嘾、喜三義,未知孰爲本義。訓忘,又見《廣雅·釋詁》,未見他證。訓嘾,則尚未見其證。"惗嘾"作雙聲疊辭,則常有之,《廣雅·釋訓》:"悇憛,懷憂也。"《楚辭·謬諫》"心悇憛而煩冤兮"注:"悇憛,憂愁貌也。"馮衍《顯志賦》"終悇憛而洞疑",賈誼《新書》"孰能無悇憛養心",《淮南》書"憛悇"注:"貪慾

也。"訓喜，則或見之，引《金縢》是矣。又《東京賦》"膺多福以安
念"注："寧也。"今《金縢》作"豫"。借豫爲念，訓喜者累見之。
如《爾雅·釋詁》"豫，案也，安也"，《孟子》"吾王不豫"，皆是也。
"悇憛"平入相轉，"憛"亦訓喜，見"釋"字下引。《說文》無"憛"，
故"釋"下以"憛"爲"釋"之異體。若"念"之本義爲喜，則"憛"應
爲"念"之異體。今兩存之。

《疏證》客觀分析了"念"字在文獻中的使用情況，指出"忘""嘾"
兩義無文獻明證，而"喜"義則常見，"悇憛"作爲同義連語也常見。
《說文》無"懌"字，《新附》云："懌，説也。从心睪聲。經典通用釋。"
《疏證》於"釋"字條云："字或作'懌'，《說文》所無。《詩》'既夷既
懌'傳：'服也。'《板》'辭之懌矣'傳：'悦也。'《禮記·文王世子》'其
成也懌'注：'悦懌。'《爾雅·釋詁》'懌，樂也'，皆即'釋'字。故
《書·顧命》'王不懌'，馬本作'釋'，注：'疾不解。'《詩·靜女》'悦
懌女美'，箋'當作釋'，是也。"今按，"釋"與"説"同義，引申皆有喜悦
義。"釋"與"懌"同音，"懌"當爲"釋"字喜悦義的分化字。"念"古音
定母烏攝，"懌"定母虁攝，烏虁陰入對轉，意義皆爲喜悦，爲一詞之變
易，所以，説"念懌"爲異體字完全正確。《疏證》持謹慎態度，故云"今
兩存之"。又如《疏證》以"貃"从瀕省聲，"籭"爲"笠"之異體，以
"茫""漭"爲"忙"之後起字，等等，皆不苟同許書，而創發新説。

郭先生於朱駿聲《說文通訓定聲》研究頗深，《疏證》之體例即受
朱書影響而制定，疏解內容多引朱説亦多訂正朱説。比如《阿乙安》
三攝就糾正朱説 45 條之多。試看《阿攝》"宜"字條：

> 宜魚羈所安也，从宀之下一之上，多省聲。魚羈切。
> 宜古文，宜古文。
> 朱云：假借爲儀，《詩·文王》："宜鑒于殷。"又爲餟，《女曰
> 雞鳴》："與子宜之。"《爾雅·釋言》："宜，肴也。"李注："飲酒之
> 肴也。"按，猶鬵也。又爲嘉，《太元·疛》"好是宜德"注：美也。
> 又爲誼，《晉語》"將施於宜"注：義也。又《詩·假樂》："宜君宜
> 王。"《釋文》作"且"。

今按：朱説多誤。宜从夕从多，與金文之宜作 同，蓋肉肴之類也。《爾雅・釋言》："宜，肴也。"《詩》"與子宜之"，《鳧鷖》"公尸來燕來宜"，"宜"皆字之朔義，宀下有肴，人之所安，則引申之義也。朱氏説爲"銚"之借，韻固同矣，聲不近也，其説非是，不足信。又"宜鑒于殷"，於此固通，無煩假借。"宜君宜王"，不當作如是觀。朱氏以前者借爲儀，後者借爲誼，恐迂闊而遠於事情矣。

《疏證》首先分析了"宜"字的構形及本義，從金文形體推究其本義是"肉肴之類"，並以"宀下有肴，人之所安"説明《説文》所錄爲引申義。接著分析朱駿聲的錯誤：《女曰雞鳴》"與子宜之"，朱氏以爲"宜"借爲"銚"，《説文》"一曰鬻鼎"。宜之本義就是肴，無需迂曲爲假借之説。又《詩・文王》"宜鑒于殷"，朱氏以"宜"爲"儀"之借，郭先生認爲以"宜"的常用義講就通，也不是假借。又《假樂》之"宜君宜王"，朱以"宜"爲"誼"之借，《説文》："誼，人所宜也。"朱云："此古仁義字，經傳皆以義爲之，今別用誼爲恩誼字。"[1]今按，《假樂》是歌頌周成王的詩，其第二章云："干禄百福，子孫千億。穆穆皇皇，宜君宜王。"毛傳："宜君宜王天下也。"鄭箋："成王行顯顯之令德，求禄得百福，其子孫亦勤行而求之，得禄千億。故或爲諸侯，或爲天子。言皆相勸以道。"孔穎達《正義》曰："言成王能行光光之善德，宜安民官人，以此求天之禄，則得百種之福，子孫亦勤行善德，以求天禄，則得千億，言其多無數也。子孫以勤行得禄之，故所以穆穆然，皇皇然，宜爲諸侯之君，宜爲天子之王。"[2]因此，這裏的"宜"與詩首章"宜民宜人"之"宜"同義，並非朱駿聲所謂"誼"。再看《夔攗》"格"字條：

木長皃。从木，各聲。古百切。

反切：《廣韻》又古落切。

按：段氏以"格"引申有至、來等義。今以爲段説非是，訓來訓至皆"徦"之借字。《釋詁》"格，至也"，《詩・抑》傳同。《詩・

① 〔清〕朱駿聲《説文通訓定聲》，第491頁。
② 《十三經注疏》，第540頁。

抑》"神之格思"，《楚茨》"神保是格"，《尚書》"格于上下""格于藝祖""格于皇天"，諸"格"字皆"徦"之借。今文《尚書》皆作"假"者，亦"徦"之借也，詳"假""徦"字下。又借爲"挌"。《禮記·學記》"則扞格而不勝"，《素問·四氣調神大論》"是謂内格"，《李斯傳》"嚴家無格虜"，《索隱》"强扞也"，皆"挌"之借字。朱駿聲以爲本義之引申，非是也。

　　朱駿聲於"格"字"轉注"下曰："《禮記·學記》：'則扞格而不勝。'《公羊·莊三十一年傳》注'諸侯交格而戰者'疏：'猶拒也。'《素問·四氣調神大論》'是謂内格'，《史記·李斯傳》'嚴家無格虜'，《索隱》'强扞也'。又《後漢·梁冀傳》注：'籌有四采：塞、白、乘、五是也。'至五即格，不得行，故謂之格五。"①朱氏認爲轉注乃"體不改造，引意相受"，②因此，他以格之强扞義爲引申。郭先生則認爲是假借，本字應爲"挌"。《説文》："挌，枝挌也。"段玉裁曰："枝挌者，遮禦之意。"③遮禦義與强扞義通，而與"木長皃"之"格"義已遠隔，故郭先生糾正朱説。

　　段玉裁《説文解字注》爲有清一代"《説文》四大家"之首，是研究《説文》的重要著作，《疏證》採用段説甚多，尤其是段氏改正《説文》解説之處，《疏證》全部標明。郭先生認爲正確的，不再作説明；認爲不正確的，則予以糾正。如乚攝"𨷲"字，《説文》云"阜突也。從𨷲決省聲"，段玉裁改爲"從𨷲夬聲"。《疏證》曰："既訓阜突，當作突省聲，則云決省聲、段改夬聲皆非是也。"又"盇"字，《説文》曰："覆也。從血大。"段改爲"從血大聲"。《疏證·乚攝》曰："盇字從盇聲，轉入本攝，爲例之變者也。"又於"軑"字疏曰："盇本會意字，段氏以爲從大得聲，非是也。尋段氏以盇從大得聲者，許君盍從盇聲，仍在本部也。今按許君説盇亦誤。盇從艸從盇，以艸覆也，本會意字。今以盇入本部，牙聲，盇歸盇部，互不關涉。"今按，盇字春秋金文作"𥁻"，"從𠆢，

---

① 〔清〕朱駿聲《説文通訓定聲》，第460頁。
② 〔清〕朱駿聲《説文通訓定聲》，第11頁。
③ 〔清〕段玉裁《説文解字注》，第183頁。

从皿，，象器蓋相合之形”，①是一個合體象形字，演變至小篆，重新分析爲會意字。段氏據蓋字今音（古太切）而改爲“大聲”，確實是錯了。郭先生認爲“蓋”亦會意字，也完全正確，此字非“盍”系諧聲字。又“莫”字，《説文》云“火（段當作目）不明也，从茻从火，茻亦聲。《周書》曰：布重莫席。織蒻席也，讀與蔑同”，段玉裁注：“《顧命》文，今作‘敷重蔑席’。蔑，衛包又改爲‘篾’，俗字也。莫者，蔑之假借字也。”②《疏證》曰：“今按，莫席之莫，本字莫作笢，竹膚也。蓋旁轉入茻，段説非是。俗字又作簚。”段氏認爲篾席之本字是“蔑”，郭先生指出本字，辨正其誤。再看烏攝“貅”字條：

下各 似狐，善睡獸。从豸，舟聲。《論語》曰：“狐貅之厚以居。”臣鉉等曰：“舟非聲，未詳。”下各切。

按：段注云：“狐貉”連文者，皆當作此“貅”字，今字乃皆假“貉”爲“貅”，造“貊”爲“貉”矣。又云下各切，乃“貉”之古音，非此字本音也。其字舟聲，則古音在三部。《邠》詩“貅”“貍”“裘”爲韻，一部、三部合音也。朱駿聲又依段氏，而略增己意。以爲今本“狐貉”字，皆作“貉”，形近而誤。《中山經》“扶豬之山有獸焉，其狀如貚”，字亦作“貚”，則“貅”形誤而爲“貉”，“貉”聲又變而爲“貚”也。竊以爲段、朱二家之説，未必甚當。當云从瀾省聲。“瀾”古文“淵”字，故讀下各切耳，如此則“貅”與相傳之切音吻合矣。又“貅”，段謂今字皆假“貉”爲之，其所以相假，必其音同。若“貅”从舟聲，則無由相假矣。朱氏知段氏相假之説難成立，故謂“狐貅”作“貉”，皆形近而誤。其實舟與各，兩形無相近之處，不應强爲之説耳。段謂《豳風·七月》以“貅”“貍”“裘”三字叶韻，謂一部（噫）與三部（幽）合音，頗近音理。《七月》此詩下文“同”“功”“豵”“公”亦叶韻，則“貅”亦應叶韻也。然而“貅”即从舟聲，與“貍”“裘”亦非同韻，祇爲合韻而已。使“貅”从瀾省聲，亦未嘗不合韻。《中山經》“貅”字作“貚”，“貚”从虒

① 黃德寬主編《古文字譜系疏證》，第3976—3977頁。
② 〔清〕段玉裁《説文解字注》，第145頁。

聲,正在本攝,更可證"貈"當从灛省聲。故逶徙"貈"字於此,幽部"舟"字後,亦附出之。

《疏證》否定《説文》及段説,重新分析"貈"字構形,非常精彩。"貈"今音下各切,而《説文》云从舟得聲,聲韻皆遠隔。《説文》:"涸,渴也。从水,固聲。讀若狐貈之貈。灛,涸亦从水鹵舟。"灛是涸的異體字,其結構方式是會意,貈从灛省聲完全正確。值得一提的是,清人惠棟、陳瑑等人亦認爲"貈"字當"从灛省聲",①但郭先生之作《疏證》,正值"文革"混亂之時,材料缺乏,没有見到相關著作,而觀點相合,更説明其結論之可靠。又《疏證》"胥"字條曰:

> ![字頭]相居　蟹醢也。从肉,疋聲。相居切。
>
> 反切:《廣韻》又私吕切。
>
> 段注云:蟹者,多足之物,引申假借爲相與之義。《釋詁》曰:"胥,皆也。"又曰:"胥,相也。"今音相分平去兩音爲二義,古不分。《公羊傳》曰:"胥命者,相命也。"《穀梁傳》曰:"胥之爲言猶相也。"《毛傳》於"聿來胥宇""于胥斯原"皆曰:"胥,相也。""相與""相視"古同音同義也。《小雅》"君子樂胥",《毛傳》:"胥,皆也。"賈誼《書》引此詩云:"胥,相。"此《爾雅》皆與相同義之證也。《方言》又曰:"胥,輔也。"《文王》"胥附""先後"是也。
>
> 今按:段説皆誤。胥、相對轉,借爲相,省視也。《爾雅·釋詁》"胥,相也",《詩·緜》"聿來胥宇",《公劉》"于胥斯原"。又以雙聲相借轉入奄,借爲僉,皆是也。《爾雅·釋詁》"胥,相也",《詩·有駜》"于胥樂兮",《桑柔》"不胥以穀",《角弓》"民胥然矣"。胥對轉央又借爲將,扶也。《方言》六"胥,輔也",《廣雅·釋詁二》"胥,助也",《緜》"予曰有疏附",《詩大傳》作"胥附"。

"胥"與"相"的意義關係,由文字假借所致,與詞義引申無關。《説文》:"相,省視也。从目从木。《易》曰:'地可觀者,莫可觀於

----

① 丁福保《説文解字詁林》,中華書局,1988 年,第 9491、9494 頁。

木。'"其本義是仔細察看,與"蟹醢"義没有任何關係。但段玉裁的假借説包含引申義用本字,其釋"本無其字,依聲託事,令長是也"云:"託者,寄也。謂依傍同聲而寄於此,則凡事物之無字者皆得有所寄而有字。如漢人謂縣令曰令長,縣萬户以上爲令,減萬户爲長。令之本義發號也,長之本義久遠也。縣令縣長本無字,而由發號久遠之義引申展轉而爲之,是謂叚借。"①段氏謂蟹多足"引申假借爲相與之義",而《詩》之"聿來胥宇""于胥斯原"之胥,皆通"相",義爲視察、察看。故段説錯誤,《疏證》予以糾正。

需要説明的是,《疏證》未用甲骨文證明古音,周代金文偶或用之,叶韻、通假等材料皆以上自《書》《詩》,下至漢代的傳世文獻爲主。筆者通過初步考察認爲,郭先生是將《説文》諧聲系統放在周秦音系的大背景上,上推下聯,來揭示聲韻變化的規律。十九紐和三十攝是基本框架,"再生聲母"則反映了歷史和方言音變。

三

《疏證》中蕴涵著豐富的音韻學、文字學、詞源學等方面的理論和方法,需要作全面深入的挖掘和提煉。

本文前面已述及,郭先生大學時代親受音韻、訓詁學大家曾運乾、楊樹達的指導,在音韻、訓詁方面得其真傳而有所發展,深受兩位先生讚許。郭先生在上古聲紐研究方面有許多獨到見解,考定"邪母古讀定",提出《説文》諧聲字的"再生聲母"説,揭示出上古聲母"明紐變曉""來紐變見""匣紐變心"等規律,對進一步研究上古漢語聲母及方言問題都有重要啓示。

《疏證》運用《邪母古讀考》一文的研究結論,將見於《説文》,分佈於各攝的邪紐字皆歸於舌音。

關於"再生聲母",郭先生《〈説文解字〉諧聲聲母考證與質疑》一文云:

---

① 〔清〕段玉裁《説文解字注》,第756頁。

　　什麼叫再生聲母？就是由原始聲母所構成的諧聲字,又可以離開原始聲母,與另一系列字自成韻系,或自成聲系,這種聲母就叫再生聲母。由於不知道離開原始聲母,自成韻系的再生聲母,據原始聲母來劃韻部,所劃的韻部自然乖迕,如東冬合一是也。由於不知道離開原始聲母,自成聲系的再生聲母,據原始聲母以定聲紐,所定的聲紐自然差錯,如合邪於齒音是也。①

　　郭先生所說的自成韻系的再生聲母,指以之爲諧聲符的字造字時只取雙聲而不取疊韻者,如"茸"字,《說文》:"艸茸茸貌。从艸,聰省聲。"段玉裁改爲从艸耳聲。《疏證·翁攝》曰:"依大徐聰省聲,則茸系字僅取疊韻,不取雙聲,離聰自成聲系。依段氏从耳聲,則茸系字僅取雙聲,不取疊韻,自成韻系。"郭先生論文中從段氏之說,認爲"茸"是自成韻系的再生聲母,撵、輯、醄、髶等字从之得聲。自成聲系的再生聲母指以之爲諧聲符的字造字時只取疊韻而不取雙聲者,如"岑"从"今"聲,而"岑"從紐字,"今"見紐字,故《疏證·音攝》曰:"岑系之字,自成聲系,雖从今聲,僅取疊韻,不取雙聲,歸入齒聲。"《疏證》對再生聲母採取兩收的辦法,既反映了《說文》諧聲的音韻系統,又充分體現了諧聲關係反映的音變規律。"再生聲母說"的學術價值主要在於:(一)揭示了《說文》諧聲系統的層次性,"同諧聲者必同部"的原則有一定局限。從漢字創造初期到《說文》,有幾千年的歷史,漢字經歷過複雜的變化,同一諧聲符在不同時期或不同方言中讀音不一定完全相同,有原始的,也有再生的,不能一概而論。(二)啓發後學更深入地認識漢字的記詞功能。漢語的歷史與漢民族的歷史是一樣悠久的,而漢字的創造相對要晚得多,初期創造的文字,在記錄語言的功能上比後世成熟成系統的文字要廣泛得多。最初,同一個字符在不同方言中可能會有不同讀音,這不僅是語音歷史分化造成的,更是因爲最初的象形字是以記錄意義爲主要任務的。方言中的同實異名情形是普遍存在的,同一事物,命名不同,最初用同一個字形記錄,這個字形就會有不同讀音,不同方言區的人根據其

────────

① 　郭晉稀《剪韭軒述學》,甘肅人民出版社,1993 年,第 343 頁。

不同的讀音造形聲字或作詩押韻,就形成不同的諧聲和叶韻系統。章太炎曰:"形聲既定,字有常聲。獨體象形,或有逾律。若丙讀沾、導,乃今甜餂字也,又讀若誓,則舌亦作丙矣。……何者? 獨體所規,但有形魄,象物既同,異方等視,各從其語以呼其形,譬之畫火,諸夏視之則稱以火,身毒視之則稱以阿朅尼,能呼之言不同,所呼之象不異,斯其義也。"①揭示的正是一字記録多詞的道理。值得注意的是,隨著地下古文字材料的不斷發現,由於字形訛變等因素而造成的《説文》分析漢字形體結構的一些錯誤也得以糾正,一些不合正例的諧聲符有了新的更科學的解釋,這對我們更深入地研究"再生聲母"無疑大有裨益。②

郭先生曾寫過《古聲變考》一文,探討上古聲母變轉的一些規律,提出"明紐變曉""來紐變見""匣紐變心"之説:

明紐屬於脣音,自與牙音曉紐不同,不能混淆,這是通例。但是,明紐有時讀作曉紐,這是變例。來紐屬於半舌音,自與牙聲不同,不能混淆,這是通例。但是,來紐字有時讀入見紐,也是變例。匣(包括于母)紐屬於牙音,心紐屬於齒音,牙齒不應混淆,這是通例。但是匣紐字有時轉入心紐,這是變例。

不考通例,就要混喉牙舌齒脣之界限,亂古聲十九紐的條貫。錢大昕《古無輕脣音》《舌音類隔之説不可信》,章太炎《古音娘日二紐歸泥説》,曾星笠《喻母古讀考》,及拙作《邪母古讀考》,這是考證古聲通例的,對於證明今聲古讀,説明周秦古聲條貫,是信而有徵的。但是,聲音變例總是有的,而且客觀事實是大量存在的。不談變例,就不能盡聲紐變化的規律,其結果也將産生對周秦古聲十九紐的疑惑。

我們説的變例,是指的聲紐變化的規律,並不是説的各紐之間個別流轉的現象、少數往來的特例。如果把特例當作規律,那就不單是在聲紐上紐紐相通,而且在韻部中也韻韻相轉,一切界

---

① 章太炎《文始·敘例》,浙江圖書館校刊《章氏叢書》本。
② 周玉秀《郭晉稀先生"再生聲母説"論析》,《先秦文學與文化》第五輯,上海古籍出版社,2016 年,第 132—148 頁,亦見本書下文。可以參考,這裏不再舉例。

限都要打破，一切規律都没有了。①

郭先生談到的這些規律其實就是《説文》諧聲系統中的"再生聲母"所反映的音變規律，如明[m]與曉[x]之通轉，從《説文》諧聲系統的後世音注看，這種方言歧異在周秦漢語中較爲普遍：昏（昬）從民聲、悔從每（母）聲、㡃從亡聲、鄦從無聲、麾從靡聲、忽從勿聲、徽從微聲等等，皆自明微母分出，自成聲系。先生論其音理云：

> 漢魏以來，脣音分爲輕重，故明母衍爲微、明兩紐……讀微母時本應脣齒相粘，而發音時最易齒與脣隔。齒既離脣，則微母之字讀成與元音（即喉音）最近之曉母矣。此微之所以常變爲曉母，推其始，即明母常變爲曉母矣。②

可見明母變爲曉母，是輕脣音産生後方音變化的結果。也有極少數從曉母分出而變爲脣音之字，如矇（邦免切）瘥（薄角切）駮（北角切）等。這種現象猶如今長江流域及以南諸方言中普遍存在的[x][h]與[f][v]之變轉，如温州話"胡"與"無"同讀。[vu]，廈門話"婦[hu]²"與"户[hɔ]²"聲母相同等，③剛好從另一方面説明漢以後是曉紐字與合口呼相拼變爲脣齒擦音的萌芽期，同時也證明郭先生對音理的闡釋是符合漢語音變實際的，吳語、閩語中的語音現象，應當是漢魏以來北方方言音變的痕迹。《疏證》對這類聲變現象亦多論及，如《烏攝》"呼"字條：

呼^{荒烏} 外息也。从口，乎聲。荒烏切。
按：《廣韻》荒烏切，又父故切。凡十七：呼、嘑、虖、謼、歑、戲、譁、膴、幠、匫、怐、軒、虍、芋、雇、魖、滹。今以爲"呼、嘑、虖、

---

① 郭晉稀《隴上學人文存·郭晉稀卷》，甘肅人民出版社，2012年，第404頁（以下版本同此）。
② 郭晉稀《隴上學人文存·郭晉稀卷》，第407—408頁。
③ 北京大學中國語言文學系語言學教研室編《漢語方音字彙》，文字改革出版社，1989年，胡、無、婦、户四字分别見第126、128、106、127頁。

評、歑、戲、謼、葫、恗、軤、虍、苸、雐、𩲡、滹”十五字讀荒烏切，聲音之正也。切父故，聲音之變也。“膴幠”兩讀，父故切，聲音之正也。切荒烏，聲音之變也。然曉母常變脣，亦於此獲證矣。

《央攝》“巟”字條：

呼光 水廣也。从川，亡聲。《易》曰：“包巟，用馮河。”呼光切。

巟从亡聲，僅取疊韻，轉入牙聲，自成聲系。

按：《易·泰》“包巟”今作“包荒”。巟本字，荒借字也。《説文》無“茫”“漭”等字，皆“巟”之後起字也。曉明兩母最易相轉，故“巟”在曉紐，而“茫”“漭”則入明紐也。《淮南·俶真訓》“茫茫沉沉”注：“盛貌。”《魏都賦》“茫茫終古”注：“遠貌。”《高唐賦》“涉漭漭”注：“水廣遠貌。”

《文始·魚陽類》“茻”字條云：

茻兼有大義，王莽字巨君，亦此茻字。莫敖、莫府，皆茻字也。雖無艸而地廣平者亦曰茻，故復孳乳爲漠，北方流沙也。漠對轉陽爲巟，水廣也（巟、荒本音皆如芒）。

章云“巟”本音如芒，是因爲《説文》巟从亡得聲，郭先生認爲喉轉脣音，更符合方言變易實際。今各地方言中有不少讀喉音［h］爲脣音［f］或［p］［p^h］的例子，就是明證。就詞源研究而言，兩家可謂異曲同工。

來紐的諧聲情況比較複雜，《疏證》亦多次論及，如《益攝》：“鬲系之字，多數入牙，少數入來，讀舌聲。蓋古音本當讀牙，牙聲略或沾舌則讀來紐矣。”“鬲字《廣韻》又古核切，實爲古音，郎激一切則後變音也，鬲即古文鬲字，亦當讀牙。”《幽攝》：“从翏得聲之字多讀來紐，少數入牙、入脣。讀來，聲音之正也。入牙、入脣，聲音之變也。”《邑攝》論“泣”（去急切）、“颯”（蘇合切）二字云：“兩字或變牙或變齒，蓋來紐之變動不居,遂有此變例。"而於"瞵檻"等字下則云"來紐變動不居,與牙聲最近"。就《説文》諧聲系統看,來紐多數自相諧,其次則與見紐相諧最多,如從京、各、呂、監、兼、鬲、降、翏等字得聲的形聲字,都有來紐與見紐兩讀的情況,有由來紐變爲見紐者,也有由見紐變爲來紐者。郭先生論其音理曰:

> 蓋聲紐之分,有發、送、收之別,來見兩紐,同爲發聲,聲位相同。音自喉出,經過口腔,由於舌尖翹卷,抵及齒本,阻住氣流,遂成來紐。如果舌尖未及來紐,氣流阻於上腭,發爲牙聲,遂成與來紐聲位相同之見母。①

根據現代方言來母與見母及其他聲母混讀的情況,郭先生的分析符合漢語實際。現代漢語各地方言中,來紐的讀音與泥紐[n]相混的非常普遍,而泥紐與疑紐[ŋ]也常常互轉,疑紐與見紐同爲牙音,由舌根鼻音變爲舌根塞音在方言中常見,如隴東方言中第一人稱的"我"有[wo][və][ŋə][ŋau][kə]等讀音,聲調皆爲上聲。可以推想,上古漢語中也有這種現象,l-n-ŋ-k,各母之間的往來混讀,遂致"來紐變動不居"。所以,筆者認爲《説文》諧聲系統中的來紐與其他聲紐尤其是與見紐互諧的現象,并不是複輔音分化或其他什麽原因,而是方音變異混讀的結果,這個問題也還需要作深入討論。

關於匣紐與心紐之通轉,郭先生曰:

> 匣心兩紐,在發、送、收的位置上,是相同的,即勞乃宣所謂戛、透、轢、捺,湘人孫文昱所謂周、出、疏、入,在位置上是相同的,匣、心兩紐同屬轢(疏)類也。
>
> 周秦古音有見、溪、曉、匣、疑的洪音,而無細音,以舊的注音字母言之,即有ㄍ、ㄎ、ㄏ、兀,而無ㄐ、ㄑ、ㄒ、广也。顎音既分洪細,細音有復齒化,故顎音有變作齒音者矣,此猶今音之團音尖音:每相迻易耳。

---

① 郭晉稀《隴上學人文存·郭晉稀卷》,第413頁。

　　凡牙聲以内或齒音以内，音有迻易，戴震謂之同位正轉。一爲牙音，一爲他音，由於戞、透、轢、捒之位置相同而相轉，戴氏謂之位同變轉。見紐轉精、溪紐轉清，皆所謂位同變轉也。此種位同變轉，各組皆有之，不獨匣紐與心紐也。今獨標匣紐變心紐者，以此類變轉古固有之，而漢魏以來尤多，非若其他位同變轉可比，不可不知也。故作"匣紐變心紐説"。①

　　戴震的正轉、變轉之説，郭先生在《聲類疏證・前言》中有較詳細的論述，"同位正轉"指發音部位相同的音在發音方法上的轉化，這種情況常見，如見與群、端與定等的轉化；"位同變轉"指發音部位不同而發音方法相同的音之間的轉化，如匣與心有牙音與齒音之別，而皆爲擦音。匣紐變心紐的規律説明心紐的尖團分立，見溪諸紐的洪細之別上古漢語中就存在，至於是匣紐變心紐，還是二紐演變過程中的同化，尚需深入探析。按照元代以來漢語聲母變化的規律，j[tɕ]、q[tɕʻ]、x[ɕ]來源於中古及以前的牙音和齒頭音，心紐與匣紐同化是事實。那麼上古漢語這種變化的情形又如何呢？先看兩個例子：

　　　　亘，須緣切，中古心紐。宣，須緣切，亦心紐。桓、狟、洹，絙，胡官切，匣紐。
　　　　員，王分切，中古喻三，上古讀匣。鄖、溳，愪、賴，王分切，中古喻三，上古讀匣。損、賱，蘇本切，心紐。

　　"曾樂律鐘亘，或作瑄、宣、洹、匜，均讀爲圜。"②"員，甲骨文、金文從鼎，從○，○亦聲，○之繁文。鼎口爲圓形，故以鼎輔助表意。""郭店簡例一、三、四員，讀作損……例二員，讀作云。"今按，郭店簡例一指《老子》乙本"爲道者日員"，例二指《緇衣》"寺員"，例三指《唐虞之道》"亡天下弗能員"，例四指《語叢三》"牙（與）不好教者遊，員（損）"。③ 上列"亘"字例是聲符爲心紐，而从之得聲之字爲匣紐（除

---

　　① 郭晉稀《隴上學人文存・郭晉稀卷》，第 419 頁。
　　② 黄德寬主編《古文字譜系疏證》（三），第 2777 頁。
　　③ 黄德寬主編《古文字譜系疏證》（四），第 3617—3618 頁。

一"宣"字須緣切）；但從通假用例看，其本音還是讀"圜"（王權切）的。"員"字例則是除從之得聲的"損、腼"二字蘇本切，心紐，其餘皆匣紐或與匣相近之牙音。兩例剛好代表兩種普遍情形：聲符字音變與諧聲字音變。《疏證·安攝》曰："亘宣二字今皆讀心母，入齒音，然從亘得聲之字，皆入牙聲。讀牙，聲之正；讀齒，聲之變也。"《昷攝》云腼、損"二字今變入齒聲"。郭先生認爲此兩例皆由牙音變爲齒音者。音變的時代，則是"古固有之，而漢魏以來尤多"。關於"匣紐變心紐説"，後文有專門論析，這裏不再贅言。

《疏證》繼承了章太炎《文始》的變易孳乳理論及研究方法，而有所發展。

《文始·叙例》曰："音義相讎，謂之變易；義自音衍，謂之孳乳。""物有同狀而異所者，予之一名，易與蜴、雁與鵝是也。有異狀而同所者，予之一名，鉅與黔、鼠與翟是也。庶物露生，各異其本。文言孳乳，或爲同原。""文字孳乳，或有二原，是故初文互異，其所孳乳或同。斯由一義所屆，輒兼兩語，交通複入，以是多塗。"陸宗達、王寧先生説："變易指文字本身形體發生變化而意義不變；孳乳指在詞義演變的推動下發生音變並分化出新形。"[1]這是對章氏變易孳乳理論的高度概括。就具體情況而言，還有諸多複雜因素。

《疏證》分析孳乳，基本方法與《文始》一致，根據聲音關係聯繫同一詞族。如《安攝》"蔫（《説文》：菸也。）"字下云：

> 按：旁對轉烏，有菸，鬱也，一曰殘也。旁對轉鬱，有鬱，香艸也。旁轉昷有蘊，積也。皆音義相同而少異，蓋一義而孳乳生多也。

又"嫛（《説文》：好也。從女奰聲，讀若蜀郡布名。）"字下云：

> 今按：在本部有嫺，雅也。有婠，體德好也。有鬈，髮好也。有媛，美女也。有嫊，好也。對轉阿有媒，妸也。有妸，媒妸也。

① 　陸宗達、王寧《訓詁與訓詁學》，山西教育出版社，1994 年，第 356 頁。

有娥，秦晉謂好曰娙娥。有姽，面靦（段校）也。或音義皆同，或音義小異，蓋一字之孳乳也。

《文始》"焉"字條云：

> 烏黑焉黃……其艸木彫傷者，烏孳乳爲菸，鬱也。蓋黑色。焉孳乳爲蔫，菸也。

"圂"字條云：

> 古文以爲覙字，則舌音。讀若卷，又從深喉。蓋圂者，目裏好。孳乳爲覙，《詩傳》曰"姽也"。姽者，《説文》訓面覙（今誤作醜）。其聲轉寒則爲嫚，好也。（《韓詩》有婘字，云"好貌"，《玉篇》云"或作孈"，皆此字。鬈訓髮好亦相近。）故或云覙、姽皆訓好。蓋圂從舌音孳乳爲覙，從喉音孳乳爲嫚，對轉泰爲姽。在泰亦有舌音者則爲娧，好也。在寒復有喉音者則爲婠，體德好也。蓋圂爲目圍，亦有好義，正與覝爲好視同意而對轉。其在歌，喉音復有媒、妿二字，《説文》訓弱，《廣韻》訓好，並圂之孳乳也。

可以看出，《疏證》在《文始》繫聯詞族的基礎上，理清了聲音的同韻、對轉、旁轉、旁對轉關係，并以類相聚，聲義關係十分清晰。

《疏證》多處運用變易説，《阿乙安》三攝中不計所引《文始》材料，言及"變易"者就有 78 條，如：

> 屙：聲轉牙有癇，病也。屙癇一字之變易也。
> 苛：痾在乙攝，與屙爲一聲之轉，亦一字之變易也。
> 檥：檥榦義同，一字之變易也。《史記·項羽紀》"烏江船長檥船待"，即持篙停舟以待也。
> 貱：與彼音義相同，蓋一字之變易。
> 坡：坡者曰陂，阪與坡、陂音義亦同，則一字之變易也。
> 瓍：捔，掘也；掘，捔也。本一字變易。

安：安、侒、宴，皆一字之變易也。對轉阿有宜，所安也。對轉乙有宽，静也。亦一字之變易也。

奮：華奮音義大同而小異，蓋一字之變易而又孳乳其義者也。

榻：對轉入威，有楣字，秦名屋榻聯也。楣與榻實一字之變易，隨方音不同而各造字耳。

滿：《說文》無漫，後世言洪水漫天即此字也。旁對轉衣有㶔（應作彌），滿也。同義異形，一字變易。

懑：旁轉㬪有悶，懑也。悶、懑一字之變易，煩則兩字之孳乳。

面：偭，鄉也。其實面、偭音義大同，一字之變易而迻衍其義也。

賄：《一切經音義》古文作賍。今按：此貨之變易也。

肖：洌，水清也，蓋肖之變易。

畔：畔援即叛衍之變易，亦今跋扈也。

幺：厶變易爲幺，取幺也。

跟：獵跋即刺𠂇、剌北。孳乳爲𠂇，走犬貌，曳其足則刺𠂇也。變易爲跋，瑱跋也。

蹱：韻轉翁變易爲瞳。

訕：字亦變易作姍，誹也。訕姍音義相同。

　　從這些例子分析，郭先生所說的"變易"，就語言層面講，主要是指音有變而義相同者。"一字之變易"之"字"相當於"詞"。因此，"變易"的核心問題是意義沒有發生大的變化，仍是同一個詞，如"屙"與"痾"，"屙"，病也，影母阿攝；"痾"，病也，匣母安攝。聲有清濁之異，韻則對轉，而意義相同。又如"幺"，相詐惑也，從反予。從本義講，應當與"取幺"之"幺"義同，但幺匣母字，幺曉母字，有清濁之異，蓋亦方音區別。又如"賄"，《說文》："資也。從貝爲聲。或曰此古貨字。讀若貴。""賍"是其後出異體字，其實即"賄"之變易。"賄"與"貨"上古音聲母有見曉之異。章太炎云："皮音本如爲，又作重脣，如今音。"[1]又曰：

①　章太炎《文始》卷一，浙江圖書館校刊《章氏叢書》本，第6頁。

"《説文》皮从爲聲,是古音爲得發舒如皮(爲皮同在歌部)。爲有攝代扶助之義,《晉語》:'子輿之爲我謀忠矣。'《内傳》:'歠我酒,吾爲子立之。'今江南多言把,把即爲字。爲讀如皮,故轉如把。通語言替,此異文殊語也。"① 今按,《説文》:"剥取獸革者謂之皮。从又,爲省聲。""皮"金文作"𩬍",古文字學家一般認爲是从"又"與半個"革"字會剥取獸革之意。爲、皮二音在古代和現代方言中都有通轉關係。今長江流域及其以南多數方言中 h[x] 與合口呼相拼則變爲 f[f] 或 p[pʰ],正如"華(花)"變易爲"葩"之類,"爲"變易爲"皮"也是同樣道理。從《説文》釋義及其他一些材料看,"皮"之本義可能即今口語"扒皮"之"扒"。《説文》無扒,此字當是記録"皮"本義的後起字,段玉裁曰:"取獸革者謂之皮。皮,柀。柀,析也。""因之所取謂之皮矣。引申凡物之表皆曰皮,凡去物之表亦皆曰皮。"②《戰國策·韓策二》:"聶政大呼,所殺者數十人。因自皮面抉眼,自屠出腸,遂以死。""皮面"就是扒去面皮。《廣雅·釋詁》:"剥、膚、皮,離也。"又《釋言》:"皮、膚,剥也。"這些都説明皮與剥同義。就文字層面看,"變易"也包含了音義全同而字形有變化的情形,這主要是由構件不同而致的異體字,如宴與侒,《説文》:"宴,安也。""侒,宴也。"訕與姍,《説文》:"訕,謗也。""姍,誹也。""誹,謗也。"《疏證》論析變易與孳乳,正是從字形、語音、詞義發展變化的三維角度,揭示《説文》諧聲系統的内涵的。

　　變易孳乳與轉注關係密切,故論此二者,離不開對轉注的正確理解。郭先生論"轉注"曰:

　　　　轉注定義,人言人殊,莫有定説。柬擇諸家,董而理之,章太炎之説信得其多,朱駿聲所云,亦是其半。傅會許説,引而申之,蓋轉注者,本義之引申,語基之孳乳。孳乳有二:形變而義變者,曰孳乳;形變而義不異者曰變易。義有引申,故一字多義,可以省造字之煩。字相孳乳,雖有多字,仍見其牽連之迹。建類一首者,類謂聲類,亦謂義類。首者今所謂語基,亦所謂本義。同意

---

①　章太炎《新方言》卷一,浙江圖書館校刊《章氏叢書》本,第 11 頁。
②　〔清〕段玉裁《説文解字注》,第 122 頁。

相受者,義之引申。雖與本義相殊,而實受意於本義。字之孳乳,雖與語基分辰,而實與語基同流。散則成章,合則歸始。故轉注之法,以束取緐、以一綜萬者也。①

這也是對章太炎先生"轉注説"的闡發,章先生曰:

　　蓋字者,孳乳而浸多,字之未造,語言先之矣;以文字代語言,各循其聲,方語有殊,名義一也。其音或雙聲相轉,疊韻相迤,則爲更制一字,此所謂轉注也。……何謂建類一首? 類謂聲類。……首者,今所謂語基。……考老同在幽部,其義相互容受,其音小變。按形體,成枝別;審語言,同本株。雖制殊文,其實公族也。②

朱樂川博士將章太炎先生的"轉注説"概括爲:"建立一個聲韻的類別,隸屬於這一類別中的字共有一個語根,這一語根的讀音稱作聲首;同時隸屬於這一類別中的字都具有相同或相近的意義。"③章太炎轉注説反映在語言層面上是變易與孳乳,反映在文字層面上就是轉注。故曰"按形體,成枝別;審語言,同本株"。前文已討論過朱駿聲的轉注説,他認爲詞義引申轉爲他訓而體不改造就是轉注,因此郭先生説"朱駿聲所云,亦是其半"。郭先生所言"形變",實質指的是語音亦即字音的變化。語音變了,字形就會相應地改變,因而有"形變而義變"和"形變而義不異"兩種情形,先生概括得非常精確。

談論轉注,有兩種情形,值得特別注意:一是用今字表古音,古字表變音。如父與爸、爾與你、皮與扒、撧與挖等。父之上古音讀如爸,後來音變,故造爸字表本音。父只是書面用語,口語中恒以爸稱。古爾讀如你,後來音變,故造你表本音,爾表變音。至於皮與扒,從古音角度看不同音,但"扒"字中古以後才出現,其"扒皮"義則晚至近代以

①　見郭先生《文字學講義》手稿,伏俊璉師兄整理中。
②　劉夢溪主編《中國現代學術經典·章太炎卷》,河北教育出版社,1996年,第33—34頁。
③　朱樂川《章太炎語源學理論研究》,南京師範大學博士學位論文,2014年,第57頁。

後才出現,故扒ᵧ[pa]字的現代讀音應當就是傳承下來的皮的上古音ᵧ[ba]。揙,上古匣紐物部字,語音演變過程中匣紐清化爲影紐,其現代讀音就是"挖"。《説文》有"𡲢"無"挖",云"空大也",从"乙"得聲,上古月部字。如此看來,轉注所傳遞的主要是語音信息。

　　二是早期的漢字,一形可能有兩個或多個讀音,如章太炎所言:"獨體象形,或有逾律。"這點也有出土古文字材料及其他象形文字使用實際的證據。前面已言及,同一事物或相關事物的不同特點,命名不同,而用同一個字形記錄,這是圖畫演變爲文字的過程中不可避免的現象。不同方言中,同一事物名稱不同,用了同一個漢字記錄,即操此方言者所造之字而操彼方言者借用之,但只是借用其形體而讀音不同。林澐先生稱之爲"一形多讀","這種現象中應强調的是同一字形有兩個以上不同的讀音",①"在一形多讀字上加注聲符或義符以明確其讀法,是形聲字産生的原因之一",②這種方法也是"轉注"。③

　　這種轉注字與兩個或幾個不同的漢字形體在演變過程中混同而造成一形多音的情況不同,如西周金文中凡舟、田用、日目、止中等訛變混同的例子,④爲數不少,都不能與造字初期的一形多讀相提并論。"轉注"一定是有相同聲首和語基的,轉注原體字和轉注字之間一定有聲音和意義的聯繫,就是早期一形多音的原體字,轉注分化時也是對應其不同讀音和意義的,如"帚"轉注而爲"婦",對應的就是"帚"這個形體所記錄的"婦"的音和義。

　　在以上梳理的基礎上,再回頭看看郭先生的轉注觀,其立論與分析都是符合詞的變易孳乳推動下漢字發展的實際的。

　　《疏證》亦據此轉注理論分析相關現象。如:

　　　　斯,破木也。斯、析音義相同,蓋一字之變易也。斯析本離役,故斯義轉注爲今廝役字,借瘦爲之,瘦之隸變作廝。(《恚攝》)

---

　　① 林澐《林澐學術文集》,中國大百科全書出版社,1998 年,第 22 頁(以下版本同此)。
　　② 林澐《林澐學術文集》,第 23 頁。
　　③ 林澐《林澐學術文集》,第 35—43 頁。
　　④ 黄德寬等《古漢字發展論》,中華書局,2014 年,第 204—207 頁。

柴,小木散材。从木,此聲。按,徐鉉曰:此即柴籬本字,後人別作寨字。此轉注之義也。(《衣攝》)

"斯析"二字聲有洪細之别,蓋古方音變易;"厮"爲"斯"義之引申孳乳。寨以柴成,故爲"柴"之孳乳。斯與析、厮,柴與寨,皆有相同聲首和語基。其實,柴亦斯之孳乳。《疏證·壹攝》"屮"字條引《文始》曰:

支、斯、析孳乳爲柴,小木散材也。斯、析次對轉真孳乳爲新,取木也。柴次對轉真孳乳爲薪,蕘也。(《記·月令》:"收秩薪柴。"注:"大者可析謂之薪,小者合束謂之柴。"然語原初無二也。)

故斯、析與柴、新、薪皆一語孳乳,一形轉注。

總而言之,《疏證》材料浩博,蘊涵著豐富的語言文字學思想和理論,對漢語史及漢字發展史研究具有重要的實用價值和學術價值。認真整理,使其光耀於世,是一項十分有意義的工作。

(原載《歷史文獻研究》第 41 輯,廣陵書社,2018 年 8 月)

郭晉稀先生"再生聲母說"論析

一

《説文》所收九千多個漢字,是漢字三四千年演變積累的結果,因而歷史音變和方音分歧都反映在其諧聲系統中。因此,這個系統是複雜的,多維多層級的,它所反映的上古漢語音系也有一定的複雜性。"同諧聲者必同部"的理論有一定的局限性,需要客觀對待。上古音之"上古",是一個跨越幾千年的時代;即如《詩經》之音,也有廣闊的時間和空間跨度。故而,不論是韻文還是諧聲,其所反映的語音都是有層次的。

由於漢字的超時空性,同一字形在不同方言中可能有不同讀音,也就是說,不同方言中音異而義同的兩個或幾個詞,有可能用同一個漢字來記録。這類詞聲音的差異,應當包括兩種情形:第一,由同一語根發生的音轉形式,即同源詞;第二,聲音不同的同義詞。在漢字的初創期,一字記録多詞的情形應當存在,甲骨文、金文等古文字使用過程中有,後世文字使用過程中也有。這種有不同讀音的同一個字作爲諧聲符,就會形成不同的諧聲系統。語音演化有分有合,同一個諧聲符也會發生語音演變,不同時期的讀音有可能不同;不同聲系的聲符在某一個時期可能同音,所以它們所反映的語音系統就不可能是單一的。這是需要深入研究的問題。

章太炎曰:"古音本綜合方言,非有恒律,轉注所因,斯爲縣象。假令考老小殊,不制異字,則老字兼有考音,其他可以類例。"[1]説的就

---

① 章太炎《文始·敍例》,浙江圖書館校刊《章氏叢書》本。

是同字異音的道理。郭晉稀先生針對《説文》諧聲字的複雜情況,提出了"再生聲母"的理論,其《〈説文解字〉諧聲聲母考證與質疑》一文云:

> 歷來談諧聲的人的錯誤,除了由於古今聲韻變化没有搞清楚以外,另外一個重要的原因,就是他們只知道諧聲字有原始聲母,不知道還有再生聲母。什麽叫再生聲母? 就是由原始聲母所構成的諧聲字,又可以離開原始聲母,與另一系列字自成韻系,或自成聲系,這種聲母就叫再生聲母。由於不知道離開原始聲母,自成韻系的再生聲母,據原始聲母來劃韻部,所劃的韻部自然乖近,如東冬合一是也。由於不知道離開原始聲母,自成聲系的再生聲母,據原始聲母以定聲紐,所定的聲紐自然差錯,如合邪於齒音是也。①

文章從《説文》中分析出 30 個離開原始聲母自成韻系的再生聲母:允、息、奐、需、茸、截、敢、罘、奢、名、焦、存、賣、納、農、奥、渼、戔、羀、專、席、員、杏、汩、曳、裘、建、斯、狀、闌;53 個離開原始聲母自成聲系的再生聲母:宜、夋、鮮、惡、歸、屈、崇、亞、肆、叚、忽、各、年、進、瑟、肙、屑、斥、尚、唐、邪、虜、盧、慮、朔、所、穌、夑、數、籥、造、匋、柔、約、奞、黔、覃、貪、念、岑、彤、臨、荅、拾、泛、矣、羑、恚、阿、旖、謁、癭、弭,並云這些"只是發凡啓例,舉一反三,並不是'離開原始聲母自成聲系的再生聲母'之全部"。② 郭先生所説的自成韻系的再生聲母,指以之爲諧聲符的字造字時只取雙聲而不取疊韻者,如"截"字从戈雀聲。雀屬渼攝,而截齾(昨結切)巀(子列切)(子結切)皆屬乙攝。《詩·長發》:"玄王桓撥,受小國是達,受大國是達。率履不越,遂視既發。相土烈烈,海外有截。"又:"武王載旆,有虔秉鉞。如火烈烈,則莫我敢曷。苞有三蘖,莫遂莫達,九有有截。韋顧既伐,昆吾夏桀。"截與撥、達、越、發、烈、鉞、曷、伐、桀等字押韻,皆爲乙攝字。所以説,"截"是離開原始聲母"雀"而自成韻系的再生聲母。自成聲系的再生聲母

---

① 郭晉稀《〈説文解字〉諧聲聲母考證與質疑》,見《剪韭軒述學》,第 343 頁。
② 郭晉稀《剪韭軒述學》,第 352 頁。

指以之爲諧聲符的字造字時只取疊韻而不取雙聲者,如"數"字从攴婁聲。婁是來母字,而數、籔、藪(蘇後切)皆齒音心母字,故云"數"是離開原始聲母"婁"而自成聲系的再生聲母。

郭先生據古聲十九紐和古韻三十部分析再生聲母的聲韻關係,其古聲十九紐是在黃侃和曾運乾十九紐説的基礎上,又創爲"邪母古讀定"之説而成,其與中古漢語聲母的分合情況如下表:

上古	影	見	溪	曉	匣	疑	端	透	定	泥	來	精	清	從	心	幫	滂	並	明
中古	影	見	溪 群	曉	匣 喻三	疑	端 知 照	透 徹 穿三 審	定 澄 床 禪 喻四 邪	泥 娘 日	來	精 莊	清 初	從 床	心 疏	幫 非	滂 敷	並 奉	明 微

古韻三十部依曾運乾先生説,與王力先生三十部基本相同,如下表(括弧内爲王力韻部名稱):

陰	入	陽
噫攝(之部)	臆攝(職部)	膺攝(蒸部)
恚攝(支部)	益攝(錫部)	嬰攝(耕部)
阿攝(歌部)	乙攝(月部)	安攝(元部)
威攝(微部)	鬱攝(物部)	昷攝(文部)
衣攝(脂部)	壹攝(質部)	因攝(真部)
烏攝(魚部)	蒦攝(鐸部)	央攝(陽部)
謳攝(侯部)	屋攝(屋部)	邕攝(東部)
幽攝(幽部)	奧攝(覺部)	宮攝(冬部)
夭攝(宵部)	沃攝(藥部)	
	邑攝(緝部)	音攝(侵部)
	盍攝(葉部)	奄攝(談部)

用再生聲母解釋《説文》諧聲的複雜性,比用複輔音説等理論解釋要合理得多。我們可以在郭先生理論的基礎上,對再生聲母及其

成因做進一步探討。

二

　　《説文》中形聲字的構成,根據許慎的分析,確實有僅取雙聲或僅取疊韻的,但若考察漢字發展演變的歷史,情況比較複雜。許慎據訛變後的小篆形體分析,故存在一些差誤。大致有兩種情形,一是再生聲母中有相當一部分本來不是形聲字,而《説文》以爲形聲字;二是有些再生聲母屬形聲字,但《説文》對其聲符的分析有誤。此類問題都需要進一步討論。下面就郭先生文中的一些再生聲符舉例分析:

　　宜《説文》:"所安也。从宀之下一之上,多省聲。"多,古端母阿攝;宜,古疑母阿攝。从宜得聲之誼,疑母阿攝。故云"宜"爲自成聲系的再生聲母。今按,宜,甲骨文作⿴等形體,"象肉在俎上之形"。① 趙誠認爲,⿴是俎,"从文字形體而言,《説文》宜字的古文與甲骨文形近",②爲會意字,不从"多"得聲。

　　夋《説文》:"行夋夋也。一曰倨也。从夊,允聲。"清紐峞攝。从夋得聲的趑、逡、竣、捘(七倫切),駿、浚、陖、峻(私閏切),駿、焌、畯、俊(子峻切),朘(子泉切),狻、酸、霰(素官切),悛(此緣切),梭(蘇禾切,韻轉入陰),莎(息遺、蘇果、蘇瓦三切,韻轉入陰)等字聲母都屬齒音,而《説文》謂允从"以"得聲,喻四古讀定,故云"夋"爲僅取疊韻自成聲系的再生聲母。然夋甲骨文作⿰,"像被反縛踞跪的人形",③爲象形字,不从"允"得聲。

　　鮮《説文》:"魚名,出貉國。从魚,羴省聲。"羴,式連切,審三古讀透;鮮,相然切,心母。从鮮得聲之癬(息淺切)、霰(息移切,韻轉入陰),皆齒音心母。故云"鮮"爲僅取疊韻自成聲系的再生聲母。然甲骨文鮮作⿱,从羊从魚,會鮮美之意,爲會意字,不从"羴"得聲。

　　臤《説文》:"堅也。从又,臣聲。"苦賢切,溪母。从臤得聲之字:

---

① 黄德寬主編《古文字譜系疏證》,第2280頁。
② 趙誠《甲骨文簡明詞典》,中華書局,1988年,第316頁。
③ 黄德寬主編《古文字譜系疏證》,第3586—3587頁。

蔮(去刃切),賢、臤(胡田切;臤,讀若賢),臤(侯簡切),趣(棄忍切),緊(居忍切),堅、鑿(古賢切),臤、掔(口莖切),掔(苦堅切),娶(苦賢切),嚚(語斤切)。今按,臣,植鄰切,禪母古讀定。从臣得聲的其他字都讀舌音,而从臤得聲的字皆屬牙音,故云"臤"離臣自成聲系。然甲骨文臤作 <!-- 甲骨字形 -->、金文作 <!-- 金文字形 -->等形,郭店簡有作 <!-- 簡文字形 -->形者,"會以又(手)持丸擊目之意",①是擊的本字,爲會意字,不从"臣"得聲。

　　進《説文》:"登也。从辵,閵省聲。"即刃切;从進得聲之雄亦即刃切,皆上古精母字。閵爲來母字,故云"進"爲離閵而自成聲系的再生聲母。然甲骨文進作 <!-- 甲骨字形 -->形,从隹从止,會鳥飛前進之意,②爲會意字,非从"閵"得聲之形聲字。

　　瑟《説文》:"庖犧氏所作弦樂也。从珡,必聲。 <!-- 古文字形 -->,古文瑟。"瑟瑟,所節切,上古齒音心母字。"必"及从必得聲之字皆讀脣音。故云"瑟"是離必而自成聲系的再生聲母。然據古文字學家考證,瑟的戰國文字形作 <!-- 字形 -->或 <!-- 字形 -->,"據辭義當讀爲瑟",③郭店楚簡《性自命出》" <!-- 字形 --> <!-- 字形 -->"即"琴瑟"。其構形本義有待考證,但不从必聲則可以肯定,《説文》古文亦不从必。

　　厈(庌)《説文》:"卻屋也。从广,屰聲。"昌石切,穿三古讀透。从庌得聲的坼、趚(丑格切),柝(他各切),皆古聲透母。而"屰"魚戟切,古聲疑母字。故云"庌"是離屰而自成聲系的再生聲母。今按,小徐本作"卻屋",《廣韻》所引無"聲"字。"庌"當爲从广从屰的會意字,广表屋,屰表卻。朱駿聲曰:"謂卻退其屋不居。按《一切經音義》廿二引《説文》作'卻屋',是也。《廣雅·釋詁三》:'厈,推也。'《漢書·郊祀志》:'乘輿厈車馬帷帳器物。'注:'不用也。'"④

　　尚《説文》:"曾也,庶幾也。从八,向聲。"時亮切,禪母古讀定。尚及从尚得聲之字皆舌音,而"向"許諒切,曉母字。故云"尚"爲離向而自成聲系的再生聲母。然周原甲骨文"尚"作 <!-- 字形 -->,金文作 <!-- 字形 -->,"从八,从冂,會分開覆冒之物而顯露之意……疑尚爲敞之初文"。"晚周

---

① 黃德寬主編《古文字譜系疏證》,第3476頁。
② 黃德寬主編《古文字譜系疏證》,第3552頁。
③ 黃德寬主編《古文字譜系疏證》,第3391頁。
④ 〔清〕朱駿聲《説文通訓定聲》,第473頁。

文字冂旁或隆起作⌒形,許慎遂誤以爲从向⊡得聲"。① 可見尚爲會意字,不从向得聲。

覃《説文》:"長味也。从早,鹹省聲。"徒含切,古舌音定母。而咸爲古喉音匣母字。故云"覃"爲離咸而自成聲系的再生聲母。然甲骨文覃作🪣,从鹵从早,會鐔中貯鹽調味之意,②爲會意字。早是壇的初文。

臨《説文》:"監臨也。从卧,品聲。"力尋切,來母。品,丕飲切,屬脣音滂母,而臨及从臨得聲的臨皆來母字,故云"臨"爲離"品"而自成聲系的再生聲母。今按,臨,盂鼎作🪣,象人俯視衆物之形,③不从品聲。

息《説文》:"喘也。从心、自,自亦聲。"相即切,屬古韻臆攝字。《詩·殷其雷》:"殷其雷,在南山之側。何斯違斯,莫敢遑息?"息、側押韻。又《葛生》:"葛生蒙棘,蘞蔓于域。予美亡此,誰與? 獨息。"息、域押韻。又《菀柳》:"有菀者柳,不尚息焉? 上帝甚蹈,無自暱焉。俾予靖之,後予極焉。"息、暱、極押韻。然自及从自得聲的其他字均爲古韻鬱攝字。故云"息"爲離"自"而自成韻系的再生聲母。今按,"息"應爲會意字,"自"是"鼻"的初文。甲骨文息作🪣,从自,象鼻子之形,从八,象氣息出入之形。④ 戰國文字下部訛變爲从心,故小篆變爲从心从自的會意字。又按,"自"最初當有兩讀,容後文討論。

需《説文》:"𩓣也,遇雨不進止𩓣也。从雨,而聲。"相俞切,⑤古音心母謳攝字,从需得聲之臑、儒、襦、懦、濡、嬬、繻、醹(人朱切),孺(而主切),孺(而遇切),皆謳攝字。而,古音泥母噫攝字。故云"需"爲自成韻系的再生聲母。然金文需作🪣,"从雨从天,會雨天不宜出行而有所待之意",是會意字,非从而得聲。戰國文字天旁訛作而形。⑥

焦(爇)《説文》:"火所傷也。从火,雥聲。"即消切,古音精母夭

① 黄德寬主編《古文字譜系疏證》,第1861頁。
② 黄德寬主編《古文字譜系疏證》,第3931頁。
③ 黄德寬主編《古文字譜系疏證》,第3952頁。
④ 黄德寬主編《古文字譜系疏證》,第3129頁。
⑤ 郭晉稀先生云:"本音當讀儒。"(《剪韭軒述學》,第345頁)
⑥ 黄德寬主編《古文字譜系疏證》,第1067頁。

攝字。從焦得聲的蕉、噍、醮、樵等字皆即消切。虪,徂合切,從母盍攝字。故云"焦"爲自成韻系的再生聲母。今按,焦金文作🔥、🔥等形,"從火,從隹,會以火燒鳥之意"。或從雔,小篆累加成虪,皆會意字。①

　　農《説文》:"耕也。從晨,囟聲。"(段玉裁改爲"囟"聲)。今按,囟、囟皆非聲,農金文作🌾、🌾等形,"從田,從蓐。會治草農耕之意。蓐亦聲"。② 蓐即槈、鎒、耨之本字,《説文》:"槈,薅器也。從木辱聲。"古音泥紐謳攝字,與農爲陰陽對轉。

　　杏《説文》:"果也。從木,可省聲。"(段玉裁改爲"向省聲"。)何梗切,古音匣母央攝字。苔亦何梗切,或體作荇。甲骨文已有杏字,作🌿形,從木,從口。"會杏實可口之意",③爲會意字,並非從可省聲。

　　猌《説文》:"犬張齗怒也。從犬,來聲。讀又若銀。"魚僅切,疑母因攝字。朱駿聲曰:"來非聲,疑會意。"④朱説是,猌爲會意字,本音讀若"銀",來非聲,故不是"來"的再生聲母。金文有🦷字,"從齒,猌聲。古齗字。"⑤《集韻·諄韻》:"齗,笑露齒。"⑥今按,依音齗與"听、欣、齦、狺、嚚、龂"等同源,皆由"犬怒張齒咬叫"義引申分化。

　　敢(叡)《説文》:"進取也。從殳,古聲。"古覽切,古音見母奄攝字。從敢得聲之噉(下瞰切)、瞰(于檻切)、闞(苦濫切)、歔(荒檻切)、嚴(語枚切),皆古韻奄攝字。古,公户切,古韻烏攝字。故云"敢"爲自成韻系的再生聲母。今按,敢,金文作🔨、🔨等形,"從爭,甘聲。或省甘爲口形"。⑦ 不從古得聲。甘,亦古韻奄攝字。

　　畲(今大徐本《説文》脱此字)徐鍇《説文解字繫傳》:"畲,酒味苦也,從酉,今聲。"於琰切,影母字。從畲得聲之字有歆(於錦切)、馨、觺、盒(烏含切)、嬐(五感切)。甲骨文🍶爲歆之省文,歆甲骨文作🍶,從人從倒舌從酉。⑧ 故畲只是小篆形體,字本不從今聲。又喉牙音本

---

　　① 黄德寬主編《古文字譜系疏證》,第 878 頁。
　　② 黄德寬主編《古文字譜系疏證》,第 1035 頁。
　　③ 黄德寬主編《古文字譜系疏證》,第 1734 頁。
　　④ 〔清〕朱駿聲《説文通訓定聲》,第 843 頁。
　　⑤ 黄德寬主編《古文字譜系疏證》,第 3669 頁。
　　⑥ 《集韻》,北京市中國書店,1983 年,第 262 頁。
　　⑦ 黄德寬主編《古文字譜系疏證》,第 4032 頁。
　　⑧ 參黄德寬主編《古文字譜系疏證》,第 3883 頁。

相近可通,因此"酓"並非離"今"而自成聲系的再生聲母,應當是一個原始聲母。

柔《説文》:"木曲直也。从木,矛聲。"耳由切,古音泥母幽攝字,矛古明母幽攝字。今按,春秋金文有𣏓字,"从木,肉聲。柔之異文"。① 包山簡楚作𣏓。此當爲柔之本字,从矛乃訛變形體。因此,"柔"爲从肉得聲訛變而成,並不是"矛"的再生聲母。

以上所列聲符,《説文》分析均有差誤,因而造成"再生聲母"的假象。出土文獻提供了一些可靠材料,使前人的錯誤得以糾正,也使我們能夠更客觀地認識《説文》的諧聲系統。

三

排除字形訛變及許慎分析錯誤等因素,回頭看再生聲母的産生,最主要的原因是音變,包括方言音變和歷史音變。一種語言的歷史演變與其某個地域的方言變化有聯繫也有區別。先朝的通語有可能成爲後代某個地區的方言,某一方言也可能發展成爲通語。方言成爲通語的主要條件是它所在的地區做國家政治文化的中心,通語變成方言一般要經過一段時間的演變,原通語代表地區不再做國家政治文化中心,而由另一中心代替,並且新中心的方言與原中心方言有較大差別。這個新方言在推廣過程中也不斷吸收其他方言的詞彙來豐富自己,從而逐漸形成新的通語。不同方言在自身的歷史演變過程中,要受到同一通語的強大影響,需要不斷調整自己的系統,向通語靠近。徐通鏘先生説:

> 語音的演變方式可以分爲連續式音變、離散式音變和疊置式音變三種:連續式音變和離散式音變是語言在時間上的變化的兩種形式,其特點是"變",即 A 變爲 B,在語言中呈現出來的形式就是所謂"語音規律無例外"和"每一個詞都有它自己的歷

---

① 參黄德寬主編《古文字譜系疏證》,第 621 頁。

史”,這是語音系統自我調整、自我演變的兩種方式;而疊置式音變是通過文白異讀的形式表現出來的兩種方言系統的競争,是語音演變的一種空間表現形式。①

徐先生用“疊置式音變”理論解釋漢語中的“陰陽對轉”,完全符合漢語演變實際,且與章太炎的“古音本綜合方言”及郭晉稀先生的“再生聲母”説相得益彰。這一理論對研究《説文》諧聲的複雜性具有很大啓發意義。在確定某個字讀音單一的條件下,用陰陽對轉或旁轉完全可以解釋自成韻系的再生聲母。比如“茸”從“耳”得聲,郭先生認爲“耳”爲原始聲母,“茸”是再生聲母,“茸”諧“耳”聲只取雙聲。“耳”上古屬噫攝字,可能在某方言或某一歷史時期對轉有膺攝音,膺攝音在某一時期或某一方言中與宫攝音接近。故“茸”從“耳”聲有膺宫之音,古璽茸讀“茇”②可證。由膺宫韻再轉入東韻,故“茸”的邕攝讀音是音變的結果,成了再生聲母。《説文》釋爲“聰省聲”,雖與漢代韻相合,聲則遠隔。

除了韻轉,聲母通轉在古今方言中也普遍存在。如“忽”從“勿”聲,“勿”上古屬明母,“忽”爲曉母字。“勿”爲原始聲母,“忽”爲再生聲母。現代方言中,舌根擦音[x][h]若與合口呼相拼,與脣音[f]互轉的現象很普遍。古代也當有這種方言差異,古無輕脣音,[x][h]轉爲[m]或[m]轉爲[x][h]都是可能的,《切韻》(《廣韻》)四聲相配的用字也反映了這一現象,如“桓緩换末”“魂混恩没”,其平上去皆喉音匣母字,而入聲卻變爲脣音字,這都是古代方言音讀的反映。又如“貘貘”與“貊”也是這種轉化的結果。《説文》:“貘,北方豸穜。从豸各聲。孔子曰:貘之爲言惡也。”“貘,似狐,善睡獸。从豸,舟聲。《論語》曰:‘狐貘之厚以居。’”徐鉉曰:“舟非聲,未詳。”段玉裁曰:“‘狐貘’連文者,皆當作此‘貘’字,今字乃皆假‘貘’爲‘貘’,造‘貊’爲‘貘’矣。”又云“下各切”“乃‘貘’之古音,非此字本音也。”③郭先

---

① 徐通鏘《語言論——語義型語言的結構原理和研究方法》,東北師範大學出版社,1997 年,第 208 頁。
② 黄德寬主編《古文字譜系疏證》,第 1203 頁。
③ 〔清〕段玉裁《説文解字注》,第 458 頁。

生認爲"貈"字"當云从灦省聲。'灦'古文'涸'字,故讀下各切耳,如此則'貈'與相傳之切音吻合矣"。① "貉"今音"莫白切","貊"是"貉"的後起字。很明顯,"貉"在方言中有不同讀音,聲或爲[m],或爲[h],故有此歧異。《郭店楚墓竹簡·老子乙》:"上士昏道。"② "昏"通"聞";《魯穆公》:"魯穆公昏於子思曰。"③"昏"通"問",也反映了當時方言中喉音與脣音轉化的問題。又如《説文》:"莒,齊謂芋爲莒。""芋,大葉,實根駭人,故謂之芋也。"可知"芋"是通語詞,"莒"是齊方言詞。莒、芋皆烏攝字,莒見紐,芋匣紐(王遇切,喻三古讀匣),皆牙音。莒从吕得聲,吕來紐字,有的學者認爲這是上古複輔音分化的結果。而今甘肅甘谷方言中有不少來紐字讀如見紐,④如"吕"字讀[tɕy⁵¹]。⑤ 察今可以知古,上古漢語中"吕"極可能在某一方言中有見紐讀音,故諧聲有見、來之歧。又如"史吏使"本來爲同一字形之分化,本字記録了"史"和"吏"兩個詞,故有兩個讀音。趙誠説:"$\mathbf{Ψ}$,或作$\mathbf{Ψ}$,从又(手)持中會意。……史在商代爲官名,在商王左右,地位較高,或主持祭祀,或記事,或爲君王之大使。"⑥《左傳·僖公三十年》:"若舍鄭以爲東道主,行李之往來,共其乏困。""行李"即"行吏",亦即"使",吏和使都是"史"的分化字。這些例子也顯示了上古存在同字異音的可能性。

　　上古方言差異造成諧聲系統的複雜情形,趙誠先生舉過"視"字的幾種古文字形體,很能説明問題。視,甲骨文作$\mathbf{Ṵ}$,西周金文作$\mathbf{Ṵ}$(也有从見的),戰國文字作$\mathbf{Ṵ}$,侯馬盟書作$\mathbf{Ṵ}$,上博簡《緇衣》作$\mathbf{Ṵ}$。⑦ 一般認爲,甲骨文从目示,示亦聲。金文則是从目氏聲,上博簡作氏聲。《説文》:"視,瞻也。从見示。$\mathbf{Ṵ}$,古文視;$\mathbf{Ṵ}$亦古文視。"可以看出,$\mathbf{Ṵ}$與甲骨文有承襲關係,$\mathbf{Ṵ}$與戰國文字有承襲關係。但"氏"聲與"氏"聲不同。《説文·目》部有"眂"字,云"視兒。从目,氏聲",

---

① 郭晉稀《説文解字古韻三十部疏證·烏攝》(手稿)。
② 《郭店楚墓竹簡》,文物出版社,1998年,第118頁。
③ 《郭店楚墓竹簡》,文物出版社,1998年,第141頁。
④ 參馬建東《來母的生存——見母、來母古或同母》,中國社會科學出版社,2015年。
⑤ 馬建東《來母的生存——見母、來母古或同母》,中國社會科學出版社,2015年,第57頁。又按,"䢃"爲會意字,不从"吕"得聲。"躬"爲形聲字,从"弓"得聲。
⑥ 趙誠《甲骨文簡明辭典》,中華書局,1988年,第60頁。
⑦ 參高明《古文字類編》(增訂本),上海古籍出版社,2008年,第730頁。

將"眡"與"視"看作不同的字。不論怎樣,示、視(**𥄢𥄩**)、眡同源是毫無疑問的,"示"的本義是顯示,讓人看,《説文》云"天垂象,見吉凶,所以示人也"。自視曰視,使人視曰示。"眡"字注曰"視皃",當作形容詞,許慎强作分別,蓋因"氏""氏"不同音。依古韻三十部,氏在衣攝,氏在灰攝。"視"亦上古衣攝字。因此,眡視的不同,可能是方言的區別。趙誠先生認爲:"從文字使用的地區來看,從示的甲骨文視,當是與以今河南安陽爲中心的那一地區音系相適應的諧聲……從氏聲的金文眂,當是與以今陝西關中爲中心的那一地區音系相適應的諧聲;從氏聲的眡和從旨聲的眡,由於使用於《侯馬盟書》,當是與以今山西侯馬爲中心的那一地區音系相適應的諧聲。很顯然視的從示聲,眂的從氏聲,眡的從氏聲和眡的從旨聲,是三組諧聲關係,分別與三種方言音系相適應。"①這個例子也給我們一個很大的啓示,那就是關中方言可能有衣攝與灰攝混讀的現象,這就是漢代衣灰兩攝開始合韻的基礎。②

　　歷史音變造成諧聲系統的複雜多樣,是學人熟知的問題,然而研究中還是有不盡如人意的方面,尤其是對諧聲字聲母的研究。因爲有歷代韻文的存在,韻部的研究基本能依據客觀實際,而聲母則主要依據諧聲字和異文通假等材料,這些材料的時代性往往比較模糊,研究結論的可靠性也就受到了一定影響。

　　古聲母研究中有一個很明顯的誤區,就是拿反切出現以後的音讀來定某字的上古聲母,也就是説,以中古聲類的標準界定某字上古的聲類,於是出現了聲母不諧的情形。比如以"示"爲一級聲符的形聲字,《説文》中共有"視奈衼狋祁"五個,若就諧聲符而言,五字當皆屬定母,但其中古聲母差別較大;若依反切類推其古聲母,也有很大不同:視,常利切,牀三古讀定;奈,奴帶切,泥母;衼,丁外切,端母;狋,牛饑、語其二切,疑母;祁,渠脂切,群母古讀溪。五字分爲舌、牙二類,諧聲系統不一致。我們知道,各家對中古照三系聲母的擬音大

　　① 趙誠《上古諧聲和音系》,《古漢語研究》1996 年第 1 期,第 1—2 頁。
　　② 據羅常培、周祖謨研究,東漢時期支脂通押的材料有 14 條,參《漢魏晉南北朝韻部演變研究》,中華書局,2007 年,第 56 頁。

多爲今之舌面音,即照[tɕ]/穿[tɕʻ]/神[dʑ]/審[ɕ]/禪[ʑ],①它們在當時的某些方言中可能與見、溪、群、疑類相近,故反切上字混同。②"示"字"神至切",禪母古讀定,其聲母中古讀音爲[ʑ],"祁狺"二字之音的反切來源即據中古音讀,③"祁"表地名,後代音未變;"狺"今通語中已不用,依反切其聲母歸入牙音,《説文》云"讀又若銀",《玉篇》"又音權",則爲衣因對轉之音。"狺"字出土古文字中未見,《説文》云"犬怒皃",當爲"狘"之方言變易字,也有可能是"狱"之訛變。從反切看,"狺"的讀音也不止一個。

殷墟甲骨文中一字記錄多詞的現象一般稱爲"假借",且好多是所謂"本無其字"的假借,其中一字多音的情況大多數可以用我們現有的上古音系統去分析,有"聲轉""韻轉"或"一音通轉"的情形。但也有一些聲或韻甚至聲韻皆相去較遠。對韻的差異學者一般都能接受通轉之説,而對聲的差異則有不同解釋,其焦點聚於有無複輔音上。複輔音説看起來使問題變得很簡單,但要證明其存在卻相當困難,須持謹慎態度。

四

前文的分析已經顯示,有一些"再生聲母"是由同一形體有不同讀音或不同形體訛變混同造成的,這種現象也使《説文》諧聲系統呈現出複雜性。

漢字創造之初,同形異音的情形是客觀存在的。同一事物或相關事物的不同特點,命名不同,而用同一個字形記錄,這與圖畫演變爲文字的過程有關係;不同方言中,同一事物名稱不同,即同實異名者,用了同一個漢字記錄,即操此方言者所造之字而操彼方言者借用

---

①　參王力《漢語語音史》,商務印書館,2008 年,第 120—121、182、291—292 頁。

②　今蘭銀官話秦隴片的一些方言中有將[t']發成[tɕʻ]的,如清水等地將"提"讀成[tɕʻi]。古代也有這種差異的例子,如《左傳·宣公二年》之"提彌明",《公羊傳·宣公六年》作"祁彌明",《史記·晉世家》作"示眯明",這個例子跟前文所析"視"字異體構形的情形剛好可以互證。

③　當然,此二字的構形也有重新分析的可能。

之,而讀音不同。後各自以之爲聲符再造新字,便形成不同諧聲系統。王寧先生説:

> 漢字構形系統與漢語詞彙系統雖有關係卻並不在一個軌道上發展,不論是它們的演變還是它們在同一時期的實際狀況,都不是一一對應的。所以,在不同歷史時期、記録不同詞彙系統的所謂"同一個字",在記詞職能上並不完全等同。①

裘錫圭先生説:

> 在早期的文字裏,存在著表意的字形一形多用的現象。同一個字形可以用來代表兩個以上意義都跟這個字形有聯繫,但是彼此的語音並不相近的詞。②

又説:

> 在古代,形聲字的創造者大概也不會全是講一種方言的人。古代流傳下來的形聲字,它們和聲旁的讀音之間的關係所以如此複雜,恐怕多少跟方言的影響有些關係。③

趙誠先生也説:

> 古代的諧聲字,經過稍爲細緻的分析,可以清楚地看出,並非是在同一個音系基礎上產生的,如果從地域而言,它們形成於不同的方言。……不能把所有的諧聲關係看成是一個總體,產生於同一個音系,現代如此,古代也如此。也就是説,現代存在著各種方言,古代也存在著種種方言。各種方言產生著各種諧

---

① 王寧《漢字構形學講座》,三民書局,2013年,第152頁。
② 裘錫圭《文字學概要》,商務印書館,1988年,第5頁。
③ 裘錫圭《文字學概要》,商務印書館,1988年,第173頁。

聲關係。①

幾位先生所論都非常符合漢字産生和演變的實際。林澐先生將一形多用改稱"一形多讀",認爲"這種現象中應强調的是同一字形有兩個以上不同的讀音",②"在一形多讀字上加注聲符或義符以明確其讀法,是形聲字産生的原因之一",③而這種方法就是"轉注"。④

裘錫圭先生指出在埃及聖書字、楔形文字、納西文及古漢字等表意文字中都存在一形多用的情況,林澐先生在其《古文字轉注舉例》與《王、士同源及相關問題》中列舉了老考、女母、自鼻、主示、禾年、帚婦、畢禽、月夕、卜外、王士等幾組本來同形後來分化的轉注字,以較豐富的材料,嚴密的論證,很有力地説明幾組字本來同形而異讀。這些字分化之後各自形成不同的諧聲系統,而分化後的字形,若從後世演變的結果看,與原字構形或有明顯的關係,如老考、女母、自鼻、禾年;或無明顯關係,如主示、王士、畢禽。若追溯其源,一般都是有關係的。如主和示,小篆分别作ㄓ、示,甲骨文主字常作ㄒ、ㄒ、示、示,"其中示、示之形顯然爲小篆示字所本。早在1937年唐蘭已提出'卜辭示、宗、主實爲一字⑤'"。林先生認爲示與主的分化是在戰國時期完成的,因爲侯馬盟書中二字已有區别。可以推想,從此以後,主與示各自作聲符,形成不同的諧聲系統。甲骨文已是成熟的有系統的文字,在更早時期,即文字的萌芽時期,這種情形一定是普遍存在的,尤其是作爲傳遞信息的圖畫,各人有不同理解,與不同的詞對應,當然後來定形成爲文字,就有不同的讀音了。其中分化早的,諧聲系統也比較分明。分化晚些的,其諧聲也就有些糾葛不清,比如考和老、自與鼻,聲母相差較遠,大概就是這個原因。

王元鹿先生將我國云南納西族東巴文中一形多義多音的情形稱作"義借造字法",云"這種造字法比較古遠,但是如果細心尋覓,那麽

①　趙誠《上古諧聲和音系》,《古漢語研究》1996年第1期,第1頁。
②　林澐《王、士同源及相關問題》,《林澐學術文集》,第22頁。
③　林澐《王、士同源及相關問題》,《林澐學術文集》,第23頁。
④　參林澐《古文字轉注舉例》,《林澐學術文集》,第35—43頁。
⑤　林澐《古文字轉注舉例》,《林澐學術文集》,第39頁。

在漢古文字中也還找得到它的蛛絲馬迹”，①“從文字發展史角度看，初期意音文字一般都經歷過義借的階段”，爾蘇沙巴文字、蘇美爾文字及亞述—巴比倫文字體系中，都存在同一符號有幾個表意和表音的作用。如蘇美爾文字記“天空”的字作👉，音 an，也可表示“神”，音 dingir。② 其實這種情形嚴格説來，應該是用字法，這是從對同一形體的識讀和使用角度看問題的。

王元鹿先生所説的漢古字中“義借”的蛛絲馬迹，《説文解字》中也有。有些諧聲符，與出土古文字不一致，很多情況下是一形多讀或演變混同造成的。我們看幾個部首字的解釋，完全可以説明一形多音問題：

> ｜引而上行讀若囟，引而下行讀若退。
> 屮古文或以爲艸字。讀若徹。
> 疋古文以爲《詩·大疋》字，亦以爲足字，或曰胥字。
> 𣞺讀若戢，又讀若唉。
> 𣅀讀若奰，一曰若儵。
> 皀又讀若香。
> 牟一曰讀若瓠，一曰俗語以盜不止爲牟，讀若籋。

這些字的兩個或幾個讀音差别很大，都是用一個字形記録兩個或多個不同音的詞。段玉裁曰：

> 古文以洒爲灑埽字，以疋爲《詩·大雅》字，以丂爲巧字，以𠨪爲賢字，以𠂤爲魯衛之魯，以哥爲歌字，以詖爲頗字，以𥅴爲覛字；籀文以爰爲車輨字，皆因古時字少，依聲托事。至於古文以屮爲艸字，以疋爲足字，以丂爲亐字，以佅爲訓字，以臭爲澤字，此則非屬依聲，或因形近相借。③

---

　　① 　王元鹿《漢古文字與納西東巴文字比較研究》，華東師範大學出版社，1988 年，第 83 頁。
　　② 　參王元鹿《漢古文字與納西東巴文字比較研究》，第 84 頁。
　　③ 　〔清〕段玉裁《説文解字注》，第 21 頁。

　　其實並不是"形近相借",而應當是同形異讀,這在出土古文字中也常見,如"凵"有"凵臼"兩音、"壹"有"壹喜"兩音、"改(ji)配"兩音、"革"有"革勒"兩音;又"戈弋"同形、"久乑"同形,等等,都是一形有兩音,是由一個形體記録兩個或多個同義詞造成的,即方言中"同實異名"的詞,用同一個字形。還有一種可能,就是某個實物性較强的圖畫,在逐漸變爲符號與詞結合時,不同人賦予其音義時有不同認知,因爲現實中形體相似的事物很多;即使意義相同,不同方言的人也會賦予其不同讀音。後來字形分化,讀音確定,就成了不同的字。另一種情形是兩個或幾個不同的形體在演變過程中混同,由於混同,使某個形體有了多個讀音。如《説文》:"李,果也。從木子聲。"出土楚文字中"李"多作"杢",從"來"得聲,由於訛變,"來"與"木"混同,故許氏分析爲"從木子聲"。黄德寬先生列舉西周金文中凡舟、田用、日目、止屮等訛變混同的例子,①也有力地説明了這個問題。這都干擾了諧聲系統的單純性,而造成了"再生聲母"的複雜性。

　　上古文獻材料大多是堆在平面上的,很難分清造字者的時代和地域,我們面對的大多數漢字,不論形體音義,大多是演變的結果,《説文》中的諧聲字也是如此,有許多問題還需要作客觀深入的探討。如果能分層級地理清"再生聲母",對研究漢字構形、上古音以及由圖畫到文字的演變過程,都是有重要意義的。

　　(原載《先秦文學與文化》第五輯,上海古籍出版社,2016 年12 月)

---

① 參黄德寬等著《古漢字發展論》,中華書局,2014 年,第 204—207 頁。

郭晉稀先生"匣紐變心紐説"論析

郭晉稀先生曾撰寫《古聲變考》一文,提出"匣紐變心紐説":

> 匣心兩紐,在發、送、收的位置上,是相同的,即勞乃宣所謂戛、透、轢、捺,湘人孫文昱所謂周、出、疏、入,在位置上是相同的,匣、心兩紐同屬轢(疏)類也。
>
> 周秦古音有見、溪、曉、匣、疑的洪音,而無細音,以舊的注音字母言之,即有ㄍ、ㄎ、ㄏ、兀,而無ㄐ、ㄑ、ㄒ、广也。顎音既分洪細,細音有復齒化,故顎音有變作齒音者矣,此猶今音之團音尖音:每相迻易耳。
>
> 凡牙聲以内或齒音以内,音有迻易,戴震謂之同位正轉。一爲牙音,一爲他音,由於戛、透、轢、捺之位置相同而相轉,戴氏謂之位同變轉。見紐轉精、溪紐轉清,皆所謂位同變轉也。此種位同變轉,各組皆有之,不獨匣紐與心紐也。今獨標匣紐變心紐者,以此類變轉古固有之,而漢魏以來尤多,非若其他位同變轉可比,不可不知也。故作"匣紐變心紐説"。①

前文論述郭先生《説文古韻三十部疏證》時也分析了"亘員"兩字的例子,説明匣紐變心紐。此類諧聲現象還有一些,如下表所示諸例,皆同一聲符字而歧爲喉、齒二類者:

---

① 郭晉稀《隴上學人文存·郭晉稀卷》,第 419 頁。

諧聲符	諧聲字	反切	中古聲紐
彗 呼惠反 曉 祥歲反 邪	嚖	呼惠反	曉
	熭	于歲反	于
	槥	于歲反	于
	慧	胡桂反	匣
	繐	相鋭反	心
	鏏	祥歲反	邪
	雪	相絶反	心
叀 于歲反 于(匣)	惠	胡桂反	匣
惠 胡桂反 匣	鏸	此芮反	清
		胡計反	匣
		徐醉反	邪
	橞	胡桂反	匣
		胡計反	匣
	潓	胡桂反	匣
		胡計反	匣
	繐	胡計反	匣
		胡桂反	匣
		相鋭反	心
	穗	徐醉反	邪

諧聲符	諧聲字	反切	中古聲紐
旬 詳遵反 邪	郇	相倫反	心
		户關反	匣
	洵	相倫反	心
	恂	相倫反	心
	姁	相倫反	心
	筍	思尹反	心
	珣	相倫反	心
	荀	相倫反	心
	恂	相倫反	心
	徇	辭閏反	邪
	殉	辭閏反	邪
	徇	辭閏反	邪
	紃	思尹反	心
	栒	相倫反	心
	絢	許縣反	曉
血 呼決反 曉	衁	呼決反	曉
	侐	況逼反	曉
	洫	況逼反	曉
	恤	辛聿反	心
	卹	辛聿反	心
戌 辛聿切 心	歲	相鋭反	心
歲 相鋭反 心	噦	呼會反	曉
	翽	呼會反	曉
	濊	呼括反	曉

除諧聲字喉齒變異現象外,同一字有喉齒兩讀的現象也反映了心紐類與匣紐類的關係,如表中"邮"字有相倫、戶關二切,"繐"字有胡桂、相鋭二切。再看幾條材料:

《玉篇‧玉部》:"王,欣救、思六二切。玉工也,亦姓也。"

《廣韻‧屑韻》:"卨,《字林》云:蟲名也。又殷祖也。或作偰,又作契。"私列切。又《薛韻》:"契,契闊。"五結切,又苦計切。《霽韻》:"契約。苦計切。又苦結切。"

《廣韻‧願韻》:"獻,許建切。"《集韻‧戈韻》:"犧,獻戲,酒尊名,飾以翡翠。鄭司農説或作犧戲。"桑何切。

《廣韻‧問韻》:"訓,誡也。男曰誡,女曰訓。又姓。許運切。"《五音集韻》:"訓,祥遵切。"

欣爲曉母,思爲心母,是王有心曉兩讀;契有私列、苦結二反,也是齒牙之歧;獻通犧,有許建、桑何二切,亦是曉、心之異;訓的許運、祥遵二切,則是曉與邪紐二音,心與邪紐中古爲清濁之異,訓的邪紐音見於《五音集韻》,説明出現較晚。這種異讀一般都有古注或方音依據,下面是《經典釋文》中的幾個例子:

1.《易‧履》九四:"履虎尾,愬愬,終吉。"《釋文》:"愬愬,馬本作虩虩,音許逆反。云:恐懼也。《説文》同。"又《易‧震》:"亨,震來虩虩,笑言啞啞。"《釋文》:"虩虩,許逆反。馬云恐懼貌。鄭同。荀作愬愬。"

2.《尚書‧舜典》:"卒乃復。"孔傳:"卒終復還也。"《釋文》:"還,音旋。"黃焯先生《彙校》:"寫本還上出則字,注云:如字,下同。無'音旋'二字。"[1]又《詩經‧邶風‧泉水》:"載脂載牽,還車言邁。"《釋文》:"還,音旋。"又《齊風‧還》:"子之還兮,遭我乎猺之間兮。"《釋文》:"還,音旋。便捷貌。《韓詩》作嫙,嫙,好貌。"又《魏風‧十畝之間》:"行與子還兮。"《釋文》:"還,

---

① 〔唐〕陸德明撰,黃焯彙校《經典釋文彙校》,第79頁。

本亦作旋。"

3.《舜典》:"禹拜稽首,讓于稷契暨皋陶。"《釋文》:"契,息列反。"又《胤征》:"自契至于成湯,八遷。"《釋文》:"契,息列反。殷之始祖。"

4.《顧命》:"敷重筍席。"《釋文》:"筍,息允反。馬云:箬箬也。徐云:竹子竹爲席①。于貧反。"

5.《詩經·邶風·擊鼓》:"于嗟洵兮,不我信兮。"《釋文》:"洵,呼縣反。遠也。本或作詢,誤也。詢音荀,《韓詩》作敻,敻亦遠也。"盧文弨《經典釋文考證》曰:"高誘注《吕氏春秋·盡數篇》正作敻。"②

6.《詩經·衛風·淇奥》:"瑟兮僩兮,赫兮咺兮。"《釋文》:"咺,况晚反。威儀容止。宣,著也。《韓詩》作宣。宣,顯也。"又《禮記·大學》引《詩》"終不可諠兮",《釋文》:"許袁反,《詩》作諼,或作喧,音同。"

7.《詩經·小雅·信南山》:"祭以清酒,從以騂牡。"《釋文》:"騂,息營反。《字林》許營反。"又《詩經·小雅·角弓》:"騂騂角弓,翩其反矣。"《釋文》:"騂,息營反。調和也。沈又許營反。《説文》作骍,音火全反。"又《禮記·郊特牲》:"牲用騂,尚赤也。"《釋文》:"騂,息營反,徐呼營反。"又《禮記·明堂位》:"殷白牡,周騂剛。"《釋文》:"騂,息營反,又呼營反。"又《祭法》:"用騂犢。"《釋文》:"騂,私營反。《字林》云:火營反。"

8.《詩經·魯頌·閟宫》:"犧尊將將。"《釋文》:"犧,鄭素何反。毛云'有沙飾',則宜同鄭。王許宜反,尊名也。"又《左傳·定公十年》:"犧象不出門,嘉樂不野合。"杜預注:"犧象,酒器,犧尊、象尊也。"③《釋文》:"犧,許宜反,又息何反。注同。"

9.《周禮·春官宗伯·司尊彝》:"其朝踐用兩獻尊。"鄭玄注引鄭司農曰:"獻讀爲犧。犧尊,飾以翡翠。"④《釋文》:"獻,本

---

① 此句疑有訛誤。黄焯曰:"阮云:下'竹'字疑作'可'。"(《經典釋文彙校》,第112頁)
② 〔清〕盧文弨《經典釋文考證》,《叢書集成初編》本,第73頁。
③ 《十三經注疏》,第2148頁。
④ 《十三經注疏》,第773頁。

或作戲,注作犧,同素何反。"又"鬱齊獻酌"鄭注云:"獻讀爲摩莎之莎,齊語聲之誤也。"①《釋文》:"獻,素何反。"又《儀禮·大射》:"兩壺獻酒。"鄭玄注:"獻,讀爲沙,沙酒濁,特沛之,必摩沙者也。"②又:"司宫尊侯于服不之東北兩獻酒。"《釋文》:"獻,素多反。"

10.《禮記·月令》:"天子乃鮮羔開冰。"鄭玄注:"鮮,當爲獻,聲之誤也。"③《釋文》:"依注音獻。"

11.《左傳·成公十五年》:"魚石、向爲人、鱗朱、向帶、魚府出舍于睢上。"《釋文》:"睢,音雖。徐許惟反;又音綏。"

12.《公羊傳·僖公二十六年》:"齊人侵我西鄙,公追齊師至巂。"《釋文》:"巂,户圭反,又似兖反。"盧文弨《經典釋文考證》曰:"本或作雟,故有'似兖'一切。"④又《襄公十五年》:"公救成,至遇。其言至遇何? 不敢進也。"何休注:"兵不敵,不敢進也。不言止次,如公次于郎以刺之者,量力不責,重民也。故與至攜同文。"⑤《釋文》:"攜,户圭反,又囚兖反。"

上述材料中各讀音的關係可歸納如下表:

例 字	反 切	中古聲紐	又音/異文	反 切	中古聲紐
愬	桑故反	心	愬	許逆切	曉
還	户關反	匣	旋	似宣反	邪
挈	息列反	心	契	苦計反	溪
筍	息允反	心		于貧反	于(匣)
泏	呼縣反	曉	詢/夐	詳遵/休正	邪/曉
咺 諠	況晚反 許袁反	曉 曉	宣 喧諼	須緣反 況袁反	心 曉

---

① 《十三經注疏》,第 774 頁。
② 《十三經注疏》,第 1029 頁。
③ 《十三經注疏》,第 1362 頁。
④ 〔清〕盧文弨《經典釋文考證》,第 267 頁。
⑤ 《十三經注疏》,第 2307 頁。

續　表

例　字	反　切	中古聲紐	又音/異文	反　切	中古聲紐
騂	息營反	心		呼營反	曉
犧	素何反	心	戲	許宜反	曉
獻	許建反	曉	莎沙	素多反	心
鮮	相然反	心	獻	許建反	曉
眭	息遺切	心		許惟反	曉
寯	户圭反	匣		似兗反	邪

上表中各字兩音都在齒音心邪與喉音曉匣之間,"契"雖有溪母音,亦屬牙音,即如今北音讀"溪"如曉匣,都與諧聲字反映的情形大同。有些聯綿詞的音轉形式也可以體現這種語音變化,如"徘徊"一詞的轉語有盤桓、便旋、彷徨、仿翔、仿像、蹣跚等,其中第一個音節都是脣音,勿用贅述。第二個音節桓、徨爲匣紐字,翔、像爲邪紐字,跚是後起字,依"蘇干切"爲心紐字。《廣雅·釋訓》:"徘徊,便旋也。"王念孫《疏證》曰:

> 此疊韻之變轉也。徘徊之正轉爲盤桓,變之則爲便旋,薛綜注《西京賦》云:"盤桓,便旋也。"便旋,猶盤旋耳。徘徊,各本皆作徘徊,唯影宋本作徘徊,《漢書·高后紀》注云:"徘徊,猶傍偟,不進之意也。"《史記·司馬相如傳》:"於是楚王乃弭節裴回。"《漢書》作"俳佪",《文選》作"徘徊",《後漢書·張衡傳》作"俳回",並字異而義同。[①]

以上各種材料都説明,在漢語語音的歷史演變過程中,喉音與齒音之間的變轉是一種客觀存在,這應當是喉音與齒音齶化的産物,喉音曉匣由於齶化而接近舌面,齒音心邪也因齶化而近於舌面,兩類聲母由於音變近於舌面而趨同。郭先生認爲讀曉匣爲音之正,讀心邪

---

① 〔清〕王念孫《廣雅疏證》,第192頁。

爲音之變。

值得注意的是,這並不是普遍現象,而是一種零星的方言音變。比如《周禮》"獻"讀"莎"、《禮記》"鮮"讀"獻",鄭玄注曰"齊語聲之誤""聲之誤",證明它是方音,通語不如是讀。但這種方言現象"古固有之,而漢魏以來尤多","匣紐變心紐説"對於漢語史研究的價值和意義也正在於此。

從理論上講,齒音和喉牙音,尤其是皆爲擦音的曉匣與心邪紐,是可以互相轉化的。薩丕爾曾有一個著名的"語音格局"之説:

> 在一種語言特具的純粹客觀的、需要經過艱苦的語音分析才能得出的語音系統背後,還有一個更有限制的、"内部的"或"理想的"系統。它也許同樣地不會叫天真的説話人意識到是一個系統,不過它遠比第一個系統容易叫人意識到是一個完成的格局、一個心理機構。内部的語音系統雖然會被機械的、不相干的現象掩蓋起來,卻是語言生命裏一個真正的、非常重要的原則。甚至在它的語音内容久已改變了之後,它還能作爲一個格局堅持下去,包括語音成分的數目、關係和作用。兩種在歷史上有關的語言或方言,可能没有任何共同的語音,但是它們的理想的語音系統卻可以是同格局的。我一點也不想暗示這格局是不能改變的。它可以伸縮或改變它的功能的面貌,但是它變得遠不如語音本身那樣快。所以,一種語言通過它的語音的理想系統和基層的語音格局(也可以説是符號原子的系統)來表現它的特性,就像它通過自己的語法結構來表現一樣。語音結構和概念結構都顯示出語言對形式的本能感覺。①

筆者的理解是,一種語言的語音格局形成之後,其變化一般在格局内部進行,也就是説,其音變的結果可能是該系統中原有的音,隨著語音條件的不同,可能會出現循環往復的變化。漢語的音韻格局應當包括聲母系統、聲調系統、韻母系統及聲韻配合關係。徐通鏘先

---

① (美)愛德華·薩丕爾著,陸卓元譯,陸志韋校訂《語言論》,商務印書館,1962 年,第 33 頁。

生説:"音變的原理是由音系結構格局控制的,因而變異很難超越格局所允許的範圍和方向。結構格局的穩固性決定了古今音變機理的相似性或共同性。"①代表漢語中古音系的《切韻》音系與現代漢語方言之間的對應關係,可以充分説明這一點。《切韻》音系的聲母格局與現代漢語方言聲母變化所遵循的格局基本一致,筆者根據北京大學中國語言文學系語言學教研室編的《漢語方音字彙》所列 20 個方言點的聲母,歸納出現代漢語方言聲母(不計重複,包括零聲母)共有 43 個,如下表:

發音方法 \ 發音部位			雙唇	唇齒	舌尖前	舌尖中	舌尖後	舌葉	舌面前	舌面中	舌面後	喉	總聲母
塞音	清	不送氣	p			t					k		
		送氣	p'			t'					k'		
	濁		b			d					g		
塞擦音	清	不送氣		pf	ts		tʂ	tʃ	tɕ				
		送氣		pf'	ts'		tʂ'	tʃ'	tɕ'				
	濁				dz		dʐ		dʑ				
鼻音	濁		m			n			ȵ		ŋ		
閃音	濁					l							
邊音	濁					ɬ							
擦音	清			f	s		ʂ	ʃ	ç		x	h	
	濁			v	z		ʐ			j	ɣ	ɦ	
半母音	濁		w										
零聲母	清											ø	
合　計			5	4	5	6	5	3	5	1	6	3	43

　　其中溫州方言有 29 個聲母,蘇州及湖南雙峰方言各有 28 個聲母,算是最多的,因爲它們都有濁的雙唇塞音、唇齒擦音、舌尖前塞擦

① 徐通鏘《語言論》,東北師範大學出版社,1997 年,第 149 頁。

音及擦音、舌尖中塞音、舌面前塞擦音等,屬於存濁系統的方言。另外,西安方言比普通話聲母多了 pf、pf·、v、n̠、ŋ 五個聲母,故有 27 個,也算是多的;閩語系的廈門、福州及建甌方言,都没有舌尖後音和舌面前音,聲母較少,分别有 17 和 15 個;多數方言的聲母數都在 18 至 22 個之間。

黄侃定《切韻》聲母爲41 個,我們製成表格(見下頁)。①

這兩個聲母系統對比,基本格局大致相當。需要强調的是,《切韻》音系也是一個"論南北是非,古今通塞"的綜合音系,其聲母系統的性質和我們今天綜合的各地方言語音系統相同。所以,完全可以據此判斷,自漢魏以來,漢語聲母系統的基本格局大致相同,聲母的歷史演變受這個格局的控制。而無論如何,中古漢語中有舌面前擦音是肯定的。那麽,舌面後擦音齶化而變爲舌面前擦音(x>ç),進而由舌面前擦音變爲舌尖前擦音(ç>s),也是合理的。徐通鏘先生説:

> 舌尖和舌根是聲母系統中發音能力最强的兩個發音部位,由它們發出的輔音聲母受 i 介音的影響而發生的演變,在漢語方言中比比皆是,而且花樣也最多,能從其中窺知的音變機理也最豐富。這是漢語中最活躍的一個音變領域。②

這種音變的活躍度就是由舌面的抬高和降低造成的,是人類發音器官最自然的變化,所以,漢語的中古方言和現代方言一定有相同的情形。前文所舉古文獻中的一些字例在現代方言中的讀音正是這樣,如"契、獻、損"三字,今温州方言分别讀[ts·ʅ°][çiˀ][°sø],廣州方言分别讀[k·ɐiˀ][hinˀ][°ʃyn],"契"爲溪母字,温州話中讀舌尖前音;而"損"字的廣州話讀音,又接近於舌面,蓋古方言已有此音,《説文》讀若"遜"有其依據。可以推斷,由"員"的讀音變爲"損"的讀音,其聲母演變的過程爲 x>ç>s,韻母也由産生[i]介音到[i]變爲[ʅ]。

此外,中古見溪群曉匣各母,在今温州、合肥等方言中有變爲[ts]

①　參《黄侃論學雜著》,中華書局,1964 年,第 63—66 頁。
②　徐通鏘《語言論》,東北師範大學出版社,1997 年,第 151 頁。

音	類	字母	清濁	開合	例字	發送收
唇音	重唇	明	濁	合撮	埋	收
	重唇	並	濁	合撮	排	送
	重唇	滂	清	合撮	胚	送
	重唇	幫	清	合撮	擺	發
唇音	輕唇	微	濁	撮	妃	送
	輕唇	奉	濁	撮	肥	送
	輕唇	敷	清	撮	非	發
	輕唇	非	清	撮	妃	發
齒音	齒頭	邪	濁	齊撮	詞	送
	齒頭	心	清	齊撮	聰	送
	齒頭	從	濁	開合齊撮	才	送
	齒頭	清	清	開合齊撮	猜	送
	齒頭	精	清	開合齊撮	哉	發
齒音	正齒	疏	清	開合齊撮	認	送
	正齒	床	濁	開合齊撮	柴	送
	正齒	初	清	開合齊撮	差	送
	正齒	莊	清	開合齊撮	齋	發
舌音	舌齒間音	娘	濁	開合齊撮	挼	收
		澄	濁	開合齊撮	鷹	送
		徹	清	開合齊撮	攄	送
		知	清	開合齊撮	鰍	發
	半舌	來	濁	開合齊撮	來	收
	舌齒間音	禪	濁	齊撮	時	送
		審	清	齊撮	詩	送
		神	濁	齊撮	示	送
		穿	清	齊撮	蚩	送
		照	清	齊撮	之	發
	半齒	日	濁	齊撮	而	收
舌音	舌頭	泥	濁	開合齊撮	能	收
	舌頭	定	濁	開合齊撮	苔	送
	舌頭	透	清	開合齊撮	胎	送
	舌頭	端	清	開合齊撮	懂	發
牙音		疑	濁	開合齊撮	皚	收
		群	濁	齊撮	其	送
		溪	清	開合齊撮	開	送
		見	清	開合齊撮	該	發
喉音		曉	清	開合齊撮	咍	送
		匣	濁	開合齊撮	孩	送
		為	濁	齊撮	矣	發
		喻	濁	齊撮	怡	發
		影	清	開齊合撮	埃	發

[ts·][s]的,語音條件是韻母爲[ɿ],如温州方言見紐的“稽、雞、饑、基、幾、機、譏、己、計、繼、寄、記”,聲母皆爲[ts],溪紐的“欺、啓、企、起、豈、契、器、棄、氣、溪”,聲母皆爲[ts·],群母的“奇、騎、祁、其、旗、棋、祈”,聲母皆爲[dz],曉母的“犧、希、稀、喜、戲”,聲母皆爲[s]。有意思的是,這些字都不是中古的入聲,如果是中古入聲且今普通話韻母爲[i],其前面的見溪群曉匣類聲母温州方言一般讀[tɕ][tɕ·][ɕ]等舌面前音,如見母的“激、擊、急、級、吉”,聲母爲[tɕ],溪母的“乞泣”,聲母爲[tɕ·],群母的“及極”,聲母爲[dʑ]。① 這説明牙喉音,在一定條件下是可以轉化爲舌尖音的,其語音條件就是元音韻母變爲[ɿ]。以上所舉温州話中古入聲字不符合這一條件,如“激”音[tɕiai]、“及”音[dʑiai]等,其聲母没有變爲舌尖前音,而變爲舌面前音。這可能與温州方言見組字陰聲韻與入聲韻齶化的歷史層次不同有關,也説明塞音韻尾對聲母的變化有影響。

由現代漢語方言音變可以推知古代漢語方言變化的情形,尖團音的分立與合流古今應當有相同的機理。

谷少華、郭沈清“借助實驗語音手段,對林州精見組細音進行聲學特性描述”,發現林州方言“精見組與齊齒呼相拼時分尖團(精組字多讀舌尖音 ts、ts·、s,見組字齶化和舌尖化並存);與撮口呼相拼時不分尖團,讀 tɕ、tɕ·、ɕ”;見組字讀 ts、ts·、s 是“受到強勢方言的影響,又存在一種矯枉過正的現象”。② 見組字在向前移位的過程中,存在齶化與舌尖化兩種情形,其過程應當是先齶化,再舌尖化,也就是説,見組字齶化後又表現出與精組字趨同的態勢。還有一種現象需要注意,現代漢語方言中,精組字齶化而變爲 tɕ、tɕ·、ɕ,卻没有進一步向後移位變爲 k、k·、x 的。這説明見精兩組聲母的演變有趨同現象,但並不是雙向對應的;也證明了郭先生“匣紐變心紐説”之正確。

根據王士元先生的“詞彙擴散説”,語音發生突變之後,以詞彙擴散的方式逐漸完成系統的變化。漢魏以來文獻中匣紐變心紐的例子

① 此處所引音注均采自北京大學中國語言文學系語言學教研室編《漢語方言字彙》第二版,文字改革出版社,1989 年 6 月第 2 版。
② 谷少華、郭沈青《林州方言尖團音分混現狀及其成因》,《殷都學刊》2015 年第 4 期。

説明,詞彙擴散的進程有時極其緩慢,而有些方言音變現象因其本身的弱勢地位,被看作"聲之誤",在强勢方言的影響下會逐漸湮没。然而這種現象對探究語音變異的内部和外部因素,建構科學的語音發展史卻極爲重要,應當受到高度重視,不能以"聲之誤"簡單處理。

　　從以上論析可以看出,郭先生的"匣組變心組説",不僅揭示了漢語語音歷史演變的規律,而且藴涵著先進的語言學思想,對深入研究漢語史、建構科學的漢語語言學具有重要意義。

　　(原載《先秦文學與文化》第七輯,上海古籍出版社,2018 年 11 月)

聲 轉 述 評

　　漢語聲轉之說，創自宋人邵雍的《經世正音》，清人錢大昕、戴震遂宏其旨，及章太炎、黃侃等人，則總結條例，發其大凡。諸家論述大同小異，其理論核心都可用"正轉""變轉"概括。雙聲爲正轉，雖不同紐而喉、牙、舌、齒、脣五音同者，也算正轉；喉音匣、曉與牙音諸紐，發音最近，也算正轉。變轉指五音不同而發音方法相同者，如同爲塞音或擦音等。按古音通轉的實際，正轉是普遍存在的；變轉也有，但不普遍。因此，我們對於清儒的聲轉學說，應持一分爲二的態度，不可一概肯定或否定。

一

　　戴震的聲轉理論集中於其《轉語二十章序》，此爲戴氏早年所作。或以爲《轉語》不傳，如章太炎《新方言序》云："戴君作《轉語》二十章"，"書軼不傳，後昆莫能繼其志。"曾運乾先生云："清戴震深通方言，始作《轉語》一書，今遺書中《聲類表》是也。其集中有《轉語二十章序》，即《聲類表》之序也。"①郭晉稀先生進一步論證了《聲類表》即是《轉語》。我以爲，即使我們不能斷定《轉語》二十章即《聲類表》，但二者有密切關係是不可否認的。《轉語》二十章謂古聲母有二十紐，而《聲類表》正據二十紐排定聲位，故每韻分爲二十章，因此，它是以二十紐爲經，以韻部爲緯而編成的聲韻流轉表。

---

① 曾運乾《音韻學講義》，中華書局，2011 年，第 549 頁。

戴氏《轉語二十章序》曰：

　　人之語言萬變，而聲氣之微，有自然之節限，是故六書依聲託事，假借相禪，其用至博，操之至約也。學士茫然，莫究［所以］，①今別爲二十章，各從乎聲，以原其義。夫聲自微而之顯，言者未終，聞者已解，辨於口不繁，則耳治不惑。人口始喉，下底脣末，按位以譜之，其爲聲之大限五，小限各四。於是互相參伍，而聲之用蓋備矣。參伍之法，台余予陽，自稱之詞，在次三章。吾印言我，亦自稱之詞，在次十有五章。截四章爲一類，類有四位，三與十有五，數其位皆至三而得之，位同也。凡同位爲正轉，位同爲變轉。……凡同位則同聲，同聲則可以通乎其義。位同則聲變而同，聲變而同，則其義亦可以比之而通。……用是聽五方之音及少兒學語未清者，其輾轉譌溷必各如其位，斯足證聲之節限位次，自然而成，不假人意屑設也。……昔人既作《爾雅》《方言》《釋名》，余以謂猶闕一卷書，創爲是篇，用補其闕。俾疑於義者以聲求之，疑於聲者以義正之。②

　　戴氏之五大限是依聲音部位而分的類，小限各四指五音之内按發音方法不同又分四類。郭晉稀先生依《轉語二十章序》及《聲類表》作戴氏聲位二十章表如下：③

表一

章次	一	二	三	四	五	六	七	八	九	十	十一	十二	十三	十四	十五	十六	十七	十八	十九	二十
清	見	溪	影	曉	端	透			知照	徹穿		審	精	清	心		幫	滂		非敷
濁		群	喻微	匣		定	泥	來		澄床	娘日	禪		從	疑	邪		並	明	奉

<hr>

①　“所以”二字，原點校者注云：“據　王裁《覆校札記》增。”今按：作“學士茫然莫究”亦通。
②　〔清〕戴震《戴震文集》，中華書局，1980 年，第 91—92 頁。
③　郭晉稀《聲類疏證·前言》，第 4 頁。

此表中大限内各紐之間爲正轉,各大限之間凡聲位同者爲變轉,如見與知照與端等,即爲變轉。戴氏所舉“台余予陽”四字,皆屬喻母,在第三章,是喉牙音第三位;“吾卬言我”,皆屬疑紐,在齒音第三位,是爲位同變轉。就《聲類表》而言,戴氏是將聲轉與韻轉相結合的,聲不同則求諸韻,韻不同則求諸聲,二者不可孤立開來。如《聲類表》中,居、諸二字魚部同韻,居在見紐,諸在照紐,牙、舌有隔,但同部疊韻,可以通轉。《詩經·邶風·柏舟》:“日居月諸。”孔穎達《正義》:“居、諸者,語助也。”①可知二者同義。清儒謂之變轉,我們説它們是疊韻相轉也是可以的。

錢大昕於清人古韻研究如日中天之際,獨闢蹊徑,研究古聲而多所發明,其“古無輕脣音説”“古無舌上音説”乃衆口皆碑,家喻户曉。但對於他的聲轉理論系統及其以聲轉理論爲宗旨而寫成的專著《聲類》一書,卻長期不爲學者注重,《聲類》一書還一度被誤解爲没有音韻理論的類書。慶幸的是上海古籍出版社1993年出版了郭晉稀先生的《聲類疏證》,才使錢氏學説及《聲類》之價值得以彰明。

錢氏的聲轉學説散見於《聲類》諸條及其他聲韻論述中。其《十駕齋養新録·字母》一文云:“言字母者,謂牙舌脣之音必四,齒音必五。不知聲音有出送收三等。出聲一而已,送聲有清濁之歧,收聲又有内外之歧。試即牙舌脣之音引而伸之,曰‘基欺奇疑伊’可也,‘基欺奇希奚’亦可也;‘東通同農隆’可也,‘幫滂旁茫房’亦可也,未見其必爲四也。即齒音斂而縮之,曰‘昭超潮饒’可也,‘將鏘戕詳’亦可也,未見其必爲五也。”②

錢氏依出送收三等言聲,他所説的“出”,指全清不送氣的塞音、塞擦音;“送”即送氣的塞音和塞擦音,包括清濁兩類;“收”指擦音、鼻音,邊音及半元音。内、外收在發音方法上的區別不甚明瞭。郭晉稀師依據錢氏大量論證,作其聲位表如下:③

---

① 《十三經注疏》,第297頁。
② 〔清〕錢大昕著,楊勇軍整理《十駕齋養新録》,上海書店出版社,2011年,第88頁。
③ 郭晉稀《聲類疏證·前言》,第13頁。

表二

出		見	端(知)	照	精	幫(非)
送	清	溪	透(徹)	穿	清	滂(敷)
	濁	群	定(澄)	床	從	並
收	內	疑曉	泥(娘)	(審)	(心)	明(微)
	外	影匣(喻)	來	(禪)日	邪	奉

依錢氏理論,上表中凡五音界域同者爲正轉,凡出送收相同而五音部位不同者爲變轉。如《聲類·釋訓》:"駿之言奏,正轉也;艘之言屆,變轉也。"駿、奏同屬精母,故爲正轉,艘屬精母,屆屬見母,精、見雖齒、牙有別,而同爲出聲,故爲變轉。

錢氏之出聲,大致爲戴氏五大限中第一位者,送聲即戴氏五大限之第二位,收聲即戴氏之第三、第四位,可知兩家基本相同。其所異者,錢氏疑歸喉音,戴氏歸齒音,錢説爲長。錢氏舌音知、徹、澄、娘歸端、透、定、泥,已成定論,戴氏則舌上音與正齒音爲一類,不知照系本分爲二,照三歸端系,照二歸精系,故顯粗疏。錢氏照系獨立,而未分出審、禪兩母,并之於穿、床,又將輕脣并於重脣,都是完全正確的。至於心、邪合一,則與後來黃侃説相同。所以,就聲轉而言,錢氏比戴氏大大前進了一步。但是錢氏只談聲轉,不談韻轉,戴氏《聲類表》聲韻兼顧,是戴氏又逾於錢氏。

此外,我們分析錢大昕《聲類》之用例,大多數於古音爲雙聲正轉或韻類通轉,雖於三十六字母有五音之異,然求諸古音,則大抵同類。錢氏不知喻母上古分隸牙音匣紐、舌音定紐;邪紐上古亦隸定紐;照三歸舌頭,照二歸齒頭,故將喻四與定、喻三與匣、邪紐與定、照三與端知、照二與精,概謂之變轉,其實爲雙聲正轉。如《聲類》卷四云:"修爲卣。《周禮·卣人》'廟用修'注:'修讀曰卣。'"今按,《廣韻·尤》:"卣,以周切。"爲喻四紐字,古讀定。又:"修,息流切。"心紐,是爲邪紐之誤讀。《集韻》:"修,他彫切。"爲透母,透定同爲舌頭而有清濁之異,上古蓋無別,此其一;修从攸聲,攸,以周切,喻四古讀定,此其二;《漢書》卷十八《外戚恩澤表》序云:"孝景將侯王氏,脩侯犯色。"顏師古注:"脩音條。”①《廣韻·蕭》：“條，徒聊切。”定母，可知脩本讀定，此其三也。由此言之，卣脩本同音，而非喉齒收聲相轉。其他用例，郭先生《聲類疏證》皆有詳細證明，兹不繁舉。

章太炎的音韻理論主要見於《國故論衡》《小學答問》及《文始》。其《國故論衡·古雙聲説》云：

> 　　古音紐有舌頭無舌上，有重脣無輕脣，則錢大昕所證明。娘日二紐古並歸泥，則炳麟所證明。正齒舌頭慮有鴻細，古音不若是繁碎，大較不别。齊莊、中正，爲齒音雙聲，今音“中”在舌上，古音“中”在舌頭。疑於類隔，齒舌有時旁轉，錢君亦疏通之矣。此則今有九音，於古則六，曰喉、牙、舌、齒、脣、半舌也。同一音者，雖旁紐則爲雙聲，是故金欽禽唫，一今聲具四喉音；汙吁芌華，一于聲具四牙音。② 漢魏南北朝反語不皆音和，以是爲齊。及夫喉牙二音，互有蜕化，募原相屬，先民或弗能宣究。……故喉牙者，生人之元音，凡字從其聲類，横則同均，縱則同音，其大齊不逾是。然音或有絶異，世不能通。撣鉤元始，喉牙足以衍百音，百音亦終軥復喉牙。③

章氏文中所舉例證，今天分析起來皆有音理可據，然其論斷，則錯誤顯然。後人因此批評其聲轉之説。究其原委，大致如下：

（一）形聲造字，有正例有變例：取聲韻皆同者爲正例，只取雙聲或疊韻者爲變例。漢字之形聲，聲韻同者最多，只取疊韻者次之，只取雙聲者又次之。太炎概以同音律之，故多轉語。如唐從庚聲，氾從巳聲，裸從果聲，慧從彗聲等，皆取疊韻爲音者。而茸從耳聲，則取雙聲。如果説形聲字皆取同音字符，則漢字之音確實無不可轉矣。

（二）形聲造字，有原始聲母，有再生聲母，不可一概而論。如位從立聲，立爲原始聲母，位則爲再生聲母。古韻立在合部，位在没部。

---

①　《漢書》（第三册），第 678 頁。
②　章氏牙喉音不分，牙音或謂深喉音。此處喉音謂深喉音，牙音謂淺喉音。
③　章太炎《國故論衡·古雙聲説》，見劉夢溪主編《中國現代學術經典·章太炎卷》，河北教育出版社，1996 年，第 25—26 頁。

合、没兩部,一般認爲遠隔不通。然據黃侃首倡,俞敏考定,《廣韻》閉口韻九部古應分三類,合入聲韻即爲六類：添帖,談盍,覃合,此六類與先、寒、魂三部平入相配。① 合没兩部爲旁對轉關係。位從立聲,取疊韻,後來轉到没部,成爲再生聲母,如莅從位聲,屬灰部,灰没陰入對轉。這種轉化正符合漢語語音簡化的規律。

　　(三)章氏對於錢大昕的古無輕脣音、古無舌上音說及他自己所證明的娘日二紐歸泥説,既已明瞭,並定古聲類爲二十一紐,將正齒舌頭合併,於古聲十九紐之界域,或有淆惑。其後黃侃證明照三歸舌頭,照二歸齒頭;曾運乾作《喻母古讀考》,證明喻四古讀定,喻三古讀匣;錢玄同首倡邪母古讀定之説,郭晉稀先生又作了詳細證明,從而劃定古聲十九紐之界限。今天我們運用這些古聲學説,再去分析所有用例,則爲雙聲者過半矣,其餘多爲疊韻,個別屬形訛。如代從弋聲、談從炎聲、通從甬聲等,弋、炎、甬皆中古喻四紐字,上古讀定。代,徒戴切,定母;通,他紅切,透母,透定同爲舌頭,古無清濁之別;談,徒甘切,亦定母。如此看來,弋與代、炎與談、甬與通皆爲雙聲,實際是同音,並非喉牙衍舌音。又如詳從羊聲,羊中古爲喻四母,古讀定,詳爲邪紐,古亦讀定,則羊詳實同音,而非喉音衍齒音也。至於章氏所云"公聲有松",則是對字形的誤解,郭晉稀先生已依朱駿聲説而證明松、訟、頌諸字得聲於容。訟,古文作誦,從容省。松或體有案。頌,籀文作額,故三字皆從容得聲。容,余封切,中古爲喻四,上古讀定。類似的還有蚣字,《廣韻》音公,《玉篇》先恭切,又古紅切。此字讀公聲,恐後人望文所生音讀,今甘肅天水方言仍讀如松音。其聲母爲心紐,則爲邪紐之變。蚣,或作蜙,從松得聲,松爲容省聲,則蜙亦同讀。又《爾雅·釋蟲》:"蜇螽,蚣蝑。"今按:蚣蝑爲蜇螽之倒語,古漢語的聯綿詞往往可以倒言。蜇螽亦作斯螽、螽斯,皆一語之轉。《詩·周南·螽斯》:"螽斯羽,詵詵兮。"毛傳:"螽斯,蚣蝑也。"②《廣韻·東》:"螽,職戎切。"職古音讀端母,端定雙聲,斯、蝑亦心紐雙聲,可知蚣蝑即螽斯,倒言曰蜇螽、斯螽也,蚣與螽同音,而非牙音衍齒音。

　　當然,我們是從先秦語言的訓詁及上古造字的角度講的,所以不

①　參陸宗達、王寧《訓詁方法論》,第98頁。
②　《十三經注疏》,第279頁。

謂之轉音或衍音,若從漢語聲母發展的角度講,還是有的。上古定紐演變,至中古而分爲定、澄、喻四、邪四紐,這是古今語音的變化,但中古其讀既異,則訓詁亦當有別。章氏所舉之例皆爲上古資料,故非雙聲即疊韻,或爲同音者。

黄季剛最後總結聲轉條例説:"凡同紐者,爲正紐雙聲;凡古音同類者,爲旁紐雙聲;凡古音喉、牙有時爲雙聲;舌齒有時爲雙聲;舌、齒、脣,有時與喉、牙爲雙聲。"[1]他於三例加"有時",説明是偶然的情形,也可能包括形訛與疊韻者。他又説:"古音通轉之理,前人多立對轉旁轉之名。今謂對轉於音理實有,其餘名目皆可不立;以雙聲、疊韻二理可賅括而無餘也。"[2]這的確道出了漢語聲韻通轉的真諦。

二

清代學者的聲轉理論,儘管有不周密之處,但都反映了漢語聲轉的普遍現象,無不顯示出中古聲類與上古聲類的關係,因而對後世古音學家無疑有很大啓迪。由於他們往往以三十六字母爲據言古聲類,故有所淆惑。我們從實際出發,分析爬梳其用例,則又可以尋繹古聲軌迹,從而總結出他們各自的古聲系統及承繼關係。

戴震《聲類表》將三十六字母排成二十章,分清濁兩類。於三十六字母,他將知與照、徹與穿、澄與床合併,又將娘日相合,敷非相合,則字母只剩三十紐,其古聲類别,若不計清濁之異,則謂二十紐也未嘗不可。其娘日相合,已發章太炎娘日二紐歸泥説之端,知系與照系合,也爲黄侃照三古讀舌頭發端,因而,其功不可抹煞。

錢大昕是清代研究古聲最有成就的學者,我們綜合其古無輕脣音説、古無舌上音説及其聲位通轉表,可以見其古聲類之一斑。錢氏於喉音合喻影爲一;於舌音合知、徹、澄、娘於端、透、定、泥;正齒音合審、禪於穿、床;齒頭音合邪於心,輕脣四紐合於重脣。如此,則其古

---

① 黄侃《黄侃論學雜著》,中華書局,1964年,第144頁(以下版本同此)。
② 黄侃《黄侃論學雜著》,第63頁。

聲爲五音二十四紐（見表三）。

表三

喉 牙		舌 頭		正 齒		齒 頭		脣 音	
清	濁	清	濁	清	濁	清	濁	清	濁
見 溪曉 影（喻）	群 匣	端（知） 透（徹）	定（澄） 泥（娘） 來	照 穿（審）	床（禪） 日	精 清 心（邪）	從	幫（非） 滂（敷）	並（奉） 明（微）

　　錢氏娘紐歸泥，已爲章氏證明。而審合於穿，禪合於床，亦爲黃侃穿審讀透，床禪同讀定之發端。

　　章太炎《文始》中有古聲類二十一紐（見表四），章氏自注其表云："諸旁注者古音所無，諸同紐者爲正紐雙聲；諸同類者爲旁紐雙聲；深喉、淺喉亦爲同類；舌音、齒音鴻細相變。"①《國故論衡》分爲六類，是深喉、淺喉爲牙音、喉音，而半舌音來母獨爲一類。較之"喉牙衍百音"之説，章氏《文始》正紐、旁紐之説已相當正確而有條理。唯舌音、齒音鴻細相變及影喻相合與古音有所乖戾。後來黃侃受陳蘭甫《切韻考》啓發，發凡《切韻》大例，確立古音十九紐説，才辨正章氏齒音之惑。

表四

深喉音	淺喉音	舌 音	齒 音	脣 音
見 溪 群 疑	曉 匣 影喻	端知 透徹 定澄 泥娘日 來	照精 穿清 床從 審心 禪邪	幫非 滂敷 並奉 明微

　　黃氏十九紐依《切韻》聲韻相配條例而定，其《與人論治小學書》云："番禺陳君著《切韻考》，據切語上字以定聲類，據切語下字以定韻類。於字母等子之説有所辯明，足以補闕失、解拘攣，信乎今音之管

---

① 章太炎《文始·叙例》，浙江圖書館校刊本。

篇,古音之津梁也。"①

　　黃氏在陳澧考定的《切韻》聲紐四十類的基礎上,將明微二母分開,定爲四十一類。他發現這四十一類中,古無輕脣音非敷奉微四紐,爲錢氏所證明;古無舌上音知徹澄三紐,亦錢氏定論;古無娘、日二紐,則章氏所證明。於是他創立"紐經韻緯表",持此古所無之九紐,進一步考察《廣韻》二百零六韻,發現凡無此九紐之韻,也一定没有喻四、喻三、群、照三、穿三、床三、審三、禪、邪、照二、穿二、床二、審二諸紐。他因此認定,此十三紐與前面九紐都是今變音。四十一類減去此變紐二十二,即得古聲類十九紐。此十九紐與章氏二十一紐相比,照系分爲二,照三歸舌頭,照二歸齒頭;又將群紐合於溪紐,邪紐合於心紐。黃氏論其十九紐云:"古聲數之定,乃今日事,前者錢竹汀知古無輕脣、古無舌上,吾師章氏知古音娘日二紐歸泥。侃得陳氏之書,始先明今字母照、穿數紐之有誤。既已分析,因而進求古聲,本之音理,稽之故籍之通假,無絲毫不合。遂定爲十九。吾師初不謂然,後乃見信,其所著《菿漢微言》,論古聲類亦改從侃説矣。"②

　　黃氏晚年於《切韻》聲類亦改用曾運乾五十一紐之説,於喻母、邪母之古讀則未暇論及。郭晉稀先生結合曾氏喻四古讀定,喻三古讀匣之説及他自己的邪母古讀定説,始定古音十九紐之大界如下:③

表五

	喉音	牙　音	舌　　音	齒　音	脣音
清	影	見 溪(群)曉	端(知照) 透(徹穿三審三)	精(照二) 清(穿二)	幫(非) 滂(敷)
濁		疑匣(喻三)	定(澄床三禪喻四邪) 泥(娘日)來	從(床二) 心(審二)	並(奉) 明(微)

---

① 黃侃《黃侃論學雜著》,第149頁。
② 黃侃《黃侃論學雜著》,第69頁。
③ 此表參考郭先生《聲韻學講義》(手稿)而定,喉牙音與其《聲類疏證序》中稍有出入。

　　此十九紐乃綜合古聲紐研究之所有成果,於古音通轉實際最爲
相合。前面分析戴、錢、章諸家通轉之例,已明其用,茲不贅述。此亦
黃氏所謂"前修未密,後出轉精"者也。

　　　　　　　　　(原載《古漢語研究》1996 年第 3 期)

古聲不分清濁説

　　清濁是中古漢語聲紐的一個重要音素,也是漢語語音史研究中的一個重要問題。但唐以前談音韻者對清濁的分析卻是含混的,或以爲清濁是聲勢的弇侈,或以爲是韻的等呼。宋人始以清濁言聲紐,《切韻指掌圖》卷首列《三十六字母引類清濁圖》,《韻會舉要》則有純清、次清、純濁、次濁等名目。清人江永著《音學辨微》,始據三十六字母作《五十音圖》,標列七音清聲濁聲,非常明晰。今就《廣韻》的切語上字看,其清濁區分是很嚴格的,蓋《切韻》已自清濁分明。然而,《廣韻》中的許多又音字卻清濁混切,這些又音大都是六朝以前不同傳注中的切音或其他音注的彙集。另外,六朝以前古籍中的清濁通假及《説文》同聲符字的異讀情況,都顯示出上古聲紐的清濁並不截然劃分,某個字讀清音濁音,對其意義影響不大,清濁別義的構詞方法可能是秦漢以後產生的。下面就此問題從三個方面作嘗試論證。

一

　　六朝以前的古籍中,清濁音互通的現象十分普遍,顯示出上古聲紐清濁不分的特點。筆者對馬王堆漢墓出土帛書《老子》的通假字作了統計,其中清濁音互通者 50 餘例,占總通假字的五分之一。帛書是漢人的手寫本,比較接近先秦古本,其中通假字較現在通行本要多五倍以上。[1] 現在通行的本子,是經過漢代劉向等人校改的,並且在長期傳抄、翻刻的過程中,大部分的通假字已被改爲本字或通用字了。

---

　　① 　參錢玄《秦漢帛書簡牘中的通借字》一文,見《南京師院學報》1980 年第 3 期。

那麼,帛書中的通假字所反映的古代語音情況,也應當是比較接近先秦語言實際的,當然,也反映了抄寫者的方言語音。

從帛書的通假情況看,漢代初年聲紐還是不分清濁的。比如通行本《老子》與帛書《老子》(甲本、乙本)的異文,其舌音清濁互通的有 13 例:恃(時吏切)與志(職吏切)(通行本作"恃",帛書作"志"。下皆前一字爲通行本,後一字爲帛書);動(徒揔切)與踵(之隴切);始(書吏切)與治(直之切);治與之(止而切);專(職緣切)與摶(度官切);兆(治小切)與佻(吐彫切);純(常倫切)與惷(尸尹切);正(之盛切)與定(徒徑切);勝(識蒸切)與朕(直稔切);醇(直倫切)與屯(陟綸切,又徒渾切);曜(弋照切,按:喻四,古讀定)與朓(他弔切);推(他回切)與誰(視佳切);闐(徒年切)與鎮(陟鄰切)。這些異文充分説明當時舌音端(知、照)透(徹、穿三、審三)與定(澄、禪、床三、喻四、邪)是不分的。[1] 其牙、齒、脣音的通用情形與此類似。牙音 16 例,齒音 10 例,脣音 13 例,都反映了漢初語音清濁不分的特點。現行《十三經注疏》的《尚書》及其傳注和敦煌殘卷《古文尚書》及其傳注之異文,也有許多不分清濁者。如今本《尚書·無逸》孔傳"叛諺"之"叛",敦煌殘卷伯 2748 號作"半"。叛,薄半切,並母;半,博慢切,幫母。其他如諶(《尚書·君奭》,氏任切)與沈(伯 2748 號,直深切)、是(《尚書·蔡仲之命》,承紙切)與之(斯 6259 號,止而切)、堂(《尚書·顧命》孔傳,徒郎切)與當(伯 4509 號,都郎切)、盤(《尚書·説命下》,薄官切)與般(伯 2516 號,布還切)等等,皆清濁通讀之例。蓋唐寫本所據底本與今《十三經注疏》本不同,也許是民間流傳的較古的本子。兩者之清濁異文,正反映了六朝以前用字的實際情況。

六朝以前的其他古籍中,清濁字互通之例也不少。今以牙、舌、齒、脣爲序,舉數十例以證之。

牙音字幾與其通:《周易·否卦》:"其亡其亡,繫于苞桑。"唐李鼎祚《集解》:"其與幾同。"清李道平曰:"《史記·酈生傳》注'酈食其

---

[1]　我們根據黃侃古音十九紐説,曾運乾喻三古讀匣、喻四古讀定及錢玄同、郭晉稀先生邪母古讀定之説,定上古牙音爲見、溪(群)、曉、匣(喻三)、疑五紐;舌音爲端(知、照三)、透(徹、穿三、審三)、定(澄、禪、床三、喻四、邪)、泥(娘、日)、來五紐;齒音爲精(莊)、清(初)、從(床)、心(疏)四紐;脣音爲幫(非)、滂(敷)、並(奉)、明(微)四紐。

讀歷異幾’,是‘其’有‘幾’音,亦有‘幾’義,故云‘其與幾同’。”①今按:幾,居依切,見紐;其,渠之切,群紐。其又與基通:《詩·周頌·昊天有成命》:“成王不敢康,夙夜其命有密。”《釋文》:“其,音基,本亦作基。”《孟子·公孫丑》:“雖有鎡基,不如待時。”《周禮·薙氏》注作“兹其”。按:基,居之切,見紐。又企與跂通:《老子》二十四章:“企者不立。”朱謙之《老子校釋》此句作“企者不久”,引羅振玉説云,廣明本此句上有“喘者不久”一句,則“喘者不久,企者不立”爲是。河上本、廣明本“企”並作“跂”。② 又《莊子·秋水》:“遥而不悶,掇而不跂。”《釋文》:“跂,一作企。”又《馬蹄》:“縣跂仁義。”《釋文》跂作企。今按:企,丘弭切,溪紐;跂,巨支切,群紐。又遐與假通:《禮記·曲禮下》:“告喪曰天王登假。”《釋文》:“假音遐。”《列子·黄帝》:“天下大治,幾若華胥氏之國,而帝登假。”張湛注:“假,當爲遐。”③是假與遐古文通用。今按:假,古雅切,見紐;遐,胡加切,匣紐。其他如賢(胡田切,匣紐)與堅(古賢切,見紐)、掔(苦見切,溪紐)通;④渾(户昆切,匣紐)與滾(古本切,見紐)通;姬(居之切,見紐)與跽(暨幾切,群紐)通;塊(苦對切,溪紐)與槐(户恢切,匣紐)通;槔(古勞切,見紐)與橋(巨嬌切,群紐)通,等等,均説明古牙音不分清濁。

舌音字台與駘通:《左傳·昭公元年》:“昔金天氏有裔子曰昧,爲玄冥師,生允格、臺駘。”臺駘,《論衡·別通》作“臺台”。按:台,他來切,透母;駘,徒哀切,定母。駘又與邰通:《左傳·昭公九年》:“王使詹桓伯辭於晉,曰:‘我自夏以后稷,魏、駘、芮、岐、畢,吾西土也。’”《釋文》:“駘,他來反。依字應作邰。”⑤按:邰,他來切,透母。又佟與移通:《周禮·考工記·輿人》:“棧車欲弇,飾車欲佟。”鄭注:“故書佟作移。”⑥又《鳧氏》:“佟弇之所由興。”鄭注:“故書佟作移。鄭司農云當爲佟。”⑦按:佟,尺氏反,穿紐,古讀透;移,弋支切,喻四,古讀

①　〔清〕李道平《周易集解纂疏》,第 178 頁。
②　參朱謙之《老子校釋》,中華書局,1984 年,第 97 頁。
③　楊伯峻《列子集釋》,中華書局,1979 年,第 43 頁。
④　限於篇幅,筆者所録古籍之例句不復一一列舉,下同。
⑤　〔唐〕陸德明撰,黄焯彙校《經典釋文彙校》,第 574 頁。
⑥　《十三經注疏》,第 910 頁。
⑦　《十三經注疏》,第 916 頁。

定。又置與植通：《詩·商頌·那》：“猗與那與，置我鞉鼓。”鄭箋：“置，讀曰植。”①《釋文》：“置，毛如字，殷人置鼓，鄭作植字，時職反，又音值。”②孔穎達疏曰：“《金縢》云‘植璧秉圭’，注云：‘植，古置字。’然則古者置植字同，故置讀曰植。”③今按：置，陟吏切，知紐，古讀端；植，直吏切，澄紐，古讀定。又古寘與奠通：《左傳·昭公四年》：“豎牛曰：‘夫子疾病，不欲見人。’使寘饋于个而退。”④《釋文》：“寘，本或作奠。”④按：寘，之豉反，端紐；奠，堂練切，定紐。其他如台與臺（徒來切，定紐）通；貽（與之切，定紐）與胎（土來切，透紐）通；定與頂（都挺切，端紐）通；之（止而切，古讀端）與是（承紙切，古讀定）通；特（徒得切，定紐）與德（多則切，端紐）通；置（陟吏切，古讀端）與寔湜（常職切，禪紐，古讀定）通；黨（多朗切，端紐）與棠堂（徒郎切，定紐）通；淫（餘針切，古讀定）與深（式針切，古讀透）通，等等，都説明古舌音清濁不分。

　　齒音字才材與哉通：《論語·公冶長》：“子曰：‘由也好勇過我，無所取材。’”何晏《集解》云：“鄭曰：子路信夫子欲行，故言好勇過我。無所取材者，無所取於桴材，以子路不解微言，故戲之耳。一曰：子路聞孔子欲浮海，便喜不復顧望，故孔子歎其勇，曰過我，無所取哉，言唯取於己。古字材哉同。”⑤楊伯峻先生也認爲材通哉。又《爾雅·釋詁》注：“茂哉茂哉。”《釋文》：“哉，本作才。”又《爾雅·釋詁》“初哉首基”條邢昺疏云：“哉者，古文作才，《説文》云：‘才，草木之初也。’以聲近借爲哉始之哉。”⑥按：才材，昨哉切，從紐；哉，祖才切，精紐。哉又與裁通：《爾雅·釋詁》“初哉首基”，《釋文》曰：“哉，本作裁。”按：裁，昨哉切，從紐。其他如摧（昨回切，從紐）與催（倉回切，清紐）通；采（倉宰切，清紐）與事（鋤吏切，古讀從）通；兹（子之切，精紐）與慈（疾之切，從紐）通；孜（子之切，精紐）與摰（疾置切，從紐）通；即（子之切，精紐）與堲（秦力切，從紐）通；齊（徂奚切，從紐）與資

----

① 《十三經注疏》，第 620 頁。
② 〔唐〕陸德明撰，黃焯彙校《經典釋文彙校》，第 236 頁。
③ 《十三經注疏》，第 621 頁。
④ 〔唐〕陸德明撰，黃焯彙校《經典釋文彙校》，第 569 頁。
⑤ 《十三經注疏》，第 2473 頁。
⑥ 《十三經注疏》，第 2568 頁。

（即夷切，精紐）通；焦（即清切，精紐）與巢（鉏交切，古讀從紐）通，等等，皆明古齒音清濁不分。

屑音字方與旁通：《儀禮・士喪禮》：“握手用玄纁，裏長尺二寸，廣五寸。牢中旁寸，著組繫。”鄭玄注云今文“旁爲方”。① 段玉裁云：“凡古文《尚書》作方，凡今文《尚書》作旁。”②按，方，府良切，非母，古讀幫；旁，步光切，並母。方又與彷通：《莊子・逍遙遊》：“今子有大樹，患其無用，何不樹之於無何有之鄉，廣莫之野，彷徨乎無爲其側，逍遙乎寢臥其下？”《釋文》：“彷徨，崔作方羊。”按，彷，步光切，並母。旁又與磅通：《莊子・逍遙遊》：“之人也，之德也，將旁礴萬物以爲一。”《釋文》：“字又作磅。”清人劉武《莊子集解内篇補證》作“磅礴”，引李頤注曰：“磅礴，猶旁礴。”引李楨注曰：“亦作旁魄。”③按，磅，普朗切，滂母。其他如被（皮彼切，並母）與披（匹婢切，滂母）通；被又與彼（甫委切，幫母）通；俾（并弭切，幫母）與庳（便俾切，並母）通；否（符鄙切，並母）與鄙（方美切，幫母）通；丕（敷悲切，滂母）與負（房久切，並母）通；撲（普木切，滂母）與僕（蒲木切，並母）通；比（卑履切，幫母）與鼻（毗至切，並母）通，等等，皆明古屑音清濁不分。

儘管我們現在能看到的六朝以前的各種經文傳文中的清濁通讀情況不像帛書中那樣普遍，然而以上材料仍然説明這種現象是客觀存在，它們和帛書中的通假字一樣，都充分説明六朝以前某一字讀清音濁音，對它的意義並無多大影響。因此，我們可以説先秦及漢代漢語聲紐的清濁是不截然區分的。

二

中古的韻書，如《廣韻》等，④其一字多音的現象比較普遍。這

---

① 《十三經注疏》，第 1131 頁。
② 〔清〕段玉裁《古文尚書撰異》，見《清經解 清經解續編》（第四册），上海書店，1988 年，第 10 頁。
③ 〔清〕劉武《莊子集解内篇補證》，中華書局，1987 年，第 23 頁。
④ 本書所用《廣韻》版本爲《宋本廣韻》，江蘇教育出版社，2002 年。

些又音從聲紐方面看,有發送不同者,有音和與類隔不同者,也有
相當一部分是清濁不同者。我們説過,《廣韻》時代聲紐的清濁是
截然劃分的,它的同字又音,則是唐以前各種傳注中切語和直音
的彙集。因漢時清濁猶不區分,其後雖然產生了清濁別義的構詞
方法,但這種方法是逐漸發展的。因而傳注者或本不能區分清
濁,或因襲舊注古音,於是對經籍中的同一個字不同傳注便有不
同注音,或注清音,或注濁音,而《廣韻》兼收並蓄。從這方面看,
《廣韻》之有許多清濁異讀字,是不足爲奇的,它正反映了古聲清
濁不分的特點。

根據筆者初步統計,《廣韻》的又音字共兩千餘個(不計重複),其
中五百多字是清濁異讀者,占又音字總數的四分之一,而占聲紐不同
的又音字的二分之一多。比如屬於上古漢語聲母系統的舌音透母與
定母混切者有"潼、瞳、盅、烆、俑、噇、台、睇、嗔、焞、癉、禪、蝒、翢、挑、
觝、佗、蛇、踢、闒、濐、訂、町、紬、沈、桶、杝、薙、鰌、土、醍、斷、袉、墮、
嬌、瑒、黮、憧、跐、貰、忕、咷、蕩、苗、達、脱、蜕、娧、徹、汋、翟、籊"約
60字,其又音情況如下表:

韻目	例字	反切	聲母	又　　音	聲　　母
東	潼	徒紅	定	通/衝	透/昌
	瞳	徒紅	定	他孔	透
	盅	直弓	澄	敕中	徹
冬	烆	徒冬	定	他冬	透
鍾	俑	餘封	喻	丑凶	徹
	噇	丑凶	徹	直容	澄
之	台	與之	喻	胎(土來)	透
齊	睇	土雞	透	徒計	定
真	嗔	昌真	穿	填(徒年)	定
諄	焞	常倫	禪	他昆	透
寒	癉	徒干	定	都彈	端

韻目	例字	反切	聲母	又　　音	聲　　母
先	霏	徒年	定	他丹	透
豪	蜪	土刀	透	陶（徒刀）	定
	翿	土刀	透	徒刀	定
	挑	土刀	透	條了	定
歌	酡	徒河	定	託何	透
	佗	託何	透	徒河	定
	蛇	託何	透	市遮	禪
唐	踼	徒郎	定	宕（他浪）	透
	闛	徒郎	定	他郎	透
	盪	土郎	透	徒郎	定
青	訂	他丁	透	徒頂／他頂	定／透
迥	町	他丁	透	徒頂	定
尤	紬	直由	澄	抽（丑鳩）	徹
侵	沈	直深	澄	尸甚	審
董	桶	徒揔	定	他孔	透
紙	杝	池爾	澄	敕氏	徹
旨	薙	徐姊	邪	直履／他計	澄／透
	鮪	以水	喻	他果	透
姥	土	徒古	定	吐	透
薺	醍	他禮	透	啼（杜奚）	定
緩	斷	都管	端	徒管	定
哿	袉	吐可	透	徒可	定
果	墮	徒果	定	他果	透
	媠	徒果	定	他臥	透
梗	瑒	徒杏	定	暢（丑亮）	徹
感	驔	徒感	定	他感	透

續　表

韻目	例字	反切	聲母	又　音	聲　母
絳	憧	直絳	澄	尺容	穿
祭	跩	餘制	喻	丑例	徹
祭	貰	舒制	審	時夜	禪
泰	忕	他蓋	透	逝/大	禪/定
嘯	咷	他弔	透	桃（徒刀）	定
宕	蕩	他浪	透	土郎/徒朗	透/定
屋	苖	丑六	徹	他六/徒歷	透/定
曷	達	他達	透	唐割	定
末	脱	徒活	定	土活	透
薛	蜕	弋雪	喻	他卧/他外	透
薛	娧	弋雪	喻	他會	透
薛	徹	直列	澄	丑列	徹
藥	汋	市若	禪	土角	透
陌	翟	場伯	徹	狄（徒歷）	定
錫	籊	徒歷	定	他歷	透

　　其餘端與定混切者也不少。牙音、齒音、脣音的清濁混切情況與舌音類似。

　　值得注意的是，這些清濁混切之字，《廣韻》中的釋訓大多相同，因而顯示出清濁無別的特點。如《東》“同”小韻：“潼，水名，出廣漢郡。亦關名。又通、衝二音。”但“通”小韻下未重出，説明意義相同。《鍾》“衝”音下云：“潼，河潼。又音同。”又《東》“同”小韻：“曈，曈曨，日欲明也。又他孔切。”《董》：“侗”小韻：“曈，曈曨欲曙。又音童聾。”《東》“蟲”小韻：“盅，器虛也。又敕中切。”“忡”小韻：“盅，器虛也。又音蟲。”又如《末》“奪”小韻：“脱，肉去骨。亦姓，出《姓苑》。又土活切。”“侻”小韻：“脱，骨去肉。又徒活切。”又如《董》“侗”小韻：“桶，木桶。又音動。”“動”小韻：“桶，木桶。又他孔切。”《豪》：“咷，號咷。”徒刀切。《嘯》：“咷，叫咷，楚聲。又音桃。”他弔切。號咷與叫咷同義,叫號亦見匣通讀之例。《旨》"雉"小韻:"薙,芟草。又辛薙,辛夷別名。又音替。"直几切。"咫"小韻:"燒草。又直履、他計二切。"《霽》:"薙,除草。"他計切。芟與除同義。《尤》"儔"小韻:"紬,大絲繒。又音抽。"直由切。同韻"抽"下不録紬字,而"抽"字注云:"或作紬,紬引其端緒也。丑鳩切。"説明紬讀"直由切"與"丑鳩切"意義無別。又如《青》:"町,田處。"他丁切。又《迥》:"町,田畝。"徒鼎切。《之》"慈"小韻:"鷀,鸕鷀鳥,亦作鶿,不卵生,口吐其鶵。又子之切。"疾之切。"兹"小韻:"鸕鷀鳥。"子之切。《之》"其"小韻:"錤,鎡錤,鋤別名也。"渠之切。"姬"小韻:"鎡錤,大鉏。"居之切。《覃》"覃"小韻:"眈,視近而志遠。又音耽。"徒含切。"耽"小韻:"眈,視近而志遠也。"丁含切。《蕭》"貂"小韻:"芀,葦華也。又音調。"都聊切。"迢"小韻:"葦華。"徒聊切。《宵》"趫"小韻:"趬,善走;又緣木也。起蹻切。又巨憍切。""喬"小韻:"趬,善走。"去遥切。《肴》"庖"小韻:"泡,水名。又匹交切。"薄交切。"胞"小韻:"水上浮漚。《説文》云:'水出山陽平樂東北,入泗。'又音庖。"《説文》釋義與"水名"同。《歌》:"薩,薺實。又子邪切。"《麻》:"薩,薺實。又昨何切。"歌麻古同韻,則薩之又音僅精紐與從紐之别,而意義相同。《陽》"房"小韻:"肪,脂肪。又音方。""方"小韻:"肪,脂肪。"《耕》:"脛,牛膝骨。又人名,宋有司馬脛。"口莖切。"莖"小韻:"牛膝下骨。又苦耕切。"户耕切。《姥》"杜"小韻:"肚,腹肚。又當古切。"徒古切。"覩"小韻:"肚,腹肚。又徒古切。"當古切。《紙》"紙"小韻:"恀,怙也。又音是。"諸氏切。"是"小韻:"《爾雅》曰:'恀,怙恃也。'一云恃事曰恀。"承紙切。《鍾》:"蛩,蟋蟀。"渠容切。《腫》:"蛩,蟋蟀。"居悚切。《董》"琫"小韻:"菶,草盛。"邊孔切。"菶"小韻:"蒲蠓切,草盛貌。又方孔切。"《覃》"含"小韻:"鼢,鼠屬。又古男切。"胡男切。"弇"小韻:"鼢,鼠名。"古男切。《談》"甘"小韻:"醓,和也。"古三切。"酣"小韻:"醓,和也。又口含、古三二切。"胡甘切。《覃》:"醓,和也。又紅談、古三二切。"口含切。

《廣韻》中此類例子不勝枚舉。上列字中,牙音字有錤、趬、脛、蛩、鼢、醓等,舌音字有潼、瞳、脱、桶、咷、薙、紬、盅、町、眈、芀、肚、恀等,齒音有鷀、薩等,脣音有泡、肪、菶等,它們都有清濁兩讀而訓釋相同,説明清濁沒有別義的作用。這可能是混雜的方音現象,不同方言或讀清音,或讀濁音,而意義不異。

　　除上述情況外,也有一些字清濁異讀而意義稍有區別,這是秦漢以後清濁別義所致,尤其是漢以來訓詁家所强作之破讀,並非上古即如此。今舉數例説明。《青》:"屏,《三禮圖》曰:扆從廣八尺,畫斧文。今之屏風,則遺象也。"薄經切。《静》:"屏,蔽也。《爾雅》曰:屏謂之樹。又《廣雅》曰:罘罳謂之屏。《風俗通》云:卿大夫帷土以廉以自鄣蔽。"必郢切。據此,則屏之濁音平聲爲名詞,清音上聲爲動詞。它們顯然有本義與引申義的關係。《説文》云:"屏,蔽也。"段玉裁注:"《小雅》'萬邦之屏'傳曰:'屏,蔽也。'引伸爲屏除。"①按:屏分名詞動詞,是聲調之平仄所致,還是聲母之清濁所致,有待於進一步研究。《紙》:"跪,長跪。"渠委切。又:"拜也。"去委切。《説文》云:"跪,拜也。"段玉裁云:"手部曰:捧,首至手也。按:跪與拜二事,不當一之。疑當云所以拜也。"②捧即拜之古文,跪爲拜的方式,二字意義本相聯繫。跪本無清濁之別,後人以清濁別其義爲"長跪"與"拜",故段氏疑之。《軫》:"盡,《曲禮》曰:'虛坐盡前。'"即忍切。又:"竭也,終也。"疾忍切。《説文》云:"盡,器中空也。"段玉裁注:"《曲禮》曰:'虛坐盡後,實坐盡前。'即忍切,俗作儘,亦空義之引伸。"③今按,《廣韻》引文有誤,段氏引"虛坐盡後"正確,"實坐盡前"之"實",今本《十三經注疏》作"食"。盡之本義爲器中空,引申義爲"竭也,終也"。其音本無清濁之異,後乃以清濁別爲二義耳。

　　《廣韻》中清濁異讀而同訓之字,充分説明古聲清濁無別義作用,某字讀清音濁音,對其意義不發生影響。有些清濁異讀而意義有本義與引申義之關係者,更説明清濁分化是後起的事。

①　〔清〕段玉裁《説文解字注》,第401頁。
②　〔清〕段玉裁《説文解字注》,第81頁。
③　〔清〕段玉裁《説文解字注》,第212頁。

三

　　《説文》同一諧聲偏旁之字,從中古的切語看,有清聲有濁聲。這也從一定程度上説明《説文》以前同一字可讀清音,亦可讀濁音,清濁不起别義的作用。筆者據朱駿聲《説文通訓定聲》對《説文》中的80個諧聲偏旁作了考察,其中牙音字25個,舌音字30個,齒音字19個,脣音字10個。下面分别説明。

　　牙音25聲符是:工、公、弓、共、厷、亙、今、合、兼、監、甘、己、丌、戒、及、求、臽、劦、盇、亥、或、凶、興、咸、夆,上25聲符中,清濁互諧者(即見溪與群匣互諧,或見與匣,或曉與匣,或溪與匣等互諧,次濁音疑紐不計,下面舌音之泥、脣音之明也不計)21個,其餘見紐有兩個聲符:公、監,分别與影紐和來紐諧,不與牙音各紐諧,這牽涉到上古聲母的其他的問題,當别作討論。曉紐自諧者也有兩個聲符:凶、興。清濁互諧的21紐中,見匣互諧者占多數,如工、共、亙、合、兼、甘、盇、咸、夆、亥等,見溪與群互諧者也較多;曉與匣諧者僅1個:劦;見與曉諧者兩個:或、合;見與群匣諧者3個:夆、共、甘。可見牙音最活躍的聲紐是見紐和匣紐,從兩紐互諧較多的情況看,上古見匣是混讀的。比如從厷得聲之字,《説文》録11個:厷、紘,古弘切,見紐;宏、閎、宖、竑、紘、竑,胡萌切,匣紐;靱、弘,胡肱切,均屬匣紐;雄,羽弓切,喻三,古讀匣。而聲符字厷爲見紐字。又如從亥得聲之字,《説文》録17個:絯、荄、該、郂、晐、佁、垓、陔,古哀切;又頦,古亥切;荄、痎,古諧切,皆見紐;毅,苦哀切;欬,苦蓋切,溪紐;咳、頦,户來切;核、劾,胡概切;骸、佫,候楷切;骸,户皆切;亥,胡改切,皆匣紐。見溪與群互諧者雖然較多,而黄季剛、曾運乾古音十九紐説均以爲群古本讀溪,明古清聲溪與濁聲群本不分。

　　舌音30聲符是:東、冬、登、台、以(已)、重、童、同、蟲、朕、遷、直、甬、尤、炎、覃、衆、丞、占、詹、之、止、周、充、升、冄、乘、甚、春、突,其中端透定三紐互諧者8個;端定互諧者3個;透定互諧者6個;端自諧者2個;透自諧者4個;定自諧者1個;其餘爲端透互諧者。端透自諧及互諧者,皆爲清音,自不必論。今就定紐自諧的一個聲符"乘"作一説明。《説文》録從乘得聲之字僅2個:乘、騬,食陵切,牀三,古讀定。《集韻》:"乘,諸應切,音證,姓也。"可知中古"乘"也有清濁兩讀。考之經傳,乘與升音義並通。《詩經·豳風·七月》"亟其乘屋"毛傳曰:"乘,升也。"《列子·黄帝篇》:"遂與商丘開俱乘高臺。"《釋文》"俱乘"作"俱升",云:"俱升,一本作俱乘。"楊伯峻《列子集釋》云:"考《釋名》:'乘,升也。'《荀子·大略篇》'亟其乘屋',楊倞注乘亦訓升。故'升高臺',升又作乘。"[1]可見,先秦古籍中乘與升通用,説明乘亦可讀清聲。升,識蒸切,審三,古讀透。

齒音19聲符是:夋、宗、曾、昌、篓、子、則、僉、妻、从、集、彡、才、司、絲、暨、斬、囟、毚,其中精清從三紐互諧者5個;精從互諧者5個;清從互諧者3個;其餘爲精清心互諧者。此19聲符中,從紐之字均有與精清互諧者。

脣音10聲符是:仌(冰)、凡、乏、畐、不、丰(豐)、畐、葡、方、朋,其中幫滂並三紐互諧者6個;幫並互諧者1個;幫滂並自諧者各2個。其他自不必論,今就並母自諧之"葡"作一説明。《説文》録從葡之字共5個:葡備犕犕,平祕切;憊,蒲拜切,均爲並紐字。然而,先秦古籍中,備也與清聲字通讀。備爲憊之後起字,備與葆通。《山海經·大荒南經》:"又有登備之山。"郭璞注:"即登葆山,群巫所從上下者也。"[2]按:葆,博抱切,幫母。這説明備在古代也有清讀。

以上三個方面,既從不同角度證明古聲清濁不分,又互相聯繫,相互參證,比如《説文》清濁不諧之字,可以從不同反切及古籍異文中找到旁證。搞清上古聲紐清濁不分的特點,對漢語語音史的研究是有很大意義的,這可以幫助我們建立比較科學的上古聲紐系統;同時還可以幫助我們科學分析先秦文字通假的條例,總結訓詁的規律。另外,對於研究漢語構詞法的發展及內部曲折構詞法產生、發展以至消亡的原因也有幫助。清濁別義之所以產生,是因爲同音詞太多而影響交際的效果,也因爲合成構詞法不發達,而濁音的清化,又是合成構詞法發展的必然結果。漢語的全濁音經歷了由不別義到別義,

① 楊伯峻《列子集釋》,中華書局,1979年,第55頁。
② 〔晋〕郭璞注《山海經》,上海古籍出版社,1989年,第108頁。

又由別義到消失的發展變化歷程。至於上古濁音聲紐到底有哪幾個,具體讀音如何,則有待於進一步研究。群紐、邪紐等爲後出聲紐,似乎顯示出上古清音多而濁音少,這也需要進一步探討。

（原載《西北師大學報》1993 年第 6 期,人大《語言文字學》1994 年第 1 期複印）

上古漢語聲母的定紐及其演變
——《春秋》三傳異文之聲母研究

　　相傳孔子修《春秋》而絕筆於獲麟,其所記史實起於魯隱公元年(前 722),止於魯哀公十四年(前 481)。所以,《春秋》的寫定是用當時通行的漢字,故許慎《說文解字叙》云:"孔子書六經,左丘明述《春秋傳》,皆以古文,厥意可得而說。其後諸侯力政,不統於王,惡禮樂之害己,而皆去其典籍。分爲七國,田疇異畝,車涂異軌,律令異法,衣冠異制,言語異聲,文字異形。"①這樣,典籍的傳授也便有了分流。秦始皇帝統一天下後,丞相李斯乃奏同之,省改大篆成爲小篆,這便是當時的規範字體。但是,由於當時以法治天下,"大發吏卒,興役戍,官獄職務繁",②因而出現了"以趣約易"的隸書。隸變是漢字發展史上的分水嶺,它使漢字的筆勢和筆意都發生了很大變化。故隸書以前的漢字通稱古文字,隸變之後的漢字包括隸書在內都叫今文字。因此《春秋》和《左傳》最初都是用古文字寫定的。

　　秦代"燒滅經書,滌除舊典",使儒家經典幾乎滅絕。隨著西漢王朝的建立,中國出現了疆土廣闊的統一局面,經濟文化得到了發展的機會。在長期的戰亂之後,首要的文化任務就是盡力搜集前代的文獻典籍,加以整理解釋。漢惠帝開獻書之路,儒學開始傳授。武帝實行"罷黜百家,獨尊儒術"的政策,儒學大受尊崇。歷來靠口耳傳授的儒學經典及秦代焚滅的儒家經典,靠經學家的記憶口授,在漢代先後用通行的隸書寫定,故稱作"今文經",《公羊傳》和《穀梁傳》正是漢代寫定的今文經。與之相對,《左傳》則是古文經。

　　由於《左傳》是古文經,《公羊傳》和《穀梁傳》是今文經,而漢代

---

①　〔東漢〕許慎撰《說文解字》,中華書局,1963 年,第 314—315 頁(以下版本同此)。
②　〔東漢〕許慎撰《說文解字》,第 315 頁。

古今文經學之間的鬥爭一度很激烈,所以,三傳所據經文文字上的不同被保留下來,這樣,就形成了一套異文系統。這些異文對研究先秦至漢代的語音現象極有價值。通過對它們的分析對比,可以考察秦漢間漢語語音的聲、韻、調的實際狀況;通過對古文與今文字不同的分析,還可以探究由先秦到漢代漢語語音的發展變化情況。

我們的目的是研究語音,所以,在確定要採用的異文時,凡意義同、語音無聯繫者,或屬明顯的形體錯訛者,均予以排除。所採用的異文,分兩個層級。一是《左傳》與《公羊傳》《穀梁傳》之互異者;二是《左傳》不同版本及他書所引之異文。這樣分層次地研究,便於比較分析,可使結果一目了然。①

本文只就三傳異文中所反映的上古漢語的定母狀況作些考察。

關於上古漢語的定母,前輩語言學家主要有以下幾條結論:第一,錢大昕提出古無舌上音,則澄母古讀定;這點已成定論;第二,黃侃定古音十九紐,又將正齒音神紐和禪紐歸入定紐;②第三,曾運乾提出喻四古讀定;第四,郭晉稀先生在前人研究的基礎上,論定邪母古讀定。這幾條發明顯示了定紐從上古到中古發展演變的複雜性,它是一個值得研究的重要問題,但學界卻一直存在不同意見。因此,我們想仔細考察一下三傳異文中定紐與其他各紐之間的關係,來驗證先哲的結論,同時更深入地探究漢語語音發展史。

三傳異文中和定紐有關的異文共 19 組,其中定紐自通者 4 例,茲不贅述。下面我們在採用錢大昕"古無舌上音"的基礎上,考察三傳異文中定紐和其他聲紐之間通用的情況。

定紐與透紐通 2 例:

　　1.《左傳·隱公十一年》:"使營菟裘。"《公羊傳·隱公四年》作"吾使修塗裘"。菟,湯故切,透母;塗,同都切,定母。
　　2.《左傳·襄公十七年》:"齊侯伐我北鄙,圍桃。"《公羊傳》作"圍洮";又《穀梁傳·莊公二十七年》:"公會杞伯姬于洮。"

---

　　①　本研究採擇異文以中華書局 1980 年版《十三經注疏》本爲底本,參以其他版本。
　　②　我們所用中古聲母各紐名稱,正齒音九紐分別爲:照穿神審禪,莊初床疏;其他一依三十六字母名稱。上古聲母據郭晉稀先生古聲十九紐説。

《釋文》云:"洮,他刀反。本或作桃。"①桃,徒刀切,定母;洮,土刀切,透母。

定紐與照紐通 3 例:

3.《春秋·桓公十一年》:"公會宋公于夫鍾。"《公羊傳》《穀梁傳》作"夫童"。鍾,職容切,照紐,古讀端;童,徒紅切,定紐。

4.《左傳·成公十六年》經:"舍之于苕丘。"《公羊傳》作"招丘。"苕,徒聊切,定母;招,止遥切,照母,古讀端。

5.《左傳·昭公十五年》:"蔡朝吴出奔鄭。"《公羊傳》作"蔡昭吴"。朝,直遥切,定紐;昭,止遥切,照紐,古讀端。

定紐與穿紐通 1 例:

6.《左傳·哀公八年》:"夏,五月,齊鮑牧帥師伐我,取讙及闡。"《公羊傳》"闡"作"僤"。闡,昌善切,穿紐,古讀透;僤,徒旱切,定紐,又市邊切,襌紐,古讀定。

定紐與神紐通 1 例:

7.《左傳·桓公十二年》:"夏,盟于曲池。"《公羊傳》作"盟于毆蛇"。池,直離切,澄紐,古讀定;蛇,食遮切,神紐。

定紐與審紐通 4 例,其中"大"與"世"通 2 例:

8.《左傳·文公十三年》:"秋,七月,大室之屋壞。"《公羊傳》作"世室"。又《春秋·襄公二十九年》之"世叔儀",《左傳》作"大叔文子",《公羊傳》作"世叔齊"。大,徒蓋切,定母:世,舒制切,審紐,古讀透。

---

① 《十三經注疏》,第 2387 頁。

9.《左傳·成公二年》之“蕭同叔子”，《公羊傳》作“蕭同侄子”。侄，直一切，澄紐，古讀定；叔，式竹切，審母，古讀透。

10.《春秋·哀公六年》：“陳乞弒其君荼。”《公羊傳》“荼”作“舍”，《釋文》音舒。荼，同都切，定母；舍，書治切，審母。舒亦審母字。

定紐與禪紐通 2 例：

11.《左傳·僖公十六年》經：“是月，六鶂退飛。”《公羊傳》作“提月”。《初學記》引也作“提”。《釋文》云：“是月，如字，或一音徒兮反。”是，承紙切，禪母；提，杜兮切，定母。

12.《左傳·莊公八年》：“召忽奉公子糾來奔。”《公羊傳》作“邵忽”。召，直照切，古讀定；邵，寔照切，禪母。

定紐與余紐通 1 例：

13.《左傳·僖公元年》經：“邢遷于夷儀。”《公羊傳》作“陳儀”。又宣公十五年經文有“辰陵”，《穀梁傳》作“夷陵”，襄公二十四年經文“夷儀”，《公羊傳》也作“陳儀”。可知辰、陳與夷通。陳，直珍切，澄母古讀定；夷，以脂切，余紐。

定紐與邪紐通 1 例：

14.《左傳·莊公八年》經：“甲午，治兵。”《公羊傳》作“祠兵”。治，直吏切，古定紐；祠，似茲切，邪紐。

定紐與群紐通 1 例：

15.《左傳·宣公二年》之“提彌明”，《公羊傳·宣公六年》作“祁彌明”。提，定紐；祁，渠脂切，群紐。

從以上諸例可以看出,定組在《三傳》異文中的通假範圍大致在舌音與正齒音(照三系)及余紐、邪紐之間。喉音群紐僅 1 例,可能是方音差異,今甘肅清水、張家川等地方音,d、t 之音在齊齒呼之前也讀近 j、q 之音,比如提(ti)讀作 qi,《左傳》《公羊傳》之異文恐怕與此同出一理。

下面,我們對第二個層級的異文即他書所引《左傳》之異文進行分析,看能否得出同樣的結論。

我們共録《左傳》異文 400 餘組,其中與定組相關者 52 組。此52 組異文中定組與諸紐通用情況如下表:

聲紐	定定	定端	定透	定照	定神	定審	定禪	定日	定余	定邪
例數	16	7	6	5	1	4	6	1	5	1

很明顯,定組通假的範圍全在舌音、正齒音(照三系)及余紐、邪紐之間。下面略舉數例:

16.《左傳·昭公二十年》:"若琴瑟之專壹。"專,《釋文》引董遇本作摶。專,職緣切,照紐;摶,度官切,定紐。

17.《左傳·宣公二年》:"其右提彌明知之。"《史記·晉世家》作"示眯明"。提,定紐;示,神至切,神紐。

18.《左傳·襄公二十三年》:"范鞅逆魏舒。"《樂記》疏、《魏世家·索隱》引《世本》,"舒"均作"荼"。又《左傳·哀公五年》:"諸子鬻姒之子荼嬰。"《釋文》云:"荼音舒,又音徒,又丈加反。"舒,傷魚切,審紐;荼,定紐。

19.《左傳·襄公十八年》:"執孫蒯于純留。"《漢書·地理志》作"屯留"。純,常倫切,禪紐。屯,徒渾切,定紐。

20.《左傳·僖公十七年》之"易牙",《大戴禮·保傳》《賈子·胎教》《法言·問神》等作"狄牙"。易,以豉切,余紐;狄,徒歷切,定紐。

21.《左傳·哀公十二年》:"若可尋也,亦可寒也。"《玉篇》"尋"作"燖",也作"燅",似廉、似林二切,而《廣韻》"燅"徒舍切,定母字。燂焊爲本字，尋爲借字。尋，徐林切，邪母。

定母的通假範圍限於舌音、正齒音（照三系）及余紐、邪紐無疑。那麼，與之相關的神紐、禪紐及余紐、邪紐的情形又如何呢？我們來作個逆向的考察。

三傳異文中神、禪、余、邪四紐的通假情況如下表（自通之例未計）：

紐名 ＼ 通假聲紐	定	照	神	審	禪	邪	群	匣	余	共計
神	1				1	1			1	4
禪	2	1	1	1			1			7
余	1		1	1		2		2		7
邪	1		1							2

《左傳》異文中四紐的通假情況如下表：

紐名 ＼ 通假聲紐	端	透	定	照	神	審	禪	心	邪	影	曉	匣	余	共計
神	1		1		1	4		1		1			1	10
禪	1		6	1	4		2		1					15
余		1	5	2	1	1		3	3	1		2	7	26
邪			1		1	1	1		2					6

四紐與舌音、正齒音（照三系）及邪、余相通諸例，這裏不再羅列，我們只分析一下它們與齒頭音、牙音、喉音相通的特殊情況。

在《左傳》異文中，有一組神曉通用的例子，《左傳·哀公二十六年》引《詩·周頌·烈文》云："四方其順之。"阮元《校勘記》云："閩本、監本、毛本順誤訓，顧炎武云：石經訓誤作順，非也。錢大昕云：《左傳》古本作順。"順，食閏切，神紐；訓，許運切，曉紐。二字雖舌牙遠隔，但均從川得聲，屬上古文部，疊韻而通，也屬常例。聲紐的差異，可能由方言所致。

三傳異文中,禪紐與群紐通用 1 例:

22.《左傳·隱公十一年》經:"公會鄭伯于時來。"《公羊傳》作"祁黎"。時,市之切,禪母;祁,渠希切,群母。

此例與宣公二年"提彌明"作"祁眯明"相似,它恰好是禪定同讀的一個旁證。

三傳異文中余紐與匣紐相通 2 例而同字:

23.《左傳·宣公八年》之"敬嬴",《公羊傳》《穀梁傳》作"頃熊";又經文"嬴氏",《公羊傳》《穀梁傳》作"熊氏"。《穀梁傳·文公十八年》注曰:"宣公亦文公之子,其母敬嬴惡不奉姜氏。"《經典釋文》云:"嬴音盈,依《左傳》應作頃熊。"可知《左傳》或本也有作"頃熊"的。《穀梁傳·宣公八年》疏云:"文十八年注云'宣母敬嬴',此云頃熊者,一人有兩號故也。"楊士勛的這個說法是有問題的,"敬嬴"與"頃熊",當是音轉通用。《廣韻》嬴,以成切,余紐;熊,羽弓切,上古讀匣母。《辭源》云:"頃、敬是其諡;熊、嬴,是其姓。"一人不可能有二姓,這顯然也是指通假而言的。這條異文顯示出漢代余紐的部分字已從定紐獨立出來,而且與云紐(喻三)有了合流的趨勢。

《左傳》異文中,余紐與心紐通用 3 例,與匣紐通 2 例,與影紐通 1 例。先看看心紐 3 例:

24.《左傳·桓公六年》:"公問名於申繻。"《管子·大匡》作"申俞"。繻,相俞切,心紐;俞,羊朱切,余紐。按:繻還有"人朱切"一音,是通"襦"而得,現代方言中,喻四也有變爲日紐的。《類篇》將繻、綸二字列爲異體,而綸又有容朱、餘招二切,是爲余紐;又他侯切,爲透紐;又徒侯切,爲定紐;其讀音清楚地顯示了定母、余母的關係。綸由定變爲余紐;而繻由定變爲邪紐,再清化而與心紐同。繻、綸也通用,《左傳·隱公二年》經:"紀裂繻來逆女。”《公羊傳》《穀梁傳》“裂繻”作“履繡”。

25.《公羊傳·莊公二十二年》經:“肆大省。”《釋文》:“肆,音四。本或作佚。”①佚,夷質切,余紐;肆,息利切,心紐。按:肆古音與肆同,《韻會》音“羊至切”,余紐。《禮記·玉藻》:“肆束及帶。”鄭玄注:“肆,讀爲肄。肄,餘也。”《釋文》:“肆音肄。”②又《禮記·郊特牲》“腥肆爓腍祭”注云:“治肉曰肆。”《釋文》:“肆,敕歷反。”③徹母古讀透。《周禮·地官·大司徒》“卷其肆”,《釋文》:“肆,他歷反。”亦透母。因此,肆讀“息利反”是後代音變的結果,上古當爲舌頭音。

26.《左傳·成公八年》:“唯然,故多大國矣。”《釋文》:“唯,音維。本或作雖,後人改也。”④後人改是可能的,但二字通假上古多見。高亨《古書通假會典》列舉 12 例,可參。唯,以追切,余母;雖,息遺切,心母。但雖從唯得聲,上古當讀同唯。中古心邪二紐關係密切,由邪紐濁音演化而爲心紐清音,時人反切訛溷亦不可或免。

余匣、余影相通的個別例句,都是漢魏時余紐分化的反映,余紐與影紐通讀,説明余紐已經開始清化,或者當時有些方音清濁並不別義。

《左傳》異文中,邪紐與心有“脩”“循”通用 1 例,二字形近,而“脩”從攸聲,攸,以周切,余紐字。脩修上古與“條”同讀,《詩·唐風·椒聊》:“遠條且。”馬瑞辰曰:“足利古本經文二條字皆作脩。《方言》《廣雅》並曰:脩,長也。脩條古同聲通用。”⑤《史記·漢興以來將相名臣年表》:“孝景三年,中尉條侯周亞夫爲太尉。”《索隱》作“脩侯”,云“一作條”。《漢書·高惠高后文功臣表》之“脩侯”,顏師古注云:“脩,讀曰條。”⑥可見,修脩讀心母,只是中古音,上古當讀與條同,

---

① 〔唐〕陸德明撰,黄焯彙校《經典釋文彙校》,第 630 頁。
② 《十三經注疏》,第 1483 頁。
③ 《十三經注疏》,第 1457 頁。
④ 《十三經注疏》,第 1905 頁。
⑤ 〔清〕馬瑞辰撰,陳金生點校《毛詩傳箋通釋》,中華書局,1989 年,第 343 頁。
⑥ 《漢書》(第二册),第 545 頁。

徒聊切,爲定母。

通過以上的分析,我們可以試作幾點結論:

一、定組從上古到中古,經歷過複雜多變的演化,儘管其演變軌迹還不十分明確,但中古的正齒音(照三系)及余、邪二母和定組有非常密切的關係。

二、漢初,余紐已開始與定紐分化,其音讀趨近於云紐(喻三,由上古匣紐分化)。三傳異文及《左傳》異文中余匣相通的匣紐字,實際上都是中古的匣紐三等字即云紐字,這説明此數個余紐字已從定紐分化出來。而余紐與心紐相通數例,我們通過仔細分析得出,肆、雖、繡等字在漢初仍讀同定,與之相通用的余紐字也可能還未分化,也就是説,定紐及相關聲紐的演變,是經歷了一個詞匯擴散的緩慢過程的。

三、邪紐上古肯定隸屬舌頭音,它的分化應當晚一些。三傳異文中邪心二紐未有通用者,《左傳》異文中僅有的 1 例,我們已作過詳細分析,證明它讀同定。而且,邪母讀定在現代方言中仍然有活的證據,如雙峰方言"徐叙遂隨"等字分別讀 ₌dy ˚dy dy˚ ₌dy。① 郭晉稀先生認爲,一部分定母字先變爲喻母,進而演變爲邪紐。其演變的語音條件、時代性等,還需要深入研究。

(原載《西北師大學報》1999 年第 2 期)

① 諸例均采自北京大學中文系編《漢語方音字彙》,文字改革出版社,1989 年 6 月第二版。

《廣韻》變韻與《韻鏡》二、三等韻的關係

　　以前,我們對韻圖的理解缺乏歷史的觀念,因而將《韻鏡》《七音略》與《切韻指掌圖》《四聲等子》等書中"等"的概念混爲一談,於是與《切韻》亦即《廣韻》音系作比較時就出現了種種麻煩,跟著也就引出了許多不同的觀點。其實,切韻圖與後出的等韻圖不是一回事。魯國堯先生説:"切韻學的内容可以大别爲二: 其一,詮釋術語,闡發音理,或以文字臚陳,或列表以顯,這就是切韻法……其二,將韻書的聲、韻、調的配合系統,逐個音節(即逐字)地展示在圖表之上,令讀者一目了然,豁然開朗,這就是切韻圖,切韻圖是切韻學的十分重要的組成部分。唐、五代、宋、遼、夏、金、元的文獻都只有'切韻''切韻法''切韻之法''切韻圖''切韻家''切韻之學'等專門術語,《韻鏡》卷首的張麟之《韻鑒序例》有'切韻詩'名目,述及神珙著切韻圖,楊倓得《切韻心鑒》,亦是鐵證。自唐至元從無'等韻'和以'等韻'爲定語的詞語,而這些到明代才出現,延用至現代,述語先後的歷史階段是不可不瞭解的。""我們特别要指出,韻圖是層累地造出來的複合性的産品,具有多層級的積澱,利用切韻圖研究語音史,不可不具有這一認識。"[1]《韻鏡》是《廣韻》的音節表,是《廣韻》聲、韻、調配合關係的圖表形式。因而,我們就可以單純地談論《韻鏡》與《廣韻》音系的關係。

　　韻圖是《切韻》系韻書聲、韻配合關係的圖表化,古人早就注意到了,如江永説:"辨等之法,須於字母辨之,凡字母三十六位合,四等之音乃具。後人言字母與等韻者憒於此,前人爲等韻圖又未明言此理。"[2]他雖然未能將切韻圖與等韻圖分開,但能認識到其中的聲韻配

----

　　① 魯國堯《宋本廣韻・永禄本韻鏡合刊影印本弁語》,江蘇教育出版社,2002 年,第 6 頁。
　　② 江永《音學辨微・辨等列》,中華書局《叢書集成初編》本,第 19—20 頁。

合關係,是相當有見地的。現代學者李新魁先生也認爲中古韻圖對等的劃分是聲韻並重的。而將《廣韻》的聲韻配合關係明確揭示出來的,當算曾運乾先生。他説:"音既有古今南北之殊,法言斟酌損益於其間,則知其音不能無正變。於是二百六部中,有正韻,有變韻。正韻者,音之合於本音者也。變韻者,音之溷於他音者也。以今考之,東冬鍾江爲一類,而江必獨立一部者,今音實不同於東冬鍾也;其不合於唐陽者,古音實不同也。唐陽庚爲一類,而庚必獨立一部者,今音實不同於唐陽也;其不合於青清者,古音實不同。麻韻半取於歌戈,半取於模魚;耕韻半取於青清,半取於蒸登,而不分隷各部者,今音實相溷也。推之佳之於齊支,夬廢之於泰祭,皆微之於灰脂,肴之於豪,幽之於蕭尤,删元之於寒桓仙,山文之於痕魂欣諄,咸凡之於覃侵,銜嚴之於添談鹽,以今音讀之,或與本音相近,或與本音遠隔,似有與正韻可以合爲一部者;而在法言當日,必與江之與東冬鍾,庚之與唐陽,通成一例,可知也。此皆變韻類也。"[1]依曾先生所論,《廣韻》之變韻有江、微、佳、皆、文、元、删、山、肴、麻、耕、庚、幽、咸、銜、嚴、凡及夬、廢十九韻(舉平以賅上去入)。

　　正韻與變韻的聲韻配合關係有所不同。曾運乾先生考定《廣韻》有五十一聲類,其中鴻聲十九紐爲古本聲,細聲三十二紐爲今變聲。它們與正、變韻的配合關係是:"凡正韻之侈音例用鴻聲十九紐;弇音例用細聲三十二紐。凡變韻之侈音,喉牙脣例用鴻聲,舌齒例用細聲,亦共十九紐;弇音喉牙脣例用細聲,舌齒例無字。此《切韻》全書之大例也。"[2]此段論述可歸納如下表:

正韻	侈音	用鴻聲十九紐	
	弇音	用細聲三十二紐	
變韻	侈音	喉牙脣用鴻聲	亦共十九紐
		舌齒用細聲	
	弇音	喉牙脣用細聲	
		舌齒無字	

---

① 曾運乾《音韻學講義》,中華書局,1996年,第177—178頁。
② 曾運乾《音韻學講義》,第177—178頁。

曾先生的鴻聲十九紐指影一、見一、溪一、曉一、匣、疑一、端、透、定、泥、來一、精一、清一、從一、心一、幫、滂、並、明;細聲三十二紐指影二、見二、溪二、群、曉二、喻三、疑二、知、徹、澄、娘、喻四、來二、照三、穿三、床三、審三、禪、日、邪、照二、穿二、床二、審二、精二、清二、從二、心二、非、敷、奉、微。變韻侈音十九紐指影一、見一、溪一、曉一、匣、疑一、幫、滂、並、明十類鴻聲和知、徹、澄、娘、來二、照二、穿二、床二、審二九類細聲;弇音喉牙脣所用細聲是影二、見二、溪二、群、曉二、喻三、疑二、非、敷、奉、微,共十一類。下面依此大例分析《廣韻》變韻與《韻鏡》的關係。

《廣韻》正、變韻在韻圖中的排列關係,黃侃曾有論述:"凡變韻之洪,與本韻之洪微異;變韻之細,亦與本韻之細微異。分等者,大概以本韻之洪爲一等,變韻之洪爲二等,本韻之細爲四等,變韻之細爲三等。"①黃侃的觀點,陳新雄先生有詳細述評,②茲不贅述。我認爲,就《韻鏡》而言,說變韻之細爲三等是正確的,但若反過來說凡三等皆爲變韻之細就有問題了,因爲依曾先生所揭示的《廣韻》聲韻配合關係,《韻鏡》三等絕不僅僅包括上述十九變韻中的弇音,故不能一概而論。上述十九變韻在《韻鏡》中的排列可以分作三類:

第一,江、皆、夬、佳、山、删、肴、耕、咸、銜十韻排於第二等的位置,傳統稱爲獨立二等韻。它們都遵循著喉牙脣例用鴻聲,舌齒例用細聲的規律。如江韻,其平聲聲韻關係如下表:

表一

聲紐	影一	見一	溪一	曉一	匣	疑一	知	徹	澄	娘	來二	照二	穿二	床二	審二	幫	滂	並	明
小韻	胦	江	腔	肛	栙	峉		蹱	幢	耾	瀧		囪	漴	雙	邦	胮	龐	厖
反切	握江	古雙	苦江	許江	下江	五江		丑江	宅江	女江	呂江		楚江	士江	所江	博江	匹江	薄江	莫江

《韻鏡》中還有一個二等韻"臻",我們先看其聲韻表:

---

① 黃侃《黃侃國學文集》,國華書局,2006年,第142頁。
② 陳新雄《黃侃的古音學》,《中國語文》1993年第6期。

表二

聲　紐	照　二	穿　二	床　二	審　二
小韻	臻		蓁	莘
反切	側詵		士臻	所臻

　　此韻只有齒音照二系四母有字,而正韻"真"照二系聲母恰好無字,可知"臻"就是從"真"韻分化出來的。由於二韻音節有互補特點,故曾先生將"臻"補入"真",不以爲變韻。李新魁先生也説:"臻韻本是真韻的一部分;《廣韻》以外的其他語言材料表現了它與真韻的密切關係,但《廣韻》將臻獨立成一韻部,而韻圖將本韻字列於二等處。按其反切下字,本單①也當屬三等韻。"②

　　第二,微、廢、文、元、嚴、凡六韻,排於第三等的位置,傳統稱爲"獨立三等韻"。它們自然體現了喉牙脣用細聲,舌齒例無字的規律。"幽"韻《韻鏡》排在四等,但它實際上不是四等韻,而是獨立的三等韻。因爲它是變韻弇音,依例喉牙脣用細聲,舌齒無字。與它相對的正韻弇音是"尤"韻,例用細聲三十二組,它的舌齒音均有字。所以《韻鏡》作者鑽了空子,將"幽"安排在四等位置,其舌齒的位置正好可以讓給"尤"韻。這裏將兩韻平聲的音節表列出來,便可一目了然:

表三

反切	於虯	居虯		渠幽	香幽		語虯																						甫烋		皮彪	武彪
幽韻	幽	樛		虯	蠫		聲																						彪		滮	繆
聲紐	影二	見二	溪二	群二	曉二	喻二	疑二	知三	徹三	澄三	喻四	娘三	照三	穿三	床三	審三	禪三	日	來	精二	清二	從二	心二	邪	照二	穿二	床二	審二	非	敷	奉	微

---

① 　"單"字疑是排印之誤。
② 　李新魁《論(廣韻)音系的三等韻》,見《李新魁音韻學論集》,汕頭大學出版社,1997年,第88頁。

續　表

尤韻	尤	鳩	丘	裘	休	尤	牛	輈	抽	儔	猷		周	犫		收	讎	柔	劉	逎	秋	酋	脩		鄒	搊	愁	搜	不	飍	浮	謀
反切	於求	居鳩	去鳩	巨鳩	許求	羽求	語流	張流	丑鳩	直由	以周		職流	赤周		式州	市流	耳由	力求	即由	七由	自秋	息流	似由	側鳩	楚鳩	土鳩	所鳩	甫鳩	匹尤	縛謀	莫浮

　　可以看出,幽韻舌齒音二十一紐全部空著,而韻圖中照二系排在第二行(二等位),照三系排在第三行(三等位),精二系及喻四排在第四行(四等位),幽韻恰好没有這些聲母之字,於是擠於第四行,而不與"尤"發生衝突,可以看出《韻鏡》作者的良苦用心。所以,學者一般認爲幽韻是獨立三等韻。如李新魁先生説:"幽韻在中古的韻圖中列於四等,但按其反切上下字所表現的實際讀音當屬三等,因爲它用與其他三等韻相同的反切。"①還有一個舌齒無字的"欣"(或作"殷"韻),一般也看作獨立三等韻,但曾運乾先生未將它列入變韻,而以之爲痕韻之弇音,與諄韻開合相配。依音理,這也是講得通的。但若嚴格依《廣韻》體例,列爲痕之變韻弇音,當然也是可以的。

　　第三,麻、庚二韻排於二、三等的位置。因爲這兩韻兼有侈弇音,侈音列於二等,聲韻配合關係與第一類同;弇音列於三等,聲韻配合關係與第二類同,故同樣體現了《廣韻》變韻與《韻鏡》二、三等的關係。但是,若細論之,二韻又有所不同。麻韻細音只有喻四和齒音,這與變韻弇音無舌齒音的規律相違,曾先生認爲它是阿攝弇音支半的齒音,故移補於該攝,不作變韻看待,《韻鏡》列之於三等,實亦作變韻弇音處理。"庚"韻弇音則只有喉牙脣,没有舌齒音,與《廣韻》大例相合。麻、庚二韻侈(表四)、弇(表五)音開口的平聲聲韻配合表如下:

① 　李新魁《論(廣韻)音系的三等韻》,見《李新魁音韻學論集》,第88頁。

表四(侈音)

反切	於加	古牙	苦加	許加	胡加	五加	陟加	敕加	宅加	女加		側加	初牙	鉏加	所加	伯加	普加	蒲巴	莫霞
麻韻	鴉	加	䶥	煆	霞	牙	爹	侘		拿		櫨	叉	楂	鯊	巴	葩	爬	麻
聲紐	影一	見一	溪一	曉一	匣一	疑一	知	徹	澄	娘	來二	照二	穿二	床二	審二	幫	滂	並	明
庚韻		庚	阬	脝	行			瞠	棖	鬤			鎗	傖	生	閍	磅	彭	盲
反切		古行	客庚	許庚	戶庚			丑庚	直庚	女庚			楚庚	助庚	所庚	甫盲	撫庚	薄庚	武庚

表五(弇音)

反切								以遮	正奢	尺遮	食遮	式車	視遮	人賒	子邪		才邪	寫邪	似嗟				
麻韻								邪	遮	車	蛇	奢	闍	若	嗟		查	些	袤				
聲紐	影二	見二	溪二	群	曉二	喻二	疑二	喻四	照三	穿三	床三	審三	禪	日	精二	清二	從二	心二	邪	非	敷	奉	微
庚韻	霙	驚	卿	擎			迎													兵		平	明
反切	於驚	舉卿	去京	渠京			語京													甫明		符兵	武兵

此兩表清楚地反映了《廣韻》麻、庚兩韻聲韻配合的特點,由此也可窺見《韻鏡》作者安排獨立二、三等韻的心思。

綜上所述,我們可以肯定地説,《廣韻》變韻之侈音是《韻鏡》中的獨立二等韻;《廣韻》變韻之弇音屬於獨立三等韻。《韻鏡》中兼有二、三等韻的麻、庚兩韻,其音分侈弇兩類,侈音列於二等,弇音列於三等。《廣韻》變韻與《韻鏡》排列等次的關係,大致如此。

(原載《西北師大學報》2003年第2期)

《廣韻》的重紐和韻類劃分問題

《廣韻》二百六韻韻類的劃分，自陳蘭甫發明繫聯反切下字的科學方法之後，近現代音韻學家多作過進一步考究，方法和結論自然是"後出轉精"的。但各家分類有所出入，意見一直有所分歧。爭論的焦點在於重紐問題，凡正視重紐的，就與陳氏相近，韻類劃分就比較多；無視重紐的，則與陳氏相異，韻類劃分就較少。重紐實在是一個關係科學認識《廣韻》音系的重要問題，不能置之度外。下面結合前輩語言學家的研究，對此問題談點想法。

一、《廣韻》重紐的實質

重紐問題自提出以後，在研究方法上就受了韻圖的影響和限制，因而凡韻圖中將"支、脂、祭、真、仙、宵、侵、鹽"等幾個三等韻的脣牙喉音分爲兩類，排在三、四等位置的，一律視作重紐，且無論是正視重紐還是無視重紐者，一概將此八韻相提並論。按常理講，同韻之字，應當是主要元音和韻尾相同，區別只在韻頭，即介音不同。然而重紐字是否是韻頭有別、其他皆同呢？各韻重紐情況有別，需作具體分析，不能一概而論。

《廣韻》重紐的存在，與《廣韻》聲韻配合的規律及韻母自身的系統性有密切關係。曾運乾先生曰："法言《切韻》自序云：'因論南北是非，古今通塞，欲更捃選精切，除削舒緩。'依其所論，則有古合今分、今同古異者。南北乖違，例亦若是。倘有一異，必爲立韻。長孫訥言謂其酌古沿今，無以復加，明其能疏別古今通塞也。封演《聞見記》謂其與顏、魏諸公定南北音撰爲《切韻》，明其能折衷南北是非也。音既有古今南北之殊,法言斟酌損益於其間,則知其音不能無正變。於是二百六部中,有正韻,有變韻。正韻者,音之合於本音者也;變韻者,音之涸於他音者也。"①我們舉例說明:東冬鍾江爲一類,江韻獨立成韻,是因爲《切韻》時代它的讀音與東等不同,與唐陽也不同,所以它不與唐陽合爲一類。也就是説,江韻古音與東同,而今音與東有別。這樣,東爲正韻,江就是變韻。曾先生依此分《廣韻》正韻二十攝,變韻十二攝。他又説:"至於變韻與正韻之別,則凡正韻之侈音例用鴻聲十九紐;弇音例用細聲三十二紐。凡變韻之侈音喉牙脣例用鴻聲,舌齒例用細聲,亦共十九紐;弇音喉牙脣例用細聲,舌齒例無字。"②這就是《廣韻》聲韻配合的規律。大家知道,曾氏分《廣韻》聲類爲五十一紐,前文已列舉,此不贅述。《廣韻》的五十一聲類、二百零六韻,鴻細聲、正變韻、侈弇音互相配合、互相制約,顯出很强的系統性。我們談重組,關鍵要在聲韻的配合規律上下功夫。黃侃認爲,一等爲本韻之洪音,四等爲本韻之細音;二等爲變韻之洪音,三等爲變韻之細音,爲至確之論。洪音亦即侈音,細音亦即弇音。下面據兩家所論,對《廣韻》中所謂重組諸韻作具體分析。

一、"支"韻分四類。從介音看。只有開合兩呼(實際都是弇音),而開口分爲支類和宜類,合口分爲規類和爲類。支、規兩類爲"齊"韻弇音;宜、爲兩類爲"歌"韻弇音。這樣看來,支韻重組就是主要元音有別。但這區別應當不是很大,隋唐時詩文押韻更是不區別它們的,關鍵是它們有不同的來源,這點下文再談。

二、"脂"韻分三類:脂類、季類、追類。前兩類爲本音,追類爲"灰"韻弇音。可知追類與脂、季兩類主要元音有別。

三、"祭"韻無重組,只有開合兩類,周祖謨先生等均分兩類,與泰韻相配爲弇音。在韻圖中,開口牙音藝(魚祭切)與劓(牛例切)重組。按《玉篇》,劓,魚器切,爲劓之異體字。而劓在《廣韻·至》韻,音魚器切。可見劓是後人不明理者妄增之字。合口劇與濊重組,實《韻鏡》等之誤。今考張氏澤存堂本《宋本廣韻》,濊在獩小韻中,不獨立反語。由此看來,韻圖將後人妄增之字不加考察地看作重組,在喉牙脣

---

① 曾運乾《音韻學講義》,中華書局,1996年,第177頁。
② 曾運乾《音韻學講義》,第178頁。

音中分列爲三、四等,實在是由於受了舌齒音排列方法的影響,也許韻圖作者以爲這種所謂重紐字,或者是聲紐有別罷。此外,祭韻末"毳猭"兩字,前者丘吠反,後者呼吠反,爲"廢"韻誤入此韻之字,不必細説。

　　四、"仙"韻陳蘭甫分爲三類,後代音韻家有分四類的,這都是受了韻圖影響。其實仙韻並無重紐字。從反切下字看,開口"乾焉"似乎與"連延仙"類不繫聯,但《玉篇》"焉,於連切","連,力錢切"。《廣韻》"錢,昨仙切",則"連焉"繫聯。《玉篇》成書於公元 543 年,在梁代,距法言《切韻》成書時間(601)只有五十餘年,其間語音不會有大的變化;又《玉篇》於宋真宗大中祥符六年(1013)由陳彭年等奉詔重修,這與《廣韻》成書時間(1008)基本相同,因此,音系應該是一致的。故《廣韻·仙》韻焉類與然類不繫聯,實因"兩兩互用故耳"。又"權員"與"緣沿"等亦不繫聯,等韻家因此而分之。按《玉篇》:"圓,於沿切。"圓員同音,《廣韻》:"員,王權切。"則圓沿韻實同類,特聲由喻三即上古匣紐清化爲影耳。可見,切下字不能繫聯,只是法言用字有疏,並非語音不同。此外,仙韻有增加之字,其中有"嬽,於權切"一小韻兩字,與"娟,於緣切"重。是爲後人妄增之字很明顯。因爲"娟"小韻末有"嬽"字,釋義作"蛾眉,《説文》曰好也"(《説文》字作"嬽","嬽"和"嬽"爲異體字),嬽小韻解作"蛾眉兒",義相同,音也應該完全相同,傳抄《切韻》者不知此而另增一韻,以致違《切韻》之大例。

　　五、"宵"韻分開合兩類,無重紐。至於侵韻,實在是有開合兩呼,《韻鏡》統於合口圖中,故有重紐之説。因合口字少,借開口"淫"字爲反切下字,致使韻圖作者涽之。鹽韻情形與"宵"相類,兹不多論。

　　如此看來,所謂有重紐諸韻,其中祭、仙、宵、侵、鹽實際沒有重紐。支、脂兩韻確有重紐存在,此兩韻重紐字的性質就是主要元音有別。這與古今語音的演變及《切韻》作者構架《切韻》音系的方法有密切關係。比如"支"韻之字,一部分爲本音,另一部分則來自上古歌部,演變的結果是兩部字趨於合流。但隋唐時,它們讀音還有細微差別,只是詩文押韻已不分別。但陸法言説得很清楚:"欲廣文路,自可清濁皆通;若賞知音,即須輕重有異。"《切韻》是"賞知音"的,因此,反切分爲四類,但已不能分清古韻部居。脂韻情形類似。既然支、脂兩韻確有重組,那麼我們分析《廣韻》韻類時,就必須正視它們。

二、《廣韻》韻類的劃分

基於第一個問題的討論,我們劃分《廣韻》韻類自然將與陳蘭甫三百十一類有些不同。陳氏分類中的問題,周祖謨先生作過詳細考證,並作《〈廣韻〉四聲韻今音字表》,可謂臻於完善。然而其中有些地方恪守陳氏,只重《廣韻》現象,未有考證詳審,與《切韻》本來之音系仍有出入,如"旨"爲四類,真爲三類,質四類,以及戈、仙等的分類,均有可商榷之處。

應當明確一點,《廣韻》直接承繼《唐韻》,《唐韻》直接承繼法言《切韻》,音系體例未變,但它爲增修廣大《切韻》之作,因此,各韻之內,不能沒有絲毫增損者。又經歷代傳抄翻刻,昧於音理者間或增字加切,不可避免。因此,要考知《切韻》音系,就不能對《廣韻》不加分析地全盤接受。基於這種認識,我們除對所謂重組諸韻作考察外,對其他各韻韻類的劃分也應作詳審考辨。現代音韻學家有比較一致的意見的,不再論及。這裏就戈韻、陌韻的韻類劃分談點看法。

一、"戈"韻:一般分爲三類,即禾戈類,靴朏類,伽佉類,陳氏禾戈、靴各爲一類。我們只分一類。《切韻》殘卷無朏䏍兩韻,明爲後人妄增。"靴"明本、顧本《廣韻》有"許戈切",可與戈禾類繫聯。參考歌麻兩韻,可以看出,戈韻伽佉類實際是麻韻家類的細音,音值接近於遮車類,但稍有別,它們也由古韻歌部變化而來,所以,將它們附於戈韻部末,但音與戈類也有區別。《玉篇》云:"迦,古牙切,又居伽切。""伽,古遐切,又居迦切。"可見伽類鴻聲即爲麻,細聲則韻亦有變。這説明實際有此類音節。從平上去三聲相承之理看,果、過各一類,戈若分兩類,於音理不合。又歌戈之弇音是支韻宜類和爲類,四呼相承,各爲一類,若戈兩類,則又與音理乖違。這説明佉伽類實爲後人附加,而《切韻》殘卷又注明反切未詳,則唐代實有其音。這樣,我們就處於進退維谷之際,只好萬不得已而捨之。又"佉伽"類字多出釋典,爲音譯詞,本漢典所無,所表之音當是外來詞本土化過程之反映。

二、"陌"韻分四類,與庚、梗、敬三韻相承,理據充分。但音韻學家多爲三類。原因是"礴(弼戟切)"以第三類字爲切下字。但庚、梗、敬、陌四韻脣音只有兩類,而喉牙音各爲四類,脣音諸字皆在第一、第四類,若礴獨爲第三類脣音,於大例相乖。陌韻第四類喉牙音無字,脣音只有礴一韻,故借用開口"戟"爲反切下字。若云礴借"戟"而當合,則第二類虢(古伯切)、嚄(胡伯切)借開口"伯"字爲切下字,亦當與第一類合。音韻學家不將它們合起來,是因爲其開合實在不同。那麼,礴獨爲一類,道理也是相同的。

在以上分析的基礎上,我們分《廣韻》韻類爲三百一十二類。其中多出陳氏八類:冬韻上聲"湩鷁"類;臻韻上聲"𧤛"類和去聲"齔"類;痕韻入聲"麧"類;勁、徑各分兩類,職韻分兩類,陌韻分四類,多出陳氏一類。少於陳氏七類:真韻爲兩類,陳氏三類;軫韻一類,陳氏二類;質韻二類,陳氏三類;仙韻、綫韻、薛韻陳氏各三類,我們各爲兩類。戈韻一類,陳氏兩類。多八少七,故爲三百一十二類。

韻類不等於韻母,韻類包含了聲調這一音素,韻母則不包含聲調,凡韻頭、韻腹、韻尾相同的,就是同一個韻母。因而,三百一十二類不等於《廣韻》的真韻母。那麼,研究《廣韻》的真韻母,就是要先除去聲調這一要素。凡平上去相承者,算一個韻母;入聲韻獨立計算。得出《廣韻》真韻母爲平聲九十四個,入聲五十二個,共計一百四十六個,列表如下:

侈　音								弇　音							
開　口				合　口				開　口				合　口			
平	上	去	入	平	上	去	入	平	上	去	入	平	上	去	入
咍								之							
登		德		登			德	蒸		職					職
齊				齊				支半				支半			
青		錫		青			錫	清		昔		清			昔
歌				戈				支半麻半				支半			

續　表

徆音								弇音							
開口				合口				開口				合口			
平	上	去	入	平	上	去	入	平	上	去	入	平	上	去	入
		泰				泰				祭				祭	
寒			曷	桓			末	仙			薛	仙			薛
				灰								脂半			
痕				魂			沒	欣				諄			術
								脂半				脂半			
先			屑	先			屑	真臻			質櫛	真			質
				模				魚							
唐			鐸	唐			鐸	陽			藥	陽			藥
侯												虞			
東半			屋半									鍾			燭
蕭								尤							
				冬			沃					東半			屋半
豪								宵				宵			
覃			合					侵			緝	侵			緝
添			帖	談			盍	鹽			葉	鹽			葉
佳				佳											
皆				皆				微				微			
耕			麥	耕			麥								
麻半				麻半											
		夬				夬								廢	
刪			鎋	刪			鎋	元			月	元			月
山			黠	山			黠					文			物

續　表

侈　音								弇　音							
開　口				合　口				開　口				合　口			
平	上	去	入	平	上	去	入	平	上	去	入	平	上	去	入
庚			陌	庚			陌	庚			陌	庚			陌
江			覺												
肴								幽							
咸			洽					凡			乏				
銜			狎					嚴			業				

（原載《青海師大學報》1997 年第 3 期）

《廣韻》支麻二韻與正變韻之關係

曾運乾先生論《廣韻》正韻、變韻之特點,於陸法言《切韻》編寫大例最爲切合。其説云:

> 法言《切韻》自序云:"因論南北是非,古今通塞,欲更捃選精切,除削疏緩。"依其所論,則有古合今分,今同古異者。南北乖違,例亦若是。苟有一異,必爲立韻。長孫訥言謂其酌古沿今,無以復加,明其能疏別古今通塞也。封演《聞見記》謂其與顏、魏諸公,定南北音,撰爲《切韻》,明其能折衷南北是非也。音既有古今南北之殊,法言斟酌損益於其間,則知其音不能無正變。於是二百六部中,有正韻,有變韻。正韻者,音之合於本音者也。變韻者,音之溷於他音者也。以今考之,東冬鍾江爲一類,而江必獨立一部者,今音實不同於東冬鍾也;其不合於唐陽者,古音實不同也。唐陽庚爲一類,而庚必獨立一部者,今音實不同於唐陽也;其不合於青清者,古音實不同也。麻韻半取於歌戈,半取於模魚;耕韻半取於青清,半取於蒸登;而不分隸各部者,今音實相溷也。推之佳之於齊支,夬廢之於泰祭,皆微之於灰脂,肴之於豪,幽之於蕭尤,刪元之於寒桓仙,山文之於痕魂欣諄,咸凡之於覃侵,銜嚴之於添談鹽,以今音讀之,或與本音相近,或與本音遠隔,似有與正韻可合爲一部者;而在法言當日,必與江之與東冬鍾,庚之與唐陽,通成一例,可知也。此皆變韻類也。至於變韻與正韻之別,則凡正韻之侈音例用鴻聲十九紐,弇音例用細聲三十二紐。凡變韻之侈音,喉牙脣例用鴻聲,舌齒例用細聲,[①]亦共

---

① 曾先生所言舌、齒細聲指知、徹、澄、娘和照二、穿二、床二、審二八母。

十九紐;弇音喉牙脣例用細聲,舌齒例無字。此又《切韻》全書大例也。①

　　曾先生分《廣韻》聲類爲五十一類,其中鴻聲十九紐,細聲三十二紐,是學人所共知的,兹不贅言。

　　我們依據曾運乾先生之説來反觀《廣韻》的支、麻二韻,發現它們兼有正韻、變韻的特點。先看支韻:

　　支韻是有重紐的,"重紐"是指在同一個韻的喉、牙、脣音地位出現兩套反切上字相同而下字分爲兩類的現象,一般認爲支、脂、祭、真、仙、宵、侵、鹽諸韻皆有重紐,韻圖將這兩類喉、牙、脣音字分列在三等和四等。依貫例列於三等的字稱爲 B 類,列於四等的稱爲 A 類。B 類相當於曾先生正韻的弇音,其特點是喉、牙、舌、齒、脣五音俱足,聲類皆爲細聲三十二紐。這類字代表的聲母系統與純正韻的三等如之、蒸等的弇音相當,與純四等韻的齊、先不同(如表一所示)。A 類字,大致相當於曾先生變韻之弇音,其特點是喉、牙、脣音有字,用細聲;舌齒音無字(如表二文韻)。但支韻開口的 A 類卻有照系二等字,亦細聲;合口 A 類喉、牙音用細聲,大致與變韻弇音相當,但舌音去聲有"娷,竹恚反""諉,女恚反"二字,皆細聲,又與變韻侈音相合。此二字在《集韻》《類篇》中的注音已與支韻爲類混同,②但兩種寫本的《王仁昫刊謬補缺切韻》之切語皆與《廣韻》同。③ 所以説,支韻開口 A 類是兼有變韻弇音和變韻侈音部分特點的韻,這正是作爲有重紐的支韻的獨特之處(如表二所示)。《韻鏡》的作者也發現了這點,將此照二系四字列於三等,但反切下字不能繫聯。然而,這些 A 類字與純四等的反切上字完全不同。四等韻有舌、齒音,且皆用鴻聲端、透、定、泥和精、清、從、心(如表二先韻)。

　　李新魁先生認爲:"B 類字的讀音必與純三等韻微、殷、文、元、嚴、凡等有關係,A 類字與純四等韻齊、蕭、先、青、添等有關係。這種關係

<hr>

① 　曾運乾《音韻學講義》,第 177—178 頁。
② 　"娷"字《類篇》有而睡、戈睡、邕危三切,皆支韻爲類音讀。"諉"字《類篇》有樹僞、馳僞、是爲三切,亦皆支韻爲類音讀。
③ 　"娷"字切語,敦煌寫本(伯二〇一一)已殘,"諉"字亦女恚反。

表一　支韻 B 類(開口)字與之韻反切上字之比較

韻		喉	牙						舌													齒									唇			
		影二二	見二二二	溪二二二	群	曉二二	于二二	疑二二	知	徹	澄	娘	喻四	照三三	穿三三	床三三	審三三	禪	日	來	精二二二	清二二二	從二二二	心二二二	邪	照二二	穿二二	床二二	審二二	非	敷	奉	微
支	字	漪			祇				知	攡	馳		移	支	眵		施	提	兒	離	貲	雌	疵	斯						卑	鈹	陴	彌
	反切	於離			巨支				知	丑知	直離		弋支	章移	叱支		式支	是支	汝移	呂支	即移	此移	疾移	息移						府移	敷羈	符支	武移
紙	字	綺		企					掇	褫	豸	狔	酏	紙	侈		弛	是	爾	邐	紫	此		徙		批	揣			俾	諀	婢	弭
	反切	於綺		丘弭			委		掇	敕豸	池爾	女氏	移爾	諸氏	尺氏		施是	承紙	兒氏	力紙	將此	雌氏		斯氏		側氏	初委			并弭	匹婢	便俾	綿婢
寘	字	縊		企		戲	矢		智	杘	縋		易	寘	翄		翅	豉		詈	積	刺	漬	賜						臂	譬	避	
	反切	於賜		去智		香義	于	義	知義	丑豉	馳偽		以豉	支義	充豉		施智	是義		力智	子智	七賜	疾智	斯義						卑義	匹賜	毗義	義
之	字	醫	姬	欺	其	僖		擬	癡	魅	治	你	飴	之	蚩		詩	時	而	釐	茲	差	慈	思	詞	菑	輜	茌	師			符	移
	反切	於其	居之	去其	渠之	許其	之	魚紀	丑之	敕里	直之	乃	與之	止而	赤之		書之	市之	如之	里之	子之	七之	疾之	息茲	似茲	側持	楚持	士之	疏之				
止	字	譩	紀	起	忌	喜		擬	徵	恥	峙		以	止	齒		始	市	耳	里	子		字	枲	似	滓	厠	士	史				
	反切	於擬	居里	墟里	渠記	虛里	里	魚紀	陟里	敕里	直里		羊己	諸市	昌里		詩止	時止	而止	良士	即里		疾里	胥里	詳里	阻史	初紀	鉏里	疏士				
志	字	意	記	亟	忌	憙		魕	置	杘	值		異	志	熾		試	侍	餌	吏	載	廁	字	笥	寺	胾	厠	事	駛				
	反切	於記	居吏	去吏	渠記	許記	記	魚記	陟吏	丑吏	直吏		羊吏	職吏	昌志		式吏	時吏	仍吏	力置	子吏	七吏	疾置	相吏	祥吏	側吏	初吏	鉏吏	疏吏				

表二　平聲支韻A類(開口)字與文先韻(開口)反切上字之比較

類	聲紐	支(字)	支(反切)	文(字)	文(反切)	先(字)	先(反切)
喉	影	漪	於離	熅	於云	煙	烏前
牙	溪		去奇		去云	牽	苦堅
牙	見		居宜	君	舉云	堅	古賢
牙	群	奇	渠羈		渠云		
牙	曉	犧	許羈	薰	許云	祆	呼煙
牙	匣/于/云			云	王分	賢	胡田
牙	疑	宜	魚羈			妍	五堅
舌	端					顛	都年
舌	知	知					
舌	透					天	他前
舌	定					田	徒年
舌	泥/娘					年	奴顛
舌	照三						
齒	來					蓮	落賢
齒	精					箋	則前
齒	清					千	倉先
齒	從					前	昨先
齒	心					先	蘇前
齒	照二	齜	側宜				
齒	穿二	差	楚宜				
齒	床二		仕宜				
齒	審二	釃	所宜				
脣	幫					邊	布賢
脣	並						部田
脣	明					眠	莫田
脣	非			分	府文		
脣	敷			芬	撫文		
脣	奉			汾	符分		
脣	微			文	無分		

表示它們可能有共同的來源。"①但是,通過比較可以看出,A類字實際與純四等韻并不相同,不論是從聲母、韻母還是從聲韻配合關係的角度看,它都與三等韻中的變韻弇音即微、文等相近,有喉、牙、脣音,舌齒音比微、文多了照二系四母,而無舌頭、舌上、正齒、齒頭諸母。

麻韻是變韻洪音,即二等韻,與別的變韻洪音比它多出舌音照三和齒音精系字。與全書大例不合。如果支韻中分出A類,與麻韻舌齒音合併,另立一部,爲歌部的細音,則與全書大例相合。其開口字的情形如表三。

這是一個十分有趣的現象,它顯示出支、歌、魚三韻之間的複雜關係,同時透露出陸法言立韻時的矛盾心理。若依"苟有一異,必爲立韻"的原則,支、麻必須得各分兩韻;或者將支韻開口A類照二系四母之反切下字改造,使與B類繫聯,讓支韻成爲一般的重紐韻。這樣一來,全書之大例就整齊劃一了。可陸氏既未改造支韻,也不劃分麻韻,主要原因恐怕是實際語音的異同問題。也就是説,支韻開口A類字必與B類讀音不同,依反切上下字看,其聲紐和介音不異,當是主要元音有別。而麻韻舌齒音必與本韻其他字讀音十分接近,而且它們是古魚韻之變,作爲歌部細音並不合適;法言當日兩類字讀音可能也不同。所以,不得與支韻開口A類合併。

這種欲合不能的情況,在《廣韻》中還有一例,那就是齊韻。曾運乾先生也有論述:

　　　今人以《廣韻》之灰代表威攝,此無可議者也。而以《廣韻》之齊代表娃攝,爲支佳之古本音,此實得半之道。考《廣韻·齊》部,凡三百三十五字,應入衣攝者一百六十二字,應入娃攝者一百四十五字。② 上聲薺凡一百十九字,應入衣攝者九十字,應入娃攝僅十九字。去聲霽凡二百五十四字,應入衣攝或衣入者一百零二字,應入娃攝或娃入者四十八字。③ 是齊部實當爲娃衣兩

---

① 李新魁《李新魁語言學論集》,第61頁。
② 作者箋注:"混入他部之字不計。"
③ 作者箋注:"混入他部之字并不計。"

表三 麻韻舌齒音與支韻開口 A 類字配合表

	喉		牙				舌							齒															脣			
聲	影一一	影二二	見一一	溪一一	群	曉一一	匣	疑一	端	透	定	泥	娘	喻	澄	徹	知	疑二二	來一一	來二二	日	襌	審三三	床三三	穿三三	照三三	邪	心一	心二二	從一一	從二二	精一一
韻																																
平 字		倚	羈					宜										宜														
平 反切		於	居	去宜	奇渠	犧許		魚										魚	邪		若人	闍	奢武	蛇食	車尺	遮			嗟		嗟子	嗟
上 字	綺				技	羈		齮													人											
上 反切																																
去 字																																
去 反切																																

攝之鴻聲侈音。至娃攝之細聲弇音，爲支紙寘中四類之
二。① 衣威兩攝之細聲弇音，則同爲脂旨至。考脂部原分三類，
凡切語下一字用肌、脂、夷、私、資、尼六字者，爲衣攝齊齒呼；葵
一字爲衣攝撮口呼；②其用追、佳、綏、眉、維、悲、遺七字者，則威
攝撮口呼。旨部亦分爲三類，凡切語下一字用几、履、雉、視、姊、
矢六字者，爲衣攝齊齒呼；用癸者爲衣攝撮口呼；③其用軌、洧、
美、水、壘、誄、累、鄙八字者，則威攝撮口呼。去聲至亦分三類，
凡切語下一字用冀、利、器、至、自、四、二、寐八字者，爲衣攝齊齒
呼；用季、悸者，爲衣攝撮口呼；④其用位、媿、萃、類、醉、遂、媚、
備、祕九字者，爲威攝撮口呼。是《廣韻》於娃衣兩攝之鴻聲侈音
雖混爲一，而於娃衣威三攝之細聲弇音，則固分別甚嚴也。頗疑
陸法言製《切韻》時，齊韻原分兩部，一爲娃攝之鴻聲侈音，一爲
衣攝之鴻聲侈音。後人因其音近，并爲一部，如歌戈合一，寒桓
合一之比。不然，《廣韻》於細聲弇音之支紙寘及脂旨至，不必
剖判入微若此者也。此雖無明顯證據，然《唐韻》黂杉兩字，別
爲一部，今《廣韻》混入齊部，則其遺迹之僅存者也。《切韻》原
序云："支脂魚虞，共爲一韻。"魚虞之別，今所共知；支脂之別，
世多未曉。段玉裁分之支脂爲三，以爲獨得胸襟；不知支尚當
分係娃阿，脂亦當分系衣威也。此後人研究《切韻》者，所當究
心者也。⑤

　　因爲沒有明顯的證據，我們無法判定《切韻·齊》韻本分爲兩部，
但這反過來正好可以說明支、脂等重組應當是讀音有別而不同類的
字有不同來源。齊韻兩類字完全混同，所以反切下字繫聯爲開、合兩
類，沒有重組。支、脂既然有重組，則兩類字的讀音肯定有別。支脂
與齊韻的特點恰好可以互作證明。
　　總而言之，《廣韻》的重組、正韻、變韻等問題，均與其聲韻配合存

① 　作者箋注："支紙寘三韻各分四類，齊齒撮口各二，二呼屬娃攝，二呼屬阿攝。"
② 　作者箋注："以無同類之字，用威攝撮口呼追字爲切。"
③ 　作者箋注："癸居誄切，亦借威攝撮口呼字爲切。"
④ 　作者箋注："棄，詰利切，借用齊齒呼字。"
⑤ 　曾運乾《音韻學講義》，第190—191頁。

在關係,也與古今音的分合密不可分,需要深入研究。

（2006 年 9 月 23—25 日,北京大學"漢語音韻學學術研討會"交流論文）

聯綿詞的構成與音轉試探

一、關於聯綿詞的構成問題

　　學術界對聯綿詞的定義一般是"雙音節的單純詞"，也就是說，聯綿詞自始至終是用兩個音節表示一個意義，不能分析成兩個詞素。這從原則上講是不錯的，但就大家公認的一部分聯綿詞來看，卻並非完全準確，一些聯綿詞並非自古就是雙音節的單純詞。這就需要我們對聯綿詞的構成問題作進一步的探討。古代學者的論述及現代古音學的研究成果都表明：聯綿詞的形成途徑主要有三條：一是擬聲詞和分音詞；二是外語音譯詞；三是同義詞連用形式。其中外語音譯詞，如獫狁、葡萄、苜蓿、琵琶、琉璃等，非漢語本有，當排除。下面對其他兩種作一些討論。

　　擬聲詞是對自然聲音的摹擬，如丁冬、玎玲、嘩啦、轟隆等，這類詞也可以看作是詞根加了一個衍聲的來母後綴形成。擬聲聯綿詞最初大多是疊音詞，但由於方音的分化或歷史音變，其兩個音節會有所不同，於是就成了聯綿詞。比如，《詩經·周南·關雎》："關關雎鳩，在河之洲。""關關"是摹擬鳥叫聲的。而白居易《琵琶行》"間關鶯語花底滑"中的"間關"，就是關關的音變形式。按中古音，間是山韻字，關是刪韻字，二者有開合口之別，主要元音也有差別。又如《周南·兔罝》："肅肅兔罝，椓之丁丁。""丁丁"是摹擬敲打結網木樁之聲的；又《小雅·伐木》："伐木丁丁，鳥鳴嚶嚶。""丁丁"摹擬砍樹之聲。"丁丁"音轉就成了"咚咚""丁冬"等。分音詞有的學者稱爲單音詞的切語形式，即有些單音詞，於古籍有緩言成兩個音節者，這實際上是用拼音原理表示了原單音節詞的讀音，爲反切之芻形。還有一種情形是合二字之音爲一字之音,古人謂之"急言",而這二字是有意義的。但急言也是反切的一種表現形式。顧炎武説:"反切之語,自漢以上即已有之。宋沈括謂古語已有二聲合爲一字者,如'不可'爲'叵','何不'爲'盍','如是'爲'爾','而已'爲'耳','之乎'爲'諸'。(《周禮·士師》:"五戒:一曰誓,用之於軍旅;二曰誥,用之於會同;三曰禁,用諸田役;四曰糾,用諸國中;五曰憲,用諸都鄙。"徐言之則爲"之於",疾言之則爲"諸",一也。《小爾雅》曰:"諸,之乎也。")鄭樵謂慢聲爲二,急聲爲一。慢聲爲'者焉',急聲爲'旃';慢聲爲'者與',急聲爲'諸';慢聲爲'而已',急聲爲'耳';慢聲爲'之矣',急聲爲'只',是也。愚嘗考之經傳,蓋不止此。如《詩·牆有茨》傳'茨,蒺藜也'(本《爾雅》文),'蒺藜'正切'茨'字。'八月斷壺',今人謂之'胡盧',《史記·后妃傳》作'瓠蘆','瓠蘆'正切'壺'字。《左傳》:'有山鞠窮乎?'鞠窮是芎窮,'鞠窮'正切'芎'字。'著于丁寧'注:'丁寧,鉦也。'《廣韻》丁,中莖切,'丁寧'正切'鉦'字。'守陴者皆哭'注:'陴,城上僻倪。''僻'音'避','僻倪'正切'陴'。"①顧氏舉例甚多,如"奈何"切"那","和同"切"降","句瀆"切"穀","終葵"切"椎","不律"切"筆","蒲蕱"切"須","恩籠"切"聰","蠾蝓"切"蜘","鵯鶋"切"鳩",等等。這類例子,王念孫《廣雅疏證》所録者亦頗多,如"於菟"切"虎","蠓螉"切"蜂","侏儒"切"鼄","窟窿"切"空","髑髏"切"頭"等。《詩經·新臺》:"魚網之設,鴻則離之。"聞一多先生《詩經通義》認爲鴻即苦蠪之合音,《廣雅·釋魚》:"苦蠪,蝦蟆也。"《淮南子·墬形訓》:"海閭生屈龍。"高誘注:"屈龍,游龍,鴻也。"②屈龍即苦蠪,屈、苦音近。郭沫若進一步考證説,鴻即未成形之蝦蟆,也就是蝌蚪。《爾雅·釋魚》:"科斗,活東。"鴻與活匣紐雙聲,東與鴻東部疊韻。活東正切鴻字。科斗爲活東之音轉,科、活溪匣旁紐,歌月對轉;斗、東亦端紐雙聲,侯東對轉。

以上衆例説明,漢語的單音節性,決定了其二字之音相拼,可以成爲另一字之音。而此二字上字與所切字雙聲,下字與所切字疊韻。這是漢語自然之音理。"緩言"現象,實際爲漢魏以下反切盛行的客

---

① 〔清〕顧炎武《音學五書》,第 50 頁。
② 何寧撰《淮南子集釋》,中華書局,1998 年,第 374 頁。

觀基礎,也是我們借用梵文拼音方法的前提。後人不謂"不可""何不""者焉"之類爲聯綿詞者,大概是因爲它們先於"叵""盍""旃"等而出現,且都是詞組,二字均有意義,後乃合其音而成一字,但二字語義尚能追尋;謂"蒺藜""葫蘆"之類爲聯綿詞者,是因爲它們後於所切之字而出現,而且是單純的拼音,不能於字面尋求詞義。由此看來,丁寧、陣倪、句瀆、侏儒之類,並非漢語所固有的雙音節單純詞。

　　關於兩詞素同義的聯綿詞,古人早已有所論述。王念孫《讀書雜志·漢書》曰:"凡謰語之字,皆上下同義,不可分訓。"①這就是説,此類詞是由兩個同義詞素合成的,不能分解成別的意思,如"狐疑"本是"嫌疑"的轉語,狐與嫌古匣紐雙聲,可以通轉。狐與疑同義連用,不可分解爲狐性多疑。這類聯綿詞在古籍中一般有單言、倒言之例。

　　單言就是兩音節拆開使用,二字意義相同,且一般有雙聲或疊韻之關係。如"綢繆",古屬幽部疊韻字,同義,可單言。《説文》:"綢,繆也。"《楚辭·湘君》:"薜荔柏兮蕙綢。"王逸注:"綢,縛束也。""屈原言己居家則以薜荔椅飾四壁,蕙草縛屋。"②《莊子·庚桑楚》:"内韄者不可繆而捉。"《經典釋文》:"繆,結也。崔向云:綢繆也。"③可見,繆與綢均有縛束之義。又如"巉巖"古屬談部疊韻字,可單言。《説文》:"嶄,礹石也。"《詩·漸漸之石》:"漸漸之石,維其高矣。"毛傳:"漸漸,山石高峻。"鄭箋:"山石漸漸然高峻,不可登而上。"④嶄、漸古屬從紐談韻,音同通用。巉爲中古床二字,床二與從紐上古同音,則巉、漸古爲同紐雙聲字。《詩·節南山》:"節彼南山,維石巖巖。"毛傳:"巖巖,積石貌。"⑤積石則高,因此,巉、巖同義。"猶豫"二字屬余紐雙聲字,可單言。《老子》十五章:"豫兮若冬涉川,猶兮若畏四鄰。""豫",河上公本作"與",馬王堆漢墓出土帛書《老子》亦作"與"。豫、與古同音通用。高亨《老子正詁》認爲,"豫"之本字當爲"趣",並云:"《説文》:'趣,安行也。'……安行猶言徐行。""猶",帛書作"猷",馬叙倫認爲,"猶"爲"趙"之借字。《説文》:"趙,行貌。"高亨曰:"馬説

　　①　〔清〕王念孫《讀書雜志》,第407頁。
　　②　〔宋〕洪興祖撰《楚辭補注》,第61頁。
　　③　〔唐〕陸德明撰,黃焯彙校《經典釋文彙校》,第799頁。
　　④　《十三經注疏》,第499頁。
　　⑤　《十三經注疏》,第440頁。

是也。亦徐行也。《禮記・檀弓》：‘君子蓋猶猶爾。’鄭注：‘猶猶，疾舒之中。’《荀子・哀公篇》：‘猶然如將可及者。’楊注：‘猶然，舒遲之貌。’皆以‘猶’爲‘趙’之例。猶兮亦狀行之遲疑。”①此可證猶、豫爲同義詞。其他如窈窕、鏗鏘、倜儻、欷歔、恍惚、狼戾等，都是兩個詞素合成的能單言的複合詞，王寧先生謂之“義合連綿詞”。②

　　有些聯綿詞，我們雖然並未發現其兩個音節都單言的情況，但多方繫聯，也可以找到一些旁證。如《左傳・襄公二十四年》：“部婁無松柏。”杜預注：“部婁，小阜。”③小阜即小山包，其特徵是中高而四下。小罌中部鼓出，也有類似特徵，故亦曰部婁，寫作瓿甊。《廣雅・釋器》：“瓿甊，瓶也。”單言曰瓿，或作錇。《説文》：“錇，小缶也。”《漢書・揚雄傳》：“吾恐後人用覆醬瓿也。”顏師古注：“瓿音部，小罌也。”④部、瓿，皆古之部並紐字，通用。駝背者謂之佝僂，可單言曰僂。《史記・晉世家》：“八年，使郤克於齊，齊頃公母從樓上觀而笑之。所以然者，郤克僂，而魯使蹇，衛使眇，故齊亦令人如之以導客。”又《廣雅・釋器》：“曲梁謂之罶。”《爾雅・釋訓》：“凡曲者爲罶。”《説文》：“罶，曲梁，寡婦之笱。”其或體爲簍，罶，古屬來紐幽韻；簍，來紐侯韻，幽侯旁轉。僂與簍同音。可見，凡有中高四下特徵者皆可單言曰僂，僂與部同義。又如慫恿，可單言曰慫曰恿。《方言》：“自關而西，秦晉之間，相勸曰聳。”《左傳・昭公六年》：“誨之以忠，聳之以行。”杜預注：“聳，懼也。”⑤王念孫《廣雅疏證》云：“聳之以行，謂舉善行以獎勸之。”⑥《國語・楚語》：“教之《春秋》，而爲之聳善而抑惡焉，以戒勸其心。”韋昭注：“聳，獎也。”⑦聳與慫古同屬心紐東韻，音同通用。慫恿，今隴東方言單言曰恿。此又慫恿義同而可單言之證。慫與恿古爲東部疊韻字。

　　由於這類聯綿詞是兩個同義詞素的連用形式，所以在其早期使

---

①　參高亨《老子正詁》，清華大學出版社，2011 年，第 26—27 頁。
②　王寧《漢字六論》，中國大百科全書出版社，2017 年，第 70 頁。
③　《十三經注疏》，第 1980 頁。
④　《漢書》（第一一册），第 3585 頁。
⑤　《十三經注疏》，第 2043 頁。
⑥　〔清〕王念孫《廣雅疏證》，第 26 頁。
⑦　徐元誥《國語集解》，第 485 頁。

用中,可以顛倒,即古人所謂倒言。倒言實質上是兩個詞素的易位。如玲瓏,倒言爲瓏玲,揚雄《法言·五百篇》:"聖人之言遠如天,賢人之言近如地。瓏瓏其聲者,其質玉乎?"李軌注:"玉之瓏瓏其聲,亦猶君子清泠其德音。"①句僂,倒言爲僂句,《左傳·昭公二十五年》:"初,臧昭伯如晉,臧會竊其寳龜僂句。"杜預注:"僂句,龜所出,地名。"②但王念孫認爲龜背中高,故謂之僂句。澒濛,自然之氣,《莊子·在宥》:"雲將東遊,過扶搖之枝,而適遭鴻蒙。"③司馬彪注:"鴻蒙,自然元氣也。"鴻、澒古屬匣紐東韻,同音通用。蒙,亦作"濛"。澒濛,倒言之曰濛澒,亦作厖鴻。張衡《思玄賦》:"踰厖鴻於宕冥兮,貫倒影而高厲。"舊注曰:"厖鴻宕冥,皆天之高氣也。"④厖與濛,古皆屬明紐東韻,同音通用。揚雄《甘泉賦》:"香芬茀以穹窿兮,擊梼櫨而將榮。"穹窿,倒言曰窿穹。《漢書·季布傳》:"乃髡鉗布,衣褐,置廣柳車中,並與其家僮數十人之魯朱家所,賣之。"李奇注云:"廣柳,大隆穹也。"⑤隆通窿。楊伯峻先生把這種詞稱爲"同義聯綿詞",即其上下字同義,可以顛倒使用。如《左傳·隱公五年》:"君將納民於軌、物者也,故講事以度軌量謂之軌,取材以章物采謂之物。"楊伯峻先生曰:"物之本義爲雜色牛(見王國維《觀堂集林·釋物》及楊樹達先生《積微居小學述林·釋物》),引申之,凡雜色亦可曰物,此物采之物字即是其義。物采爲同義連綿詞,猶上文軌量爲同義連綿詞,故亦可倒言爲'采物',文六年《傳》'分之采物'是也。"⑥《左傳·文公六年》:"古之王者知命之不長,是以並建聖哲,樹以風聲,分之采物。""物采"義爲物華文采,二詞素均有意義,不可謂之單純詞。又"璵璠",本爲魯國寳玉,可倒言爲"璠璵"。《左傳·定公五年》:"季平子行東野,還,未至。丙申,卒于房,陽虎將以璵璠歛。"《太平御覽》卷八〇四《珍寳部三》引《逸論語》:"孔子曰:'美哉,璠璵! 遠而望之,焕若也;近而

---

① 《揚子法言》卷八,《四部叢刊初編》本。
② 《十三經注疏》,第 2110 頁。
③ 〔清〕郭慶藩《莊子集釋》,中華書局,1961 年,第 385 頁。
④ 《文選》(二),上海古籍出版社,1986 年,第 675 頁。
⑤ 《漢書》(第七册),第 1976 頁。
⑥ 楊柏峻《春秋左傳注》,第 42 頁。

視之,瑟若也。一則理勝,一則孚勝。'"①此與《説文》所引同。楊先生對此類詞的定性是正確的,只是他所説的聯綿詞,和我們今天定爲"雙音節的單純詞"不同,而是與王念孫"上下同義,不可分訓"之意相合。因此,我們説這些詞只能是複合詞,而不是單純詞。王國維《聯綿詞譜》所録者,絶大多數也是上下字同義的合成詞。然而,由於這些詞中相當一部分定形很早,歷史悠久,所以要搞清其詞源就非常困難。

　　漢語音韻學界有一種假設,認爲古代有複輔音聲母。這些聲母分化,便形成一些疊韻的聯綿詞。如"果蓏"一詞,有學者認爲就是古代複輔音 gl-分化而成的。"果蓏"的命名根據是"圓",草與木的果實都是圓形的,因此稱之曰果蓏。根據俞敏先生的研究,藏語的 gala(圓球,圓)、kolo(輪子)、klo(鼓)、kol(圈)與漢語的"果蓏"及其轉語同源。②據此,可以推設"果蓏"的語根聲母爲 gl-。類似的情況,如蒲盧(pl-)、彷徨(ph-)、蛤蟆(hm-)等。但這是藏語借用了古漢語詞,還是漢藏語同源的問題,有待於深入研究。

二、關於聯綿詞的音轉問題

　　無論是擬聲詞,某字的切語形式,還是兩個同義詞素合成的聯綿詞,其詞形一旦凝固,都可以發生語音轉化。因而,聯綿詞一般都有字無定形、音隨義轉的特點。但其轉化不是任意的,而是有條件、有規律的。筆者通過對部分聯綿詞的分析,總結出以下幾點:

　　(一)聯綿詞的語音轉變,其兩音節的聲母一般不變,即使變,也一定是同類相轉,即喉音轉喉音,牙音轉牙音,舌音轉舌音,齒音轉齒音,脣音轉脣音;但其韻母變化較大,有些差別較大的韻部,有時也可以通轉。因此,王國維《爾雅草木蟲魚鳥獸釋例》曰:"近儒皆言古韻

①　《太平御覽》(四),中華書局,1960 年,第 3572 頁。
②　參馮蒸《古漢語同源聯綿詞試探》,見《寧夏大學學報》(社科版)1987 年第 1 期。

明而後詁訓明,然古人假借、轉注多取雙聲。段、王諸君,自定古韻部目,然其言詁訓也,亦往往舍其所謂韻而用雙聲,其以疊韻説詁訓者,往往扞格不得通。然則與其謂古韻明而後詁訓明,毋寧謂古雙聲明而後詁訓明歟!"①今舉數例以明之。"果蓏"之轉語栝樓、傴僂、卷婁、輡輵等,果與栝、傴、卷、輡皆古見紐字,蓏與樓等皆來紐字,聲母未變。而果屬歌部,栝月部,卷元部,傴侯部,輡魚部。歌、月陰入對轉,歌元陰陽對轉,魚、侯旁轉,魚元通轉。蓏亦屬古歌部,樓、僂、婁屬侯部;輵屬屋部,歌侯通轉;侯、屋陰入對轉。"混沌"之轉語浩蕩、荒唐、糊涂等,混與浩、荒、糊古皆爲牙音,混、糊、浩屬匣紐,荒曉紐,曉匣旁紐;沌、蕩、唐、涂均爲古定紐字,其聲母基本未變。而混沌古屬文部疊韻,荒唐爲陽部,糊涂又爲魚部;浩屬幽部,蕩屬陽部,以魚爲介,則幽陽爲旁對轉關係,文部與魚陽類則有較大差別。"巉岩"之轉語嵯峨、嶕嶢、崔嵬等,前面已談過,巉上古屬從紐字。嵯從紐,崔精紐,它們都是齒頭音。岩、峨、嶢、嵬上古均屬疑母,聲母皆同。而巉岩談部疊韻,嵯峨歌部疊韻,歌談旁對轉;嶕嶢宵部疊韻;崔嵬微部疊韻,韻母變化較大。

(二)聯綿詞的倒語也可以發生語音轉化,其條件也是聲母不變或稍變,而韻部變化較大。如猶豫倒言爲豫猶,音轉爲夷猶。夷、豫余紐雙聲未變,而夷脂韻,豫魚韻,韻母變化較大。又如句僂倒言爲僂句,轉語爲隆穹。僂、隆來紐雙聲未變;句見紐,穹溪紐,見溪旁紐。而僂句侯部疊韻,隆穹爲冬部疊韻。

(三)大多數疊韻聯綿詞發生語音轉化時,兩音節韻部同時轉化,即由某一韻部同時轉入另一韻部。如前所舉巉岩之轉語即如此。又如徘徊,其轉語有彷徨、盤渙、屏營等,徘徊古微部疊韻,轉而爲盤桓、判渙,元部疊韻,微元旁對轉;再轉爲彷徨,陽部疊韻,元陽通轉;再轉爲屏營,耕部疊韻,耕陽旁轉。又如綢繆,幽部疊韻,轉而爲纏綿,元部疊韻。可見,疊韻聯棉詞的轉語一般仍是疊韻的。

(四)有些非疊韻聯綿詞發生語音轉化時,兩音節韻變可以不同步,即各自向其鄰韻轉化。有時是其中一音節發生韻變,而另一音節

---

①　王國維《王國維遺書》(第四册),上海書店出版社,1983年,第4頁。

不變。如猶豫轉爲容與,猶、容余紐雙聲、侯束對轉;與、豫音同通用。又如離婁之轉語爲謰謱、玲瓏等,其雙聲未變。離歌部字,謰元部,歌元對轉;再轉爲玲,耕部。婁、謱侯部字,歌元對轉;婁、謱侯部字,音轉而爲瓏,束部字,侯束對轉。這種每個音節各自向其鄰近韻部的轉化,也符合古韻通轉的規律。

（五）還有個別聯綿詞的轉語,在今天看來屬於聲調的不同,在古代則爲聲紐清濁之異。如盤桓與判渙,盤,並紐濁聲,今讀送氣陽平;判,滂母清聲,今讀送氣去聲。桓,匣紐濁聲,今讀送氣陽平;渙,曉母清聲,今讀送氣去聲。這實際上是聲紐小異的問題,但今天我們必須考慮到聲調的因素。

以上只談了聯綿詞音轉的主要規律。有時,同一聯綿詞的轉語會同時體現這五種情形,而有些聯綿詞,儘管字無定形,但其語音未變,如恍惚,亦作怳惚、怳忽等。

三、小　　結

從第一部分的論述可知,有相當一部分聯綿詞,並非雙音節的單純詞,它們或爲某些單音詞的切語形式;或爲重疊詞的音變形式:或爲兩個同義詞素合成的複音詞。前兩類的確是兩個音節表示一個意義的,但它們不是漢語所固有的雙音節單純詞,而是人們對漢語單音節特性的一種運用。後一類則與其他複合詞一樣,是漢語由單音節詞向雙音節詞發展變化的結果,更不能認爲是雙音節的單純詞。外語音譯的雙音節單純詞,不是漢語所固有的,在研究漢語聯綿詞的構成時,應當不予考慮。對聯綿詞構成問題的深入研究,可以使我們進一步搞清楚漢語的性質,即它自古是否有複音詞? 搞清楚古音聲母的類別,古代到底有沒有複輔音聲母? 如果有,其情形如何? 解決這些問題的關鍵之一,恐怕就在聯綿詞的構成上。

第二部分的論述,揭示了聯綿詞音轉的五條基本規律。聯綿詞詞無定形,音隨義轉的特徵,正是在這些規律的制約之下體現的。繫聯同源的聯綿詞,必須遵循其轉化的規律。而這方面的研究,對搞清楚古代聲韻及其通轉規律是有很大裨益的。

(原載《西北師大學報》1994 年第 4 期)

宋人正字理論述評

一、宋代正字風潮形成的原因概説

宋代是我國傳統經學大受衝擊的時代，小學作爲經學的附庸地位隨之動搖，開始走上獨立發展的道路。字學作爲小學的基礎，在這一時期也呈現出趨向繁榮的情勢。一方面當時説字者多，著述者衆，幾乎是人人關心漢字；另一方面，字説理論的鬥爭又非常激烈。革新派爲了自己改革的需要，多方附會漢字以義理；保守派則極力反對，主張復古正形，以致形成兩陣對壘，漢字便在這鬥争漩渦中飽受打擊。我們在此説革新與復古只是就他們對漢字結構的認識而言的。其實，由於宋代是一個變革的時代，復古者未嘗不受影響，而革新者又未嘗没有復古傾向。所以，兩派都是新舊參半的。但是，複雜的矛盾鬥争往往促使解決方法的多樣化和科學化。因此，宋人的字説理論實即正字理論還是值得研究的。

宋代正字風潮的形成，有其歷史原因。我們説，中國的正字活動，恐怕在成系統的漢字産生以後就開始了，這是漢字的性質所決定的。漢字是表意體系的文字，它在與漢語的詞結合的過程中，形成了一套具有一定意義和讀音的符號系統，這套符號帶有豐富的意義信息，從其形體上一般都可以找到意義根據。因此，探求漢字所表示的意義，尤其是本義，就必須分析字形。但是，漢字在傳承過程中有形體的訛變，有字音的通借，形義脱離的情形在甲骨文時代就已普遍存在了。故而，那時一些字被固定地借用表示某些詞，也就是假借有常規可尋的現象，便是一種自發的正字活動了。秦始皇的"書同文"，許慎寫定《説文解字》,可以説是我國歷史上規模最大的規範漢字的運動之一。但是,隸變使許多漢字的理據消失或隱晦,於是出現了"馬頭人爲長""人持十爲斗"之類的謬論,因而後人便一直在爲維護漢字理據、辨正漢字用法而努力。又《説文》時代,形聲字已占漢字的87%以上,①而聲符只起示音作用,没有完全標音的功能,憑它不能準確地讀出字音,而語音也是不斷演變的。因此,據字形無法定音,故誤讀字音的現象便無處不在。此外,唐以前主要是手抄書,通借普遍,造成用字混亂,且在一定程度上干擾了字音的正讀。所以,必須進行字音規範的工作,韻書的出現,就是這一要求的必然結果。所以説,宋人的正字運動,是歷史發展的必然。

　　然而,宋代的正字活動發展到一個高潮,形成一股風氣,則和當時的環境有關。首先,唐代就出現了比較熱烈的正字活動,唐代統治者吸取六朝滅亡的教訓,治國政策比較寬鬆,但以儒術爲主,士人必須讀經,方能科舉進仕。當時士子應考,以顏師古的"五經定本"爲據。顏師古著有《字樣》一書,對當時流傳本子中的俗、訛字作了矯正。後來,他的侄子顏元孫撰成《干禄字書》,把當時通行的楷書分成俗、通、正三類,其中的正體,便指"並有憑據"者。再後來,有張參的《五經文字》、唐玄度的《九經字樣》等,都是爲當時正字形、字音而著的專書。唐文宗開成年間(836—840),又用正楷勒刻石經,確定爲全國舉子應試的標準。唐代的正字運動,使字用有了一定的規範模式,而且使整個社會形成一種風氣。宋人承前代之風,便是順理成章的事了。其次,由於字形訛變使其理據消失,通俗字釋和任意拆字的現象愈演愈烈,至北宋的王安石便登峰造極。要革除這種弊端,就必須進行復形正字的工作。所以,《字説》諸書的出現,可以説從反面給宋代的正字運動增加了推動力。張有云:"專取會意者,不可以了六書;離析偏旁者,不可以見全字。"②清人丁杰《重刻復古編書後》云:"嗚呼!之兩言者,爲王介甫發也。介甫誤宋,始以《新經》愚天下,終以《日録》誣其君;而始終自欺欺人者,則在《字説》一書。《字説》今不傳,其零章斷句,猶散見於《埤雅》《博古圖》等書,而鄭宗顏《周禮新講

① 參李國英《小篆形聲研究》,北京師範大學出版社,1996年,第2頁。
② 〔宋〕張有《復古編·附録》,光緒八年淮南書局重刊本,第18—19頁。

義》載之尤多,皆離析偏旁,專取會意,故其《自序》《進表劄子》力貶《説文》。一時魁人傑士如劉公非、蘇東坡,起與之争,然劉、蘇皆不精小學,且雜以謔詞,不足關其口而奪之氣。真静故與介甫有連,自其少時與介甫論字不合,退而著書,名曰《復古》。'復古'者,復《説文》而已,蓋原本叔重,羽翼其書,《字説》之非不攻自破。"①這可以説是對宋人正字復形因由的一個總括説明。再次,唐以前的典籍承傳,主要是手抄,俗字、譌字雖多,給書寫並沒有造成更大困難。到了宋代,活字印刷術的發明,基本上結束了手抄的歷史,活版印刷要求字有定形、定義、定用,正字便自然提到議事日程上了,可以説,宋人正字也是科學技術發展的必然結果。

二、宋人正字理論述略

宋人字説,有革新派與復古派的不同,但僅就目的而言,兩派似乎是殊途同歸的。他們都認爲漢字是有理據可説的,但革新派不顧漢字結構的客觀實際,一味將義理附會於字形,故多穿鑿聯想之説。王安石《字説·自序》云:"文者,奇耦剛柔,雜比以相承,如天地之文,故謂之文;字者,始於一,一而生於無窮,如母之字子,故謂之字。其聲之抑揚開塞,合散出入;其形之衡從曲直,邪正上下,内外左右,皆有義,皆出於自然,非人私智所能爲也。與伏羲八卦,文王六十四,異用而同制,相待而成易。先王以爲不可忽,而患天下後世失其法,故三歲一同。同者,所以一道德也。秦燒《詩》《書》,殺學士,而於是時始變古而爲隸。蓋天之喪斯文也!不然,則秦何力之能爲? 而許慎《説文》,於書之意,時有所悟,因序録其説爲二十卷,以與門人所推經義附之。惜乎! 先王之文缺已久,慎所記不具,又多舛,而以予之淺陋考之,宜有所不合。雖然,庸詎非天之將興斯文也,而以予贊其始。故其教學必自此始,能如此者,則於道德之意,已十九矣。"②很明顯,他認爲先聖製字是有理據的,爲了維護這種理據,還要進行"同"的工

① 〔宋〕張有《復古編》,光緒八年淮南書局重刊本。
② 〔元〕馬端臨《文獻通考》,中華書局,1986年,第1613—1614頁。

作,"同"即正字用。他認爲變古爲隸是"天喪斯文",而他作《字説》是天將"興斯文",以他"贊其始"。這看起來似乎有濃烈的復古意味,然而,他的復古,並不是復漢字造字的客觀意圖,而是點畫之間透露出來的"自然之氣",實則是他對儒家經典的理解和發揮,是他的政治理想。所以,這種復古是無源無根的。這便導致了他實踐上的一系列錯誤,他解字常常隨意拆析,甚至於連自己浩歎隸變之妄而欲"興斯文"的初衷都忘了。比如他在《考工記注》裏解説"革"字:"三十年爲一世,則其所因必有革,革之要不失中而已。""治獸去其毛謂之革者,以能革其形。革有革其心,有革其形。名獸,則不可以革其心者。不從世而從廿、從十者,世必有革,革不必世也。"①他不但未矯《説文》之枉,還添上了"不失中"的謬論,可知他也只是據隸變後的形體而已。他對"車"字的解釋更能説明這點:"車從三,象三材;從口,利轉;從丨,通上下。"②將一個不可拆分的象形字搞得支離破碎。所以,唐蘭説:"王安石用空想來解釋一切文字,這本是普通人容易犯的毛病,不過他讀書多,附會巧,好像言之成理,而且他在政治上地位極高,所以《字説》二十卷曾風行一時。唐耜作《字説解》一百二十卷,陸佃、羅願等都是信仰新説的。但是,罵他的人很多,所以終於失傳。"③這是比較準確的評價。

　　與辨正字形字音字用相聯繫的復古勢力,在宋代的字學領域一直占主導地位。其主旨是恢復漢字原形,找到構字理據,辨正字音字用。在此宗旨指導下,他們在理論上作了兩方面的工作;一是對字形字音演變歷史及致訛原因的探討;二是對漢字構形理論即"六書"的重新研究。下面分別加以叙述。

　　漢字形體的訛變,一由書體本身的歷史演變,二由傳寫的錯誤。字音的誤讀,一因漢字非表音文字,二因語音的歷史演變,三因通借干擾,實即方言音讀之摻入。宋人正字理論,對此都作過探討。首先看郭忠恕《佩觿》的論述。《佩觿》是郭忠恕的正字專著,其上卷爲正字理論,詳細論述了漢字産生、發展、演變的歷程及形音致訛的原因,

① 〔宋〕王安石撰《周官新義》附卷上,《粵雅堂叢書》本。
② 〔宋〕王安石撰《周官新義》附卷上,《粵雅堂叢書》本。
③ 唐蘭《中國文字學》,上海古籍出版社,2001年,第19頁。

分"三科":"一曰造字之旨,始於象形,中則止戈反正,而省聲生焉。"①他認爲造字始於象形,但古文已自有不同寫法,其後隸變,形體浸訛,加之後人解釋字形穿鑿附會,隨意更改,使字形訛奪繁蕪。"二曰四聲之作,始於譬況,中則近煙爲殨,而翻語生焉。魏朝以降,蔓衍寔繁,世變人移,音訛字替。"②由於時代的變遷和方言的不同,致使"同言異字,同字異言",甚至音義皆同而形體殊異,故四聲難辨,讀音紛繁。"三曰傳寫之差,始則五日三豕,帝虎魯魚;中則興雲剖疑,繕完先覺,雞尸虎穴之議,妒媚提福之殊。"③三科實際是三位一體的,書體演變、傳寫之誤及語音變化,都造成了社會字用的極度混亂、漢字理據的隱晦難明和字説的荒謬無據,因此必須加以辨正。該書的中、下卷便分"十段",以形爲經,以音爲緯進行辨正。如《平聲自相對》一目下云:"彷彷:上陪郎翻,彷徨。下方兩翻,仿佛。"④總計辨析了758 組形體相似、容易誤讀誤用的字,對有宋一代的正字活動有導引之功。之後賈昌朝的《群經音辨》、張有的《復古編》、行均的《龍龕手鑒》、李從周的《字通》等正字著作相繼出現,其中張有《復古編》影響最大,他正字"根據《説文解字》以辨俗體之訛",⑤兼顧形音兩方面,旨在復漢字之本形,定字之正音,"辨析釐正,皆有稽據"。⑥ 他除了像郭忠恕那樣辨別形似易誤之字外,主要是説明什麽是正體,什麽是俗、別、訛體,正體一依《説文》小篆,以維護漢字形義統一原則爲準的,如上卷曰:"僮,未冠也。从人童。別作犝、罿、瞳,並非。瞳或用童,徒紅切。"下卷:"襃回,寬衣也。襃从衣非,薄回切。回,轉也,从口,中象回轉形,户恢切。別作徘徊,非。"他對每個字形都作形義分析,並注明俗體,別體。因爲張有主張復《説文》之古,故對後起本字或區別字概加排斥,如前例中的"徘徊"。又如下卷:"枇杷,木也。枇从木比,房脂切;杷从木巴,蒲巴切。一曰胡樂,胡人馬上所鼓。別作

---

① 李學勤主編《中華漢語工具書書庫·佩觿》,安徽教育出版社,2002 年,第 12 册,第113 頁(以下版本同此,腳注僅出書名與頁碼)。

② 《中華漢語工具書書庫·佩觿》,第 12 册,第 115 頁。

③ 《中華漢語工具書書庫·佩觿》,第 12 册,第 117 頁。

④ 《中華漢語工具書書庫·佩觿》,第 12 册,第 123 頁。

⑤ 《欽定四庫全書總目》(整理本),中華書局,1997 年,第 544 頁。

⑥ 見《復古編附録》,光緒八年淮南書局刻本。

琵琶,非。"這樣,就表現得過於泥古。《字通》則主要講漢字演化過程中的同化和異化現象,目的也在溯解本訓,求得理據,與《復古編》異曲同工,故開卷即云:"字而有隸,蓋已降矣,每降而輒下,不可不推本之也。"①該書將因隸變而混同的偏旁或筆畫匯成一類,舉例字分別説明其原形,如第一類爲"上一點類",附注曰:"凡一之屬在上者象天,在下者象地。"②後收十四字,皆以篆文爲字頭,下附楷書,後注音,再釋義,並説明何字從此。如:"一,於悉切,惟初太極,道立於一。元字從此。二,古文上,指事,時掌切。辛、旁、示、帝等字從此。"辛、旁等字的上一點與元字的上一畫本不是一個字,後來變成相同的筆畫了。若要解析漢字構意,必須明瞭原形,所以,魏了翁序言云李從周"蓋嘗博觀歷覽,而能返諸義理之歸者也"。③ 這裏所謂"義理",即是構字理據。《龍龕手鑒》等書確定正體的依據,也大致如此。

宋代官修的大型韻書《集韻》和字書《類篇》,也將正字作爲它們義不容辭的責任,其例言大多與正字有關,而收字都是先列正體,後附古體、異體,對俗體,尤其是構字理據不明的俗體,概加排斥。如《集韻·韻例》曰:"凡流俗用字,附意生文,既無可取,徒亂真僞。今於正文之左,直釋曰俗作某,非是。"④如正文中既定"羣""蟲"等爲正體,則以"群""蚕"爲俗字,不在字頭中列出。《類篇》的九條例言,幾乎都與正字有關,如:"凡古意之不可知者,皆從其故也。""凡變故而失其真者,皆從古也。""凡字之後出而無據者,皆不得特見也。"⑤等等,而且,司馬光在全書正文中加的五十幾條案語,也都是有關正字的。如《一部》"天"字下云"唐武后作 {天}。"司馬光加案語説:"唐武后所撰字,別無典據,各附本文注下。"⑥以上所引都反映了一個觀點,即正形須維護漢字理據。這與郭忠恕、張有各家的正字目標是一致的。

宋人正字形既爲求理據、體現形義統一,而要確定正確形體,獲得正確理據,即須明瞭造字原則。也就是説,對"六書"理論進行科學

① 《中華漢語工具書書庫·字通》,第 1 册,第 422 頁。
② 《中華漢語工具書書庫·字通》,第 1 册,第 422 頁。
③ 《中華漢語工具書書庫·字通》,第 1 册,第 421 頁。
④ 〔宋〕丁度《集韻》,北京市中國書店,1983 年,第 5 頁。
⑤ 〔宋〕司馬光等編《類篇》,中華書局,1984 年,第 1 頁。
⑥ 〔宋〕司馬光等編《類篇》,第 1 頁。

研究,是正字的必然要求。因此,六書説便成了宋人正字理論的重要組成部分。

　　宋人研究六書,雖以《説文》爲本,但有所創新。這一時期系統論述六書的,當首推張有。明代楊慎所輯《丹鉛總録》曰:"張謙中《復古編》謂象形者,文之純肇於此;指事者,文之加滋於兹;會意者,字之純廣於此;諧聲者,字之加備於此;假借者,因其聲借其義;轉注者,轉其聲注其義,文字之變化無窮矣。"①他將文字加以區分,以象形指事爲文,會意形聲爲字。對假借和轉注分別用"借其義""注其義",也注意到它們屬字用問題。他對"六書"還有更具體的定義:象形是"象其物形,隨體詰屈,而畫迹者也。如云、回、山、川之類"。指事則"事猶物也,指事者加物于象形之文,直著其事,指而可識者也。如本、末、叉、叉之類。""會意者,或合其體而兼乎義,或反其文而取其意,擬之而言、議之而後動者也。如休、信、鸞、明之類。""諧聲者,或主母以定形,或因母以主意,而附他字爲子,以調合其聲者也。如鵝、鴨、江、河之類。"②從張氏對以上四書的定義及所舉例字看,他是繼承許慎的六書理論的,而於指事的定義,則更加明確,但未論及純象徵性符號的指事,故胡樸安曰:"張有指事之説,是指事變例之一種。'本''末'等字,後人所謂形不易象而變爲指事者也。"③胡氏的意見是正確的,但指事字大多是屬於在象形字基礎上加指示性符號這一類的。至於會意的"反其文而取其意",後代尚有爭議,張氏也未舉例。又張氏所提出的子母相生説,後爲鄭樵等人所繼承。張有對轉注和假借的定性,與許慎有所出入,尤其是轉注,其説云:"轉注者,輾轉其聲,注釋他字之用也。如其、無、少、長之類。""注釋他字"有些含糊其詞,"字"當是指詞罷。其所舉例也有問題,胡樸安曰:"張有之説,以依聲託事之假借爲轉注。"其實,除了"其""無"純屬假借,"少""長"當屬詞義引申,語音分化造詞。張氏對假借的定義是:"假借者,本非己有,因他所授,而借其聲義者也。如亦非西朋之類。""非"作否定詞,是詞義引申

_____

　　① 見《復古編附録》,光緒八年淮南書局重刻本。
　　② 參胡樸安《中國文字學史》,商務印書館,1998 年影印,第 191—215 頁。下文"轉注""假借"説同。
　　③ 胡樸安《中國文字學史》,第 225 頁。

還是假借,尚待討論,其他則完全正確。張有注意了字構和字用的區別,這是他比同時代其他人高明的地方。

張有之後有鄭樵,他不僅在宋代的六書研究領域佔有重要地位,而且是整個六書研究歷程中的重要人物之一。他的《通志·六書略》將"六書"看作是通經之階梯,他説:"經術之不明,由小學之不振。小學之不振,由六書之無傳。聖人之道,惟藉六經。六經之作,惟藉文言。文言之本,在於六書。六書不分,何以見義?""古文變而爲籀書,籀書變而爲篆隸,秦漢之人習篆隸必試以籀書者,恐失其原也。後之學者,六書不明,篆籀罔措,而欲通經,難矣哉!"①可以看出,在字形結構的問題上,他是崇古的,要求探"原"的。《六書略》首先對許慎文與字別的觀點作了進一步發揮,明確指出:"獨體爲文,合體爲字。"他繼承張有,將文分爲子、母二類:"立類爲母,從類爲子。母主形,子主聲。"②他説自己曾著有《象類書》:"總三百三十母,爲形之主,八百七十子,爲聲之主,合千二百文,而成無窮之字。"③他認爲《説文》雖定五百四十類爲字之母,但根據他的"母能生,子不能生"的原則,則許氏誤以二百一十子爲母。因此,他去掉這二百一十母,便得三百三十,實際上就是三百三十個部首,但《六書略》中只有二百七十六個。他認爲文、字與六書的關係是:"象形、指事,文也;會意、諧聲、轉注,字也;假借,文、字俱也。"④他還具體論述了"六書"之間的關係:"象形、指事一也,象形別出爲指事;諧聲、轉注一也,諧聲別出爲轉注。二母爲會意,一子一母爲諧聲。六書也者,象形爲本,形不可象,則屬諸事;事不可指,則屬諸意;意不可會,則屬諸聲,聲則無不諧矣。五不足而假借生焉。"⑤鄭氏認爲象形爲造字之本,指事是象形之變體,這無疑是正確的。至於諧聲和轉注的關係,鄭氏也有充分認識,但表達不够明確。後代學者認爲,轉注是漢字孳乳的一種方法,轉注的結果是形聲字的產生,即隨著詞義的引申發展,記錄源詞的字分化出新

① 〔宋〕鄭樵撰《通志二十略》,中華書局,1995年,第233、234頁(以下版本同此)。
② 〔宋〕鄭樵撰《通志二十略》,第344頁。
③ 〔宋〕鄭樵撰《通志二十略》,第344頁。
④ 〔宋〕鄭樵撰《通志二十略》,第233頁。
⑤ 〔宋〕鄭樵撰《通志二十略》,第233頁。

形而産生新字,如"眉"孳乳出"湄"、"正"孳乳出"政"等。① 鄭樵大致也有此意,但他犯了一個錯誤,即將轉注和形聲混爲一談。轉注本是孳乳之法,形聲是結構原則,二者本不是同一層面上的問題,是不能並論的。至於假借的"文字俱也",我們從字用角度看,是準確的。因爲漢字的孳乳是有限的,而語言中的詞是無限的,以有限的字記錄無限的詞,就必然會産生一字記錄數詞的現象,如果它所記錄的是一個與自己形體相切合的本義所在的詞聲近或聲同而意義全無聯繫的詞,這就出現了文字的借用。不管是獨體的文,還是合體的字,都有被借用的可能。其次,鄭樵詳細説明了"六書"的特點,並將二萬四千二百多字分門別類,歸入各自的造字原則之下。他理論上的闡述很有見地,古今論述者甚多,故我們不再系統討論,只就個別地方提些看法。《六書略·象形序》云:"書與畫同出,畫取形,書取象;畫取多,書取少。凡象形者,皆可畫也,不可畫,則無其書矣。然書窮能變,故畫雖取多而得算常少,書雖取少而得算常多。"②這是對象形字與圖畫的聯繫與區別所作的具體説明,充分注意到了文字作爲符號的抽象性與圖畫的具體描繪實物形象的不同。但實踐中,可以説他是錯誤百出的。比如,他説:"指事類乎象形,指事,事也,象形,形也;指事類乎會意,指事,文也,會意,字也。"③可是,他所列的 104 個指事字中,④除了"叵""尹""甘""引"等十九個字還可以算得上指事字外,其他則非象形即會意,而像"刃""上""下""一""二""三"等很明顯的指事字,他卻歸到象形中去了。此外,鄭氏和他同時代的其他人一樣,不能將文字與語言區分開來,説的是漢字結構原則,卻常常指的是漢語詞義,比如他將象形分爲三大類十八小類,並不是嚴格從漢字結構特點爲標準去劃分的,而是依漢字所表示的詞義來定,所舉例字又往往不是象形。如"象貌"類中的"翏"、"象聲"類中的"轟""梟"等,既非象形字,又與其"指事、象形,文也"的觀點相矛盾。《六書略》中自亂其例的地方比比皆是,不勝枚舉,這在很大程度上影響了後人

① 參王寧《訓詁學原理》,中國國際廣播出版社,1996 年,第 50 頁。
② 〔宋〕鄭樵撰《通志二十略》,第 234 頁。
③ 〔宋〕鄭樵撰《通志二十略》,第 253 頁。
④ 鄭樵云:"百七字",實爲一百零五字,又"爭"字兩見,故爲一百零四字。

對其理論價值的正確評估。因此,可以說,鄭樵打破《說文》系統,提出自己的六書理論,似乎是有創新的,但其革新實效不大。再從他對六書地位的確定和對《說文》訓釋的承繼看,復古的意味也是有的。但就總體的字形分析看,還遠遠遜色於許慎,比張有也差一步。然而,他對六書說的中興所起的作用,是應當肯定的。

綜前所述,我們可以將宋人正字的理論歸納爲:規範字須有定形定音定用;正體一定要能體現形義統一原則;有些字的理據須通過復形獲得;正確分析理據必須明瞭"六書"。無疑,這是具有科學性的,故而它在漢字學史上起了承前啓後的重要作用。

三、宋人正字理論簡評

漢字規範的内容,包括字形、字音、字用三個方面,下面從這三方面對宋人正字理論加以簡單評析。

規範形體的確定,必須符合漢字優化的原則。關於漢字優化的標準,王寧先生通過研究漢字發展歷史,提出了五條:(一)有利於形成和維護嚴密的文字系統;(二)儘量保持和維護漢字的表意示源功能;(三)最大限度地減少筆畫;(四)字元之間有足夠的區別度;(五)盡可能顧及字元的社會流通程度。① 這些標準用在正字上,必須針對同一歷史平面上的字體而言。拿此標準來衡量宋人的正形理論,可以得出如下結論:

第一,宋人高度維護漢字的形義統一原則,不論是他們對正體的確定,還是對俗體的排斥,都體現了這點。宋人所選定的正體,其結構一般都是可以分析的。有些形體,雖然當時已被普遍使用,但由於訛變,使其理據隱晦,難於體現形義統一。在這種情況下,宋人一般予以排斥。如"朋"字,儘管當時已普遍使用,但《類篇》只在"鳳"字釋文中加以說明,未作字頭列出。《復古編》等則更是完全遵循《說文》。可知當時人們心目中的正體,就是有理據可求的形體。在此思

---

① 王寧《漢字的優化與簡化》,《中國社會科學》1991 年第 1 期。

想指導下,他們便要對一些理據難明的現行字進行復形溯源的工作,以展示其變化軌迹,探尋造字意圖。

第二,過於泥古,對一些體現優化原則的形聲字加以排斥,或不作正體看待,主要是《説文》中没有的字,如《集韻·東韻》:"夑、鶒、鷄,《説文》:斂足也,鵲鵙醜其飛也。夑,或从羽从鳥。""夑"在《説文》中本也是一個形聲字,但其形體難於體現鳥飛斂足之義,故後人加"羽"加"鳥"强化其意義信息,這雖然在一定程度上繁化了漢字,但理據充分,區别度强,是符合優化原則的。這種爲了增强標詞别詞功能而在獨立運用的漢字的基礎上添加區别性構件的形聲字,是漢字優化的一項重要成果,《集韻》卻不敢選出一個作爲正體,《復古編》更是將類似的情形一概排斥爲"非是"。這樣做,便影響了漢字的社會流通性,因一味求本字,反而使一些不常用的字成了正體,這就給一般人用字帶來了困難,擾亂了社會用字的秩序。就漢字構形的實際而言,分析構意時可以作必要的復形工作,但在規範字體時,一定要顧及社會用字的現實,不可將已過時的形體强扶爲正。

第三,對整個構形系統的規整,宋人也作過一些嘗試,如《龍龕手鑒》將二萬六千多字歸於二百四十二個部首之中,鄭樵歸納出三百三十母爲形之主,八百七十子爲聲之主,都打破了《説文》部首體系,有所創新。但總的來説,宋人以墨守《説文》爲要,對現行漢字系統的規整是不够的。

正音的標準,任何時期都須以官話語音爲據。宋人對當時語音系統的研究頗爲精審,聲母方面,歸納出了三十六字母,韻有二百零六個,聲調有平上去入四類。二百零六韻在韻圖中被歸爲四十三類(鄭樵《七音略》),據當時實際語音,又有合爲二十圖者(《切韻指掌圖》等),後來《切韻指南》便定爲十六攝。故整個語音系統是很明密的,所以,宋人正字的語音依據是充足而可靠的。我們前面已言及,宋人正字,形音並重,未嘗偏廢,故取得了很大成就,爲後代正字起了重要的導引作用。但是,當時音注反切也是歷史傳承積澱的結果,一字又音的現象非常普遍,這些又音中多數情况是一個爲當時讀音,其他則非古音即方音,屬又音别義者並不多。在這種情况下,選定正音時就必須慎重,必須以當時官話音系爲準,且正音必須只有一個。而宋代韻書卻是兼收並蓄,有些正字著作則常常强作分別。如《集韻·庚韻》:"猩、狌,猩猩,獸名,能言者。或从生。師庚切。"《青韻》也收狌字,云:"獸名,似人。桑經切。"兩讀不別義。實際"桑經切"是本音,即古音,"師庚切"是變音,即今音。也就是説,宋代的官話讀音應該是"師庚切"。"桑經功"只是前人的音注或當時的方音,不能認爲規範讀音有兩個。《類篇》較《集韻》有所改進,其《十四篇上》云:"猩、狌,師庚切。猩猩,獸名,能言者。或从生。又並桑經切。"將古音作爲又音處理,規範程度高於《集韻》,但仍是兩讀均可的,這對正音的確定仍有所干擾。又如賈昌朝的《群經音辨》,專爲辨別一字多音多義而作,其中有一些則屬强行分別,其第四門《辨字音疑混》辨析的是本來兩音兩義的字而世俗將其兩音混同了的情況,如:"居其後曰後,胡苟切;從其後曰後,胡姤切。""相鄰曰近,巨隱切;相視曰近,巨刃切。"共舉上、下、夏、後、近、被六字。這六個字有一個共同特點,即爲全濁聲母字,且都有上去兩個讀音,這極可能是古今音變的情況,即全濁上聲變爲去聲,蓋當時口語已然,而學者卻强行分別。

漢字規範還有一個重要目標,即字用的規範。宋人的正字理論也是比較重視這個問題的。字用中的重要一環是假借,由於同音借用使形義統一原則受到破壞。所以,不明假借,就難以曉意義。而假借的橋梁是字音。梳理前人通借的規律,嚴格限制時人對假借的濫用,就是規範字用的工作。《類篇》《集韻》等書,儘量説明某字可以和某字通借,郭忠恕還對濫用假借的現象作了批評,這都是值得借鑒的。我們作現代漢字的規範工作,清理別字就是一項重要任務。

然而,宋人雖重視字用,在具體操作時卻常常出現問題,主要表現在對本用與借用的區別不太明晰,有時將借字當作異體處理。《群經音辨》中這類問題最多,《集韻》《類篇》中也不乏其例。對此,下篇文章將有較詳細的討論,這裏就不贅言了。

(原載《北京師範大學學報》1997 年增刊)

宋人正字實踐略論

宋人的正字實踐，大致有三個特點：一是正字著述多；二是内容涉及面廣；三是方法比較科學。因此，是值得深入研究的。

前文論述宋人的正字理論，已提及相關著作，這除了官修的大型工具書像《集韻》《類篇》等外，還有許多專著，主要有郭忠恕的《佩觿》，賈昌朝的《群經音辨》，張有的《復古編》，遼僧行均的《龍龕手鑒》，李從周的《字通》等。正字專書無需贅言，《集韻》《類篇》之爲正字作，則有必要作簡要説明。

《集韻》本是韻書，但它是爲《廣韻》"多用舊文，繁略失當"而修的，因而"務從該廣，經史諸子及小學書，更相參定"。共收字五萬三千五百多，對字形、字用的收載是很詳細的。所以，我們説它是一部重要的字書，其編纂體例就説明了規範字用是它的重要内容。《集韻》依韻編排，但每韻之下收字，以正體立頭，後列異體、古體等。對於俗體，尤其是構字理據不明的俗體字，則概加否定。其凡例中有三條專門説明這點："凡舊韻字有別體，悉入子注，使奇文異畫，湮晦難尋。今先標本字，餘皆並出，啓卷求義，爛然易曉。""凡字有形義並同，轉寫或異，如坪坒、占叺、心忄、水氵之類，今但注曰或書作某字。""凡流俗用字，附意生文，既無可取，徒亂真僞。今於正文之左，直釋曰俗作某，非是。"可以看出，它儘量排除異寫字和理據不明的俗字，這是符合漢字優化原則的。且如此處理，應該是從識讀的經濟原則及字用的規範性上考慮的。如《歌韻》："蠚蛾，《説文》：蠶化飛蟲。或从虫，亦書作蚤。"①"蚤"爲"蛾"的異寫字，故不重出。《之韻》："辤辝，《説文》：不受也。从辛从受，受辛宜辤之。籀从台。俗从舌，

① 〔宋〕丁度《集韻》，北京市中國書店，1983年，第415頁。

非是。"①對俗字的排斥，説明《集韻》注重字用的規範性。

　　《類篇》本是與《集韻》"相副施行"而對《集韻》有所糾補的，所以，它在規範字用方面更加嚴謹。其九條凡例幾乎全與正字有關：（一）凡同音而異形者，皆兩見也。這是指構字部件完全相同，讀音也同，但構件位置不同且意義不同的字，即各立字頭，以明字各有用。如"槻槼"二字，"槻，均窺切，木名，任作弓。一曰樊槻，木皮，水漬和墨，書色不脱"。"槼，均窺切，有法度也。一曰正圓之器"。二字構形屬性不同，不是異體字。（二）凡同意而異聲者，皆一見也。如"天"有他年、鐵因兩切，而意義相同，只列一個字頭。（三）凡古意之不可知者，皆從其故也。如"莊"字的古體作 {牂}，其構形不甚明瞭，故只列於艸部莊下，不妄作改動。（四）凡變古而有異義者，皆從今也。如《雨部》："霻，敷文切。《詩》傳：霻霻，雪兒。又符分切。《説文》：祥氣也。"②《气部》："氛氳，符分切，詳氣也。氛，又敷文切。"③今按《説文·气部》："氛，祥氣也。从气分聲。霻，氛或从雨。"《説文》將二字處理爲重文，《類篇》認爲不妥，故有意識地將二者區分。（五）凡變故而失其真者，皆從古也。這是指由於字形訛變而使其構形不明、理據難尋的，則存古形，明理據。如《林部》將"無"定作"橆"，云："罔甫切。《説文》：豐也。从林奭，或説規模字，从大冊，數之積也。林者，木之多也。冊與庶同意，引《商書》'庶艸繁橆'。"④（六）凡字之後出無據者，皆不得特見也。如《人部》："人，天地之性最貴者也。此籀文，象臂脛之形。凡人之類皆从人。古作 {冂}。如鄰切，唐武后作 {埀}。"⑤按：人字古作"冂"，是《類篇》作了楷化，宋代夏竦的《古文四聲韻》中收古文《老子》人字作" {尒} "，《華嶽碑》作" {众} "。古體蓋仍象人臂脛之形，故收列。而"埀"只在注中説明。《一部》"天 {丌} "後附"兂"字，云："他年切，《説文》：顛也。至高無上。古作 {丌} 、兂。唐武后作 {㣺} 。天，又鐵因切。文三，重音一。臣光曰：唐武后所撰寫，別無

①〔宋〕丁度《集韻》，第113頁。
②〔宋〕司馬光等《類篇》，第424頁。
③〔宋〕司馬光等《類篇》，第12頁。
④〔宋〕司馬光等《類篇》，第218頁。
⑤〔宋〕司馬光等《類篇》，第276頁。

典據,各附本文注下。"①司馬光的按語表明了他對"別無典據"之字的態度。(七)凡字之失故而遂然者,皆明其由也。如《鳥部》:"鳳䳵鵬,馮貢切。《説文》:神鳥也。……古作䳵,象形。鳳飛,群鳥從以萬數,故亦以爲朋黨字。古亦作鵬。䳵又蒲登切。臣光按:今文别有朋,蓋傳寫䳵之訛。"②這個按語便説明了"朋"字的由來。只是《類篇》重視形義統一,故不收"朋"字。(八)凡《集韻》所遺者,皆載於今書也。(九)凡字之無部分者,皆以類相聚也。如"鱻"字附在"众"部。由此可知,《類篇》所録三萬多字,其結構分析都是可以操作的。除去其中的古文形體,便是當時的現行楷書。如果我們進行歸納整理,定會理出當時通行漢字的結構體系。從這方面講,《類篇》是立有大功的。

宋人正字,既繼承了唐人正字的方法,又有所創新。其内容涉及面廣,常常並不針對某一部書、某一個領域,而是從整個社會用字的角度考慮的。更重要的是將正字與對漢字形體結構的研究緊密結合,以求形義統一爲目的。因此,對整個漢字體系的整理頗多裨益,比如《復古編》辨正三千餘字,《字通》收 601 字,《佩觿》區别 758 組字形,均無小範圍的針對性。《龍龕手鑒》雖針對佛經用字,但收字範圍遠遠超越了佛經。只有《群經音辨》是析别經書中一字多音多義的,與前幾種書有所不同。由此可見,宋代的正字,與唐代正字有所不同,它已超脱經學,走上了小學研究的道路。

宋代的字書,不論是官修的還是私著的,幾乎都離不了正字的内容。其原因比較複雜,有當時革新與復古風潮的影響,也有印刷排版的要求,但歸根結蒂,是漢字經過長期演變,造成理據的隱晦或消失,使人難以識記,常常錯用誤解。因此,據古復形,追溯造字意圖,就顯得非常重要,正如鄭樵所云:"經術之不明,由小學之不振;小學之不振,由六書之無傳。聖人之道,惟藉六經;六經之作,惟藉文言;文言之本,在於六書。六書不分,何以見義?"③"古文變而爲籀書,籀書變而爲篆隸。秦漢之人習篆隸必試以籀書者,恐失其原也。後之學者,

① 〔宋〕司馬光等《類篇》,第 3 頁。
② 〔宋〕司馬光等《類篇》,第 136 頁。
③ 〔宋〕鄭樵撰,王樹民點校《通志二十略》,第 233 頁。

六書不明,篆籀罔措,而欲通經,難矣哉!"①因爲六書是古人分析漢字結構的原則,明六書便是明漢字結構,明漢字結構,也就能據理分析漢字意義。因此鄭氏旨在説明溯源正字的必要性。正由於此,宋代除像《集韻》《類篇》這些官修的大型字書注重辨正字形、規範字用外,私人的正字專著也蜂擁而出,影響較大的有《佩觿》《龍龕手鑒》《復古編》《字通》等,下面分别簡要論述。

《佩觿》的作者郭忠恕,字恕先,洛陽人,曾仕北周,爲宗正丞兼國子書學博士,改《周易》博士。後因醉酒得罪監察御史符昭文,被貶爲乾州司户參軍。秩滿遂不仕,游於岐、雍、京、洛間。宋太宗時召爲國子監主簿,令刊定歷代字書。太平興國二年(977),又因使酒犯度,被流放登州,死於齊州臨邑道中。《宋史·文苑傳》説他"七歲能誦書屬文,舉童子及第,尤工篆籀","尤善畫,所圖屋室重復之狀,頗極精妙"。② 其文字學著述主要有《汗簡》《佩觿》等。

《佩觿》全書分上、中、下三卷。上卷爲通論,説明造字六書相推、隸變對漢字結構的影響及後人傳寫之訛、説解之誤,其名曰《造字》《四聲》《傳寫》等,是一組系列論文。中、下卷便以其理論爲指導,將字形相近者類聚成組,依韻編排,分爲十類,共收 758 組字,一一辨正形、音、義。因此,它是一部理論與實踐相結合的專著。書中將 758 組字列爲"十段"進行辨正。下面列舉"十段"名稱并各録一組例字以見其内容與體例之一斑:

平聲自相對：　　鍾鐘　並章容翻,上酒器,下鐘聲。

平聲上聲相對：　披披　上敷眉翻,披開;下碑詭翻,木名。

平聲去聲相對：　官宦　上古桓翻,官職;下胡慣翻,仕宦。

平聲入聲相對：　毫毫　上胡刀翻,毛也;下蒲各翻,州名。

上聲自相對：　　啟啟　上康禮翻,開也;下啟晧二音,人名。

上聲去聲相對：　宄究　上歸止翻,姦宄;下居又翻,究竟。

上聲入聲相對：　毒毒　上烏改翻,蠥毒;下徒木翻,苦毒。

---

① 〔宋〕鄭樵撰,王樹民點校《通志二十略》,第 234 頁。
② 〔元〕脱脱等撰《宋史》(第三七册),中華書局,1985 年,第 13087、13088 頁。

去聲自相對： 姤妬^{上丁故翻,嫉妬,《説文》作妒;下古候翻,卦名。}

去聲入聲相對： 戛扎^{上息進翻,疾飛不見其羽;下几逆翻,持也。}

入聲自相對： 角用^{上古岳翻,頭角;下來谷翻,用里先生。}

今傳本《佩觿》卷末附"舡、枝、撠、奞、拖、幝、丞、椎、曆、或、娒、柿、柿、振、或"十五字,云："以上諸字與《篇》《韻》音義或不同,故載之卷末,以俟來者考之。"每字皆有附注,如"舡"字附注："帆舡,一本作觧舡。觧,薄江翻,吳船也。舡,火江翻,船也。"此處"篇""韻"可能指的是《玉篇》與《切韻》(或《唐韻》)。因爲十五字後尚有《辨》一篇,録119字,對其形音義進行了辨正,或説明其歷史演變而致訛的情況,或説明其在《類篇》《集韻》中的不同音義。如"冰"字辨證曰："按,《説文》:'仌,凍也。'筆陵切。'冰,水堅也。'魚陵切。徐鉉曰:今作筆陵切,俗从疑。""渴"字辨證曰:《説文》:'渴,盡也。'苦葛切。蓋有二音。""舡"字辨證曰:"按,《集韻》觧音龐。舡音腔,又音肛,舟名,出《博雅》。"①依《説文》,"冰"爲"凝"之本字,後用爲"冰雪"之冰字,而造"凝"字表其本義。"渴"字本是"竭盡"義,而今義爲"口渴"。"渴"今苦葛切,"竭"《集韻》"其謁切",故云"蓋有二音"。《集韻·江韻》,"龐"小韻有"觧"字,皮江切,"觧艭,船也。""舡"字兩見,一在"腔"小韻,枯江切,"觧舡,舟名"。一在"肛"小韻,虛江切,"《博雅》:觧舡,舟也。"據《宋史》本傳,忠恕卒於太平興國二年(977),而《廣韻》修成於大中祥符元年(1008),《集韻》修成於寶元二年(1039),《類篇》修成於治平四年(1067),因此,可以肯定,後面的這篇《辨》非郭忠恕所作,而其所云《篇》《韻》當指郭氏所見《玉篇》《切韻》之類。

下面簡單論述郭氏"三科十段"的貢獻和價值:

一、詳細列舉了漢字形體變化的類型及致訛的原因。從字構方面看,古文即有省聲、省形,後來有隸省、隸加、隸變(指訛變),再後來,則有隨意生造僻字或增減部件筆畫者。他説:"刑罰从寸,應對从土,疊惡太盛,媒貴爲神,其立教有如此者。衛夢之字是謂隸省,前寍

---

① 所引諸條均見《中華漢語工具書書庫·佩觿》,第12冊,第135頁。

之字是謂隸加,詞朗之字是謂隸行,寒無之字是謂隸變,其逸駕有如此者。"①這些情況都使漢字的理據隱晦難明或漸趨消失。從字用方面看,後人或將形近之字混同,或使音近之字通用,於是"佳人之爲嘉期,僅得之爲近遠","屯卦之屯音豚","胡毋之毋用母"。這種混同和借用也造成了漢字形義的脫離,破壞了形義相切的原則。郭忠恕對於音近誤用的情況,指出來並加以批評,說明他對當時"寫別字"的現象有較深刻的思考,沒有將它簡單地歸結到通假上,這是值得推重的。

二、《佩觿》對隨意改字及違反漢字結構規律而亂造僻字的做法進行了批評:"忌諱出自宋明,草創起於天后,文帝之隨中去辵,次山之昏畔加荒,其多僻有如此者。"②很顯然,這種做法影響了文字作爲記錄語言的符號而進行書面交際的功能。語言是約定俗成的,同樣,記錄語言的符號——文字也必須是約定俗成的,如果各人以私意任改臆造,就無法進行書面交際了。所以,郭氏的批評是十分正確的。有些學者認爲武則天以"埊"代"地",以"圀"爲"國"有一定道理,然就語言文字的約定俗成性質而言,則顯然是不可取的。

三、列舉了大量通俗字釋的例子,使我們能以此爲綫索,來瞭解古人爲了找到字的理據而作的種種嘗試;又說明漢字形體的演化使其理據不易探明,而諸如《字說》等解字專書的出現及其字說理論的生發,正與此相關。漢字"在幾千年的發展歷史中,一直堅持著表意的特點",本是有理可據,有源可溯的。由於形體演變的過程中有訛變,致使一些字理據不明。人們爲了求得更簡捷、更迅速地識讀漢字

---

① 《中華漢語工具書書庫·佩觿》,第 12 册,第 113 頁。"罰"本從刀詈,《春秋元命苞》改刀作寸。"對"本從口,漢文帝認爲言多非誠,乃去口從士而作"對"。《說文》:"疊,楊雄說以爲古理官決罪三日,得其宜,乃行之。從晶從宜。亡新以爲疊從三日太盛,改爲三田。"媒貴爲神,《禮記·月令》:"仲春之月……玄鳥至。至之日,以太牢祠于高禖。"鄭玄注:"高辛氏之出,玄鳥遺卵,娀簡吞之而生契。後王以爲媒官嘉祥而立其祠焉。變媒爲禖,神之也。"(《十三經注疏》第 1361 頁)"衛"小篆作"衛","夢"本作"夢"。"前"本作"歬","寗"本作"甯"。"寒"小篆作"寒",《說文》:"从人在宀下,以茻薦覆之,下有仌。""無",小篆作"無",从林从夾。

② 《中華漢語工具書書庫·佩觿》,第 12 册,第 115 頁。宋明,指南朝宋明帝劉彧,他認爲"騧"字與"禍"字相似,故改爲"𩥑"。天后,指武則天,她登基後曾起用和創造了一些古文奇字如"埊""圀"等爲"地""國"之字。文帝,指隋文帝楊堅,他原受封於隨,公元581 年滅北周後,改隨爲隋,以爲國號。次山,唐人元結字次山。《字彙補·日部》:"𣋎與昏同。古無此字,元子創之,謚隋煬帝曰𣋎。"元子蓋即元結。

的方法,只好從現行字形出發,隨意聯想,便難免荒謬之説。這在許慎時代甚至更早就有了,諸如"馬頭人爲長""人持十爲斗""虫者屈中也"等等。至後代,此風更甚,因此,郭氏説:"五十二家書都來穿鑿,三百六十體更是榛蕪。"①像"黃頭小人爲恭""馮則馬行水邊,幽則挂絲山上""董識千里草""春占一日夫""合者人一口""吉乃十一口""杏爲十八日"等等,這些説法雖然與造字意圖相乖,但從反面説明,要研究漢字的造字意圖,闡明漢字演變的歷史,進行適度的復形工作是十分必要的。否則,亂拆字、妄講字的風氣就不會消除。所以,消極的現象也能給人以積極的啓示。

但是,由於郭忠恕一味主張復古,他對符合漢字優化簡化規律的一些造字或類化方法也加以否定。比如他説:"飛禽即須安鳥,水族便應著魚,蟲屬要在虫旁,草類皆从兩中,其蕪累有如此者。"②這又走到了另一個極端。郭氏指出的這種現象,就是現代一些學者提出的"類化"方法,它是形聲字產生的一條重要途徑。"形聲字是以增強標詞別詞的功能爲目的而產生的,它是在獨立運用的漢字的基礎上添加區別性構件造成的"。③ 形聲字可分爲強化形聲字和分化形聲字兩類,不論哪一類,都是在原字上增加義符或聲符而成。所增加的義符一般都是原有獨體象形字或者從合體象形字中離析歸納出的字元,這些字元具有區別義類的作用。強化形聲字和分化形聲字在甲骨文、金文時期就已產生了,比如"祖"字,甲骨文作"𥛀"等形,本象祖宗的牌位,後來加"示",表示它與神事有關。又如"祥",甲骨文只作"羊",表示吉祥,金文加"示"與"羊"分化。小篆是經過人爲規整的文字,因爲當時已經離析、歸納出了一大批成系統的有一定意義的構字部件,它們作爲類化字符,被有意識地加到與其意義相關的其他字上,這就是郭忠恕所説的"水族便應著魚""草類皆从兩中"之類。經過這種類化規整,漢字的意義信息更加豐滿,區別特徵更加明顯,而且產生了一大批形聲字,使形聲字的數量迅猛增長,由占甲骨文的

①　此二句附注云:"今五十二家書並不合本體,必非蕭子雲所作,蓋後人妄爲之。""王南賓存乂《切韻》,首列三百六十體,多失部居,不可依據。"(見《中華漢語工具書書庫·佩觿》,第12册,第114頁)

②　《中華漢語工具書書庫·佩觿》,第12册,第115頁。

③　李國英《小篆形聲字研究》,第11頁。

27.24%增至占《説文》小篆的87.39%。① 所以説,"形聲字的産生,標誌著漢字構字法發展的最高階段"。② 這種類化的方法,不僅是漢字孳乳的重要手段,更是漢字優化的必由之路。郭氏一味强求本字,與《經典釋文序》等一脈相承,我們應歷史地看待。《四庫全書總目提要》在肯定"忠恕洞解六書,故所言具中條理"的同時,也指出了其微病之處,可備參考。

　　賈昌朝(997—1065)的《群經音辨》,有學者稱爲"多音多義字手册",③大致是不錯的。胡樸安《中國文字學史》將它與《干禄字書》《五經文字》等類聚,云:"其書雖亦關于音義,而與《經典釋文》不同,《經典釋文》博采漢魏以來之音義,使人閲之,而自求其音義之變遷。《群經音辨》則辨别其音讀,以致義訓之不同;辨别其義訓,以致音讀之各異。而第五門如'原'《説文》本作'羼';'冰',《尚書》古文凝;'乿'《尚書》古文治;'廣',《説文》以爲古'續'字之類,不僅關于音義已也。"④這是很精確的論斷。該書共七卷,分五門:一曰辨字同音異;二曰辨字音清濁;三曰辨彼此異音;四曰辨字音疑混;五曰辨字訓得失。第一門仿《五經文字》等書的體例,將260個部首依《説文》部首次序編排,共五卷;其他四門則無嚴密體例。從内容看,前四門實際都是辨字同音異者:"辨清濁",主要指改變聲調區别意義的,如"枕,藉首木也,章荏切;首在木曰枕,章鴆切"。二音切語上字皆爲"章",可知並非後人所謂清濁之别,而是上聲與去聲的差異。"辨彼此異音"是指施受同字的現象,云"彼此",實際是從詞義方面説的。如"視之曰見,古甸切;示之曰見,胡甸切"。此兩讀從音理上講是清濁有别,意義則是一表主動地看,一表使人看。前三門之所辨析,大致等於古注中的"破讀"現象。"辨字音疑混"是指某字本該兩讀兩義,世俗卻將不同音讀混淆了。如"相鄰曰近,巨隱切;相親曰近,巨刃切"。一上聲,一去聲,當時口語可能已不區别。這一門共舉上、

---

　　①　此處數據引自王寧先生《再論漢字簡化的優化原則》一文,《語文建設》1992年第2期。
　　②　李國英《小篆形聲字研究》,第11頁。
　　③　詹龍標《我國古代第一本多音多義字手册》,《辭書研究》1984年第4期。
　　④　胡樸安《中國文字學史》,商務印書館,1998年,第126—127頁。

下、夏、後、近、被六字,爲數不多,可知不是普遍現象,而且極可能是古今音的變化,如上、後等是全濁上聲變爲去聲,蓋當時口語已然,無須强作區分。其末附了在、後、坐、聚、類等字,云:"若此類字,書皆有上去二聲,雖爲疑混,而釋文義無他别,不復載之。"①指的正是全濁上聲變去聲而當時口語已無區别的現象。"辨字訓得失"一門,又有點像《匡謬正俗》,主要講前人解經訓字的失誤,並予以糾正,所舉字例也不多。《群經音辨》以字音爲切入點,主要講音義的聯繫,這是其特點所在。但它收音收義,也常常失於雜濫,主要是不能區别本用與借用。如:"移,徙也,以支切。移,廣也,音侈。《禮》:主婦衣移袂。"②移與迻古爲通用字,移作侈講則是臨時借用。又如:"余,我也,以諸切。余,舒也,式諸切。《爾雅》:四月爲余,物生枝葉,故曰舒。"③也將本用與借用不分。這種兼收並蓄不作任何辨析的做法,反而對明晰字用有所妨害。

　　前文已介紹過《復古編》,這裏主要討論一下其正字内容。是書分上下兩編,上編分上平聲、下平聲、上聲、去聲四卷,依韻編排。每字以小篆爲字頭,下注正體楷書,然後釋義析形,並注明俗體、别體、訛體等,辨明其非。最後用反切注音。如:

　　　僮,未冠也。从人童。别作㼪、𤱖、㼿,並非。㼿或用童。徒紅切。

　　　箃,斷竹也,从竹甬。别作筒,徒弄切,通簫也。

　　下編入聲之後,附録辨正聯綿字、形聲相類、形相類、聲相類、筆迹小異、上正下訛六類字,均"剖析毫釐,至爲精密",④"辨析釐正,皆有稽據"。⑤ 其"聯綿字"類中對所收詞之上下字均作形義分析,並辨别是非。如:

① 〔宋〕賈昌朝撰《群經音辨》卷六,《欽定四庫全書薈要》本。
② 〔宋〕賈昌朝撰《群經音辨》卷三,《欽定四庫全書薈要》本。
③ 〔宋〕賈昌朝撰《群經音辨》卷一。
④ 《欽定四庫全書總目》(整理本),中華書局,1997年,第544頁。
⑤ 見《復古編附録》,光緒八年淮南書局刻本。

　　　　裏回,寬衣也。裏从衣非,薄回切。回,轉也,从口,中象回
　　轉形,户恢切。別作徘徊,非。
　　　　枇杷,木也。枇从木比,房脂切;杷从木巴,蒲巴切。一曰胡
　　樂,胡人馬上所鼓。別作琵琶,非。

　　因爲張有主張復《説文》之古,所以對後起本字或區別字一概排
斥。"形聲相類"收聲相同且形相近的字進行辨析。如:

　　　　睸睼,睸从马由,以周切,木生條也。睼,从丂由,普丁切,
　　巫詞。

　　"聲相類"收聲同而形義異者加以辨析。如:

　　　　芀苕,並徒聊切。芀,葦華也,从艸刀。苕,草也,从艸召。

"筆迹小異"收同一字而筆畫稍變的,如:

　　八,博拔切。

"上正下訛"收正體後列訛變體。如:

　　天,他前切。

後兩組只注音,不作形義分析。
　　可以看出,張有的正字,以復形爲本,他除了像郭忠恕那樣辨别
形似易誤之字外,主要是説明什麼是正體,什麼是俗、別、訛體。其正
體皆以維護漢字形義統一原則爲準的,這是他的長人之處。但正由
於這點,帶來了一個過於泥古的缺點,對後出的分化字概加否定,我
們應歷史地看待。
　　《龍龕手鑒》,遼僧行均撰,大約成書於遼聖宗統和年間(983—
1012),至宋神宗熙寧年間(1068—1077)才傳入中原。作者爲崇其本

教,多收佛經中的俗字、異體字,但並不以佛經爲主。全書收字
26 430 餘個,以部首爲經,四聲爲緯,交錯編排,將 242 個部首依平、
上、去、入四聲分爲四卷,每部下又依平上去入次序排字。如卷一共
收平聲部首 97 個,第一個部首是"金",其下先列从金之平聲字
277 個,次列上聲字 83 個,次列去聲字 109 個,最後列入聲字 147 個。
對所收之字,均注明"正體"及其"正音",對於俗體、別體和俗音,也一
一標明。如《金部》:

　　鏵,俗;鐑,或作;鎦,正:側持反,一銖也。三。

　　注文中該字重出時用"｜"代替(按:原文堅排,今改作橫行,故
作"一")。每字以正音入卷,又音在他聲中不重出。如《金部》去聲中
有"鐙"字,注云:"都鄧反,鞍一也。又音登,又徒口反。"該部平聲、上
聲中皆未重見。周國光《略談〈龍龕手鑒〉》一文中説:"《手鑒》的宗
旨是辨正字形,因而對所收列的字分爲正、俗、通、同、古、今、或作、誤
等諸體。""各種字體的規範性從强到弱的順序是:正—同—或作—
通—古—俗—誤。"①在没有明確正字標準的情況下,如此排比恐怕是
有問題的,況且"《手鑒》對字體的劃分並非完全正確","難免字體混
雜,正誤並存"。② 我們在測查時發現,《手鑒》所列正體,一般都是歷
代相承、符合字構規則的寫法,其他各體則劃分標準不甚明瞭,無從
談其規範性。

　　《字通》一書,據魏了翁序所書時間,當著成於南宋寧宗嘉定年間
(1208—1224),作者李從周,彭山人。他將因隸變或楷化而混同的偏
旁或筆畫匯成一類,舉例字分别説明其原形。如第一類爲"上一點
類",附注曰:"凡一之屬在上者象天,在下者象地。"③後收十四字,皆
以篆文爲字頭,下先附楷書,後注反切,再釋義,並説明何字从此。如:

　　　一,於悉切,惟初太極,道立於一。元字从此。

───────

① 周國光《略談〈龍龕手鑒〉》,《辭書研究》1984 年第 5 期。
② 周國光《略談〈龍龕手鑒〉》,《辭書研究》1984 年第 5 期。
③ 《中華漢語工具書書庫·字通》,第 1 册,第 422 頁。

二,古文上,指事,時掌切。辛、旁、示、帝等字從此。

可以看出,《字通》旨在説明漢字的原形及其演化過程中的訛變、同化,從而溯解本訓,求得理據,與《復古編》異曲同工。全書分列89類,收字601個。錢劍夫先生云:"這部書的特點,就是根據《説文》來解釋通用的楷書偏旁,所以名爲'字通'。"①魏了翁《字通序》云,李從周"蓋嘗博觀歷覽,而能反諸義理之歸者也"。②這裏所云"義理",即指構字理據而言,這恰是《字通》編寫的目的所在。

從對以上幾部書的分析可以看出,宋人的正字方法是比較科學的,他們能從小學本身的問題出發,注重漢字的構形特點。具體説,有以下兩個方面:第一,注重漢字形義統一原則。這首先表現在對"正體"字的確定上,凡被列爲正體的,其形體結構一般是可以分析的。有些字,雖然當時已被普遍使用,但由於訛變,使其造字理據消失,難於體現形義統一。在這種情況下,宋人一般以古體爲正,如"朋"字,在《類篇》中不作爲字頭列出,只在注中説明。《復古編》則更是一依《説文》。由此看來,當時人心目中的正體,就是體現形義統一原則的形體。其次表現在對現行字進行復形工作,展示其變化軌迹,探求造字意圖,求得形義統一。《字通》集中體現了這一點。第二,重視字用,注意形音義三者的聯繫。正字的切入點在於形體,而落腳點在於運用。注意字用的規範就必須從形、音、義三方面著手。漢字是記録漢語的符號,它超越時空而存在,且一直保持著形義統一的表意特點,據形可以釋義。如果形體有誤,必然導致對其意義的曲解,所謂差之毫釐,謬以千里。而語言中的詞是以音示義的,音義緊密聯繫,誤讀了音,也就有可能誤解意義或難曉其義。所以,在辨正字用時,形、音、義三者不可或缺。宋人正是抓住了這點,無論是《佩觿》,還是《復古編》,以至於《集韻》《類篇》等等,都在釋義時不忘音,注音時不遺形。三位一體,密不可分。這是值得借鑒的。字用中的重要一環是假借問題,由於同音借用,使形義統一原則受到破壞。所以,不明假借,就難以曉意義。而假借的橋梁是字音。宋人正字,在

① 錢劍夫《中國古代字典辭典概論》,商務印書館,1986年,第103頁。
② 《中華漢語工具書書庫·字通》,第1册,第421頁。

明假借方面也作了不少努力,如《類篇》《集韻》等書中,儘量説明某字可以通作某,郭忠恕的《佩觿》,還對濫用假借的現象作了批評,這都表明了他們對字用的高度重視。

然而,宋人的正字,也有其不可避免的缺點。首先是過於泥古,對一些後起的體現漢字優化原則的形聲字加以排斥,或不作正體看待,比如《集韻·東韻》:"夋翪鶐,《説文》:斂足也。鵲鵙醜其飛也。夋,或从羽从鳥。"因爲夋字的形體難於體現鳥飛斂足之義,所以後人加羽加鳥强化其意義信息,這是符合漢字優化原則的,《集韻》卻將它們列爲或體。《復古編》則將類似的字一概排斥爲"非是",《佩觿》更是浩歎"其蕪累有如此者",這都表現了明顯的復古傾向。其次,有些字書在確定或體時,對異寫字與異構字沒有較嚴格地區別,一些因手寫而使筆畫稍異但整個構件、結構未變的字,也被列爲異體,這使字數無形中增多了,同時影響了優化原則。《龍龕手鑒》在這方面表現得尤爲突出,如《金部》:"鏵俗鋒或作鏵,正鋒。""鋒"與"鏵"僅是"丰"這個構件的末一横手寫體有異,如果將這也看作異體,那可能同一個字在不同人手下就都是不同形體了。作者可能是出於從嚴要求的目的,正如僧智光《序言》所云:"名言不正則性相之義差,性相之義差則修斷之路阻矣。"[1]但是,過分强調細節反而影響了大體的把握。再次,宋人正字,雖然注重字用,但具體操作中卻常常出現問題,突出的表現有兩個方面,一是對字的本用與借用的區分不太明晰,有時將借字當作異體,如《集韻·咍韻》:"台能,三台,星名,或作能。俗作斺,非。"將通假字"能"當作或體,後出本字"斺"卻被排斥了。這與其"經史用字,類多假借。今字各著義,則假借難同。故但言通作某"的凡例大相乖戾。有些讀音,只是古音與今音的差異,並無別義的作用,宋人一般都是兼收並蓄,這也造成了一定混亂,影響了字有定音的規範目標。比如《集韻·庚韻》:"猩、狌,猩猩,獸名,能言者。或从生。師庚切。"《青韻》也收"狌"字,云:"獸名,似人,桑經切。"兩讀不別義。實際"桑經切"是本音,即古音;"師庚切"是變音,即今音。也就是説,宋代的官話讀音應該是"師庚切","桑經切"只是前人的音注

---

① 《中華漢語工具書書庫·龍龕手鑒》,第 1 册,第 452 頁。

或當時的方音,不能認爲當時的規範讀音有兩個。就釋義而言,若將
兩解合而爲一,便是對"猩猩"比較準確全面的訓釋。《類篇》較《集
韻》有所改進,其《十四篇上》云:"猩、狌,師庚切。猩猩,獸名,能言
者。或从生。又並桑經切。"將古音作爲又音處理,規範程度高於《集
韻》,但仍是兩讀均可的。當然,這也是用今天的眼光審視古人的局
限。故作爲鏡鑒是可以,苛責古人則不可以。

（原載《西北成人教育學報》2000 年第 3 期）

古代漢語詞義訓釋方法例析

　　詞彙是語言三要素中最活躍最易變又最重要的建築材料,學習任何一門語言,都必須掌握大量的詞彙。

　　古代漢語和現代漢語是漢語發展過程中的不同階段,古代漢語是源,現代漢語是流,其基本結構特徵有很多相同之處,語音、詞彙、語法都是如此。但由於語言三要素中變化最快的是詞彙,所以,學習古代漢語,必須掌握一定量的詞彙。

　　掌握詞彙,首先要準確理解詞義。所謂準確理解,就是既要掌握詞義的顯性特徵,又要掌握詞義的隱性特徵。顯性特徵是詞的常用義,即其表義素。隱性特徵是一個詞的"遺傳"特徵,是從其詞源意義繼承來的,一般稱作詞的"核義素"。在掌握顯性義素與隱性義素的基礎上,還要與其他詞進行比較,求其同,別其異,從而凸顯該詞的意義特徵。具體説,有以下幾種方法:

一、分析由本義所決定的核義素

　　一個詞的意義,其內部結構是可以再分析的,這就是義素分析。義素是小於義項的意義元素單位。現代語言學家在闡釋古漢語詞義異同的原理時,將義素分爲類義素、核義素和表義素三種。[1] 類義素是單義項中表示義類的意義元素,如江河清淺等詞的類義素就是水。核義素是同源詞所含的相同特點,又稱源義素,它是揭示事物命名根據的義素。如:

---

　　[1]　參王寧《訓詁學原理》,中國國際廣播出版社,1996 年,第 208—211 頁(以下版本同此)。

張：張弓,把弦加到弓上使弓鼓起。

漲：水量增加,水面高起來。

脹：體内氣體或飲食增多而產生的不適感,引申指體積增大。

三個詞的共同特點就是增大、高起,並且聲音相同或十分相近,它們就是同源詞。

類義素和核義素以外的其他義素就是表義素。

義素分析法的理論雖然源於歐美,但漢語義素分析法早就在訓釋材料中體現出來了,王寧先生説:

> 比之歐美的義素分析法,中國訓詁學的義素分析法有三個特點:第一,它以類義素和核義素來進行同類詞、同義詞、同源詞的鑒別和類聚;在哲學方法論上,它注重的不只是詞義的量的異同,而更注重它們本質的異同。第二,對漢語這種孤立語,它能透過記録單音詞的漢字,分析出詞義的内部結構,表現出中國古代思維並非偏於綜合,而同時也是十分重視分析的。第三,西方語言學在使用義素概念描繪詞義時,一直想使義素的分解是有限的,但是由於他們未能把握詞項之間質的聯繫,始終未能完滿解決這個"有限性"。而中國訓詁學由於提出了核義素與類義素,同時採用兩分法,較好地解決了這一問題。從訓詁的義界得出以下結構方式:
>
> 類義素+核義素＝詞源意義
>
> 類義素+表義素＝表層意義
>
> 同時也得出了以下比較公式:
>
> 詞項之間表義素相同者爲同義詞;
>
> 詞項之間核義素相同者爲同源詞;
>
> 詞項之間類義素相同者爲同類詞,而核義素相同者,必非同類詞。

因此,在中國訓詁學理論建設中產生的漢語義素分析法,既帶有自己的特色,又對現代語義學有所發展。①

義素分析法既然是傳統訓詁學中普遍使用的方法,在文言詞彙學習中自然就顯得非常重要了。王寧先生所説的三種義素中,類義素和表義素通常是比較明顯的,一般詞典中的解釋也能闡明這兩層意義,表意性質的漢字也能顯示出這些詞義信息,而核義素往往是比較隱晦的,相同的意義特徵寓含在相同或相近的聲音之中,需要做進一步分析比較的工作。揭示核義素,可以顯示詞的命名理據。

核義素一般要通過一組同源詞意義的比較才能顯示出來。如:

兼,一手拿雙禾,表示并在一起。
縑,用雙綫織成的絲織品。
鶼,成雙的鳥。
鰜,成雙的魚。

通過比較,可以得出這組詞有一個共同的意義特徵,即"成雙的"。再看幾個常見例子:

1. 或與人夢,或下諭<u>巫</u>祝,欲得啖童女年十二三者。(《搜神記》)

《説文》曰:"巫,祝也,女能事無形以舞降神者也。"用"祝"解釋,表現的是顯性詞義,《説文》曰:"祝,祭主贊詞者。"是説巫所從事的工作與祭祀有關,而"以舞降神"之"舞"從聲音上提示了"巫"的命名理據,"巫"和"舞"上古均屬明母魚部字,同音。也就是説,"巫"之所以叫"巫",是因爲巫的活動内容與"舞"有關,"舞"是其同源詞。《周禮·春官》中有"司巫"之職:"司巫掌群巫之政令,若國大旱,則帥巫而舞雩。"②説明其執掌和"舞"有關,《説文》的解釋正好揭示了它的隱性意義,但一般詞典裹不會這樣詳細地作解,比如《現代漢語詞典》

---

① 王寧《訓詁學原理》,第 210—211 頁。
② 《十三經注疏》,第 816 頁。

釋"巫"曰"巫師、女巫",釋"女巫"曰"以裝神弄鬼、搞迷信活動爲職業的女人。也叫巫婆"。但是,學習古漢語"巫"的詞義,就必須瞭解"巫"是如何"裝神弄鬼"的。運用義素分析法,可以得出:"巫"和"祝"表義素相同,是同義詞;"巫"和"舞"核義素相同,是同源詞。又如:

2. 范增數目項王,舉所佩玉**玦**以示之者三。(《史記·項羽本紀》)

《説文》曰:"玦,玉佩也。"段玉裁注:"《九歌》注曰:'玦,玉佩也,先王所以命臣之瑞。故與環即還、與玦即去也。'《白虎通》曰:'君子能決斷則佩玦。'韋昭曰:'玦如環而缺。'"①從這些材料裏面我們可以概括出"玦"的詞義特點:與"缺"爲同源詞,取義於形體有缺口。《説文》曰:"缺,器破也。"與"決"爲同源詞,取義於決斷。其實"決"的本義也是將堤壩打開缺口,導水下流,《説文》曰:"決,行流也。"意思是讓被壅堵的水通流。又與"訣"爲同源詞,表示訣別、離去。范增舉玉玦示項羽,是讓他決斷,下決心殺沛公。"玦決缺訣"皆从"夬"得聲,是同源詞。這些比較,揭示了"玦"的隱性義素,其形狀、作用等都顯示出來了。又如:

3. 焉用亡鄭以**陪**鄰?(《戰國策·趙策》)

"陪"字,一般的注本只解釋爲"增加",其實"陪"的本義就是土上加土,並且要拍打夯實。《説文》曰:"陪,重土也。"義與"培"同。《説文》:"培敦,土田山川也。"段玉裁注:"《左傳》:祝鮀曰:'分魯土田倍敦。'《釋文》曰:'倍本亦作陪。'許所見作培爲是矣。杜云:'倍,增也。敦,厚也。'《左氏》但言土田,而《魯頌》曰:'錫之山川,土田附庸。'《大雅》曰:'告于文人,錫山土田。'毛傳曰:'諸侯有大功德,賜之名山土田附庸。'……按,封建所加厚曰培敦,許合《詩》以釋《左》

---

① 〔清〕段玉裁《説文解字注》,第13頁。

也。引申爲凡裨補之偁。"①土上加土曰陪,故增加土地亦曰陪。現代漢語中"培植""裁培"等詞中的"培",其義皆爲培土,即加土使花草樹木之根穩固,"陪"的陪伴義也是由此義引申來的。

二、辨析同義詞

表義素相同的詞爲同義詞,也就是説兩個或幾個詞的某一個或幾個義項的表義素相同,它們就是同義詞。但一門語言中絶對同義的詞是没有的,同義詞之間總是有這樣或那樣的差別。通過辨析同義詞的細微差別,可以達到準確理解詞義的目的。下面舉幾組常見例子説明。

(一) 聽/聞

文言文中,這兩個詞的意義都和聽覺有關,但有區別:"聽"指聽的動作,是動態的;"聞"指聽的結果,是静態的,二者不能互換。《老子》十四章:"視之不見名曰夷,聽之不聞名曰希。"《莊子·知北遊》:"終日視之而不見,聽之而不聞,搏之而不得也。"《禮記·大學》:"心不在焉,視而不見,聽而不聞,食而不知其味。"《禮記·孔子閒居》:"傾耳而聽之,不可得而聞也。"這都表明二詞意義的不同。

"聽"是主動地用耳感知或辨別聲音。正因爲二詞意義側重不同,其引申的方向和範圍也就有差別。"聽"引申出"聽從""任憑""聽政"等義,如《莊子·徐無鬼》"匠石運斤成風,聽而斫之,盡堊而鼻不傷"之"聽"就是"任憑"義。"聞"没有這些引申義,其詞義發生了轉移,由指耳的聽覺變爲指鼻子的嗅覺了。

(二) 言/語

這兩個詞用作動詞時,都指人的言語行爲,但意義有差別。"言"一般指主動地跟人説某事,意思是"説話"或"建言""建議""談論";"語"一般指回答別人的問話或談論事情,跟人對話,意思是"告訴"。如:

---

① 〔清〕段玉裁《説文解字注》,第690頁。

　　1. 佚之狐**言**於鄭伯曰:"國危矣,若使燭之武見秦君,師必退。"(《左傳·僖公三十年》)

　　2. 楚狂接輿歌而過孔子曰:"鳳兮! 鳳兮! 何德之衰? 往者不可諫,來者猶可追。已而! 已而! 今之從政者殆而!"孔子下,欲與之**言**。趨而辟之,不得與之**言**。(《論語·微子》)

這兩個例子中的"言"都是主動地跟人說,不能换成"語"。又如:

　　3. 挾太山以超北海,**語**人曰:"我不能。"是誠不能也。爲長者折枝,**語**人曰:"我不能。"是不爲也,非不能也。(《孟子·梁惠王上》)

　　4. 他日,見於王曰:"王嘗**語**莊子以好樂,有諸?"(《孟子·梁惠王下》)

上兩例子中的"語"都是"告訴"之義,不能换成"言"。從上面的幾個例子還可以看出,"言"一般是不及物動詞,後面不接賓語;"語"是及物動詞,後面一般有賓語。

(三) 憐/愛

這組詞在文言文中都可表示"喜愛"之義,所以經常連用。如:

　　1. 老臣賤息舒祺,最少,不肖;而臣衰,竊**愛憐**之,願令得補黑衣之數,以衛王宫。(《戰國策·趙策》)

　　2. 太后曰:"丈夫亦**愛憐**其少子乎?"(《戰國策·趙策》)

　　3. 老臣竊以爲媪之**愛**燕后,賢於長安君。(《戰國策·趙策》)

　　4. 父母之**愛**子,則爲之計深遠。(《戰國策·趙策》)

前兩例中"愛憐"連用,意義完全相同。後兩例中的"愛"亦與"愛憐"同義。但在一定的語境中,它們的意義有差別:"愛"偏重於"珍惜""捨不得","憐"則偏重於"同情""可惜""可羨"等義。如:

5. 百姓皆以王爲**愛**也,臣固知王之不忍也。(《孟子·梁惠王上》)

6. 我非**愛**其財而易之以羊也,宜乎百姓之謂我愛也。(《孟子·梁惠王上》)

7. 父母慈**憐**,終不聽去。(《搜神記》)

8. 可**憐**光彩生門户。(白居易《長恨歌》)

第 5、6 例中的“愛”都是吝惜、捨不得之義,例 7 中的“憐”有疼愛,憐惜義,例 8 中的“憐”則是羨慕之義。

三、瞭解古代文化常識,掌握古今詞義的差異

時代在發展,詞義也在不斷變化;古今禮俗制度有很多不同,也造成古今詞義的差異。古今詞義的差異大致體現在以下幾個方面:第一,詞義的範圍不同,或古義大於今義,或古義小於今義,或詞義發生了轉移。第二,詞義的感情色彩不同,或古褒今貶,或古中性而今義有褒貶之别。第三,詞義的輕重不同,或古義輕今義重,或古義重而今義輕。當然,這幾種情況也會交織發生在一個詞義的引申過程中。下面舉兩類詞來説明:

(一) 有關人的日常言行的詞: 坐跪走趨/謗譏諷

古人席地而坐,坐的姿勢是雙膝跪地,臀部靠在腳後跟上。今義則是臀部著座的。古義的坐姿相當於今義之“跪”。《説文》曰:“跪,拜也。”指兩膝著地,臀部抬起,準備叩拜的姿勢,這種姿勢現在也叫“跪”。《戰國策·齊策》之“旦日,客從外來,與坐談”及《論語·先進》之“子路、曾皙、冉有、公西華侍坐”中的“坐”等等,都指雙膝跪地,臀部著腳後跟的姿勢。“走”的古義相當於現代漢語中的“跑”,這幾乎是常識了,成語“走馬觀花”、俗語“走馬燈”及體育項目“競走”中都保留了本義。需要強調的是“走”與“趨”的差異。《説文》曰:“走,趨也。”“趨,走也。”二詞互訓,看不出其區别。一般論著中作解,也只説“走”比“趨”更快,仍然有些含糊。“趨”的本義是朝目標快步跑

去,但步伐比較小,所以身子要朝前傾,兩臂收起在胸肋間;更重要的,“趨”是古代的一種禮節,一般場合見尊長者要行趨禮,宗廟朝廷更有講究。《禮記·曲禮》曰:

> 帷薄之外不趨,堂上不趨,執玉不趨。堂上接武,堂下布武,室中不翔。並坐不横肱,授立不跪,授坐不立。

孔穎達疏曰:

> 此一節言趨步授受之儀。帷,幔也。薄,簾也。趨謂行而張足,疾趨而行,敬也。貴賤各有臣吏,故其敬處亦各有遠近也。《禮》:天子外屏,諸侯内屏,卿大夫以簾,士以帷。外屏,門外爲之。内屏,門内爲之。“邦君樹塞門”是也。臣來朝君,至屏而加肅敬,屏外不敬,故不趨也。今言“帷薄”,謂大夫士也。其外不趨,則内可趨,爲敬也。此帷薄外不趨,謂平常法也。若祭祀之禮,《爾雅》云:“室中謂之時,堂上謂之行,堂下謂之步,門外謂之趨,中庭謂之走,大路謂之奔。”知《爾雅》是祭祀者,以《召誥》云:“王朝步自周,則至于豐。”注云:“告文王廟。告文王則告武王可知。”出廟入廟,不以遠爲文是也。若迎賓,則《樂師》云:“行以《肆夏》,趨以《采薺》。”行謂大寢之庭至路門,趨謂路門至應門。
>
> “堂上不趨”者,亦謂不疾趨,堂上迫狹故也。下階則趨,故《論語》云:“没階,趨進,翼如也。”然《論語》云是孔子見於君也。
>
> “執玉不趨”者,執玉須慎,不論堂之上下,皆不疾趨也。若張足疾趨,則或蹉跌失玉,故不趨。注云“《聘禮》曰‘上介授賓玉於廟門外’”者,引證賓有執玉於堂下時也。賓當進聘,故上介授賓玉於主人廟門外,賓執玉進入門内,不疾趨而爲徐趨。徐趨者,則《玉藻》云:“圈豚行,不舉足,齊如流。”注云:“孔子執圭則然也。”又云:“執龜玉,舉前曳踵,蹜蹜如也。”注云:“著徐趨之事。”疾趨者,則《玉藻》云:“疾趨則欲發,而手足毋移。”注云:“疾趨謂直行也。疏數自若,毋移,欲其直且正也。”
>
> “堂上接武”者,武,迹也。既不欲疾趨,故迹相接也。鄭云:

"每移足半躐之。"王云:"足相接也。"庾云:"謂接則足連,非半也。"武迹相接,謂每移足半躐之也。中人迹一尺二寸,半躐之,是每進六寸也。

"堂下布武"者,鄭謂每移足各自成迹,不半相躐,王云:"謂迹間容足。"若間容足,則中武,王説非也。

"授立不跪"者,謂尊者立之時,卑者以物授尊者,不得跪,煩尊者俯俛。若尊者形短,雖卑者得跪以授之,故《少儀》云:"受立、授立不坐,性之直者則有之也。"注云"尊者短則跪,不敢以長臨之"是也。①

又《禮記·玉藻》曰:

君與尸行接武,大夫繼武,士中武,徐趨皆用是。疾趨則欲發而手足毋移,圈豚行,不舉足,齊如流,席上亦然。端行,頤霤如矢,弁行,剡剡起屨,執龜玉,舉前曳踵,蹜蹜如也。②

鄭玄注"接武"曰"蹈半迹",注"繼武"曰"迹相及",注"中武"曰"迹間容迹"。注"圈豚行,不舉足,齊如流"曰:"圈,轉也。豚之言若有所循。不舉足,曳踵則反之齊如水之流矣。孔子執圭則然,此徐趨也。"又曰:"疾趨,謂直行也,疏數自若。發,謂起屨也。移之言靡迤也。毋移,欲其直且正。"由此可以看出,禮數之"趨"分爲徐、疾二種,所謂接武、繼武、中武及布武皆徐趨之節。依鄭玄注,接武爲蹈半迹;繼武爲迹相及;布武爲每移足各自成迹,不半相躐;中武爲迹間容迹。其行走步趨都有嚴格要求。搞清這一點,對理解古代文獻中的"趨"是很重要的。

"謗"的本義是公開批評、議論別人的過失,是中性詞,引申爲不顧事實説人壞話或惡意攻擊,變爲貶義詞。先秦多用本義,漢以後多用引申義。《國語·周語上》"厲王虐,國人謗王",《戰國策·齊策》"能謗譏於市朝,聞寡人之耳者,受下賞",都用的本義。"譏"的本義

---

① 《十三經注疏》,第 1239 頁。
② 《十三經注疏》,第 1484 頁。

也是委婉勸諫,本作"幾",《論語·里仁》:"子曰:'事父母幾諫,見志不從,又敬不違,勞而不怨。'""幾"本是幽深、微妙之義,所以用含蓄、委婉的話勸誡就叫"幾諫"。"諷"本作"風",本義是背誦,《説文》曰:"諷,誦也。"《周禮·春官·大司樂》:"以樂語教國子:興、道、諷、誦、言、語。"鄭玄注:"倍文曰諷,以聲節之曰誦。"①《漢書·藝文志·小學》:"太史試學童,能諷書九千字以上,乃得爲史。"由諷誦義引申指引用古代經典來規勸別人,《國語·周語上》:"天子聽政,使公卿至於列士獻詩,瞽獻曲,史獻書,師箴,瞍賦,矇誦,百工諫,庶人傳語,近臣盡規,親戚補察。"所謂瞍賦、矇誦,蓋皆諷事,將古代典籍中有借鑒、教育意義的文字背誦出來,讓天子聽了取鏡。《周禮·春官·大師》曰:"教六詩:曰風,曰賦,曰比,曰興,曰雅,曰頌。以六德爲之本,以六律爲之音。"鄭玄注:"風,言聖賢治道之遺化也。賦之言鋪,直鋪陳今之政教善惡。比,見今之失,不敢斥言,取比類以言之。興,見今之美,嫌於媚諛,取善事以喻勸之。雅,正也,言今之正者,以爲後世法。頌之言誦也,容也,誦今之德,廣以美之。"②又"瞽矇"之職曰:"瞽矇掌播鼗、柷、敔、塤、簫、管、弦、歌、諷誦詩、奠世繫③、鼓琴瑟。"鄭司農注"諷誦詩"曰:"主誦詩以刺君過。"④這都説的是諷誦的目的。由此而引申出一般的委婉勸誡之義,朱駿聲《説文通訓定聲》曰:"風動物而無形,故微言婉辭謂之風。"⑤這進一步揭示了其命名之由。"諷刺"義則是後起的。

(二)有關度量衡的詞:尺步里畝尋仞/斤兩

關於古代的度量衡制,有些出土實物可作證據。關於度,商代的一尺爲今之 15.8 釐米,周、秦、漢一尺大致均爲今天的 23.1 釐米。古人一步指兩腳各邁一次的距離,爲六尺。一里是三百步,後世也有按三百六十步計算的。依三百步計,一里就是 415.8 米,比現在的一里 500 米少 84.2 米。關於這個問題,《禮記·王制》有較詳細的説明,可以參考。文言文中常有"百里""千里"的説法,若是泛指或誇張之辭,

---

① 《十三經注疏》,第 787 頁。
② 《十三經注疏》,第 795 頁。
③ 本作"世奠繫",今依諸家校注改。
④ 《十三經注疏》,第 797 頁。
⑤ 〔清〕朱駿聲《説文通訓定聲》,第 103 頁。

自然不必細究。若是科學説明文,尤其是關涉古代建築、道路里程的,就必須搞清楚。下面分析幾個有關度制的例子:

1. 鄒忌脩八尺有餘。(《戰國策·齊策》)

一尺爲 23.1 釐米,八尺就是 184.8 釐米,這在今天也算是高個子,但不能以今之八尺理解,否則就成兩米六六多了,那可真是太高了! 古代的"畝"也和步有關係,《説文》曰:"六尺爲步,步百爲畝。"這是説寬一步、長一百步的面積就是一畝。

2. 五畝之宅,樹之以桑,五十者可以衣帛矣。(《孟子·梁惠王上》)

若依今制,五畝之宅是很大的。依周制計算,五畝相當於今天的1.44 市畝,還不到一畝半。這也是孟子仁政、王道思想的一個内容,只是一個理想。這個理想他反復闡述過,如《梁惠王上》:

> 五畝之宅,樹之以桑,五十者可以衣帛矣;雞豚狗彘之畜,無失其時,七十者可以食肉矣;百畝之田,勿奪其時,八口之家可以無飢矣;謹庠序之教,申之以孝悌之義,頒白者不負戴於道路矣。老者衣帛食肉,黎民不飢不寒,然而不王者,未之有也。

在統治者專嗜殺伐的戰國時代,這個現在看起來並不高遠的理想也是實現不了的。《説文》曰:"廛,二畝半也,一家之居。"二畝半就是今天的七分多地,當是周制宅基地的大小。

3. 太形王屋二山,方七百里,高萬仞。(《列子·湯問》)

"仞"是一個量高測深的單位,《説文》曰:"仞,伸臂一尋八尺。"於"尋"下又曰:"度人之兩臂爲尋,八尺也。"段玉裁於"仞"下注曰:

此解疑非許之舊,恐後人改竄爲之。《尺部》下云:"周制寸尺咫尋常仞諸度量,皆以人之體爲法。"假令尋仞同物,許不當兩舉之矣。諸家之説仞也,王肅、趙岐、王逸、曹操、李筌、顏師古、房玄齡、鮑彪諸人並曰八尺,而鄭《周禮》《儀禮》注,包咸《論語》注,高誘注《吕氏春秋》,王逸注《大招》《招魂》,李謐《明堂制度論》,郭璞注司馬相如賦用司馬彪之説,陸德明《莊子釋文》則皆謂七尺。《淮南子·原道訓》注八尺,而《覽冥訓》注則云:"七尺,百仞者,七百尺。"證以《吕氏春秋》注,則《原道》注可疑。近歙程氏瑶田《通藝録》有説曰:"言七尺者是也。楊雄《方言》云:'度廣曰尋。'杜預《左傳》'仞溝洫'注:'度深曰仞。'二書皆言人伸兩手以度物之名,而尋爲八尺,仞必七尺者何也? 同一伸手度物,而廣深用之,其勢自不得不異。人長八尺,伸兩手亦八尺,用以度廣,其勢全伸而不屈;而用之以度深,則必上下其左右手而側其身焉。身側則胸與所度之物不能相摩,於是兩手不能全伸,而成弧之形,弧而求其弦以爲仞必不能八尺。故七尺曰仞,亦其勢然也。《説文》'測'下云:'深所至也。'《玉篇》云:'度深曰測。'測之爲言側也,余説與之合矣。"玉裁謂程説甚精,仞説可定矣。《考工記》:"廣二尋深二仞謂之澮。"倘其度同八尺,何不皆曰二尋? 如上文"廣二尺深二尺"之例也? 許書於"尺"下既尋仞兼舉,尋者八尺也,見《寸部》,則"仞"下必當云七尺,今本乃淺人所竄易耳。[①]

段玉裁説得非常清楚,而且很有道理,"仞"是測深量高的單位,比"尋"略短,尋八尺,仞必小於八尺。

"斤"本是一個象形字,本義是斧頭。作爲重量單位的名稱,是假借用法。古代一斤等於十六兩。據考古實物,戰國時代一斤約爲今天的 250 克,列國情形又不一樣,或多或少。依 250 克計,一兩就是 15.625 克。又南北朝以後,重量逐漸加大,要注意不同時代文獻中重量單位的差別,尤其是説明文中的重量,必須落實,如讀《本草綱目》

---

① 〔清〕段玉裁《説文解字注》,第 365—366 頁。

之類的藥書,更應精確理解。

四、瞭解古人的修辭方式和表達習慣

　　古人是非常講究修辭的,《周易·文言》:"子曰:'君子進德修業。忠信所以進德也;修辭立其誠,所以居業也。'"這裏的"誠"就是"誠其意",内心要有真實的感情。又《繫辭上》:"《易》有聖人之道四焉:以言者尚其辭,以動者尚其變,以制器者尚其象,以卜筮者尚其占。"崇尚文辭也就强調了辭的重要性。又《繫辭下》:"夫《易》,彰往而察來,而微顯闡幽。開而當名辨物,正言斷辭則備矣。其稱名也小,其取類也大,其旨遠,其辭文,其言曲而中,其事肆而隱。""其辭文,其言曲而中,其事肆而隱",幾乎可以概括古人行文的特點。孔子就非常重視修辭,他强調修辭與表情達意的緊密關係。《左傳·襄公二十五年》載,鄭國子産率車七百乘伐陳,俘虜了陳侯。後來子産穿戎服向晉獻功,晉人質問他陳人之罪、何故侵小、何故戎服,他一一據理回答,晉人認爲"其辭順,犯順,不祥",於是就接受了。孔子感言道:"《志》有之:'言以足志,文以足言。'不言,誰知其志? 言之無文,行而不遠。晉爲伯,鄭入陳,非文辭不爲功。慎辭哉!"又《禮記·表記》:"子曰:'君子不以色親人,情疏而貌親。在小人則穿窬之盜也與。'子曰:'情欲信,辭欲巧。'"夫子强調辭巧,其前提是情信,若沒有真情,辭巧就是有害的了,所以他又説:"巧言令色,鮮矣仁!"

　　感情要真誠,言辭須考究,這是孔子修辭思想的核心。當然,後來的文章家也沒有嚴格按此思想修辭作文,所以華而不實、虛辭浮説時時有之。不論是前者還是後者,都有一定技巧,形成了常用的修辭方式,這些表達往往含蓄委婉,或一語雙關,言在此而意在彼。探求古代漢語詞義,必須瞭解這些特點。文言文中對詞義理解影響最大的是"借代"和"用典"兩種修辭方式。先看"借代":

　　1. 若亡鄭而有益於君,敢以煩執事。(《左傳·僖公三十年》)

　　2. 老臣賤息舒祺,最少,不肖;而臣衰,竊愛憐之,願令得補黑衣之數,以衛王宫。(《戰國策·趙策》)

　　"執事"本指辦事人員,這裏代指秦穆公本人,這句是説"如果消滅了鄭國對您有好處的話,那我們就冒昧地麻煩您(來消滅我們)"。這種借代方式具有敬稱的作用。"黑衣"本是宫廷衛士穿的衣服,這裏指代衛士本身,"補黑衣之數"又是謙虚的説法。至於歐陽修《醉翁亭記》中的"傴僂提携"、陶淵明《桃花源記》中的"黄髮垂髫"是以老人小孩子的特徵代指其本人,而《孟子·梁惠王上》"爲肥甘不足於口與? 輕煖不足於體與?"又是以事物的特徵來代替事物本身,"肥甘"指代肥美甘甜的食物,"輕煖"指代又輕又暖的衣服。

　　再看"用典":

　　古人行文常常喜歡用典,尤其是漢以後的辭賦駢文中,往往化用典故來説明道理或抒發感情,追求表達上含蓄儁永的效果。這給後人尤其是初學古文的人造成閱讀上的困難,需要予以高度重視。試分析兩段文字:

　　3. 臣少多疾病,九歲不行,零丁孤苦,至於成立。既無伯叔,終鮮兄弟,門衰祚薄,晚有兒息。外無期功强近之親,内無應門五尺之僮,煢煢孑立,形影相弔。(李密《陳情表》)

　　《陳情表》用辭非常典雅,其中好多詞是有典故出處的,上面所引一段中,"成立"謂成人而立,《國語·晉語六》:

　　趙文子冠……見韓獻子,獻子曰:"戒之,此謂成人。成人在始與善,①始與善,善進善,不善蔑由至矣;始與不善,不善進不善,善亦蔑由至矣。如草木之産也,各以其物。人之有冠,猶宫室之有牆屋也,糞除而已,又何加焉。"

---

① 此"與善"二字,諸家以爲衍文,當删。

古人二十行成人的加冠禮,李密言"成"即謂成人。又《論語·爲政》:

> 子曰:"吾十有五而志於學,三十而立,四十而不惑,五十而知天命,六十而耳順,七十而從心所欲,不踰矩。"

李密言"立",即謂三十歲的"而立之年"。"既無伯叔,終鮮兄弟"乃《詩經》成辭,《鄭風·揚之水》:"終鮮兄弟,維予與女。""期功"關係古代禮制,"期"指一周年,這裏指穿一年孝服的人;"功"有大功、小功,皆喪服名。大功用較細的熟布做成,服期九個月;小功用較粗的熟布做成,服期五個月。其具體規定可參《儀禮·喪服》《禮記·喪服小記》等文獻。這裏都是指代關係較近的親屬。"五尺之童"古人常説,指小孩子。漢代一尺也大致爲23.1釐米,五尺就是1.15米,相當於四五歲的孩子。"煢煢"一詞《詩經》中就有,《周頌·閔予小子》:"閔予小子,遭家不造,嬛嬛在疚。"《經典釋文》:"嬛,其傾反,崔本作'煢'。"又《左傳·哀公十六年》魯哀公誄孔子曰:"旻天不弔,不憖遺一老,俾屏余一人以在位,煢煢余在疚。嗚呼哀哉,尼父!無自律。"曹植《責躬表》曰:"形影相弔,五情愧赧。"李密對這些經典都熟知於心,故能運用自如,使文章典雅厚重,感人至深。

> 4. 凡百元首,承天景命,善始者實繁,克終者蓋寡。豈取之易,守之難乎?蓋在殷憂,必竭誠以待下;既得志,則縱情以傲物。竭誠,則吳越爲一體;傲物,則骨肉爲行路。雖董之以嚴刑,振之以威怒,終苟免而不懷仁,貌恭而不心服。怨不在大,可畏惟人,載舟覆舟,所宜深慎。(魏徵《諫太宗十思疏》)

這段論述中的許多詞語都是引用或化用經典中的成詞,瞭解這點,對理解文意是很必要的。"元首"一詞在《尚書·益稷》中就有,帝舜之歌曰:"股肱喜哉,元首起哉,百工熙哉。""承天景命"與"承天嘏命"義同。《逸周書·皇門解》曰:"用能承天嘏命。""嘏"是大義,《爾雅·釋詁》:"嘏,大也。""景"也是大義。"善始者實繁,克終者蓋寡"，即化用《詩經·大雅·蕩》"靡不有初，鮮克有終"之句。"殷憂"一詞意義源於《詩經·邶風·北門》的"憂心殷殷"句，後人便用"殷憂"表達深深的憂愁，如陸機《歎逝賦》"在殷憂而弗違"，潘岳《寡婦賦》"殷憂結而靡訴"等。"竭誠"古人常用，鄒陽《獄中上梁王書》曰："今臣盡忠竭誠，畢議願知。""得志"一詞亦很早就有，如《易·賁卦》上九爻之《象傳》曰："白賁無咎，上得志也。"《莊子·繕性》曰："樂全之謂得志。""縱情"即縱欲，縱，上古作"從"，《荀子·性惡》："天非私齊魯之民而外秦人也，然而於父子之義，夫婦之別，不如齊魯之孝具敬父者，何也？以秦人之從情性，安恣睢，慢於禮義故也，豈其性異矣哉！"《左傳·成公二年》"寧不亦淫從其欲"，陸德明《釋文》："從，又作縱。"傲物，自負而輕視別人，古人"物"與"我"相對，"我"以外的人也可稱物。《晏子春秋·內篇·問下第四》："君子之大義……富貴不傲物，貧窮不易行，尊賢而不退不肖。""竭誠，則吳越爲一體；傲物，則骨肉爲行路"也是化用《獄中上梁王書》的成句："故意合則胡越爲昆弟，由余子臧是矣；不合則骨肉爲讎敵，朱象管蔡是矣。""雖董之以嚴刑，振之以威怒"是用《尚書·大禹謨》中的"董之用威"句，"終苟免而不懷仁，貌恭而不心服"係化用《論語·爲政》"子曰：道之以政，齊之以刑，民免而無恥"之意。又《韓詩外傳》卷六："君子者，貌恭而行肆，身儉而施博，故不肖者不能逮也。"《孟子·公孫丑上》："以力服人者，非心服也，力不贍也；以德服人者，中心悅而誠服也，如七十子之服孔子也。"又《離婁下》："以善服人者，未有能服人者也；以善養人，然後能服天下。天下不心服而王者，未之有也。"《尚書·大禹謨》："可愛非君？可畏非民？衆非元后何戴？后非衆罔與守邦。""可畏惟人"正是"可畏非民"之義。"載舟覆舟，所宜深慎"則爲化用《荀子·王制》之語："傳曰：'君者舟也，庶人者水也；水則載舟，水則覆舟。'"看看，就這短短一節文字，包含了多少經典詞句和道理！從中也可以看出唐初這位有名的政治家又是何等的經綸滿腹！由於這些典故的引用化用，文章典雅有致，凝重深刻，大義凜然，體現出一位大政治家的竭誠盡忠和深謀遠慮，讀後使人深受感動和教育，修辭之效大矣哉！

　　詞義的演變是一個既有規律可循而又十分複雜的過程，它與不同民族的思維習慣、文化傳統及不同語言間的接觸都有關係。因此，文獻中所存詞的具體意義的探求也需要運用多種學科知識和方法，聯繫多個方面，是一項比較艱難的工程，需要學人永久不懈的努力。

（原載《西北成人教育學報》2011 年第 2 期）

後　　記

　　《周易·繫辭》曰:"天垂象,見吉凶,聖人象之;河出圖,洛出書,聖人則之。"古之聖人,仰觀俯察,視鳥獸之跡,知文理之可相別異,乃造書契。承載祖國博大精深傳統文化的漢語漢字,蘊含著我們偉大祖先探賾索隱、演贊幽微的足跡,充滿神奇。因此,語言文字研究不僅僅是單純研究其本身結構的問題,而是一個涉及方方面面的重大課題。一個詞義的解釋,常常既要利用語言結構規律的知識,又須結合古代文化各個方面的考據。漢字是表意文字,其本質是通過構形體現詞義。而漢語的最大特點在於單音節性,一個音節就是一個詞,一個漢字恰好記錄一個音節,這就決定了漢字形、音、義的不可分割性。漢語音節講究聲韻配合,聲母和韻母和諧,音節與文字相匹。因而,研究古代漢語就是通過分析古代書面上保存下來的用表意體系的漢字記錄的古人的語言,來探究古漢語的結構體系、演變規律,以及古人用它表達思想感情的方式等。

　　這本小書所收的二十幾篇文章,就是本人嘗試利用語言文字知識閱讀古代文獻文本的過程中所獲得的感悟,大致包括對先秦文獻語言特點、古代音韻及其演變、語言學家論述漢字運用理論和實踐特點三個方面問題的探索。不遵大道,旁斜雜出,雖不能通聖人之意,而心向往之!

　　關於先秦文獻語言特點的一組文章,是我跟隨趙逵夫教授攻讀博士學位及參與相關課題研究過程中的心得;有關音韻的一組,則是上世紀 90 年代聽郭晉稀先生"音韻學"課及近年整理先生手稿過程中受到啓示而生發的感悟;關於宋代正字說的兩篇文章,是 1996—1997 年在北京師大跟隨王寧教授進修時,聽王老師"漢字構形學"課并參與"近代漢字史"課題的過程中完成的;關於莊子、孔子修辭特點及聯綿詞的構成與音轉的文章,是我跟從碩士導師吳福熙教授學習過程中的收穫。每篇文字都浸潤著老師們的心血! 這本小書的選編和文字修訂,也是在趙老師多次敦促鼓勵下才完成的;王老師百忙之中不辭辛苦,撰寫序言,并面命耳提,教導我鼓勵我。殷殷師恩,沒齒難忘!

　　感謝西北師範大學文學院對本書出版的經費支持! 感謝本書編輯毛承慈老師!

周玉秀謹記

2019 年 10 月 2 日